書序通考

程元敏著

臺灣學生書局印行

自序

經書古序有三，易序卦、詩毛序、書（尚書）小序是也。尚書本經亡逸泰半，作意賴書序幸存，故書序重要，遠勝二序。三序者，經師俱爲傳注論疏，乃爲書序者竟遠不如易詩序之多。歷來傳經犖史者，罕治書序，專著極少；剗剗數本，纂組成編者有之，酬應題敍者有之，或餖飣湊泊，用塞期刊邀稿，或雷同是非，敷衍成篇，又或拘虛守文，因循舊解耳，尤甚者，竟託意革命，故立異議駭世……。此諸人者，又絕多造道尚書本經未深，立論淺末頗僻，不可從也矣！此余「書序通考」不得不作也。

今通考自先秦以迄晚近，經書子史文集、器物材料，……攸關書序者，無論專書、散篇，網羅殆盡。既解疏本經與序，又爲序作通史。原原本本，是解經，亦是經學專史。其歷引諸家說，分別義類，畫分題旨，意在詳确，不避繁細。人有纖善，不敢攘也，邪說謬妄，亦不憚揭發。是是而非非，務期經序義明，求吾心安而已。

經學有漢宋，門戶既分立，黨同伐異，勢如火水。本書評眞僞古文家長短，伏歐史遷賈馬鄭王優劣，宋清經師高下，撤盡家派樊籬，一依眞理。

有宋朱子蔡沈師徒，疑書序最力而又蚤著專書（書序辨說）以排擊之者也。朱書久逸，賴其文集語錄存其說大要，蔡書雖倖存而病簡略，均需廣加徵說。二家撰此，又深受當代前人影響，而其影響所至，又經元明清覃及今日。故本書特立一章詳論朱蔡書序說，上聯北宋，下通明清，而今日專研朱學者苟不棄，幸參酌一二，筆者榮甚！

經書非盡眞如日月，日月猶有食，況書乎？不能無失。本經尚不免失，矧經解乎？其失尤多。書序者，解經之專書也，作者周秦間人，撰以課授學徒。其爲書也，瑜多於瑕，本書褒美其善，爲其功臣；指擿其錯謬庸拙，不爲曲護，固亦其功臣也。

本書引據資料，忠於原典，不作更改，期亦學術論文撰者理當謹守者。卷首引錄書序本文，據影重栞宋本，校以唐石經本，字數一千一百零一字，字形絕對契合原板文字。至卷內引文，大抵凡低三格另行寫引之者，悉依原文，不作改動，如「衞」字或作「衛」、「臯」字或作「皐」「皋」、「敍」字或作「敘」「叙」……，皆一一依如原文；中間亦例不作增刪，苟字有增益節略，必加說明，或標節略號。至於案述時引文，多爲覆述上所引，爲求簡明清通，避免煩瑣考注，則有時徑加刪併增改，引文如原有錯字僻字諱字或借字，此時亦徑爲改易，倣鄭康成注經改字例也。

本書分章分節，節下列目，目下更爲細目。母以統子，子以承母，分之自爲格局，聯之則首尾一貫，覽目始終，歷代書序學大要，便可槩見。章節子目終了，乃著案斷，視便而立。目次、引言既作，即全錄書序本文，末兩章論書序著成年歲、書序價值，用力深而著墨多。總結論置全書之末，直抒結語，用便通讀。

晚近學術論文，動輒數百千注，集附篇章後，或對附相關頁下。前法兩檢甚煩，勞心疲目；後法時或配置失頁，徒增惑亂，又壞書卷形象。本書爲矯此弊，全去附後注。出處注則括注於原引文下，記某書某卷；說明注則儘量化作述說語，融入正文，不得已非作注語不可，則雙行小字夾寫於受注文之下。覽讀全文，暢行無阻，眞快事也，亦是功德一樁。

總結論既已，作引用書目，殿全書末。本書參考、引用書籍（含單篇論文）甚多，苟一一錄列，占篇幅過大，故今止列引用書。猶慮引用書苟一一記書名、作者、板本，占地仍嫌繁多，故出節省之方：凡引用較多或特要之書，以書統人，詳記書名、時代、作者、板本，一書立一條，提行；引用較少或次要之書，則以人統書，止記時代、作者、書名，多書聚併一所，書書間隔一字，篇幅大爲減省。

經始至定稿，荏苒四歲，文成三十五萬言。一日，學生書局編審游均晶女史來敍，云書局方計畫出版經學叢書，亟索去全稿，交審發排。唯原稿下筆即成，稍作潤色而已，未更謄正，卷中又多古字古言，吳若蘭女士打印，心慧手巧，錯誤甚少，黃智信學弟校訂仔細，而余親校讀亦六、七過，恐仍不免魯魚亥豕，乃商請同學弟淡江大學中文系教授黃復山君覆校。黃君治學勤謹，雅善勘書，爲按據原稿，見疑則查對原典，匡改尤多。統誌謝忱於此。

安徽嘉山程元敏序於臺灣臺北，歲在己卯良月吉日，西元一九九九年。

書序通考目次

五、書序之體例……一二九

十、宋以後人論書序作者

書序通考

程元敏

一、引言及今存書序全文

尚書有序（即書序）、詩經亦有序（即詩序），同等重要。然自來詩序研究之專書、論文，兼兩充棟；而於書序之研究，由漢以來，除尚書注疏家併書序於本經卷內略加解說外，專著或專篇論文，極少。有之，或為編集資料，非當著作；或為抄輯舊說，於書序成書年代之討論，用力甚少；或論百篇書序之流傳，言書序編定，頗悖史實，記書序板本流傳及其作者，抒見多偏失，篇簡所至，尤多輕重失倫，疏略未周。其它中日期刊論文載僅十數篇，類多簡卷短小，稍傷重複，且均屬介紹性質或書評，而作者其人復以尚書之學修養未深，徒生橫議，多不可取。

書序八十一目一百篇，出諸孔壁，先秦人作，具尚書古義、備歷代注疏家解說、存虞夏商周四代古史之逸文、影響後世文史家「序」體，極應討治，以豐富經學及其它相關學科（如史學、哲學、文學及社會學）之研究，惟是書至今尚無有系統之研究專著籌作或問世，此余書序通考之不容不作也。

今傳尚書注疏五十八篇，每篇經文之前皆有書序，亦有經亡書序存者多篇，計今載存書序文六十七條、亡佚十條僅存篇目十目，存亡凡一千一百零一字，清嘉慶二十年江西南昌府學重栞宋本唐開成石經本字數同；字微異，異各附校。悉條陳於下：

書序

昔在帝堯，聰明文思，光宅天下。將遜于位，讓于虞舜，作堯典。一

虞舜側微，堯聞之聰明，將使嗣位，歷試諸難，作舜典。二

帝釐下土方，設居方，別生分類，作汨作。三

九共九篇。佚一（篇目存，序文亡佚，下倣此）

稾飫。佚二

皐陶矢厥謨，禹成厥功，帝舜申之，作大禹、皐陶謨。　四

益稷。　佚三

禹別九州，隨山濬川，任土作貢。　五

啓與有扈戰于甘之野，作甘誓。　六

太康失邦，昆弟五人須于洛汭（當正作汭），作五子之歌。　七

羲和湎淫，廢時亂日，胤往征之，作胤征。　八

自契至于成湯八遷，湯始居亳、從先王居，作帝告。　九

釐沃。　佚四

湯征諸侯，葛伯不祀，湯始征之，作湯征。　十

伊尹去亳適夏，既醜有夏，復歸于亳。入自北門，乃遇汝鳩、汝方，作汝鳩、汝方。　十一

伊尹相湯伐桀，升自陑，遂與桀戰于鳴條之野，作湯誓。　十二

湯既勝夏，欲遷其社，不可，作夏社。　十三

疑至。　佚五

臣扈。　佚六

夏師敗績，湯遂從之，遂伐三朡，俘厥寶玉，誼伯、仲伯作典寶。 十四

湯歸自夏，至于大坰，仲虺作誥。 十五

湯既黜夏命，復歸于亳，作湯誥。 十六

咎單作明居。 十七

成湯既沒，太甲元年，伊尹作伊訓、肆命、徂后。 十八

太甲既立，不明，伊尹放諸桐。三年，復歸于亳，思庸，伊尹作太甲三篇。 十九

伊尹作咸有一德。 二十

沃丁既葬伊尹于亳，咎單遂訓伊尹事，作沃丁。 二十一

伊陟相大（唐開成石經本作太）戊，亳有祥，桑、穀共生于朝，伊陟贊（唐開成石經本作贊）于巫咸，作咸乂四篇。 二十二

太戊贊（唐開成石經本作贊）于伊陟，作伊陟。 二十三

原命。 佚七

仲丁遷于囂，作仲丁。 二十四

河亶甲居相，作河亶甲。　二十五

祖乙圮于耿，作祖乙。　二十六

盤庚五遷，將治亳殷，民咨胥怨，作盤庚三篇。　二十七

高宗夢得說，使百工營求諸野，得諸傅巖，作說命三篇。　二十八

高宗祭成湯，有飛雉升鼎耳而雊，祖己（原誤作巳，據唐開成石經本改字）訓諸王，作高宗肜日。　二十九

高宗之訓。　佚八

殷始咎周，周人乘黎。祖伊恐，奔告于受，作西伯戡黎。　三十

殷既錯天命，微子作誥父師少師。　三十一

惟十有一年，武王伐殷，一月戊午，師渡孟津，作泰誓三篇。　三十二

武王戎車三百兩，虎賁三百人，與受戰于牧野，作牧誓。　三十三

武王伐殷，往伐，歸獸，識其政事，作武成。　三十四

武王勝殷殺受，立武庚，以箕子歸，作洪範。　三十五

武王既勝殷，邦諸侯，班宗彝，作分器。　三十六

西旅獻獒，太保作旅獒。　三十七

巢伯來朝，芮（當正作芮）伯作旅巢命。　三十八

武王有疾，周公作金縢。　三十九

武王崩，三監及淮夷叛；周公相成王，將黜殷，作大誥。　四十

成王既黜殷命，殺武庚，命微子啓代殷後，作微子之命。　四十一

唐叔得禾，異畝同穎，獻諸天子。王命唐叔歸周公于東，作歸禾。　四十二

周公既得命禾，旅天子之命，作嘉禾。　四十三

成王既伐管叔、蔡叔，以殷餘民封康叔，作康誥。　四十四

酒誥。　佚九

梓材。　佚十

成王在豐，欲宅洛邑，使召公先相宅，作召誥。　四十五

召公既相宅，周公往營成周，使來告卜，作洛誥。　四十六

成周既成，遷殷頑民；周公以王命誥，作多士。　四十七

周公作無逸。　四十八

召公爲保，周公爲師，相成王爲左右；召公不說，周公作君奭。　四十

九

蔡叔既没（唐開成石經本作沒），王命蔡仲踐諸侯位，作蔡仲之命。　五十

成王東伐淮夷，遂踐奄，作成王政。　五十一

成王既踐奄，將遷其君於蒲姑。周公告召公，作將蒲姑。　五十二

成王歸自奄，在宗周，誥庶邦，作多方。　五十三

周公作立政。　五十四

成王既黜殷命，滅淮夷，還歸在豐，作周官。　五十五

成（誤刻爲武，徑改；唐開成石經作成，不誤）王既伐東夷，肅愼來賀，王俾榮伯作賄肅愼之命。　五十六

周公在豐，將没（唐開成石經本作沒），欲葬成周。公薨，成王葬于畢，告周公，作亳姑。　五十七

周公既没（唐開成石經本作沒），命君陳分正東郊——成周，作君陳。　五十
八

成王將崩，命召公、畢公率諸侯相康王，作顧命。　五十九

康王既尸天子，遂誥諸侯，作康王之誥。　六十

康王命作冊，畢分居，里成周郊，作畢命。六十一

穆王命君牙爲周大司徒，作君牙。六十二

穆王命伯冏（唐開成石經本作囧，下同）爲周太僕正，作冏命。六十三

呂命；穆王訓夏贖刑，作呂刑。六十四

平王錫晉文侯秬鬯、圭瓚，作文侯之命。六十五

魯侯伯禽宅曲阜，徐、夷並興，東郊不開，作費誓。六十六

秦穆公伐鄭，晉襄公帥師敗諸崤，還歸，作秦誓。六十七

右書序本文（不含標題「書序」二字）總共一千一百零一字。

二、書序稱名

上列序文，或稱之曰尚書序，如

漢班固白虎通義誅伐篇：「尚書敘（陳立疏證本無此字，誤。）曰：『武王伐紂。』」

西晉束晳云：「尚書序：『盤庚五遷，將治亳殷。』」（尚書盤庚書序正義引）

梁劉叔嗣注尚書亡篇序。

某氏撰尚書新集序。

（右二書皆合尚書亡失之篇之序爲一編，而爲之注，竝見隋書經籍志著錄，參拙著「尚書輯逸徵獻」，中央圖書館館刊新二十四卷一期，民國八十年六月）

案：尚書，先秦但名「書」；於「書」上加「尚」字，首見於伏生（名勝）「尚書大傳」。尚書大傳者，伏翁之弟子張生、歐陽容等輯錄；張生立爲博士，而歐陽學宗有尚書歐陽章句，傳至歐陽高立於學官武帝時。「尚書」名始見稱，當在文景之世，此前無有，故其序不宜名「尚書序」。

或稱之曰書序（字或寫作敘），

漢揚雄法言問神篇：「或曰：易損其一也，雖惷知闕焉。至書之不備過半矣，而習者不知；惜乎書序之不如易也！」

劉歆世經（漢書律歷志一下引）：「故書序曰：『成湯既歿，……。』故書序曰：『武王克殷，……。』」（下文將詳引）

班固漢書儒林傳：「世所傳百兩篇者，出東萊張霸；分析合（當作今）二十九篇以爲數十。又采左氏傳、書敘爲作首尾，凡百二篇。」

三國吳韋昭國語楚語上注：「書序曰：『大康失國，昆弟五人，須于洛汭。』」

僞孔安國尚書序（載尚書正義卷首，下簡稱「書大序」）：「書序，序所以爲作者之意，……宜相附近，故引之各冠其篇首。」孔穎達正義：「書序雖名爲序，不是揔陳書意、汎論，乃篇篇各序作意。」

後世絕多稱名「書序」，此不煩廣舉。

夫尚書先秦既但稱「書」，則「序其作意」者，本當名「書序」，漢人絕多作是稱名，唯以其篇數一百見下考，故或亦增「百篇」二字於其上謂之「百篇書序」，

又法言問神篇：「昔之說書者序以百，而酒誥之篇俄空焉。」

漢王充論衡正說篇：「東海張霸案百篇之序空造百兩之篇，獻之成帝。」

又曰：「尚書滅絕於秦，其見在者二十九篇。……案百篇之序，闕遺者七十一篇。」

漢書藝文志書類敍：「書之所起遠矣，至孔子纂焉。上斷於堯，下訖于秦，凡百篇，而爲之序，言其作意。」

唐陸德明經典釋文卷三尚書音義上：「今馬、鄭之徒，百篇之序總爲一卷，(僞)孔以各冠其篇首。」

宋朱子朱文公文集卷六五雜著尚書：「此百篇之序，出孔氏壁中。」

清邵彭瑞尚書決疑序目以爲書序百篇當稱百卷，云：

孔子所序百篇，實以目計，由漢志之例言之，當稱百卷。孔子時無卷之名，數篇同目

仍謂之篇，書贊所述虞夏書二十篇、商書四十篇、周書四十篇，即本於此。漢人習焉不𧦬，於存逸二類，既改篇爲卷，而於百篇全數、四代多寡之數，皆仍沿襲舊稱。

案：周公旦朝讀書百篇（墨子貴義篇、抱朴子勖學篇作「日讀百篇」），孔子讀易韋編三絕，是周代書籍以「篇」計；篇者編竹簡爲之。孔壁出土古文尚書本經四十五篇及書序一篇、伏生尚書數十篇（亡後僅得二十九篇）、即武帝末出土之僞泰誓一篇，亦均係編簡本。書序記尚書八十一目，因其中有一目多篇者（如九共九篇、太甲三篇、泰誓三篇等），通計總共一百篇。又有「卷」，帛書也；大抵卷容量大而篇容量小，以多篇共納於一卷，如九共九篇共卷等是。尚書衍及後時，或轉寫於帛，或以篇當卷，遂有四十六卷五十八卷之稱。然於書序之篇，仍當稱「百篇」不當稱「百卷」。邵氏說未盡是。

又或以書序文短小（每序約十六字），對「書大序」、「大序」長大（重栞宋本六百八十五字、唐開成石經本六百八十一字），復以三百十一篇詩序既或見稱爲「詩小序」矣，因比而稱之曰「書小序」或作「小序」，

朱文公別集卷三答孫季和：「書小序又可考。」

朱子語類卷七八：「書小序亦非孔子作，與詩小序同。」

朱子大學或問：「小序以康誥爲成王周公之書。」
朱文公文集卷五四答孫季和：「小序決非孔門之舊。」
朱文公文集卷五七答李堯卿：「康誥，小序以爲成王封康叔之書。」
元陳櫟書蔡傳纂疏周官書序：「書之本序辭甚明白，小序贅矣。」
何異孫十一經問對卷三：「周官一書，據小序，作於黜殷滅淮夷王歸在豐之後者何？」

又或渻稱爲「序」，

唐孔穎達尚書正義洪範書序：「序自相顧爲文。」
又亳姑書序：「序說葬周公之事，其篇乃名亳姑，篇名與序不相允。」
劉知幾史通疑古篇：「堯典序又云『將遜于位』。」
宋呂祖謙東萊書說卷十四泰誓書序：「……非序之誤，即經之誤。」
夏僎尚書詳解卷十六泰誓書序：「序言『惟十有一年』。」
蔡沈書集傳書序辨說：「今考序文，……。序止謂『歷試諸難，作舜典』。……此（呂刑）序亦無所發明。」（蔡於書序，幾一槩簡稱之曰「序」）

元董鼎書蔡傳輯錄纂註太甲書序：「序則曰『伊尹放諸桐』。」

清簡朝亮尚書集注述疏卷末上書序辯堯典書序：「序無以悉一篇之義也。」

康有爲新學僞經考卷十三書序辨僞泰誓書序：「史記作十二月，而序作一月。」

清程廷祚晚書訂疑卷二書序：

古書古有百篇之說，而其名不皆傳。後之作序者，或一事而製數篇，或一篇而分數卷，但欲增益篇題，以盈其數，不知舉成數者無擇於多寡，而胡兢兢以百爲也？且左傳有夏訓、伯禽之命、唐誥，大傳之序有揜誥，戴記有尹告，墨子有禹誓、禹之總德、湯之官刑，逸周書有祭公之顧命諸篇，書之所有，而序之所無者，尚復不少，孰謂盈百之數，遂足以誇書之多哉？此篇出於諸僞書之前，好古者有所不忍棄，後儒謂之小序，而反以孔安國之僞序爲大序，顚倒甚矣！

案：書序列篇題（目）八十一，但有多目共一事（如大禹謨、皐陶謨及汝鳩、汝方，各爲二目，共一序；伊訓、肆命、徂后，三目共一序。），無欲增篇題、一事而製數篇之情事；太甲、盤庚、說命及泰誓各爲一目三篇，咸乂一目四篇，九共一目九篇，皆因篇袟長大故作爲多篇，非欲盈成百篇之數，「一篇而分數卷（篇小卷大，一卷可容多篇，一篇不便分屬多卷，廷祚用語未密。）」。先秦經、史、子載尙書篇有超過百篇者約二十六篇，殆書序者未見，或雖及見而不合載收，故爲棄却；誠欲誇多，何不援故籍之所稱引，增目篇爲百二十乎？

又案：書大序爲贋作，朱子等早已論定，徒以其弁全書之首，一若毛詩大序然，而孔正義本因之，頒於功令歷年，取便界定，命彼曰「大序」，而於文字短小之各篇書序，稱爲「小序」，曰大曰小，非關貴賤眞僞，廷祚竟以顚倒病之，一何拘耶？

或等書「序」爲書「經」、尙書「經」，

漢許愼說文解字卷四上：「商書曰：『高宗夢得說，使百工敻求，得之傅巖。』」引說命書序文，而稱之爲「書（經）」。

盧植曰：「案尚書：『太甲既立不明，伊尹放之桐宮。』」（三國志魏書董卓傳裴注）引太甲書序文，而稱之爲「尚書（經）」。

鄭玄周禮春官車僕注：「書曰：『武王戎車三百兩。』」引牧誓書序文，而稱之爲「書（經）」（又鄭夏官戎僕注亦引，則作「書序曰」）。

應劭風俗通義正失篇：「尚書：『武王戎車三百兩，虎賁三千人。』」引牧誓書序文，而稱之爲「尚書(經)」(又皇霸篇亦引，亦稱「尚書(經)」)。

又漢官儀卷上：「書稱『武王伐紂，戎車三百兩，虎賁八百人』。」引亦牧誓書序文，而稱之爲「書(經)」。

唐陸德明經典釋文尚書音義上於書序「作汨作、九共九篇、槀飫」下曰：「衆家經文並盡此，唯王肅注本下更有『汨作、九共故逸』，故亦作古。」以汨作、九共、槀飫三書序爲「經」。

孔穎達尚書君陳書序正義：「鄭玄注中庸云『君陳，蓋周公子』者，以經云『周公既沒，命君陳』，猶若(經云)『蔡叔既沒，命蔡仲』故也。」引君陳書序文，而直稱之爲「經」，且此又引蔡仲之命書序當亦稱之爲「經」也。

宋劉敞、蘇軾、程頤、清鄭杲，皆以「經」稱或視書序，說詳下宋以後人論書序爲孔子作卷。

三、書序之出現

(一) 書序出孔壁

書序與四十五篇尙書古文經，孔子裔孫鮒子魚藏之於家壁，當嬴斯焚禁後、秦二世元、二年前（併下文，凡有關書序之壁藏、出土及篇卷，統參詳拙著「古文尙書之壁藏發現獻上及篇卷目次考」，孔孟學報六十六期，民國八十二年九月），

孔叢子獨治篇：「陳餘謂子魚曰：『秦將滅先王之籍，而子爲書籍之主，其危矣。』子魚曰：『吾不爲有用之學，知吾者惟友；秦非吾友，吾何危哉！然顧有可懼者，必或求天下之書焚之，書不出則有禍，吾將先藏之，以待其求，求至無患矣。』」

書大序：「及秦始皇滅先代典籍，焚書坑儒，……我先人用藏其家書于屋壁。」

漢魯恭（共）王劉餘，「以孝景前（元）三年（西元前一五四）徙爲魯王。好治宮室苑

囿狗馬。」（史記五宗世家，漢書景十三王傳事同）因擴建宮室得古文尚書及書序，

劉歆移太常博士書：「及魯恭王壞孔子宅，欲以爲宮，而得古文於壞壁之中……（逸）書十六篇。天漢之後，孔安國（家）獻之。」（漢書劉歆傳）

漢書藝文志書類敍：「古文尚書者，出孔子壁中。……魯恭王壞孔子宅欲以廣其宮，而得古文尚書。……孔安國……悉得其書，以考二十九篇，得多十六篇，安國（家）獻之。」

伏生尚書廿九篇，加得多舜典、汩作、九共等十六篇逸書（或以九共作九篇，則是二十四篇），爲四十五卷（以篇當卷），武帝天漢末，獻上朝廷，典藏中祕，漢書藝文志六藝略書類據以著錄云：

尚書古文經四十六卷。

多一卷者，百篇書序總爲一卷也，清王先謙尙書孔傳參正序例：

云四十六卷者，據藝文志云「孔安國所得壁中古文，以考伏生敏案：二字，王氏承班志上文「伏生壁藏得二十九篇」而增。二十九篇王自注：「云伏生二十九篇，則是無太誓者。」，得多十六篇王自注：「據此篇，篇爲一卷。」」，共四十五卷。釋文云「馬鄭之徒，百篇之序總爲一卷」，以一加四十五，是四十六卷也。馬鄭序總一卷，葢本孔壁之舊，陸德明但見馬鄭本如此，故據以爲言也。（先謙另撰漢書補注稱「百篇之序」爲「孔子序」）

王氏謂：伏本無書序、無泰誓、壁書四十六卷中有書序。夫序自孔壁出、先秦眞泰誓伏本原無，而漢河內泰誓伏生身後始出，則王說均是也。

早期文獻記孔壁尚書篇卷數者，猶有漢桓譚君山（前二四—五六），其新論曰：

易，一曰連山，二曰歸藏，三曰周易；連山八萬言，歸藏四千三百言。古文尚書，舊有四十五卷，爲十八篇敏案：清人絕多稱引新論作「爲五十八篇」。古袟（文？）禮記有五十六卷。古論語二十一卷。古孝經一卷二十章千八百七十二字，今異者四百餘字。（書久佚，此臺灣商務印書館影印宋刊四部叢刊三編本太平御覽卷六〇八載）

論者絕多以桓說四十五卷者，去書序言之，班書四十六卷則併書序言之，是桓班合也。後世論班志四十六卷中有序一卷、桓氏新論四十五卷去序言之者頗多，即近世喜立新說者亦承此說，錄三家於下：

清康有爲新學僞經考卷三上漢書藝文志辨僞上：「(尚書)古文經四十六卷；(伏生)二十九卷外幷得多十六篇計之，尚缺一卷，必合序數之乃足，然則序與十六篇同出無疑。」(第康氏謂尚書古文經、書序皆劉歆僞作，非是)

民國趙貞信書序辨序：「漢書藝文志載『尚書古文經四十六卷』，……桓譚新論說『古文尚書舊有四十五卷』，而此處說『四十六卷』，這便是一連序數、一不連序數的緣故。伏書本……二十九，加逸書十六則爲四十五，如說四十六則裏面即有序。」(載古史辨冊五上編頁三二六)

民國蔣善國尚書綜述頁三九：「(伏生)二十九篇加十六篇，共四十五篇，……外加序一卷，與漢志尚書古文經四十六卷數目恰合。」

案：班氏以孔壁書序(亦是古文)孔子作詳下，故視之爲經，合四十五卷併著錄之，爲尚書古文經四十六卷，康、趙、蔣推度，是也。

向來認爲書序出孔壁中者，證說多方，

西晉束晳云：「尚書序：『盤庚五遷，將治亳殷。』……孔子壁中尚書敏案：上引稱「尚書序」；下引別本同文作「尚書」，則省略「序」字，或視書序爲「經」。序云『將始宅殷』。」（尚書盤庚書序孔正義引）

壁書悉亡於永嘉之亂，前此——西晉束廣微尚及於祕府中見之，所稱甚的。

書大序：「魯恭王……壞孔子舊宅以廣其居，於壁中得先人所藏古文虞夏商周之書，……悉以書還孔氏；并序凡五十九篇爲四十六卷。……承詔爲五十九篇作傳。……書序，序所以爲作者之意，……故引之各冠其篇首。」

僞孔序所謂五十九篇者，本經五十八篇「并序書序」一篇也；又所謂爲四十六卷者，本經四十五卷亦「并書序」一卷數之也。良以書序與古文尚書本經併出孔壁，乃「悉上送官，藏之書府」，是也。

朱文公文集卷六五雜著尚書：「此百篇之序，出孔氏壁中。」

朱子語類卷七八：「書序是得書於屋壁。」

朱子上說，自未明其所依據，殆推算漢志著錄與存逸篇卷，得舊獻所載孔壁所得，其中當有書序。

清王懋竑、程廷祚則證以史記用書序推度書序出孔氏壁中，

王氏白田草堂存稿頁八：「書序，伏生書無之，當出孔壁，史記載之。」

程氏晚書訂疑卷二書序：「（書序）疑與安國壁中書同出，故司馬遷從安國問而載於史記。……後漢孔學既行，注尚書者遂皆注序，則序出於孔，信矣。」

案：伏生本廿九篇，自堯典至秦誓，其中顧命、康王之誥爲兩篇，無書序，亦無泰誓；伏本在先，序、泰後出故也。司馬遷從古文尚書大家孔安國問故（見漢書儒林傳），時壁中所藏書序已發出，遷及於孔府見之，故史記本紀世家多用書序說故（說詳下書序與史記卷），後漢馬融、鄭玄竝注書序，亦據孔壁本，王、程說信也。清朱彝尊亦謂「書小序，西漢孝武時當即有之，此史

公据以作夏殷周本紀」（經義考卷七三）。雖近人鍥齋不信書序始出孔壁（見下），然亦不得不承認「西漢傳尙書之家已有之，以是知史記所引，必有所據」語（中和月刊四卷四期，民國三十二年四月）也。

清王鳴盛引論衡正說及漢書注臣瓚曰，證漢初諸家惟知伏生本廿八九篇；鄭玄云尙書百篇，時已至後漢。王氏因斷曰：

> 直至孔安國書出，方知有百篇之目，然則百篇之序亦從屋壁中得也。（尙書後案卷三十）

清邵彭瑞申廣王氏後案意，更舉張霸、楊雄見孔壁書序，或案之造僞、或依以立言，其尙書決疑序目頁二—三：「孔壁古文出，百篇序目全存。……書序出自孔壁而文特平易，故流布民間甚速，當時學者謂尙書之目百篇，序亦百條，楊雄法言問神篇曰『昔之說書者序以百』、又成帝時張霸案百篇之序僞造百兩篇。……蓋孔壁書序別爲一卷，故存篇逸篇之序與亡篇之序皆在簡策，後人得知百篇全目並亡篇作意者，賴有此耳。」又太誓決疑頁四三：「孔壁各書，……又有百篇序目，孤本單行，貴重可想。」

案：書序原自爲卷帙，單行流布甚易，楊、張輩獲見，說詳下書序原自爲一編卷。又有清毛奇齡古文尚書冤詞卷二云「惟百篇之序，則其序見在，此眞夫子壁中書耳」、民國鄭杲論書序大傳頁一「書序出孔壁」、民國劉師培左盦外集卷一今文尚書無序說「書序得自孔壁」，惜皆未遑揭證，泛說而已，姑附記於此。復有清觀頮道人編「孔壁書序一卷」，見民國彭國棟重修清史藝文志卷一書類著錄。

唯鍥齋書序說力辨序不出於孔壁，有云：

劉歆、班固、荀悅、袁宏並言孔子宅所得古文尚書多十六篇，百篇之序，同出于孔壁；然逸書十六篇，正義并載其目，而獨不及書序，倘書序爲孔壁所得，而爲今文之本所無，諸家何得不一及之？此一事也。古文尚書，漢魏之世儒者傳之，魏正始中，所刊三字石經，即壁中古文之本，余昔撰三字石經集錄，據白堅甫氏所藏刊一石排比石經之石數，……二十八碑，正容春秋尚書二經之文。則書序之文，不能容矣。又若第二十碑多士經文既盡，即連書無逸之文，且每篇題目之下，不冠序文。由是知三字石經無書序。設書序爲壁中所得，古文家不應不傳，三字石經不應不錄，此二事也。

案：班志敍、荀袁二紀之寫史也，方說壁經，未便旁及經解書序乃尚書之解故，說詳下。，但班志書類著錄尚書古文經四十六卷中則已錄書序一卷說已見前；至劉歆移書博士，爭立古文尚書，方矜古文逸經多十六篇，用駁官學猥以廿九篇「尚書爲備」，且所言壁中逸書僅逸尚書、逸禮，而禮記（謂七十子後學所記百卅一篇之類）、春秋經、論語、孝經四經書猶不暇歷舉，又安得指言書序，遂支蔓其詞，授敵以柄乎？至曹魏石經，據民國王國維魏石經考卷三（觀堂集林卷二十）、近人呂振端魏三體石經殘字集證卷二校文及卷三復原圖、近人邱德修魏石經復原圖稿（孔孟學報三十九期，民國六十九年四月），未見書序殘文，廿八篇顧命、康王之誥合一經文篇與篇之間亦無序文容身之地，而末篇秦誓與另一書——春秋經間石，亦不容安置一千一百零一字之書序文即或止刻石廿八篇經之書序文，計亦不下數百字。，則魏石誠棄書序不鐫。且夫魏刻石重古文，尚書當用漢馬鄭、魏王本（參看王國維魏石經考），馬、鄭皆百篇書序爲一卷、總附全經之後（見釋文，已詳上），王好賈、馬，度亦如此，魏石尚書苟刻書序，當承古文舊體，統繫秦誓經文後，不當如後之僞孔本「引之各冠其篇首」（說詳下），鍥齋因「每篇題目之下，不冠序文」，由「知三字石經無序」，未考古書度制，以致誤判。矧棄書序不刊石，或基於學術、謂書序究非經本文，或圖省資費，莫知其故，乃鍥齋必魏石當恪守馬、鄭古文本有書序，今既無錄，則又上推云孔壁亦無書序，是何一等邏輯？且馬、鄭據壁書注百篇序，殘文見在，寧未一寓目乎？

書序出孔壁，舊說良是也。

㈡書序作者及見八十一目百篇尚書本經依作序文傳漢

書序之藏壁也，當秦皇焚書至二世元、二年間（西元前二一三—西元前二〇九、西元前二〇八），歷至漢景帝（前元）三年（西元前一五四），蒙塵約一甲子。作者爲秦末人（詳後論書序之著成年歲卷），其時尚書本經亡佚不如漢世亡佚之多，彼猶及見八十一目百篇經文，緣據以作序，此由本經今存目篇、孔壁出土逸目篇、先秦典籍引目篇引逸文、漢人引目篇引逸文及其它典籍載事考證而知之，將次第闡說如後。

今存尚書本經二十九目三十一篇（二十九目篇，乃伏生傳本，孔壁古文本同有；但伏本盤庚作一篇，若依書序作三篇，故多兩篇，共三十一篇）：

堯典一、皐陶謨二、禹貢三、甘誓四、湯誓五、盤庚六、高宗肜日七、西伯戡黎八、微子九、牧誓十、洪範十一、金縢十二、大誥十三、康誥十四、酒誥十五、梓材十六、召誥十七、洛誥十八、多士十九、無逸二十、君奭二十一、多方二十二、立政二十三、顧命二十四、康王之誥二十五、呂刑二十六、文侯之命二十七、費誓二十八、秦誓二

十九。（目篇之次序一準書序）

書序敍此諸目篇，今有本經可驗，眞實可信。

逸尙書十六目二十四篇，亦出諸孔壁，乃伏生本所無者，漢魏人多見此諸篇（西晉末永嘉之亂乃亡佚），漢鄭玄記其目：

舜典一、汨作二、九共九篇十一、大禹謨十二、益稷十三、五子之歌十四、胤征十五、湯誥十六、咸有一德十七、典寶十八、伊訓十九、肆命二十、原命二十一、武成二十二、旅獒二十三、冏（囧）命二十四。以此二十四爲十六卷，以九共九篇共卷；除八篇，故爲十六。（鄭玄書序注，載尙書正義「虞書」大題下）

書序敍此諸目篇，漢魏人猶見本經，自亦眞實可信。

其餘爲亡目篇，得目三十六、篇四十五，茲先記其目篇，曰：

槀飫、帝告、釐沃、湯征、汝鳩、汝方、夏社、疑至、臣扈、仲虺之誥、明居、徂后、太甲（三篇）、沃丁、咸乂（四篇）、伊陟、仲丁、河亶甲、祖乙、說命（三篇）、高宗之訓、泰誓（三篇，此先秦眞泰誓）、分器、旅巢命、微子之命、歸禾、嘉禾、蔡仲之命、成王政、將蒲姑、周官、賄肅愼之命、亳姑、君陳、畢命、君牙。

此諸目中，湯征、仲虺之誥、太甲、說命、高宗之訓（禮記引，作「高宗」，無「之訓」二字。）、泰誓、蔡仲之命、君陳、君牙九目十五篇，明見先秦典籍稱引；帝告、嘉禾二目二篇，尙書大傳有篇目及（或）引逸文；周官，鄭玄引「成王周官」逸文（載周禮地官保氏序官賈疏引鄭志趙商問）、畢命，漢書律厤志下引劉歆三統厤載畢命目及逸文，二目二篇亦俱眞實可信。

此外二十三目二十六篇，須深加稽討：

汝鳩、汝方：書序二目二篇共一序，述伊尹去湯適夏復歸亳邑，孟子告子下言伊尹五就湯五就桀、呂覽愼大記伊尹奔夏，反報于湯、尙書大傳與史記竝載伊尹去湯適夏，事要與此書序合，皆實有其事，則書序有先秦漢初文獻資證，可信。

徂后：伊訓、肆命、徂后三目三篇共一序，皆伊尹訓太甲文，今伊訓、肆命書序既徵爲可信，徂后書序理應可信。徂后，伊尹述已故之君——湯之法度以戒太甲，與伊訓，殆伊尹泛以君道戒太甲，及肆命，伊尹極陳政教之所當爲戒新君太甲，三位一體，是徂后書序亦可信。

伊陟：伊陟，太戊賢大臣，見君奭本經，書序「太戊贊于伊陟」，太戊朝確有此人，宜非序者嚮壁虛構，宜可信。

仲丁、河亶甲、祖乙：三目三篇，取商三君名。三君遷囂、遷相、遷耿又遷庇，吻合盤庚本經「先王……于今五邦」（加南庚遷奄）之五遷，參印以殷甲骨卜辭、竹書紀年，均合。是此三書序又眞切可信。

分器：書序云周武王班宗彝予諸侯而作，分器即班宗廟彝器與受封者，同類事左傳（昭十二、定四）頗載。武王克殷，大封親戚功臣，因分班器物，書序乃據本經，可信。

微子之命：武王既克殷，初封武庚於殷故都，以承國祀，迨武庚叛伏誅，成王乃封微子啓於宋，用代殷祀，史傳多載，書序「成王命微子啓代殷後，作微子之命」云云，可信。

歸禾：歸禾、嘉禾，記首尾連貫之兩事，前者，成王命唐叔餽瑞禾予周公旦；後者，周公旦既得命禾，陳述天子之命。兩事實止一事。嘉禾，尙書大傳存篇目，既可信，則記其事端始之歸禾，亦當有，亦併可信。

將蒲姑：蒲姑氏，殷紂時奄國國君，嗾武庚管蔡叛，後周成王遷之於齊地，地因蒲姑氏定遷而得名蒲姑。蒲姑，見昭九、二十左傳；爲奄君鼓反武庚，見尙書大傳。將蒲姑書序記彼謫遷事，宜可信。

賄肅愼之命：肅愼國，見左昭九年，周東北夷也，昔周武王克殷嘗來朝貢（國語魯語下）。洎「成王既伐東夷」書序別多篇云「歸周公于東」、「踐奄」、「東伐淮夷」、「滅淮夷」，與此「伐東夷」，統指徐戎、淮夷、奄眾多方諸侯也。，肅愼又來賀，成王以幣賄賜之，併命榮伯作策書以命之。榮伯，姬姓（見國語晉語四），畿內諸侯，眞有其人。書序據本經，先秦典籍可旁證，非虛構，宜可信。

亳姑：書序記周公旦至亳姑止，其下不復著公旦事，亳姑記周公薨，是也。初，公欲葬成周，明臣於成王；而成王則示天下不敢臣周公之意，終葬之於文王陵墓所在地——畢。尚書大傳記載詳實，可證此書序可信。

上考自汝鳩至亳姑十三目十三篇，宜皆可信。僅餘槀飫、釐沃、夏社、疑至、臣扈、明居、沃丁、咸乂（四篇）、旅巢命、成王政十目十三篇，缺乏強有力事證（如先秦典籍等載引），用證其確信。但僅占目之百分之十二及篇之百分之十三，且亦無強有力事證，可證其子虛烏有。

(三) 兩漢人見知書序

伏生見書序 伏生故秦尚書學博士，漢文帝時授尚書山東家塾，嘗見書序（非孔壁本），詳下書序與伏生傳本廿九篇尙書及尙書大傳卷。

逸周書序作者見書序 逸周書序，著成於漢景帝初年之後，其體製頗倣書序，詳下逸周書序作者見書序卷。

司馬遷見書序 書序孔壁所藏，遷從孔安國問故，見而援以說史，史記多用書序，說已略見上文，更詳下書序與史記之稱述書序卷。

歐陽學宗尚書家見書序 今文伏生尙書學傳歐陽容，遞傳至曾孫歐陽高武帝朝立爲博士，是爲歐陽學。漢志班固自注「歐陽經三十二卷」，其中一卷爲書序。漢熹平石經底本，據歐陽本者，全經之末總繫廿九篇書序文。伏生廿九篇無序，歐陽本序當得自孔壁所獻上者，編入其三十二卷教本，天漢末以後事也。攸關今文書序，詳下書序今古文本卷。

張霸見書序

漢書儒林傳：「世所傳百兩篇者，出東萊張霸，分析合（當作今）二十九篇以爲數十，又采左氏傳、書敘作爲首尾，凡百二篇。……成帝時，求其古文者，霸以能爲百兩徵，以中書校之，非是。霸辭受父，父有弟子樊並，……後樊並謀反，迺黜其書。」

論衡佚文篇：「孝成皇帝……徵天下能爲尚書者，東海張霸……案百篇序，以左氏訓詁，造作百二篇，具成奏上。成帝出祕尚書以校考之，無一字相應者。」又正說篇：「孝成皇帝時，徵爲古文尚書學，東海張霸案百篇之序，空造百兩之篇，獻之成帝。帝出祕百篇以校之，皆不相應。」

成帝求遺書，約在河平三年（西前二六）稍後，樊並謀反，當永始三年（西前十四），則霸見百篇書序，進而造僞經，宜在此頃。霸未見中祕所藏之孔安國所獻壁中書序原本，乃得自民間傳抄本。

緯書作者知書序 讖緯書，成帝時漸盛，綏和元年（西前八）李尋說王根曰：「五經六緯，尊術顯士。」（漢書尋本傳）六緯，中有書緯。鄭玄謂書序孔子作，堯典書序下正義曰：「鄭知孔子作者，依緯文而知也。」民國柯劭忞云：「張霸采書序爲百兩篇，霸成帝時徵，疑緯未興而序已出。」（清吳汝綸尚書故引）以時代次之，書序先出，霸采其文，後約十年，緯者復據書序，而後鄭君依緯立說，柯說是也。

孫寶見書序 暗用其義，

漢書寶本傳：「平帝立，寶爲大司農，……太師孔光、大司徒馬宮等咸稱莽功德比周

公，宜告祠宗廟，寶曰：『周公上聖，召公大賢，尚猶有不相說，著於經典，兩不相損。』」（師古注引尚書君奭書序以明之，是）

惟新學僞經考卷十三書序辨僞：「列子楊朱篇曰：『周公攝天子之政，邵公不悅，四國流言。』然則孫寶所謂『著於經典』者，自指君奭一篇，而所『不說』者，何以知其必據書序乎？」敏案：列子，東晉張湛僞書，陰襲書序及史記燕世家與尚書金縢，康氏論誤。

揚雄見書序　雄著法言問神篇：

書之不備過半矣，而習者不知；惜乎書序之不如易也！……昔之說書者序以百，而酒誥之篇俄空焉，今亡夫！

是子雲親撫百篇書序，見其中酒誥序亡佚，故興「俄空、今亡」之歎。酒誥序今仍未見，誠逸絕久矣。別有書目存而書序亡者，考之今本得槀飫、益稷、釐沃、疑至、臣扈、原命、高宗之訓、梓材、九共（九篇）九目十七篇之序，併記於此以備討說。

第新學僞經考卷十三謂雄乃劉歆之徒，正是古文學家，古文家以書序（康認劉歆僞作）

攻今文。夫子雲親見中祕書序孔壁原本，謂書序百篇乃「昔之說書者」之文，是相傳已久之舊文，康氏一何指爲渠用劉子駿僞文以攻今文乎？

民國童書業「評書序辨序」（浙江省立圖書館館刊三卷五期，民國二十三年十月）曰：

法言問神曰：「易損其一，雖蠢知闕焉；至書之不備過半矣，而習者不知，惜乎書序之不如易也！」此亦可爲今文有書序之證。……揚氏之意，蓋謂易序傳述每卦先後，皆有意義，書則無之，故不能知其完缺；但其所謂之書序若有百篇，則亦損其一，雖蠢知闕焉，習者何得不知？蓋揚氏所言，乃今文尚書序也。法言又曰：「古之說書者序以百。」此蓋指古文書序而言，故曰：「古之說書者。」

敏案：據周易序卦傳可推知易卦有缺；而書篇亡缺，但憑書序則無法推定，故書序不如易序卦傳，子雲未嘗謂書序「亦損其一」。法言「昔之說書者序以百」，童氏誤「昔」爲「古」（各本法言無作「古」者），因仞子雲於問神一篇之中兼稱今、古文書序，尤非也。

劉向、歆父子竝見書序　向奉成帝詔校經傳諸子詩賦，著別錄。鄭玄注書序，百篇次第即依「賈氏逵所奏別錄爲次」（書堯典大題下孔正義），編次小異今本，或向依孔壁之舊如此；不爾，則彼依己意更爲次第，以證劉、賈（章帝時人）竝見書序，則無妨礙。漢志「周書七十一篇」，師古注引劉向云：「周時誥誓號令也，蓋孔子所論百篇之餘也。」當出別錄，向據百篇書序而言尚書百篇。或疑別錄雖向撰未成，俟子歆而卒定，因判別錄載書序，事亦歆所僞爲（趙貞信書序辨序，古史辨冊五上編頁三二四）。夫向校書，「每一書已，輒條其篇目，撮其指意，錄而奏之」（漢書藝文志敍），則校已當時即行錄奏，而子歆入校經傳在父卒後（漢志敍、劉歆傳），不獲擅改先人已奏錄之書。歆復領校五經，卒父前業，總羣書而奏七略，漢志「尚書古文經四十六卷」即據七略著錄，則歆親見書序，所撰世經（漢書律曆志一下載）引書序三條：

……故書序曰：「成湯既歿，太甲元年，使伊尹作伊訓。」

……故書序曰：「惟十有一年，武王伐紂，（作）太誓。」（書）序曰：「一月戊午，師度于孟津。」

……故書序曰：「武王克殷，以箕子歸，作洪範。」

分別出伊訓、太誓、洪範三書序，而稍稍潤飾其文，苟非親見，何得而改之？

班固親見書序　漢書藝文志書類既著錄「尚書古文經四十六卷」、自注今文又云：「尚書歐陽經三十二卷」，皆各含總作一卷之書序，藝文志後敍又曰：「書之所起遠矣，至孔子纂焉，……凡百篇，而爲之序，言其作意。」言書百篇，即據書序而言。儒林傳敍亦曰：「孔子……於是敍書，則斷堯典。」孟堅另著一書亦直引書序文：

白虎通義誅伐篇：「尚書敍曰：『武王伐紂。』」

班氏家學今文，兼采古文，但白虎通義絕多爲今文說。第新學僞經考頁三一七曰：

白虎通……亦有用古文者，……如爵篇引書亡逸篇、社稷篇引尚書逸篇之類，獨非古文邪？書序、逸書同出劉歆之手，白虎通既引逸書，何以知其必不引書序乎？

案：爵篇：「書逸篇曰：『厥兆天子爵。』」俗本「書」下衍「亡」字，康氏用訛本。社稷篇：「尚書逸篇曰：『大社唯松』」云云五句：所引兩逸尚書皆無以確定爲古文。指與書序同爲劉歆僞造，誣之耳！

孟堅另於漢書志亦多直用書序文，

郊祀志五上：「湯伐桀，『欲䙴夏社，不可，作夏社。』」（商書夏社書序文，有節改）

五行志七中之下：「書序曰：『伊涉（陟）相太戊，亳有祥，桑、穀共生。』」（商書咸乂書序文）

又：「書序又曰：『高宗祭成湯，有蜚雉登鼎耳而雊。』」（商書高宗肜日書序文）

地理志八下：「故書序曰：『武王崩，三監畔，周公誅之。』」（節改大誥書序文）

溝洫志九：「（禹）別九州，隨山浚川，任土作貢。」（改易禹貢書序文）

王充見書序 論衡須頌篇直稱書序文云：

問：「說書者『欽明文思』以下，誰所言也？」（仲任謂「欽明文思」是說書者之言，則斷係指堯典書序，非指堯典本經；今本書序欽作聰，或板本之異：詳下書序與論衡引書序卷）

仲任又於「百篇書」、「百篇（書）序」，稱之無已，

論衡佚文篇：「（魯）恭王壞孔子宅以爲宮，得佚尚書百篇。……張霸……案百篇序，以左氏訓詁，造作百二篇。」

又正說篇：「蓋尚書本百篇，孔子以授也。……魯共王……得百篇尚書於墻壁中。……張霸案百篇之序空造百兩之篇，獻之成帝。帝出祕百篇以校之。……尚書二十九篇，火之餘也，七十一篇爲炭灰。……尚書……見在者二十九篇，……案百篇之序，闕遺者七十一篇。……春秋十二公，猶尚書之百篇；百篇無所法，十二公安得法？」

漢人決未見百篇書本經之全部，凡所謂尚書百篇出壁，皆據壁序百篇八十一目爲言，非當時實有本經，尋簡數策爲言也。

賈逵見書序 已併見上劉向卷；又左昭元年傳「徐奄」，孔正義：「（成王政）書序曰『成王（東）伐淮夷，遂踐奄』，淮夷與奄同時伐之，此徐奄連文，故以爲徐即淮夷：賈逵亦然。」清陳喬樅今文尚書經說攷卷三二下以爲此書序乃賈逵左傳注引，暫從之。

許慎見書序 說文解字卷四上：「商書曰：『高宗夢得說，使百工敻求，得之傅巖。』」

（引文乃商書說命書序文，字異，詳下書序與說文稱書序卷）

馬融、鄭玄見書序　兩儒竝古文尚書大家。融，豪貴家子，嘗爲校書郎，典校祕書東觀，蓋於是得見書序。玄，從學融門，殆曾受書序。馬、鄭竝注百篇書序。兩儒皆謂書序爲孔子所作，篇名偶異今本（如益稷作棄稷）。鄭本百篇次第依賈逵所奏之劉向別錄所上本，頗異僞孔本（見宋王應麟撰集、清孫星衍補集本）。畢命序鄭注曰：「今其逸篇有冊命霍侯之事，不同與此序相應，非也。」（孔正義引）此序，指謂畢命篇之序文。鄭注周禮夏官戎僕曰：「書序曰：『武王戎車三百兩。』」則鄭果親見而稱之也。（參詳下書序與馬鄭本書序卷）

王逸見書序　注離騷曰：

尚書序曰：「太康失國，昆弟五人，須于洛汭，作五子之歌。」此佚篇也。

審忠見書序　靈帝光和二年，忠上書曰：

昔高宗以雉雊之變，故獲中興之功。（後漢書宦者列傳）

李賢注：「見尙書也。」案：高宗肜日書序「高宗祭成湯，有飛雉升鼎耳而雊」，即審氏首句之所據；次句當參酌史記殷本紀「武丁修政行德，天下咸驩，殷道復興」定之。

古今文尚書家劉陶見書序 後漢書本傳載陶上疏曰：

陛下……目不視鳴條之事。……武丁得傅説以消鼎雉之災。

湯誓書序「伊尹相湯伐桀，……遂與桀戰於鳴條之野」，陶「目不視鳴條」句本此；說命書序「高宗夢得說，……得諸傅巖」及高宗肜日書序高宗祭成湯，飛雉升鼎雊（方詳上引），爲陶此武丁句之所本。

應劭見書序 劭著風俗通義，其正失、皇霸兩篇引尙書（序），

尚書：「武王戎車三百兩，虎賁三千人。」

尚書：「武王戎車三百兩，虎賁八百人。」

案：兩「尙書」竝謂牧誓序，虎賁人數不同今本書序，另立一節討論之。

楊彪見書序 彪，太尉震曾孫，家世歐陽尙書學，後漢書本傳：獻帝初平元年議遷都，彪嘗節改盤庚序文以議大政，

昔盤庚五遷，殷民胥怨，故作三篇，(以曉天下之民)。(華嶠後漢書董卓傳，近人周天游輯本；司馬彪續漢書同傳及范曄後漢書楊震傳竝引，文少異)

而新學僞經考卷十三云：

後漢古文之學盛行，楊彪雖世傳今文，偶引古文不足異。……彪生當賈馬大盛之後，其引書序宜也。

案：東漢自桓榮遞傳歐陽氏尙書學，而下三世爲五帝王師，楊震得桓子郁之嫡傳，代代相傳至彪官至司徒，師法嚴謹，安事所謂古文書序？矧時石經尙書即用歐陽學宗本爲底本，已刻立太學，而石經固有序(參詳下書序與歐陽本尙書及其所附之書序卷)，彪便采用，安取所謂劉歆僞品？康說誣也。

自漢西京武帝時司馬遷、歐陽高，至東京漢末帝獻皇朝楊彪，或用書序說故，或采序以造僞，或援序以議禮，或傷序文殘亡，或見序而度孔壁書經百篇，又或編錄鐫石，解注之評騭之。今古文家，或先或後乎劉歆、衞宏，皆重視之，乃舊謂書序劉、衞作，誣而已矣也。

四　逸周書序作者（西漢景帝初年以後之人）見書序

逸周書（當正名作周書，此姑從俗常，且欲以別於尚書周書。），漢書藝文志「周書七十一篇」，顏注引劉向曰：「周時誥誓號令也。」其正文七十篇；另七十篇之序總爲一篇——一大篇繫正文之末。逸周書序之出現，晚至漢成帝河平間劉向校書時，比書序晚甚（書序景帝初出土，武帝天漢間獻上朝廷）。故其作也得倣百篇書序，晚作，昔賢多言之，

清姚際恆古今僞書考史類：「周書，……其序全仿書序。」（見姚際恆著作集，林慶彰主編本）

清朱右曾逸周書集訓校釋周書序：「周書序，……疑周末史官依放百篇爲之。」

同學黃沛榮宏著周書研究因之，

頁十七：「周書序敘述各篇之大要，完全是仿照百篇書序的作法。」又頁十九：「周書序的作者，大概是見到了孔壁所出的百篇尚書序，故仿傚而爲周書作序。」

惜諸說於後者因襲前者之迹，未遑著墨，故尙難遽見信於人。余略考兩獻體製，得其相關者七事焉，

——一逸周書序各篇序，先言一篇作意，乃言作某篇，悉倣書序，而體製益臻畫一。

——二逸周書序各序之聚析同書序，

宋陳振孫直齋書錄解題卷二經部書類：「汲冢周書……凡七十篇，序一篇在其末。今京口刊本以序散在諸篇，蓋以倣孔安國尚書（序）。」

——三逸周書序頗於本文外采收資料，或自抒己見，用昭篇誼，同書序之所作，

清唐大沛逸周書分編句釋周書序：「此序……時代先後每有顚倒，序語亦不盡可憑信。」

朱右曾又曰：「……然序文與本書時有不相應處，豈本書有脫誤歟？抑序者之失歟？」

所謂不盡可信，不相應者，如

文酌篇序「……西伯修仁，明恥示教」，唐大沛曰：「序與本篇文義不合。」朱右曾曰：「此篇……無明恥示教之意。」清陳逢衡逸周書補注卷二二周書序：「此篇……與序所謂『明恥示教』迥不合。」

大匡篇序「穆王……作大匡」，唐大沛曰：「盧(文弨)云：『穆王當作文王，豈穆考亦可稱穆王歟？』」(朱右曾說同)

酆保篇序「文王……命周公謀商難」，朱右曾曰：「篇中皆保國之謀，言『謀商難』，非也。」

克殷篇序「武王率六州之兵車」，唐大沛曰：「本篇明云『周車三百五十乘』，而序乃云『率六州之兵車』，誤矣！」朱右曾曰：「牧誓從征者八國耳，此云『六州』，益廣言之。」

本典篇序「周公爲太師」，本篇不言周公爲太師。

器服篇序「車服制度，明不苟踰」，朱右曾曰：「此序與書不相應。」而書序湯征、湯誓、太甲、西伯戡黎、牧誓、大誥、康誥、多士、君奭、呂刑、費誓及秦誓等十二篇，亦均於本經外取材，此宗風爲逸周書序者所采納。

——四逸周書序多目共一序，型式倣書序。書序如大禹謨、皐陶謨兩目共一序，伊訓、肆命、徂后三目共一序，……逸周書序考如：

武有七德，□王作大武、大明武、小明武三篇：此三目共一序。

文王在程，作程寤、程典：此兩目共一序。

文（王）啟謀乎後嗣，以脩身敬戒，作大開、小開二篇：同上。

它猶有大開武與小開武、武順與武穆、和寤與武寤，各皆兩目共一序。

——五逸周書序六十三條序文之間連貫、相顧爲文，渾然一篇，倣書序也。書序相關之說，將詳下書序原自爲一編卷，文繁不互舉；逸周書序之例，有若：

文儆篇序：「文王有疾，告武王以民之多變。」少後，柔武篇序：「文王既沒，武王嗣位，告周公禁五戎，作柔武。」人有疾，下應以人既沒，相顧爲文。

克殷篇序：「武王率六州之兵車三百五十乘，以滅殷。」上方言滅殷，次即繼作大匡篇云：「武王既克商，建三監，以救其民，爲之訓範。」既克，顧前方滅爲文。

五權篇序：「武王有疾，……命周公輔小子，告以正要。」下即接以「武王既沒，成王元年，周公忌商之孽，訓敬命」。亦有疾，應以既沒。

明堂篇序：「周公將致政成王，朝諸侯於明堂。」公將致政，次嘗麥序作「王即政（親政）」以顧應之，云：「成王既即政，因嘗麥以語羣臣而求助。」將，未然之辭；既，已然之辭也，連著「將……既」，明時序前後相因。

度訓篇序「昔在文王，商紂並立，困于虐政，將弘道，以弼無道，作度訓」，而命訓篇序緊承之，蒙上序渻略撰書之主人——文王，云「殷人作教，民不知極，將明道極，以移其俗，作命訓」。序者謂兩「訓」篇撰作目的及要旨相近，又皆周文王所爲，故後一序渻人名。

文酌篇序「上失其道，民散無紀，西伯修仁，明恥示教，作文酌」，而下糴匡篇序渻「西伯」，云「上失其道，民失其業，□□敏案：缺二字，度其文意，必非西伯。凶年，作糴匡」，冒上序序文乃湝也。

史記篇序「穆王思保位惟難，恐貽世羞，欲自警悟，作史記」，下職方篇序冒上湝略「穆王」，云「王化雖弛，天命方永，四夷八蠻，攸尊王政，作職方」。

——六逸周書序用語倣書序，大概有昔在、在酆、有疾、將、既五語，

度訓篇序：「昔在文王，商紂並立，困于虐政，將弘道，以弼無道，作度訓。」此第一篇序，陰襲書序第一篇堯典序「昔在帝堯，……作堯典」也。夫尚書記事「上斷于堯」，堯事又甚古遠，故首序用「昔在」，明載記之端始。而逸周書序倣之，弁「昔在」於其首序，明載記周事，「上斷于文（王）」，是也。

酆保篇序「文王在酆」，倣召誥書序「成王在豐」，彼序欲顯示成王在豐告廟，故著所在，此篇文王在都——酆命周公，則毋庸著所在；今而著之，倣書序也。（程寤程典序「文王在程」，亦倣書序在某所）

尚書金縢「（武）王有疾」，書序用本經，云「武王有疾」，逸周書文儆、五權兩篇序辭襲書序，云「文王有疾」、云「武王有疾」，而兩篇本文竝無「王有疾」語。

將字，書序八見。逸周書序度訓「將弘道」、命訓「將明道」、酆謀「將興師」、寤敬「將伐商」、和寤武寤「將行大事」、明堂「周公將致政成王」、祭公「王制將衰」、殷祝「湯將放之」，亦凡八見，皆襲書序爲之。

既字，書序十九見。逸周書序柔武「文王既沒」、成開「武王既沒」（均近書序蔡仲之命「蔡叔既沒」及君陳「周公既沒」）、大匡「武王既克商」、箕子「武王既釋箕子囚」、作雒「周公既誅三監」（均近書序周官「成王既黜殷命」）、嘗麥「成王既即政」、王會「周室既寧」，凡七見，辭皆襲書序。

——七逸周書序取書序之記事，

本典序「周公爲太師」，而本篇不言公爲太師；序取君奭書序「召公爲（太）保，周公爲（太）師」也。

則逸周書序在後，以書序爲前導，至爲明確。

至逸周書序成編時代，

朱右曾疑出「周末史官」之手（已詳上引）。

陳逢衡定爲周王朝史官，必非諸侯晉國史官，逸周書補注卷二二周書序：「……觀於序太子晉曰『（晉侯尚力）侵我王略』，玩一『我』字，則作序者定爲周史，而非晉史矣。」

黃沛榮同學以謂尚書序漢武帝末始獻上，逸周書序乃見而仿之，故後者「很可能是西漢昭宣時代的人」所作（周書研究頁十九）。

逸周書，正其原名當爲周書，逸周書序原名當爲周書序，俱以周王朝立場撰書，故用周天子史官筆法，序云「晉侯……侵我王略」，陳說是。更考度訓、常訓序稱帝辛爲「紂」（尚書及書序僅稱帝辛名「受」絕不及「紂」），劣稱也（史記殷本紀集解引謚法曰「殘義損善曰紂」），亦周史筆法。朱氏定爲周末史官，近正。夫書序周秦間人撰，出孔壁在漢景帝初，度彼時已漸流傳（不必定俟遲至武帝末以後），周書序作者得見而據之。復徵者，逸周書有戰國末年著成之篇，其中王會篇且作於秦漢之際（參看周書研究章第七），而其六十三條序之成著，固不得早出西漢初年，決在書序漢景帝初年發出孔壁之後也。

(五) 三國（魏吳）人至唐孔穎達見書序

三國魏王肅子雍見書序 肅魏之經學大家，學承漢賈馬，注尚書，解書序，下擇舉三例：

汩作九共稾飫書序王注：「共，已勇反。汩作、九共，故逸。」（經典釋文卷三尚書音義上引）

咸有一德書序王注：「言君臣皆有一德。」（史記殷本紀集解引）

文侯之命書序王注：「幽王既滅，平王東遷，晉文侯、鄭武公夾輔王室；晉爲大國功重，故平王命爲侯伯。」（尚書孔正義引）

三國吳韋昭見書序 注國語明引之，玆出二例：

楚語上注：「書序曰：『大康失國，昆弟五人，須于洛汭。』」（五子之歌書序文，國書序作邦）

又：「書序曰：『高宗夢得說，使百工營求諸野，得之傅巖，作說命。』」（說命書序

文，得之書序作得諸）

西晉束晳見書序 尙書盤庚書序孔正義：

束晳云：「尚書序：『盤庚五遷，將治亳殷。』……孔子壁中尚書（序）云：『將始宅殷。』」

東晉某氏見書序 其撰僞古文尙書及傳，全解書序，今具存。

東晉范甯見書序 范注穀梁傳取書序，

春秋經哀公四年范注：「殷都于亳。」穀梁傳：「亳社者，亳之社也。」范注：「亳即殷也；殷都于亳，故因謂之亳社。」范注暗用帝告釐沃書序「湯始居亳」及盤庚書序「將治亳殷」文。

東晉李顒見書序 顒尙書注十卷，書序亦在注列，仲丁書序孔正義：「李顒云：『囂在陳留浚儀縣。』」

梁陶弘景見書序　經義考卷九七：「陶氏弘景注尚書序一卷，佚。按：（陶）貞白注詩（序）、書序，見元道士劉大彬茅山志。」

梁劉叔嗣見書序　叔嗣撰尚書亡篇序一卷（隋志著錄），爲亡失之尚書篇（如槀飫、帝告等）之書序作注。

梁某氏見書序　渠撰尚書新集序。

二書已見上書序稱名節。

陳隋之際顧彪見書序　彪著古文尚書義疏，主僞孔傳，疏其本之書序：

泰誓書序孔正義：「顧（彪）氏以爲：『古史質，或云正月，或云一月，不與春秋正月同義。』……顧氏以爲：『泰者，大之極也，猶如天子、諸侯之子曰太子，天子之卿曰太宰，此會中之大，故稱泰誓也。』」

牧誓書序孔正義：「『車有七十二人，三百乘凡二萬一千人』。計車有七十二人，三百乘當有二萬一千六百人，孔略六百而不言，故云『舉全數』，顧氏亦同此解。」

洛誥書序孔正義：「顧氏云：『周公既至洛邑，乃遣以所卜吉兆來告于王。』」

隋二劉——焯、炫見書序 大劉撰尚書義疏、小劉撰尚書述義，兩書竝主僞孔傳，當亦疏書序，唐孔正義即用二劉疏本刪定，正義全疏書序，今具存。

南北朝（絕多在南朝）及隋多家疏書序 經典釋文卷四泰誓上音義「惟十有三年春」：「或作十有一年，後人妄看序文妄改之。」「或、後人」，謂南北朝人以書序之「十一」改書經之「十三」也。（南朝尚書義疏專書，悉主僞孔本，解及書序，此不煩備舉，隋志可參看）

唐陸德明經典釋文卷三、卷四尚書音義 主僞孔傳，全解書序，書今具存。

唐初孔穎達等奉敕修尚書正義 亦主僞孔傳，高宗永徽四年頒爲功令，天下共遵之，此一鉅著亦全疏書序，書具存，影響當世及後代極大！

四、書序今古文本

(一)書序與伏生傳本二十九篇尚書及尚書大傳

書序原出孔壁（前已屢言之矣），初爲古文寫成；其後傳抄，乃有今文本。漢代今文家大宗師伏生，傳廿九篇尙書，至今猶全，又著尙書大傳（弟子輯錄），殘文今多見輯存。二者與書序攸關，杜預因而誤仞書序即出伏氏手（辨見下）。

伏本廿九篇尙書，原本久逸，今見皆爲傳抄本（如僞孔傳本即爾），已非伏本之舊，若盡援以校看書序篇目異文，殊無意義。唯據伏本各篇本經，知書序八十一目百篇中之廿九目三十一篇，大抵可與相應整合，從知書序之可信，一也。

殘本尙書大傳，依清陳壽祺輯校本（此本最善），知伏氏講尙書稱

唐傳（如說堯典）、虞傳（如說九共）、虞夏傳（如記皋陶謨及雜記舜事者）、夏傳（如說禹貢、甘誓）、殷傳（即商傳；如說帝告，其下湯誓等概屬之。）、周傳（自大誓以下咸屬之）。（陳氏尙書大傳輯校卷一）

是伏氏分尚書諸篇爲「唐書、虞書、虞夏書、夏書、殷書（即商書，墨子七患亦引殷書曰。）、周書（參看拙著尚書「三科之條五家之教」稽義，孔孟學報六十一期，民國八十年三月）。書序篇目，始堯典終秦誓，依所記事之時代排次，如畫篇斷屬，亦必標分若唐、虞、夏、商、周朝代，則大槩下合大傳之所斷分。

伏氏於殘本大傳見講之書篇，據陳氏輯校，有明舉篇目者，如堯典、九共、西伯戡耆等，有研考其義說，知其篇目者，如微子、大誥等，今略依時次敍列，有

堯典一、九共二、臯繇謨三、禹貢四、甘誓五（鄭玄曰：「所謂六卿者，后稷、司徒、秩宗、司馬、士、共工爲六卿。」（路史後紀卷十四夏后紀下引大傳夏書注、又禮記曲禮下孔正義引）陳壽祺曰：「此篇當是說甘誓『乃召六卿』之文」：見輯校卷一。茲從之。）、帝告六、湯誓七、般庚八、高宗肜日九、西伯戡耆十、微子十一、大誓十二、大戰十三、洪範十四、大誥十五、金縢十六、嘉禾十七、揜誥十八、康誥十九、酒誥二十、梓材二十一、召誥二十二、洛誥二十三、多士二十四、毋逸二十五、多方二十六、臩命二十七、鮮誓二十八、甫刑二十九。

此廿九篇目，取與僞孔本書序相校，得

第一、目字不同：「皐陶謨」陶作繇，敏案：陶*dʻog、繇*giɔg 音近，傳寫異文，內野本尙書、書古文訓、說文引、漢書顏注竝同作繇，蓋孔壁古文如此。「盤庚」盤作般，敏案：甲骨文、漢石經（據屈先生漢石經尙書殘字集證，隸釋卷十四載漢石經涫作股）、隸古定本、經典釋文或本咸同，般、盤同音*bʻwân，字初作般，是古文；孳爲盤，今文也。「西伯戡黎」黎作耆，敏案：史記周本紀同作耆，黎、耆上古音同在脂部，疑作耆爲古文。「泰誓」泰作大，敏案：墨子尙同下、天志中、左昭元及二四傳、成二傳、襄三一傳、禮記坊記引咸作大，甲文、金文無泰，當原作大，大*dʻâd、泰*tʻâd 音近，傳寫致異。「無逸」無作毋，敏案：漢石經、史記魯世家、論衡儒增咸作毋，今文，二字同音*miwag，傳寫致異。「冏（囧）命」冏作㬮，敏案：清段玉裁古文尙書撰異卷三二：「蓋作囧冏者，古文尙書；作㬮者，今文尙書。」二字皆俱永切（廣韻），傳寫歧異。「費誓」費作鮮，敏案：史記魯世家集解徐廣曰：「費，一作鮮。」鮮，今文；古文作粊（鄭玄尙書注），音近傳寫作費（費粊段氏六書音均表同在十五部）。「呂刑」呂作甫，禮記、孝經引竝作甫，墨子引作呂。大抵漢今文本作甫（別如漢石經），古文本作呂（如馬鄭本）。甫*piag、呂*liag 音近，傳寫殊異（參見拙著尙書呂刑篇之著成，清華學報新十五卷一、二期合刊，民國七十二年十二月）。

第二、篇次不同：先金縢次大誥，作先大誥次金縢，敏案：金縢一篇記一事之始終，自武王遘疾，至周公東征前後諸節，猶後世史體紀事本末，而實以周公質身請代金縢納冊爲主。夫事之主體既在東征前，故當先乎大誥。大傳既誤以金縢後半記周公歿後事，又不察事體，致排次失誤。先呂刑後費誓，作先費誓後呂刑，敏案：依僞孔本費誓書序，本篇乃周公長子伯禽於魯曲阜伐徐、淮之書，伏生所見書序宜亦然。夫伯禽受封，約在成王四年，則本篇當繫成王世卷，乃大傳繫穆王卷冏（囧）命、甫（呂）刑間，不詳其故。（費誓乃魯僖公誓師之書，當襄王世，此不遑論）。

依上所析，伏氏曾親見書序（詳說下），但大傳所載篇目，殆別有依據，故與今本字異。唯兩本異字才八，音近殊寫，求之古韻，脈絡一一可尋；徵諸漢尚書學，則伏本亦分別下與古、今文契合。多篇既亦故秦博士所見，則今本書序篇目宜可信。而書篇排次，先後有別者，二篇耳，或因認知經義不同，或有它故，莫得其詳矣。

第三、大傳載大戰、揜誥二目，書序之所無。敏案：大戰：清魏源書古微卷七定爲牧誓下篇，清邵彭瑞尚書決疑卷一序目謂即牧誓。考大戰逸文「太公曰『罵汝毋歎，唾汝毋乾。毋乾毋歎，是謂艱難』」（宋吳曾能改齋漫錄卷二引尚書大傳大戰篇）。夫牧誓首尾完具，不容續設下篇，及觀此逸文，當別是一篇，記武王甫克紂後之事，宜次牧誓後。

揜誥：清宋翔鳳尚書譜頁十九曰：「揜與奄同音字通，周公伐奄時得命禾，……以誥奄民，故嘉禾亦名揜誥，否則百篇中無揜誥之目。」清孔廣林輯尚書大傳注卷三曰：「百篇無揜誥，疑揜即奄也。成王既踐奄，作成王政，揜誥其即成王政與？」夫大傳既嘉禾、揜誥二目分列，則非一篇。且成王政記成王征伐淮奄，告天下，揜誥，告奄人，而嘉禾，周公得命禾，乃陳成王之命以禾上獻文王廟也。三篇述事作意不一，則嘉禾果非揜誥，揜誥亦非成王政。又百篇八十一目不能盡尚書之全，先秦典籍頗引逸篇，宋、孔二氏豈能一一爲之曲說以併合之於百篇內之某某篇目乎？至此二篇連同九共、帝告、大誓、嘉禾，不在伏本廿九篇內而大傳皆衍說之者，四庫提要卷十二曰：「所傳二十八（當作九，下同。）篇無泰誓，而此有泰誓傳，又九共、帝告、歸禾（當作嘉禾）、揜誥皆逸書，而此書亦皆有傳，蓋伏生畢世業書，不容二十八之外全不記憶，特舉其完篇者傳於世，其零章斷句則偶然附記於傳中，亦事理所有，固不足以爲異矣。」清王鳴盛尚書後案卷三十：「伏生于正記二十八篇外，又有殘章剩句未盡遺忘者。」夫伏公壁藏本，兵燹亡數十，孑遺廿九篇即以教授，其超出廿九及百篇書序篇目之六篇，或在伏本亡數，能出諸記憶，亦實有所據，則書序依經敍意可信，而大傳言書篇目，非悉依書序，此又得一徵。

第四、「踐奄」詞字，今廿九篇書無，尚書逸文亦未見，尚書經文不用「踐奄」字，亦不用踐字，亡篇成王政、將蒲姑經文，應亦竝無踐奄字，唯今本書序兩見，曰「成王東伐淮夷，遂踐奄」（成王政序）、曰「成王既踐奄，將遷其君於蒲姑」（將蒲姑序），大傳說書序曰：

踐，藉也。（經典釋文卷四尚書音義下成王政序下引大傳云）

遂踐奄，踐之者籍之也。籍之謂殺其身、執其家、瀦其宮。（詩破斧孔正義引將蒲姑序載書傳即尚書大傳云）

是伏生嘗見書序雖序之篇數及其板本未必盡同今本，故據以釋之（段玉裁古文尚書撰異卷三一謂必成王政「篇中有此語，伏生記憶釋之，非釋書序也」。存疑）；書序之可信，此又獲一證。

第五、復以書序與大傳共有之廿七篇相較，相異者或謂有咸乂與高宗肜日（或是高宗之訓）、金縢、嘉禾四目，茲討說如後：

書序：「伊陟相大戊，亳有祥，桑、穀共生于朝，伊陟贊于巫咸，作咸乂四篇。」清簡朝亮尚書集注述疏卷末上書序辯：「伏生大傳言『祥，桑、穀』於高宗之訓，與序言『大戊』者不同。」大傳般傳：「武丁之時，桑、穀（穀）俱生於朝，七日而大拱。武丁……問諸祖己，曰：『桑、穀（穀），野艸也，野艸生於朝，亡乎！』武丁懼，側身脩行，思昔先王之政，興滅國、繼絕世、舉逸民、明養老之禮，重譯來朝者六國。」（輯校卷一）敏案：此大傳所記，當指高宗肜日篇；高宗之訓篇，伏生殆未見。然此祥大戊、武丁時皆有，陳壽祺曰：「外紀劉恕曰：『按伏生、劉向以武丁有桑、穀（穀），而向著說苑以大戊、武丁時俱有桑、穀（穀）。』」（輯校卷一），而大傳內無咸乂篇，故後人謂此大傳文異乎書序。

書序：「武王有疾，周公作金縢。」謂金縢全篇記周公在世時事。大傳不盡然，云：「周公疾，曰『吾死，必葬於成周，示天下臣於成王也』。周公死，天乃雷雨以風，禾盡偃，大木斯拔，國恐。王與大夫開金縢之書，執書以泣曰『周公勤勞王家，予幼人弗及知』。乃不葬於成周，而葬之於畢，示天下不敢臣。」（輯校卷二）以經本文「秋大熟，天大雷電以風」至篇末，爲周公身後事，與書序異。而開篇至「王亦未敢誚公」，記周公生時事至顯，惜大傳逸文未及；苟有之，當同書序。

書序：「唐叔得禾，異畝（母）同穎，獻諸天子。王命唐叔歸周公于東，作歸禾。」清馬邦舉書序畧考謂「王命唐叔歸周公于東」與大傳不合。敏案：大傳周傳嘉禾：「成王之時，有三苗貫桑葉而生，同爲一穗，其大盈車，長幾充箱，民得而上諸成王。」(輯校卷二) 與書序「獻諸天子」以上之文合。而大傳殘文未及歸(餽)禾于東——周公兵所；苟有之，當同書序，史記正同。馬氏未考。

書序：「成王既踐奄，將遷其君於蒲姑。周公告召公，作將蒲姑。」清簡朝亮尚書集注述疏卷末上書序辯：「大傳言『奄君薄姑』，與序言『遷奄君於蒲姑』者不同。」敏案：大傳周傳金縢：「武王死，成王幼。……周公身居位，聽天下爲政，管叔疑周公，流言于國曰『公將不利于王』，奄君薄姑謂祿父曰『武王既死矣，今王尚幼矣，周公見疑矣，此世之將亂也，請舉事。』……周公……遂踐奄。」蒲*b'wâg、薄*b'wâk音近，傳寫異字，蒲姑即薄姑，爲人名。又爲地名，左昭九年傳：「及武王克商，蒲姑、商奄，吾東土也。」孔正義引服虔注：「蒲姑，齊也。」蒲姑氏初爲殷諸侯奄國國君之名，後共管蔡武庚叛周，成王遷之於齊地，其地即因蒲姑氏徙封於此而得名蒲姑。則大傳作人名與書序作地名，未嘗有異，簡氏說失之。

據此，說書之本經，大傳異乎書序者，僅金縢後半篇，餘未見其不同。夫金縢風雷動變，言天人相感，自來傳說必多，而伏生治書，長於五行災異，取以爲誼，不足怪也。大傳既絕多同書序，伏又故秦書博士，持之有故，則書序可信，又增一重證。

㈡ 書序與歐陽本尚書及其所附之書序

尚書今文學，於漢，大宗師爲伏生，漢書藝文志著錄其傳本「經二十九卷」，班固自注：「大、小夏侯二家，歐陽經三（原誤作二，依官本、汪本改，見清王先謙補注。）十二卷。」三十二卷者，合伏生本之二十九篇爲二十八篇（以一篇當一卷，合顧命、康王之誥爲一篇。），加後得之大（泰）誓三篇，又加書序一篇，是也。漢熹平石經所據底本：或以爲夏侯二十九卷本，清皮錫瑞今文尚書攷證、民國陳夢家尚書通論是，清吳維孝新出漢魏石經考及屈先生漢石經尚書殘字集證進而仞定爲小夏侯本；而民國馬衡漢石經集存、錢玄同重論經今古文學問題，則論爲歐陽三十二卷本，初無定論。洎一九六二年河南偃師縣新出土漢石經殘字校記有「大夏侯無」、「小夏侯」……等，乃知漢石經以歐陽本爲底本，斷然無疑。（參看近人許景元新出熹平石經尚書殘石考略，考古學報一九八一年二期）。唯前漢歐陽本尚書大誓分作三篇；後漢熹平石經本變易，合爲一篇。前本篇數雖多二篇，但前、後兩本經文、篇目則無殊。

伏生嘗見書序（已見上節述），但其尚書傳本無書序；曾否傳書序予歐陽生且以下傳，亦莫能確知。書序者，出諸孔壁，天漢末年獻上，博士得見，疑歐陽本書序即從上獻本隸定，編入其教本——本經三十一卷、書序總爲一卷附經末，共三十二卷。唯博士官本，以授弟子員者，既祇以本經二十九目三十一篇授業，則所錄書序則當祇爲此二十九目三十一篇之書之序，外此之五十二目六十九篇之書之序則當從刪棄。考之今已出土漢石殘字，果然！

舊、新出土漢石書序殘字，可辨識約凡四十四字、大圓點二、出諸十三篇，先備錄於下：

（據漢石經尙書殘字集證卷二及卷三復原圖、新出熹平石經尙書殘石考略及周鳳五先生新出熹平石經尙書殘石研究，幼獅學誌十九卷三期，民國七十六年五月）

廣度下（堯典書序）

州隨山　川任土（禹貢書序）

遂與（湯誓書序）

而雊（高宗肜日書序）

堪飢●（西伯戡黎書序）

牧（牧誓書序）

㕥箕子（洪範書序）

般餘　康叔（康誥書序）

使召公（召誥書序）

公作勑●（無逸書序）

召公爲保　周公作君（君奭書序）

甫刑（呂刑書序）

禽　徐夷竝興（費誓書序）

據上殘字篇屬，知書序皆在廿九篇中；錢玄同、屈先生竝以字數計算，定漢石經書序爲廿九篇，

錢氏重論經今古文學問題：「漢石經中的書序，却很別緻，僅有今文經所有的二十九（目）篇之序，此外七十一篇序一概沒有（敏案：七十一當計作六十九。），這是計算它的行數字數而可以斷定的。」（載古史辨冊五上編頁三九）

屈先生漢石經尚書殘字集證卷二：「以唐本校之，漢石經書序但有二十九（目）篇（原自注：有泰誓無康王之誥），而非百篇。」

案：漢石經書序部分共七行，最長一行爲七十七字。今存書序殘字七行，自第一行堯典序「廣（光）度（宅）」至第七行呂刑序「甫（呂）刑」（據殘字集證卷二），容字最多爲五百三十九字，而百篇書序自堯典序「光宅」至呂刑序「呂刑」則爲千零四十二字；又今存漢石經書序殘字六行，自第一行禹貢序「州隨山」至第六行費誓序「徐夷竝興」（據新出殘石），容字最多爲四百六十二字，而百篇書序自禹貢序「州隨山」至費誓序「徐夷並興」則爲九百八十八字：以行數字數計之，漢石經書序止錄廿九篇而不能容納此外之七十一篇（當作六十九篇），的然無疑。

取漢石經書序殘字以與今僞孔本書序校，文異者八字，又多大圓點二，茲逐文分篇討說於下：

廣度（漢石經本，下倣此）——**光宅**（僞孔本，下倣此）：序「光宅四表」光，依本經「光被四表」光，未變；而作「廣」者，今文本本經「橫被四表」漢書王莽傳上「昔唐堯橫被四表」、王褒傳「化溢四表，橫被無窮」橫被，皆暗用堯典本經，清戴震戴東原集：「堯典古本必有作橫被四表者。」清段玉裁古文尚書撰異卷三一：「古文尚書作光，今文尚書作橫。」新出漢石經皐陶謨「橫天之下」，今本作「光天之下」，推度堯典「光被四表」石經亦必作「橫被四表」，「橫被」果今文歐陽本也。橫，作「廣」；橫，古曠反（禮記樂記「號以立橫」釋文音），音同廣，橫、廣竝充盛之意，故序者說「橫被」爲「廣被」，因改孔壁書序「光」爲

「廣」也。又或光、廣同音*kuâng，義又均爲充盛，而「廣」之充盛義尤顯且爲眾所習用，故歐陽家逕改序文「光」爲「廣」也。序「宅」作「度」者，㈠讀爲度，清江聲尚書集注音疏卷四盤庚：「宅，讀亦當爲度，古者宅、度同字，文王有聲詩云『宅是鎬京』，禮記坊記引作『度是鎬京』。」盤庚「度乃口」度，敦煌本作宅，亦可證。宅*d'ăk、度*d'âk音近讀假。㈡宅，古文作㡯（說文），此宅爲㡯形近之誤；㡯亦即度。則孔壁書序原作㡯，隸定誤爲宅；而歐陽家則原據㡯隸定爲度。「廣度天下」，充分衡度天下之事而治之也。

堪飢●——戡黎：勘、戡，爾雅釋詁上：「勘，勝也。……戡，克也。」邢昺疏：「克亦勝也，詩周頌敬之云『佛時仔肩』（肩），克也；又爲殺也（敏案：說文引尚書戡作𢧁，云：「殺也。」）。」是勘、戡同義，亦同音*k'ə̆m，傳寫異文。飢，史記殷本紀亦作飢，（左傳定公四年「分康叔以……殷民……，饑氏」，饑氏或即飢氏。），黎*lied、飢*kied音近，傳寫異文。●（下劮下粗點同），字下之粗點，表示上文與下文之間空一字，漢石經盤庚上文「弗可悔」與下文「盤庚作」上亦有一粗點、漢石經公羊春秋經殘石紀年與紀年之間亦皆有一粗點，亦竝表示空一字，同。書序七十七，平均每序約十六字，一序短小不能成篇卷，故自來皆合全序爲一篇卷，總繫尚書本經全經之後，但爲區分上一序與下一序，意者，或一序一簡，或每序提行，或上序與下序間空一字。

此粗點乃上西伯戡黎序與下微子序之間之空字。無逸序「劮」下粗點，亦等同下君奭序「召公爲保」上之空字。

叺——以：古文[illegible]，孳爲[illegible]，變爲以、叺。叺，隸書，漢石經[illegible]槩作叺（見隸釋卷十四、殘字集證及參魏石經殘字），以，楷書（見唐石經）。則叺、以同字，傳寫異體耳。

劮●——逸：本經本篇僞孔本作「逸」，凡六見，古文也，魏石經古文作[illegible]；漢石經殘字作「劮」，二見（載隸釋卷十四），歐陽家依其本本經變序古文逸爲今文劮。劮，義同逸：廣雅釋詁一：「劮，婬也。」婬即淫劮之義。字又作逸，清王念孫疏證：「（方言）又云：江沅之閒，或謂戲曰惕佚，（佚）與劮通字，或作逸，又作泆。」又釋詁三：「劮，戲也。」疏證：「劮，經傳通作佚，又作逸。」劮、逸音亦同*dįet。二字音義同，通用。粗點●，已見上「勘飢」條討論。

甫——呂：序「呂」，依本經「惟呂命」呂；甫，「大傳……以呂刑爲甫刑」（宋王應麟漢藝文志考證卷一）、（尚書）大傳略說：「甫刑可以觀誡。」（輯校三）歐陽本本經殆同伏生尚書大傳作甫，博士遂依本經改序「呂」爲「甫」。呂*lįag、甫*pįag音近，傳寫異文。（亦參看拙著尚書呂刑篇之著成，清華學報新十五卷一、二期合刊，民國七十二年十二月）

竝——並：序「並」，依本經，尚書另三「並」字（其中立政宋本作「竝（受）」，內野本、唐石經本均作並；作並是。），可爲旁證。甲骨文竝，即竝之初文，同並，「並」俗寫。

綜上論據，今文歐陽本廿九目篇書序與僞孔本相同之廿九目三十一篇書序相較，字異者，或體有正俗（竝—並）、隸楷（叺—以），或音近義通借字，抑或形誤（度—宅），又或音近寫異（勘—戡、飢—黎），其餘則絕多爲博士依其本本經改易序字。從知今文歐陽本書序依用孔壁書序，節取其中廿九目篇，而序字亦頗有更定，則今僞孔本書序之可信，又得一證。

㈢ 書序與史記之稱述書序

⑴ 史記述書序義引書序文字篇求

史記與書序之關係，泛說無益，爰特先依八十一題次序，逐題考對如下（古國順史記述尚書研究頁三八一—四一〇會集史記述書序資料，此略參看）：

⑴堯典　史記五帝本紀據本經述帝堯政德，與書序合，唯未引述書序文，亦未載其篇目。

⑵舜典　史記不載篇名，亦未引述書序文。

⑶汩作　同⑵。

⑷九共（九篇）　書序亡佚，史遷但據書序所存該篇篇目因知其目而記之。

(5)槀飫　同(4)。

(6)大禹謨　同(2)。

(7)臯陶謨　夏本紀據本經述臯陶事，合書序；未引述序文及篇目。

(8)益稷　同(2)。

(9)禹貢　夏周二本紀與河渠書據本經述禹平水土，合書序；未引述序文及篇目。

(10)甘誓　夏本紀述書序義載篇目竝同書序。

(11)五子之歌　夏本紀述書序，文字幾全同，載篇目同。

(12)胤征　夏本紀述書序義載篇目竝同。

(13)帝告　殷本紀述書序，文字幾全同；載篇目告作誥，音義竝同，寫異。

(14)釐沃　同(4)。

(15)湯征　殷本紀述書序載篇目悉同，僅始征作始伐一字異耳；征、伐大義同。

(16)汝鳩　併見下汝方。

(17)汝方　殷本紀述汝鳩、汝方書序，文字幾全同。又載序文及篇目四汝字盡作女，兩方字竝作房：汝，姓氏，彝銘（[illegible]鬲、子卣）有「女子」即「汝子」，國之首領。女*ṇịag 、汝*ṇịag 音近，疑孔壁古文書序原作女，漢人隸寫作汝。房方同音*b'ịwang ，人名傳寫異文。

(18)湯誓　夏殷二本紀述書序義載篇目竝同。

(19)夏社　殷本紀述書序文字載篇目全同；封禪書述義同，載書目亦同。

(20)疑至　同(4)。

(21)臣扈　同(4)。

(22)典寶　殷本紀述書序義載書目竝同。異字：朡作㚇，今、古字。誼作義，古、今字也。

(23)仲虺之誥　殷本紀述書序義同；載篇目虺作畾。靁雷，古文作[illegible]省作畾，畾虺同屬微部，音近寫異。

(24)湯誥　殷本紀述書序義載篇目竝同。

(25)明居　殷本紀述書序文字載篇目全同。

(26)伊訓　併見下徂后。

(27)肆命　亦併見下徂后。

(28)徂后　殷本紀述伊訓、肆命、徂后書序義同，載三篇目又同。

(29)太甲（三篇）　殷本紀述書序義同；載篇目作太甲訓，疑史遷以爲此篇伊尹訓帝太甲，但篇名太甲、主義不顯，因據孟子「太甲……聽伊尹之訓」而易爲「太甲訓」也。

(30)咸有一德　述書序文字載篇目全同。

⑶沃丁　殷本紀述書序義載篇目竝同。

⑶咸乂（四篇）　殷本紀述書序義同（封禪書述略同）；載篇目作「咸艾」，艾*ngiăd祭部與乂*ngia歌部音轉，二字皆訓治，同。又「作咸艾」下，多「作太戊」太戊一目，所以然者，史遷誤衍，涉上文也（參後論證）。

⑶伊陟　殷本紀述書序義同，脫「作伊陟」三字。

⑶原命　同⑷。

⑶仲丁　殷本紀述書序曰「中丁遷于隞」：仲作中，仲、中同音義，殷本紀下文亦作「仲丁」同書序；囂、敖（隞从敖聲）同音*ngôg（詩小雅車攻韵），古地名傳寫異字。殷本紀下文又曰：「仲丁書，闕不具。」尚書仲丁篇，漢時亡佚，史遷未見，故云「闕不具」也。史記不載篇目。

⑶河亶甲　殷本紀述書序曰「河亶甲居相」，全同；唯缺著「作河亶甲」。

⑶祖乙　殷本紀述書序曰「祖乙遷于邢」：序「圮於耿」，謂帝祖乙初自相遷耿，既而耿圮，又遷庇，史遷昧於史實，誤謂此篇爲祖乙自相遷耿而作，遂妄改「圮」爲「遷」。邢*γieng、耿*keng音近，古地名傳寫兩歧。史記不載篇目。

⑶盤庚（三篇）　殷本紀載篇目同；述帝盤庚「渡河南，復居成湯之故居，迺五遷」，太史公誤讀本經「于今五邦」及其上下文，又以蒐材闕略，因昧於史實，非所據本經及書序

不同今本也。史記吳太伯世家：「(伍)子胥……諫曰：『……且盤庚之誥有「顛越勿遺，商以之興」。』」又伍子胥傳：「伍子胥諫曰：『……且盤庚之誥曰「有顛越不恭，劓殄滅之，俾無遺育，無使易種于茲邑」。』」史遷此述伍員語，後一條覈與左哀十一年傳引「盤庚之誥曰」幾全同，前一條則撮取左傳大義，而稱篇名盤庚之誥則同：兩條竝自左傳稗販，非所見書序篇名原作「盤庚之誥」也。

(39)說命（三篇）　殷本紀述書序義同，但不載篇目。

(40)高宗肜日　殷本紀：「帝武丁祭成湯，明日，有飛雉登鼎耳而呴，武丁懼，祖己曰：『王勿憂，先修政事。』祖己乃訓王曰：『惟天監下至毋禮于弃道』（共五十九字）。」此述書序義及詁譯本經，同。唯於詁譯本經方已，又曰：「武丁修政行德，天下咸驩，殷道復興，子帝祖庚立，祖己嘉武丁之祥雉為德，立其廟為高宗，遂作高宗肜日及訓。」「訓諸王」以上，別有所本，非依書序。稱高宗肜日篇目同。「及訓」訓，謂高宗之訓。

(41)高宗之訓　同(4)（並參看上高宗肜日）。

(42)西伯戡黎　殷本紀據本經述書序義同；不載篇目，但云「西伯伐飢國」，黎作飢一作阢，周本紀則作耆同大傳，所據史料不一故異，四字同在脂部，音近，古地名傳抄固常致歧。

(43)微子　殷本紀與宋世家述本經主旨同書序，不載篇目。

(44)泰誓（三篇）　周本紀與齊世家述書序義同；載篇目泰作太，二字同音*t'âd 同義，寫異。

(45)牧誓　魯世家述書序義載篇目竝同。

⑷6武成　周本紀述書序義同，載篇目同。唯序「歸獸」獸，作狩，獸、狩同音*xiǒg，古通用，參看清段玉裁古文尚書撰異。

(47)洪範　周本紀與宋世家述本經義同書序，不及篇名。

(48)分器　周本紀述書序義同；惟邦作封，敏案：邦，內野本作㞷，說文古文封作㞷，邦諱而封正，史作封是。又邦，說文丰聲，音*pung與封*piung音近，通用。本紀又載篇目爲「分殷之器物」，多「殷之、物」，或壁本原亦有此三字而僞孔本脫，或史遷爲闡說題意自增文。

(49)旅獒　同(2)。

(50)旅巢命　同(2)。

(51)金縢　周本紀與魯世家據本經述周公禱請代武王死事，合書序，唯未引書序文，亦未載篇目。

(52)大誥　周本紀與魯世家等述書序義同，載篇目同。

(53)微子之命　周本紀與宋世家述書序義同，載篇目同。

(54)歸禾　周本紀與魯世家述書序義同；唯畝世家作母，清錢大昕曰：「古文畝作晦，母即晦之省。」（瀧川會注考證引）載篇目歸，本紀同，世家則作餽，餽*g'iwəd、歸*kiwə̆d

音近，義亦皆訓遺音魏。

⑸嘉禾　魯世家述書序文同，唯易「得」為「受」，訓詁字，又「旅」作「嘉」，涉下「嘉禾」嘉字誤。又載篇目同。又周本紀述書序義同；唯「旅」作「魯」，旅古文作[古文字形]。

(56)康誥　周本紀與衞世家述書序義載書目竝同書序。

(57)酒誥　書序佚。衞世家述周公告康叔「紂之所以亡者以淫於酒」，合本經；又云「婦人是用，故紂之亂自此始」，為本經所無，諒亦非出於書序，史遷自增之耳。

(58)梓材　書序佚。衞世家云「周公旦……為梓材，示君子可法則」，與本經「若作梓材，既勤樸斲，惟其塗丹雘」旨同，君子謂成王。

(59)召誥　併見下洛誥。

(60)洛誥　周本紀述召洛二誥書序義載書目竝同書序。

(61)多士　周本紀述書序義同；唯「作多士」下衍「無佚」二字。又魯世家亦著「……乃作多士」語。

(62)無逸　魯世家述書序義同；載書目無作毋，漢石經無逸篇本經殘字有「毋劮于遊田」，則毋、今文，無、古文也，二字同音*miwag。

(63)君奭　燕世家述書序義載篇目竝同書序。

(64)蔡仲之命　管蔡世家據左定四年傳述蔡胡受封事，旨同書序。

(65)成王政　周本紀述本事之主體——東伐淮夷，殘奄，同書序，唯踐作殘，二字同在元部音近，義同。唯未載篇目。

(66)將蒲姑　周本紀「遷其君於薄姑」，當是改易「將遷其君於蒲姑」成；薄、古文（馬融本作薄），蒲、今文，二字音近寫歧（參看下書序與馬鄭本書序卷）。史記未載篇目。

(67)多方　周本紀述書序亦同，載篇目亦同。

(68)立政　併見下周官。

(69)周官　魯世家記「周公作周官、立政」，同書序；「作周官」，又見周本紀。唯世家添「周之官政未次序」，故作周官；「官別其宜」，故作立政，明周公建官立制之義，爲補序之不足也。

(70)賄肅愼之命　周本紀述書序義載篇目竝同書序；唯兩「肅」竝作「息」（史記五帝本紀亦作息），二字雙聲，古國名寫異（詳下書序與馬鄭本書序卷）。

(71)亳姑　魯世家述書序義同，惟不載篇目。

(72)君陳　同(2)。

(73)顧命　周本紀述書序義載篇目竝同書序。

(74)康王之誥　周本紀述書序義同；唯載篇名爲作「康誥」，瀧川會注考證：「古鈔本、南本康下有王字。愚按疑脫『之王』二字。」「康」下寔缺「王之」二字。

(75)畢命　周本紀述書序，冊作策，畢下多公字，敏案：尙書無策字，而冊字八見，其中「作冊」冊四字，金文「乍作冊」尤習見，二字音義竝同，史遷以策詁冊，故爲改字。畢公，時爲東方諸侯之長，體序意，此篇天子命畢公書，序脫字。史記載篇目同。

(76)君牙　同(2)。

(77)冏（囧）命　周本紀述書序義載篇目竝同；唯兩「冏」字竝作「臩」，古文尙書作冏（囧），今文尙書作臩（參清段玉裁古文尙書撰異），二字音同，古人名寫異。

(78)呂刑　周本紀述書序義同，唯載篇目呂作甫，作甫是今文，大傳、伏生本、漢石經書序（用歐陽本）皆作甫，則呂古文也。

(79)文侯之命　晉世家據本經及僖公二十八年左傳，定本篇爲周襄王命晉文公重耳書，云「作晉文侯命」，大異序文。

(80)費誓　魯世家述書序義同；唯載篇目費作肸（史記一本作鮮，一本又作獮），今文尙書本如此。

(81)秦誓　秦本紀據本經及文公三年左傳，論本篇爲秦穆公三十六年（周襄王二十八年）

伐晉敗之，報殽之役，誓於軍之辭，大異書序。云「……故作此誓」，誓即秦誓篇目。

據上所詳考，可知：

一、史遷述書序者非書序襲史記，說詳下論證。，有夏社、明居、咸有一德以上三目述書序文字載篇目全同，爲A類。，五子之歌、湯征以上三目述書序文字幾全同，載篇目同，爲B類。，帝告、汝鳩、汝方、嘉禾以上四目述書序文字幾全同，載篇目異字，爲C類。，仲丁、河亶甲以上三目述書序文字幾全同，不載篇目，爲D類。，祖乙一目述書序文字有改，不載篇目，爲E類。，甘誓、胤征、湯誓、典寶、湯誥、伊訓、肆命、徂后、沃丁、高宗肜日、牧誓、武成、大誥、微子之命、康誥、召誥、洛誥、多士、君奭、多方、立政、周官、顧命、康王之誥、畢命以上廿五目述書序義載篇目並同，爲F類。，仲虺之誥、太甲、咸乂、泰誓、歸禾、無逸、賄肅慎之命、冏（囧）命、呂刑、費誓以上十目述書序義同，載篇目異字，爲G類。，分器一目述書序義同，載篇目異字，爲H類。，伊陟一目述書序義同，脫「作伊陟」三字，爲I類。，說命、成王政、將蒲姑、亳姑以上四目載書序義同，不載篇目，爲J類。，盤庚、文侯之命、秦誓以上三目述書序異義，載篇目或同或異，爲K類。，凡五十六目。據此，書序約百分之七十見述於史記，而絕多相合，陳夢家尚書通論頁九七、八謾謂「書序有一部分已見於史記，……書序往往合於史記陳氏僅略舉數目」，是，但說未臻精密耳。

二、據經本文述義不及篇名者，有堯典、皐陶謨、禹貢、西伯戡黎、微子、洪範、金縢，凡七目。

三、據左傳述蔡仲事同書序不及篇名者，蔡仲之命一目。

四、書序亡佚，史遷未見原序文，但據書序所存該篇篇目因知其篇目而記之，且據本經述其義與書序合者，有酒誥、梓材二目。

五、書序亡佚，史遷未見原序文，但據書序所存該篇篇目因知其篇目而止記此篇目者，有九共、槀飫、釐沃、疑至、臣扈、原命、高宗之訓，凡七目。

六、書序有，而史遷述義不及亦未引篇目者，有舜典、汨作、大禹謨、益稷、旅獒、旅巢命、君陳、君牙，凡八目。

關於書序所載尙書篇目，史記或有或無，無且述義亦不及者，如汨作、大禹謨、益稷等；而史記載堯典、皐陶謨、禹貢等經文，皆不稱其篇目，清馬邦舉以謂：

初書不全、序亦不全，凡孔安國家書及序，載于史記；史記不載者，疑安國家無也。（書序署考頁十二，另參看同書頁二九）

如是，乃謂孔安國家之書無汨作、大禹謨、益稷三目，而堯典、皐陶謨、禹貢三篇之目，書序不應有也。馬氏不知史記依書序（說更見下），時有取舍損益，致生同異，今本書序出自孔家，序文雖有所散失，而篇目未亡。馬說非也。

(2) 史記因襲書序

因上文之分析統計，得結論如下：

(甲)史遷所述與書序密切相關者，凡七十三目，占總八十一目之九成勝，其關係疏遠者僅八目，占總目才一成弱；七十三目中明舉篇目者猶得六十六目（伊陟一目，既證爲史遷脫字，自當列入已舉之目。），猶占總目之八成少勝。則初步認定書序與史記此類資料或共出一源，或書序襲史記，抑或史記襲書序。

更深考之，則：

(乙)史記所引述此類資料，大體言之，別無其它來源，而孔安國得壁中古文尚書及書序（前已屢言），司馬遷從安國問故（漢書儒林傳），必嘗見書序，故得據以引述。

(丙)尚書一目多篇者，有九共、太甲、咸乂、盤庚、說命、泰誓，先秦典籍如引之則概不及篇數，漢初它人稱之亦不見舉篇數，而史記稱「太甲訓三篇」（原本經久佚）、「盤庚三篇」（伏生、歐陽本只作一篇），若非據書序，何自出耶？

(丁)壁中書序原文亡佚十目（已見上述條錄書序），史遷亦依之存目依次鈔錄（其中止二目酒誥、梓材據本經述其大義），與書序次第翕合，又別無所依，其非據書序而何？

(戊)史遷述書序義異乎書序者才三目（盤庚、文侯之命、秦誓，上K類。），或因昧於史實，或舍書序別采左傳爲說耳，而同乎書序者高達五十三目之多，兼其中有引述文字全同或幾全同書序者，而又別無所據，則爲抄襲書序何疑？

(己)殷本紀：「中丁立。『帝中丁遷于隞，河亶甲居相，祖乙遷于邢。』帝中丁崩，弟外壬立，是爲帝外壬。仲丁書闕不具。」清梁玉繩史記志疑卷二：「此句（「仲丁書闕不具」句也）當在前文『帝仲丁崩』之上，不應置外壬時也，必是錯簡。」敏案：梁說甚是，即此句應移置前文「祖乙遷于邢」之下，而爲尚書仲丁篇、河亶甲篇及祖乙篇三篇之結語——云此三篇書皆闕未見（詳下），而止統言「仲丁書闕不具」以包河亶甲書及祖乙書，此史公淆略法，且又以起涉下文「仲丁崩」也。仲丁書闕不具，索隱：「蓋太史公知舊有仲丁書，今已遺闕不具也。」史記志疑卷二又曰：「逸書有仲丁篇，故云然（「仲丁書闕不具」）。」三篇本經史公未見，但三篇書序則尚存，故照錄其文（僅二地名字異，仲或作中，又妄改圮爲遷而已）。斯史記抄書序之重大證據，前賢偶疏未及討論。

書序既絕多爲史記所據，以之說書，宜乎昔賢有感而發曰「書序……大史公臚舉，十取其八九」（清段玉裁古文尚書撰異卷三一，清皮錫瑞經學通論卷一用段說）也。

(庚)殷本紀載太戊朝祥桑穀事「作咸乂四篇」畢，下綴「作大戊」。夫史遷述載篇目，絕無踰八十一目者，其依傍書序甚顯，今突多太戊目，而先前它書又絕不之及，則非承上文衍而何？周本紀：「成王既遷殷遺民，周公以王命告，作多士。無佚。」「無佚」目亦衍文，可爲旁證。

㈥史遷述書序載篇目而文異者，原其情約有數端：曰今本書序脫字，畢命篇脫「公」字，是也；曰史記脫字，伊陟篇脫「作伊陟」之類，是也、誤字，嘉禾「旅」誤作「嘉」之類，是也、增字，太甲篇目增字一「作太甲訓」之類，是也；曰古今字及今古字，誼史作義、腏史作嫛，是也；曰人名地名音近寫異，方史作房、黎史作飢之類，是也；曰以訓詁易字，征史作伐、乂史作艾之類，是也。史記字異於書序，原其致異之迹，既昭昭如上，則史記實本於書序無疑。又有今文尚書與古文尚書之異，家法不齊，字體、詮說不免參差，下特立一小節⑶言之。

⑶ 史記述書序兼采今古文家說

史記述書序用古文尚書	今本書序用今文尚書
女鳩	汝鳩
女房	汝方
仲㽔作誥	仲虺作誥

異母同穎	異畝同穎
薄姑	蒲姑
魯天子之命	旅天子之命
史記述書序用今文尚書	今本書序用古文尚書
毋逸	無逸
𦊆命	冏（臩）命
甫刑	呂刑
肸誓	費誓

則史記古今文兼采，至爲明確。

班固已謂史遷說書本經及書序古今兼采，漢書儒林傳：「遷書載堯典、禹貢、洪範、微子、金縢諸篇，『多』古文說。」則遷說此五篇亦有較少采今文說矣。清段玉裁（古文尚書撰異序），陳壽祺（撰「史記用今文尚書」又撰「史記采尚書兼古文」（竝見左海經辨卷一）），徐養原、邵保和、周聯奎（分別撰「策問史記載尚書孰爲今文孰爲古文」，竝見嚴杰補編經義叢鈔），日內野熊一郎（漢初經書學の研究頁二〇二—二〇五），皆主史記說書兼采今古文。

此諸家所舉例證，多側重史遷說尙書本經，言書序者殊少。惟段氏古文尙書撰異略舉史記述書序用今古文字例於卷末，而近人符定一新學僞經考駁誼頁二三—二四言「史記述書敘(序)多古文說」亦舉數文爲例說。

惜清孫星衍主史遷書義乃古文說，於所著尙書今古文注疏凡例首揭宗趣，云：「尙書古注散佚，今刺取書傳升爲注者五家三科之說：一司馬氏遷從孔氏安國問故，是古文說；一書大傳，伏生所傳，歐陽高、大夏侯勝、小夏侯建，是今文說；一馬氏融、鄭氏康成，雖有同異，多本衞氏宏、賈氏逵，是孔壁古文說。」以史遷說當一科一家。泥儒林傳「問故」云云之意，不遑推演，因誤史遷說純是古文。近人馬宗霍說文解字引書考(在其說文解字引經考內)敍例揭示家法，云：「(引漢書儒林傳文，從略)今史記述尙書之文，多以詁訓字易之，疑即受之安國。安國以今文字讀之者，蓋以今字釋古字，即所謂『說』也。……又有疑太史公爲今文說者，更非也。……」以今字釋古字如上所錄薄、魯之類即古文說，則以今字釋今字如上所錄羿、甫之類，爲今文說，史記述書序既兼用今古字，是誠今古文說兼采也，明矣。

反乎孫氏說者，亦得多家，茲以清皮錫瑞爲代表，皮氏經學通論頁七六—七八論書序有今古之異史記所引書序皆今文可據信，又頁七八—八十論馬鄭僞孔古文書序不盡可據信致爲後人所疑當以史記今文序爲斷，且謂「史遷從安國問故，史記所未載，不知班氏何所據」(同書頁五八）。夫皮氏清末代今文家，極崇今學，曲說以排古揚今，所論多不可從，不煩引辨。大約同時又有吳汝綸、康有爲、崔適橫詆書序，則不可不加究詰（說詳下述評吳汝綸書序出史記論及書序劉歆說及其駁義卷）。

⑷ 史記述書序篇次小異討說

史記述書序篇目，次序偶異（例：史記——書序），計有：

典寶次夏社前——典寶次夏社後

咸有一德次明居、太甲前——咸有一德次明居、太甲後

君奭次召誥、洛誥、多士、無逸前——君奭次召誥、洛誥、多士、無逸後

周官次立政前——立政次周官前

費誓次呂刑、文侯之命前——費誓次呂刑、文侯之命後

五篇之所以異次者：⑴夏社書序孔正義曰：「云『湯既勝夏』，下（敏案：指下一篇書序——典寶。）云『夏師敗績，湯遂從之』，是未及逐桀，已爲此謀（敏案：指湯謀遷夏社。）。」則孔以湯伐桀，敗之於鳴條之野（湯誓書序），遂即謀遷夏社；其後乃逐桀、俘寶，二臣因作典寶，故先夏社後典寶。史記殷本紀：「湯……

遂伐桀，……桀敗於有娀之虛。桀犇於鳴條敏案：史公采湯誓本經及書序。夏本紀略同。，夏師敗績。」史公以爲：典寶書序「夏師敗績」敗，即緊承上「桀敗」來，湯乘勝追擊，伐三朡，俘寶玉；而夏社書序「湯既勝夏」既勝當緊承「敗績」之後，亦即湯既底定天下，乃謀遷社。以理勢推度，史說爲是。(2)書序「咎單作明居」，馬融曰：「咎單爲湯司空。」（孔正義引）是咎單作明居，湯世事也。書序：「伊尹作咸有一德。」僞孔傳：「言君臣皆有純一之德，以戒太甲。」以爲此篇伊尹告太甲，事在湯、外丙、仲壬相繼崩殂，而太甲即位之後。考禮記緇衣：「尹吉曰：『惟尹躬及湯，咸有壹德。』」兩尹，皆伊尹也；吉，告誥之誤（鄭注）。尹告，伊尹以「咸有一德」義誥太甲也，伊尹稱太甲之先王（湯）以誥太甲也。則咸有一德宜次太甲篇下。顧伊尹事湯又及事湯孫太甲，而書序「伊尹作咸有一德」，不言作書緣由，史遷殆誤讀禮緇衣「尹躬及湯」，據以謂湯世事，因移次湯誥下明居上，鄭本同，皆誤編。僞孔本次第得正。史記索隱：「按尚書敏案：兼謂僞古文咸有一德篇及其書序。，伊尹作咸有一德在太甲時，太史公記之於斯，謂成湯之日，其言又失次序。」清梁玉繩史記志疑卷二反責僞孔移次、索隱失察，斯乃以人廢言，論學大忌！(3)史記述君奭，僅一見於燕世家，燕世家述書篇又僅止君奭一篇，不便與它篇之見稱於史記其它處所者較比時次（下費誓篇倣此），唯燕世家曰：「成王既幼，周公攝政，當國踐祚，召公疑之，（周公）作君奭。」謂君奭周公攝政七年中作（漢書王莽傳載說者曰同），而召誥、洛誥周公還政之年（即周公攝政七年）歲末撰，故史公寔以君奭次召誥之前，與書序綴洛誥等篇之後異。孔正義曰：「成王即政之初，召公爲保，周公爲師，輔相成王爲左右大臣。召公以周公嘗攝王之政，今復在臣位，其意不說。周公陳己意以告召公，史敘其事，作君奭之篇也。」（前有馬融、鄭玄、王肅、徐幹說大同）則以爲作君奭歸政之後事，當次洛誥後。敏案：君奭本經言召公欲告歸，周公懇留，事在成王親政之初，必繫洛誥下，書序是也。（召公疑、不說之意，書序及經師臆說，參詳論書序著成之年歲君奭卷）

⑷周官與立政篇次先後：周本紀「作多方」與「作周官」緊相接，中間無立政（本紀不及作立政事），似周官先乎立政；魯世家前言「周公作周官」，後遂言「（周公）作立政」，明是先周官後立政。鄭玄本亦以周官次前立政次後，即孔正義所云「孔以周官在立政後，第八十八；鄭以爲在立政前，第八十六」，弟子趙商問師鄭玄曰：「成王周官是周公攝政三年時事」（周禮地官保氏序官賈疏引），此必原爲鄭師說而弟子述而問旃。又鄭注周禮小宰亦周官列先，立政次後。清江聲尚書集注音疏卷十一申之云：「此周官敍與上三（逆數爲多方、將蒲姑、成王政三篇）敍文相承次，則事相聯接，皆在周公攝政三年時也。立政經云『孺子王矣』，則是周公致政成王之後；其先後之次，自當先周官而後立政，宜从鄭本。」漢應劭風俗通十反篇周舉曰：「周公將沒，戒成王以左右常伯、常任、準人、綴衣、虎賁，言此五官存亡之機，不可不謹也。」民國王利器注：「舉

父防師事徐州刺史蓋豫，受古文尚書，則舉此說，蓋亦古文師說也。」謂乃周公行將絕筆之作，固亦以立政次周官後，與鄭玄古文說旨同。史遷、鄭、應說得之。唯清皮錫瑞今文尚書攷證卷三十云：「史公以作周官、立政列於周公反政之後、在豐病將沒之前見魯世家，則……必不以作周官爲攝政時事矣。」敏案：周本紀明言成王既絀殷命，襲淮夷，歸而作周官，則攝政三年事，魯世家列反政之後，依書序也，失次顯然。皮攷證未密，不可從也。(5)費誓，書序、史記魯世家竝以爲伯禽伐管蔡徐淮事，具明文，則均當繫成王世卷，第僞孔本書序次之於平王世之文侯之命後、襄王世之秦誓前，若者，僞孔傳：「費誓，……魯侯（伯禽）征之於費地而誓眾也。」諸侯之事而連帝王，孔子序書，以魯有治戎征討之備，秦有悔過自誓之戒，足爲世法，故錄以備王事，猶詩錄商、魯之頌。」則書八十一目之敍次，僞孔本皆準本經時代定先後，別無義說，獨費秦二誓以其爲諸侯國之書、非天子命書，故綴全經之末焉。編次而有深義，義當出僞孔，託諸孔子，觀鄭玄本即不然，可知所說未必是也。

綜上稽考異同五篇，知史記得正次者典寶、周官、費誓，可正僞孔本書序之失次；書序得正次者，咸有一德、君奭，則可援以匡正史誤也。

(5) 太史公自序述百三十篇目體倣書序

史記末卷第一百三十太史公自序，敍作本紀，如云「維昔黃帝，法天則地，四聖遵序，各成法度。唐堯遜位，虞舜不台；厥美帝功，萬世載之，作五帝本紀第一」；敍作世家，如云「武王克紂，天下未協而崩。成王既幼，管蔡疑之，淮夷叛之，於是召公率德，安集王室，以寧東土。燕易之禪，乃成禍亂。嘉甘棠之詩，作燕世家第四」；敍作列傳，如云「末世爭利，維彼奔義；讓國餓死，天下稱之，作伯夷列傳第一」，……凡此上文述某事，下文乃結言作某文（僅一例外，即「秦既暴虐，楚人發難，項氏遂亂，漢乃扶義征伐；八年之閒，天下三嬗，事繁變眾，故詳著秦楚之際月表」，「作」代以「故詳著」），體例倣書序（詳參下書序體製於漢世序文體製之影響卷），故朱子答孫季和曰：「太史公……用其（書序）體」（朱文公別集卷三），而清俞樾湖樓筆談卷三曰：

紀事之體，本於尚書，故太史公作自序一篇，云「爲某事作某本紀、某表、某書、某世家、某列傳」，猶尚書之有序也。古人之文，其體裁必有所自。

清簡朝亮尚書集注述疏卷末上書序辯曰：

書而又序，若綴旒然，古史不當若斯也。史記、漢書倣之序書而作序焉，皆未察爾。

案：書序各篇，按所記史事之時代次其先後（費誓不按時次，使下連秦誓共居百篇之末者，蓋僞孔氏妄改，方見上論。），上、下兩序又常相顧爲文（孔正義說，詳下書序原自爲一編卷。），其顯者，如湯誓序「湯伐桀，……遂與桀戰于鳴條之野」，繼以典寶序「夏師敗績，湯遂從之」，復有夏社序「湯既勝夏」（用史記次）；又如洪範序「武王勝殷殺受」，下分器序承之云「武王既勝殷」；又如大誥序「成王將黜殷」，下微子之命序「成王既黜殷命」；更如召、洛二誥，同年檔案也，召序曰「成王……使召公先相宅」，洛序曰「召公既相宅」：各序文脈貫連，事迹相因，構成長文一大篇。史記自序倣之，唯因釐爲本紀、表、書、世家、列傳五類，且因編次前後，有其史法，非一依時代，故上、下兩序文脈事迹，未必皆能貫連，史遷倣書序之「作某篇」，於下增序數——第一、第二……，如云「作禮書第一、作樂書第二……」，如云「作伍子胥列傳第六、作仲尼弟子列傳第七」、……如云「序略……第七十」，亦統爲長文一大篇，一如書序然。漢書敘傳「述高紀第一」、「述五行志第七」之類，則近襲史記自序，遠紹書序。

第清盧文弨鍾山札記卷四曰：

> 太史公自序，即史記之目錄也。班固之敘傳，即漢書之目錄也。……古書目錄，往往置於末，如淮南之要略、法言之十三篇序皆然。吾以爲易之序卦傳非即六十四卦之目

錄歟？史、漢諸序，殆昉於此。

案：周易序卦傳：「有天（乾）地（坤）然後萬物生焉。盈天地之間者唯萬物，故受之以屯。屯者，盈也。屯者，物之始生也。物生必蒙，故受之以蒙」以至「故受之以未濟，終焉」，言後卦承前卦者六十四卦（乾、坤、咸三卦名寓序卦傳本文文義之中，故不明著。），孔正義曰：「序卦者，文王既繇六十四卦分為上下二篇，其先後之次其理不見，故孔子就上下二經各序其相次之義，故謂之序卦焉。」以相生之義說明前一卦生後一卦之理。淮南子末篇要略云：「故著二十篇，有原道、有俶眞、……有脩務、有泰族也。原道者，盧牟六合，……。俶眞者，……。」亦以義明編次二十篇之理。而書序之言八十一目相次，率皆以史實為先後，非以義理，史記自序、班書敘傳之編置己書目錄，以事實非以理念，一若書序（費誓次第特例，說已見前），灼然可見。「紀事之體，本於尚書」，史序、班敘源出於書序，彰彰明矣。盧說非，俞、簡說洵是也。揚雄親見書序（法言問神：「惜乎！書序之不如易也。……昔之說書者序以百。」可證。），法言序若「天降生民，倥侗顓蒙，恣乎情性，聰明不開，訓諸理」，此以義理說其學行篇，法序卦傳及淮南子要略，但其型式則倣書序：下文「譔學行」，詞從書序「作某目」來，重黎、淵騫二目共序，直因襲書序，如大禹謨、臯陶謨二篇共序之類（參下書序之價值卷）。又其十三篇上下兩篇相次，子雲亦以義理說之，頗類易序卦。

民國張西堂尙書引論蔽於康有爲說(康說，見下書序劉歆作及其駁義卷)，論書序體裁襲史記，云：

再從書序的體裁來看，呂覽的「序意」、淮南子的「要略」都不是這樣的序，只有史記「自序」是這樣的。但史記並未提到百篇書序，然則不是史記模倣書序，而是作書序的模倣史記。

案：書序出史記前，無前襲後之理；史記於書序，因襲之迹，上文已詳加證析。史記未提到「百篇書序」四字，即斷定史記非倣書序，豈書序作者曾提到「太史公自序」五字，而西堂遂得據以定書序模倣太史公自序乎？

請復以皮錫瑞之說評康有爲，皮今文尙書攷證卷三十：

新學僞經考……謂史記所載篇目乃書序襲史記，非史記采書序。……然史記本紀、世家所云「作某某」，塙是序文體例，太史公自序即本其體，逸周書之序其體例亦如此。

若謂史記非采書序，所云「作某某」，當作何解？豈史公自言所作耶？抑史公別采一書耶？不是書序究是何書？此書何名、何人作耶？

吳汝綸亦謂書序襲史記，失之；辨即見下節。

(6) 述評吳汝綸書序出史記說

清吳汝綸尙書故論「書序」云：

> 其書序言多與史記不合，則子長亦未見書序。書序殆出史記之後，依史文爲之，而不盡用史說耳。

吳氏明言書序與史記同，而謂書序出史記者，如云：

> 禹貢書序：史記河渠書文，(書)序全襲之，足徵(書)序在史記後。(引柯紹忞說)
>
> 五子之歌書序，依史記爲文。
>
> 湯誓，經無伊尹事，史記「湯興師，率諸侯，伊尹從湯。湯自把鉞以伐昆吾，遂伐桀」。

書序因之，故有「伊尹相湯」之文，此序依史記之證。

高宗肜日、高宗之訓：史記「祖己立高宗廟，遂作高宗肜日及訓」，乃揔叙高宗二書之辭，今亦二篇同序，此序襲史記之證也。

……………（不煩多舉）

案：史記河渠書「……以別九州」三句文，全襲書序（因行文改一字，令便讀詁一字）；書序它目例有「作某書」，禹貢書序不言「作禹貢」，而史記用書序亦無「作某書」。夏本紀「帝太康失國」三句文，亦全襲書序（因述史增一字，或以避諱改邦爲國）。伊尹相湯事，本經君奭即略具，先秦典籍亦多記，書序非依史記殷本紀，矧史記但言伊尹從湯，不言相湯；至書序湯伐桀，史記參取之，戰于鳴條，史記則更爲「桀走鳴條」。高宗之訓書序本文已亡失，篇目幸存，史遷誤仞肜日、訓二目共序，因肊增「及」字。又殷本紀前段文用書序謂肜日乃武丁祭成湯書，後段文又記肜日爲帝祖庚時祖己戒王之書（當係別據其它史料），上下牴牾。聊舉此四篇略論之，足徵史記襲書序之迹，從知吳摯甫倒源爲委。

書序與史記異者，吳氏往往曲說爲書序出於史記，如：

咸乂書序，吳曰：「史記有大戊篇，（書）序乃失遺之。」

盤庚書序，吳曰：「此序頗合史記矣，至史記云『般民咨胥皆怨』，……（書）序以胥與皆同，因去皆字。」

秦誓書序，吳曰：「史記『穆公敗晉，取王官，封殽尸，乃誓于軍』，序言『敗崤，還歸』，與史記不合。若敗崤悔過後猶尋兵不已，是竊言也，何足列于經哉？序之不見史記者惟汨作、旅獒、旅巢命、君陳、君牙五篇而已，而其牴牾不合者屢屢有之。史公問故于孔安國，儒林傳稱『史記所載多古文說』，若使序爲古文舊說、安國所傳，史記既全錄其文，豈復更相乖異？故知序爲後出，仿依史記而爲之者也。」

案：史記「大戊」二字，涉上衍，說方見前文。

又案：史記以皆詁胥，句上加般字，便讀耳，是史記改書序，吳氏反謂書序刪字。史記說書之經及書序，間以今字詁古字，學林共認，吳氏爲遂其書序出史記後之說，竟持異議，曲爲己辯，如賄肅愼之命書序「王俾榮伯作」云云，

吳氏曰：「史記『王賜榮伯』，序作『俾』、作『辨』，以雅詞飾之。嘉禾序之『旅』

爲『嘉』、此序之『俾』爲『賜』，疑若史記以故訓之字釋序文者，先漢小學大明，諸子中彼此同載之文，往往古今字錯見，不足爲序在史前之證也。」

其堅持己見，罔顧證據，一至於此！

三案：以書之經考之春秋傳，書序謂秦誓者穆公敗歸誓眾之詞，據左僖三十三年傳也，而史記不取，別據文公三年傳，則書序非出史記。史遷從孔氏問古文尚書，受古文書序，但撰紀傳時並非悉依書序，致兩書「牴牾不合者屢屢有之」，吳氏昧於此理，竟推論「序爲後出，仿史記而爲之」，吁，怪哉！

四案：書序所載篇目，不見於史記者有堯典等共十六目（已見前考），十六目之中，史記述義不及且未引篇目者猶達八目之多，皆不止吳氏所說汨作等五目。其書序有而史記無者，馬遷所不采或缺收，乃吳氏曲說曰：

書序自殷以前，皆本史記，至周，始有史記所無者。當前漢時，周人遺聞佚事頗有存者，故能掇拾以文其說也。

五案：今存殷以前書序，史記不載者舜典、汨作、大禹謨、益稷四目，縱依吳氏標準，殷以前書序亦不能皆本史記，無從本故也；至今存周以後書序，史記不載者旅獒、旅巢命、君陳、君牙四目，吳氏謂前漢人掇拾周代遺聞以成者，然而采用周代佚事，戰國時人采集豈不尤近於西漢人乎？吳說不可通也矣。

四　書序與馬鄭本書序

馬融、鄭玄師弟子，竝漢尙書學大家，皆注尙書（分見後漢書各本傳），主古文學。馬嘗爲校書郎，典校祕書東觀，蓋於是親見孔壁書序，謂序是孔子作（見尙書孔正義引），且爲之作注（詳下）。鄭從學馬門有年，殆曾受書序，於是獲見傳抄本，亦謂孔子作書序（同上引），亦爲之注（亦詳下）。馬、鄭以古文書家又注孔壁書序，故清人以其所注書序爲古文書序，以別於今文書序也（皮錫瑞等謂史記所引書序爲今文書序，說詳下）。

馬、鄭注本（含本經、書序及經序注文）久逸，隋末唐初陸德明猶及親見其原本，知其總書序爲一卷，

經典釋文卷三尚書音義上：「今馬、鄭之徒百篇之序，總爲一卷。」

總爲一卷，蓋附全經之後，唐孔穎達書大序正義曰：「作序者敏案：序謂百篇書小序。不敢厠於正經，故謙而聚於下。」可證（參詳下書序原自爲一編卷）。

孔壁書序，天漢末孔安國家人上獻帝廷，典藏於中祕。成帝時，劉向奉詔校書，撰別錄，而鄭注書序之百篇次第即依「賈氏逵所奏別錄爲次」（見尚書堯典大題下孔正義）（疑馬本序次亦同）。鄭本次第異乎僞孔者，孔穎達舉云：

其百篇次第，於序孔、鄭不同：孔以湯誓在夏社前，於百篇爲第二十六；鄭以爲在臣扈後，第二十九。孔以咸有一德次太甲後，第四十；鄭以爲在湯誥後，第三十二。孔以蔡仲之命次君奭後，第八十三；鄭以爲在費誓前，第九十六。孔以周官在立政後，第八十八；鄭以爲在立政前，第八十六。孔以費誓在文侯之命後，第九十九；鄭以爲在呂刑前，第九十七。不同者，孔依壁內篇次及序爲文，鄭依賈氏所奏別錄爲次。孔未入學官，以此不同。考論次第，孔義是也。（堯典篇題下孔正義）

舉湯誓、咸有一德、蔡仲之命、周官、費誓五篇，似尚有闕，闕舉者典寶也，清孫星衍尚書今古文注疏卷三十書序：

書疏舉鄭注書序云「湯誥十六、咸有一德十七、典寶十八、伊訓十九」（在虞書題下），據此，則典寶在咸有一德之後、伊訓之前，而疏說百篇次第，孔鄭不同，但舉湯誓、咸有一德、蔡仲之命、周官、粊誓五篇，不舉典寶，用此知疏所舉次第不同者，尚未備也。

則劉（向）、馬、鄭本篇次，參差僞孔本者六篇（參下書序篇次討說卷），所以然者，或僞孔變古，或劉氏等考本經所記事實先後有異，各以己意更次，於序本文則無增損，序之可信亦不因之減少也。

更取馬、鄭書序以與今僞孔本書序校，異者有十事，茲逐文分篇討說於下：

棄稷（馬、鄭本作，下倣此）——益稷（僞孔本作，下倣此）：益稷序「益稷」目，孔正義：「馬鄭王（肅）所據書序，此篇名爲棄稷。……又合此篇於皋陶謨，謂其別有棄稷之篇（敏案：此句義不明。）。」棄，周家始祖；稷，其官職。篇名原作棄稷，（楊雄，見法言孝至篇，參清閻若璩尚書古文疏證卷五上條六六。）馬鄭王及見，及西晉末壁書盡佚，其後僞者依尚存之篇目析皋陶謨下半以充之，又因析出之篇文無「棄」而有「益稷」，遂竊改篇名及序目。

咸艾——咸乂：咸乂序「乂」，史記殷本紀集解：「馬融曰：艾，治也。」集解必是因史記作「艾」而改馬本「乂」爲「艾」以就，釋文引馬融書序注正作：「乂，治也。」且君奭「巫咸乂王家」，亦作「乂」不作「艾」。

旅豪——旅獒：旅獒序「獒」，馬注：「作豪；酋豪也。」（釋文引）謂獒字誤；鄭則以爲乃借字，注云：「獒讀曰豪。西戎無君，名強大有政者爲酋豪；國人遣其酋豪來獻見於周。」（正義引）獒*ngôg、豪*γôg 韵同相借。獻見，謂邊人庭見周天子也。

不豫——無此二字：金縢序釋文：「馬本作『有疾不豫』。」多「不豫」二字。疑後人援本經「弗豫」之注「不豫」側注於序「有疾」之下，傳抄誤作正文。蓋書序簡要，贅二字則嫌煩失體。

成王征——成王政：成王政序釋文：「政，馬本作征。」序上文云「東伐」，則下「政」必作「討伐」誼。政爲討伐本字，征其借字耳（見清席世昌讀說文記，自說文解字詁林轉引）。二字同音*tîeng，固通。

薄姑……將薄姑——蒲姑……將蒲姑：將蒲姑序兩「蒲姑」蒲，釋文：「馬本作薄。」大傳、史記周本紀、漢書地理志竝同作薄。蒲*b'wâg、薄*b'wak 音近，傳寫異文，故經典蒲（姑）、薄互見。

息慎……辨榮伯……息慎之命——肅慎……俾榮伯……肅慎之命：賄肅慎之命序兩「肅」，馬注：「息慎，北夷也。」（釋文引）是馬本作息。鄭注：「息慎，或謂之肅慎。」（史記五帝本紀集解引）則鄭本亦作息。肅、息雙聲*s-，傳寫致異，故典籍稱此國名肅慎、息慎者錯出，鄭注「或謂之肅慎」，言息慎即肅慎。序「俾」，釋文：「馬本作辨（原誤作辦，今改。）」清段玉裁古文尚書撰異卷三二：「古俾平苹辨皆訓使，故堯典『平秩』馬本作『苹』而訓使，今文則作『辯秩』。」二字義同，兼俾*p-、辨*b'-聲母近，傳寫異文。僞孔傳：「王使之（榮伯）爲命書以幣賄賜肅慎之來賀。」是也。

成王崩——無此三字：康王之誥序「康王既尸天子」上，馬融本更有「成王崩」三字（見釋文）。書序凡前後兩篇事相承接，前序作「將」云云，後序即作「既」云云，如前亳姑序「周公將沒」，後君陳序即有「周公既沒」。準此，馬本得正。或是書序作者顧上序而刻意渻文，亦未可知也。

□王——平王：文侯之命序「平」，釋文：「馬本無『平』字。」於本經「義和」，馬注：「云能以義和諸侯。」是不以王爲周平王宜臼，亦不以義和爲晉文侯仇也。而鄭則「讀義爲儀，儀、仇皆訓匹也，故名仇字儀」（孔正義引）。推知鄭本書序作「平王」。百篇書序凡以「王」爲開端者，「王」上必有稱號，曰「武王」云云者六、「成王」云云者九、「康王」云云「穆王」云云者各二——咸是美稱，及身而有。則此「王」上當依眾本有「平」字，馬本奪字。清王先謙尚書孔傳參正卷三六：「據馬本，今古文皆無『平』字也。……僞孔……於序首加『平』字。」而趙貞信書序辨序用其說；（謂僞孔增平字者多家，此不遑具舉）黃彰健先生論書序亦謂僞孔氏增「平」字：皆未及深察非僞孔加文乃馬本缺字。

闢……粊誓——開……費誓：序「開」，釋文：「舊讀皆作開，馬本作闢。」段氏古文尚書撰異卷三二：「（釋文）不云『舊本』而云『舊讀』，謂其音也，非謂其字也，其字正作𨳲。」段又曰：「𨳲，古文闢字。」說文：「闢，開也。」義同，傳寫異字。序「費誓」，周禮秋官雍氏鄭玄注「書粊誓曰」，說文：「周書有粊誓。」作粊，古文，則費今文也。費*b'i̯wed、粊*mi̯ed雙聲，傳寫致歧。

綜上論據，馬鄭本篇次異乎僞孔本者六篇，兩派各以意定故爾；字之異者，或經師妄改，或馬本脫文，或今古文不一，或馬以傳本字誤而鄭以爲字假，至僞孔本缺文及改字以掩其僞迹，亦各得一事，其餘異字五，竝是音或義近傳寫殊異。兩派三本，同出孔壁，其爲可信，又獲一證。

乃清魏源謂馬鄭本乃東漢衞宏僞造，其

書古微卷六：「馬鄭所據『圮于耿』之書序，乃衞宏所造之古文本，非馬遷所受安國『度于邢』之古文本也。」

史記殷本紀用書序作「祖乙遷于邢」（各本史記同），魏氏蓋仍「遷于邢」遷原作「宅」，宅爲厇之誤，厇古文度字，因妄改史記文。邢即耿，音近傳寫兩歧。史公昧於史實，誤謂祖乙篇乃祖乙自相遷耿（邢）而作（已詳上書序與史記之稱述書序卷），因改圮爲遷。是馬鄭本與孔壁本書序同，魏氏橫生議論。

(五)　書序與論衡引、說文稱及束晳親見孔壁本書序

欽明——聰明：論衡須頌：「問：說書者『欽明文思』以下，誰所言也？曰：篇家也。篇家誰也？孔子也。」欽明文思，清陳喬樅今文尚書經說攷卷三二上：「論衡以『欽明文思』以下爲孔子所言，蓋指堯典序。……據論衡則今文序『聰明』作『欽明』爲異耳。」尚書考靈耀（後漢書馮衍傳注引）曰：「放勛欽明文思。」又曰（陳寵傳注引）：

「堯聰明文塞。」書緯皆襲今文段玉裁古文尚書撰異卷一語，而經本文又序之所依，故今文堯典序有欽明、聰明（建武泰山刻石文曰「昔在帝堯，聰明密微」（皮錫瑞今文尚書攷證卷一引），直據書序爲說）兩本。本經及序或作欽或作聰，二字音形義竝遠，不知因何致異。意者，說書者贊堯聰明，立義不必剋依本經「欽明」，序作「聰」是；而作「欽明」則從本經妄改者也。

敻——營：說命序「營」，說文四上：「敻，營求也。从夏、从人在穴上。商書敏案：實書序文。曰：『高宗夢得說，使百工敻求，得之傅巖。』巖，穴也。」清王鳴盛尚書後案卷三十、清王玉樹說文拈字（見說文詁林）竝謂書序原作「敻」，僞古文作者改作「營」。敏案：許愼引書序以敻从穴之意，大徐本改「營求」爲「敻求」，誤甚，小徐作「營求」，不誤。書序各本皆作「營求」，無作「敻求」者，鳴盛、玉樹說誤。（參看說文段注、馬宗霍說文解字引書考卷二）

將始宅殷——將治亳殷：盤庚序「將治亳殷」，鄭注：「治於亳之殷地。」（史記殷本紀集解引）是鄭古文本殆漢抄本同今本，皆誤兩字。孔正義：「（西晉）東晳云：『尚書序「盤庚五遷，將治亳殷」，舊說以爲居亳，亳殷在河南，孔子壁中尚書云「將始宅殷」。』是與古文謂僞古文不同也。」東氏時永嘉亂未起，得見壁中原本書序，得正，「將始宅殷」，謂帝盤庚將自奄遷殷，初以殷地爲都也。治，始之形誤；「亳字摩滅，容或爲宅」（孔正義）。應爲宅字摩滅爲乇，誤轉寫爲亳。清閻若璩尚書古文疏證卷七條一〇五：「孔穎達於盤庚小序下引束晳云：見孔子壁中尚書『將治亳殷』作『將始宅殷』，與世行本不同。益足證西晉人猶見古文經，而東晉則失之矣。」第魏源書古微卷六：「束晳所稱『將始宅殷』之書序，託於壁中古本，尤無稽之談。」敏案：以束氏所見孔壁本斆之盤庚本經、書序，參看史記及竹書紀年等，則本經「先王……不常厥邑，于今五邦。今不承于古」云云，斯得正解，晳稱壁書眞，非僞託也。

上述三家本，實祗首尾兩家本三異文，或今本得正，或緣今本誤字推知其祖本出於孔壁，則今序來歷分明，可信，又添一塙證。

(六) 僞孔傳本書序

(1) 僞孔傳本書序篇次

以今本僞孔本書序與古本書序伏生知見書序、歐陽本書序、史記述據本書序、馬鄭本書序，已詳上考。校，大同小異，且相異之處都可考究端末，則今本書序可信，乃論者以謂今本書序非孔家舊本，清孫星衍準馬鄭本篇次，

用斷今僞孔本書序已非孔家本之舊，其

尚書今古文注疏卷三十上書序：「今書序之次，今古文或不同，馬、鄭又異。鄭于成王征序注云：『此伐淮夷與踐奄，是攝政三年伐管蔡時事，其編篇於此未聞。』則書序非孔子舊編之次也。」

清馬邦舉言鄭本篇次契合賈逵所奏別錄，亦即西漢孔安國臨淮本之舊，而東晉梅氏改變其原次，且論當依孔賈劉鄭本，

堯典弟一正義曰：「百篇次弟，于序孔、鄭不同（下渻，方詳書序與馬鄭本卷引）」：孔依壁內篇次及序爲文，鄭依賈氏所奏別錄爲次。舉案：孔氏見鄭氏注本，鄭本合賈氏書序，舊次弟也。正義所謂孔，乃梅頤變改賈氏書序前後，書序當依賈篇弟也。（書序畧考頁四八）

清簡朝亮亦議用鄭訂僞孔，因僞孔擅改鄭舊也，云：

書疏云：（消文）。緜疏言之，書序之次，僞孔不同，皆其改鄭本也，今從鄭焉。鄭於成王征諸序，疑非其次，而不擅改之也，以此見書序之次，蓋有非其次者矣。湯誓當次前，典寶次焉，夏社、疑至、臣扈又次焉。（尙書集注述疏卷末上書序辯）

民國趙貞信堅信僞孔改次，其

書序辨序曰：「堯典正義云『其百篇次第，於序孔、鄭不同』……這些都是鄭本不對而僞孔本對的。……但這是僞孔本的書序文字和鄭本一樣而改對了呢？還是僞孔本已將鄭本的文字改動過之後再排順的呢？這雖無法證實，但百篇序的次第已經變亂過是明白的事實。」（古史辨冊五上編頁三三五—三三六）

民國蔣善國進而依「後勝於前」原則，肯定僞孔改鄭而孔勝，竟同趙辨「鄭本不對而孔本對」，其

尙書綜述頁七三：「這些都是僞孔傳本在次第方面的優點，勝過鄭注本次第的地方。

按學術思想的發展看，後勝於前，這種次第的不同，顯見是僞孔傳本編成的時代較後、變更鄭注本的結果，也就是僞孔傳本百篇書序與漢代所輯百篇書序不同的證明。」

案：鄭本書序編篇，依劉向別錄，鄭與僞孔本次篇不一。書序原止孔壁一本，後師各以己意編篇，故次第差異，即就別錄本篇次，鄭君已疑其有失，則經師用己意重定之事，誠不可免（參詳上書序與馬鄭本書序卷）。基此，劉賈鄭本皆非孔壁本之舊，僞孔本亦非竄亂孔鄭本者，諸說不能無過！

(2) 僞孔傳本書序文字校異

論僞孔氏竄亂書序者，又分篇指實其妄改之迹焉，

一典二謨及康王之誥：

明梅鷟尚書譜尚書序譜：「漢孔安國造古文，裂出舜典，增序一首，考其言詭薄不道。東晉古文無能改于其德，今以聖經律之，刪去。……（皐陶謨等序）舊增大禹、益稷四字，今刪。……漢古文分康王之誥，增序一首，晉古文亦用之，律以正經，刪去。」

民國蔣善國尚書綜述頁七三：「康王之誥序『康王既尸天子』，釋文說：『馬本此句

上更有「成王崩」三字。』少成王崩三字。」謂僞孔削去三字。

民國唐文治尚書大義頁二九：「僞孔傳之與書序，何以巧相脗合也？舜典二十八字之僞，夫人而知之，而書序乃適與相合。皐陶謨、益稷及顧命、康王之誥，本皆爲一篇，而書序亦析爲二。……竊意書序本爲古師所作，厥後劉歆竄改之，梅賾又刪潤之。然則書序豈足爲重輕歟！」

趙貞信書序辨序：「棄稷是漢僞古文十六篇中的一篇，做晉僞古文的人強要把原來的皐陶謨分出半篇來充數，但既名棄稷，內中就應當有許多稷的說話，而經文裏沒有，於是不得不把棄字改成益，來附合篇中『曁益』、『曁棄』的話。……舜典序，……。試看現在舜典起首的說話（趙氏原注：「二十八字除外。」）和序文何等符合，這不是他先把經文分開了然後再做序的嗎？」（古史辨冊五上編頁三三六、三三八）（蔣善國尚書綜述頁七三襲趙說，幾全同）

案：舜典序堯「將使（舜）嗣位」，僞廿八字作「乃命以位」，已異；序「歷試諸難」，僞廿八字無：二者又不合。即仞相合，斯乃南齊姚方興等上襲書序，「古師所作」之書序不及下取姚氏僞文。又僞古文舜典本經首記試舜以司徒、行人、百揆等，甚簡，不盡合序「歷試諸難」。當是別有眞舜典，詳記所試諸難，若孟子、史記所記舜事而今堯典無有或雖有而文甚簡略者，序即直援彼眞經而作。皐、益、顧（命）、康（王之誥）各爲一篇，伏生本、馬鄭本咸同，梅本仍舊而已（經文分屬小異）。益稷，馬鄭王本皆作棄稷，篇逸，孔壁有，而眞益稷或名棄稷中必富伯益與后稷之謨言，題作益稷視棄稷爲勝童書業評書序辨序（浙江省立圖書館刊三卷五期，民國二十三年十月）曰：「棄稷之名不典，稷古有后稷及棄之稱，但無稱棄稷者（原注：稷乃官名，稱稷棄尚可；棄稷之名，成何例乎？），則棄稷當爲益稷之訛。」記此以備參。。孔壁眞古文有大禹謨、益稷二篇。若然，梅、唐、趙此說謂僞孔氏增篇，失之。

又案：顧命爲一篇、康王之誥爲一篇，伏生本如此（伏本無泰誓，泰誓武帝末始出）、史記據書序如此（周本紀「作顧命。……作康（王之）誥」）、馬鄭本亦復如此，梅譜斷康王之誥乃僞孔後加，失之。上顧命書序「成王將崩」，依體例，下康王之誥書序似當有「成王崩」三字如馬本，唯下序既著「康王既尸天子」，上下相顧爲文，則明明舊君已崩，新王即位，故不必贅「成王崩」亦可。僞孔本非改字。

五子之歌：

清馬邦舉書序畧考頁六：「墨子引武觀與湯刑並論，則武觀亦尚書篇也。墨子或並孔子時，或在其後，尚見武觀篇，今書序無武觀篇，知書序非古籍也。」

又頁六—七：「啟有五觀，即『夏有觀扈』之觀，非昆弟五人須于洛汭事也。昆弟須于洛汭作歌，非姦也。韋氏引書序，誤矣。」

民國崔適史記探源卷二：「『作五子之歌』，此東晉古文尚書書序語也。楚語『……啓有五觀』。……五觀者，即謂『昆弟五人須于洛汭』也。漢時書序『須于洛汭』下當有『作五觀』句，晉時『觀』字始以聲轉爲『歌』。……晚出古文……復改漢時書序『作五觀』爲『作五子之歌』。」

案：史記夏本紀及漢王逸注離騷引五子之歌序，幾全同今本，王注且明題「書序曰」；蔡邕述行賦「悼太康之失位兮，愍五子之歌聲」（蔡中郎集卷一），殆據序作文。彼「五子之歌」非「五觀」，今此篇序未曾遭晉人改字。

胤征：

清張穆論胤征篇征本作正，孔氏改爲征，其

扂齋文集卷一胤原諱作允，今復正，下倣此。征序義：「夏本紀『帝中康時，羲和湎淫，廢時亂日，胤(往)征之，作胤征』，書序同。……湎淫非叛逆之比，何至以師臨之？且羲氏、和氏自堯舜以來未嘗命爲侯伯，享有國土，今往征之，將極之何所？反復推之，兩『征』字益本只作『正』，胤往正之者，往嵎鐵南交柳谷幽都之地更事推筴，辨其星土物候，以正當時治厤失理而董之，爲授時出政本也。而胤征之書亦即小正之倫，與堯典相爲表裏。左傳襄十四年師曠引夏書曰『遒人以木鐸徇於路，官師相規，工執藝事以諫』，此十八字或眞即出於胤正，繹下文『師曠曰：正月孟春，於是乎有之』語意，則正月孟春不止此一條，可知其篇例亦分月紀事如小正可知，然則胤正乃夏之大正歟！漢儒既以無師說，亡其篇，僞孔習爲誓誥之詞，改正爲征，以便其狂誕之言，而不思其事爲理所必無也。書序、史記諸征字皆後人從僞孔改之，裴駰集解即引安國傳爲說可證也。」

案：尙書矯正之正，概作本字，禹貢「庶土交正」、盤庚「正法度」、呂刑「正于五刑」，是。征討之征，或作本字，大誥「以爾東征」、湯征書序「湯始征之」；亦借正爲之，湯誓「不敢不正」，是也。張氏謂僞孔改胤正爲胤征，失之未考；史記係據書序作征，原典未改也。胤，夏帝中康臣名（史記夏本紀集解引鄭注書序），受命往征羲和，而謂渠擅長歷數又遄往四徼正定七政，經籍無有，張氏奚據？書序言羲和「湎淫廢時」，罪情必不止此；有人於此，畫地自重怠棄三正，亦不必爲邦君，羲和殆是，故夏廷興師討之，張氏改字以應其肊造之史實，殊失謹嚴。矧左傳上文方言臣庶匡救規諫人君，結引夏書「遒人」以下十八字，明是古代采詩以觀風事，且既稱夏書，自出夏尚書，何與于夏正？夫大戴禮夏小正乃紀四時，若小戴禮記月令（參看近人莊雅州夏小正析論），審其內容皆不涉孟春正月遒人振木鐸采集輿論情節，而夏大正（有無是書不確，清王紹蘭作夏大正逸文考）自屬類似之作，豈有臣胤四方正歷之事耶？僞孔不曾改正爲征，張說駭世！

咸有一德：

禮記緇衣尹吉曰「惟尹躬及湯，咸有壹德」，鄭注：「吉當爲告，告、古文誥字之誤也。尹告，伊尹之誥也。書序以爲咸有壹德。」馬邦舉據謂今本書序篇名失周秦之舊，其

書序畧考頁十一：「今時書序『伊尹作咸有一德』，緇衣一篇，公孫尼子作，尹吉，鄭曰當是尹告，是此篇在公孫尼子時作尹告也。鄭曰『書序以爲咸有壹德』，書序不作尹告，知書序異周秦舊籍也。書序咸有一德，本史記也。禮記釋文：劉瓛云緇衣公孫尼子所作也。」

案：尚書原爲散篇，製作者初未付亦無必要題篇名，故先秦典籍引書，篇名頗歧異，如堯典，禮記引稱帝典；甘誓，墨子引稱禹誓；盤庚，左傳引稱盤庚之誥；……各隨己意定名，書序定此篇作咸有一德，正以本經有「咸有壹德」，若夫「尹告」，謂伊尹告太甲，取以命篇，各有攸當，要皆本諸周秦舊籍，馬氏未予深考。

大戊、伊陟、原命附及汝鳩、汝方：

清孫星衍尚書今古文注疏卷三十書序：「史記所載書序，有大戊篇目，今本脫之，而僞傳以汝鳩、汝方爲二篇，以就百篇之數，非也，當幷二篇爲一，增大戊。……伊尹同時遇汝鳩、汝方，安得作書二篇，蓋一篇耳。」

馬邦舉書序畧考頁三：「（史記殷本紀「作大戊」，）……大戊篇，今書序無之，是安國家書序有大戊，後世集錄書序者無大戊也。是今書序非孔安國家舊籍也。司馬遷從安國問故，遷書多古文說也。」

清汪之昌青學齋集卷三伊陟原命解：「商書序『大戊贊于伊陟，作伊陟、原命』，……史記殷本紀『帝大戊贊伊陟于廟，言弗臣，伊陟讓，作原命』，史公敘事次第，輒與序合，其所據依必親見之壁中眞古文，必本親問於安國者，是序無伊陟篇目矣。命伊陟而曰原命者，原之言再，爾雅釋言：原，再也。……蓋因伊陟謙讓不受，而再命之，故以原命名篇。攷殷本紀『伊陟贊言于巫咸，巫咸治王家有成，作咸艾、作大戊』，以史文準序，序當云『作咸乂四篇、大戊』，猶虞書序云『作汩作、九共九篇、槀飫』，句法一例。俗儒誤闕大戊一篇，與百篇之數不符，遂增伊陟篇目以足之。……作僞者不知原命之誼，增伊陟篇目。」

案：伊尹遇汝鳩、汝方，分別作書二目（二篇），理事何妨？書序作「肆命、說命、旅巢命、微子之命、蔡仲之命、賄肅愼之命、顧命、畢命、冏（囧）命、文侯之命」，除肆命爲陳政教之命、顧命爲臨終之命外，命上均是受命人名，故原命之原當亦人名，謂原命爲再命（江聲尚書集注音疏先發），不詞，再命誰耶？三家不知史記衍「作大戊」三字，孫氏併書序汝鳩、汝方爲一目一篇，汪又不知史記脫「伊陟」二字，因削去書序伊陟一篇，以就百篇之數，皆失之（參詳上書序與史記之稱述書序卷）。書序爲史記所本，史、序相讎校，序爲優先，馬氏認凡序與史違者，槩以史爲正，本末倒置耳。

說命：

說命書序「營求」營，清王鳴盛尚書後案卷三十、清王玉樹說文拈字竝謂是晉人（謂是

僞古文尚書作者）改字，

後案曰：「說文……『……營求也。从𡕥、从人在穴上。商書敏案：所引商書說命書序文，清王筠說文句讀曰：「古人一家之學，皆蒙本書之名。或許君視書序爲經，說已詳上。曰：「高宗夢得說，使百工敻求，得之傅巖。」巖，穴也。』今作『營求』，晉人以訓詁代經文也。」

拈字曰：「按今說命序作『營求』，是晉人以訓詁代經文也。」（見說文解字詁林）

民國馬宗霍說文解字引書考卷一：

段玉裁曰：「此引書序釋之，以說从穴之意；營求而得諸穴，此字所以從𡕥、人在穴也。……鉉本改營求爲敻求，誤甚！」嚴可均亦曰：「許引說命敍者，釋敻之所以從𡕥從人在穴上。……百工，人也，巖，穴也，使百工營求得之傅巖，是敻也；非謂敻字出說命。」……敦煌唐寫本伯二六四三……作……營求……、日本古寫本作……營求……、史記殷本紀述此事作營求、國語楚語韋昭注引書序亦作營求，然則許引此葢證義非證字也。當從段、嚴之說。

案：日本內野本亦作營求，小徐本說文引此書序亦作營求不作敻求，是各本書序皆作營求。說文引營求竝取事證義而非以「營」字解「敻」字。又書序它篇——洛誥「周公往營成周」營，實直接依據召誥本經（召、洛二誥一體）「則經營」、「于新邑營」營，則說命序「營求」當亦直用本經字。且僞說命本經無「營求」字，僞孔不必改序字以就。至此，的知兩王氏謂僞孔以訓詁代經文，非也。

洪範：

民國蔣善國尚書綜述頁七三：「今本洪範序說：『武王勝殷，殺受，立武庚，以箕子歸，作洪範。』據漢書律歷志引洪範序，是：『武王克殷，以箕子歸，作洪範。』那麼，僞孔傳本洪範序比漢時洪範序不但『勝』字和『克』字不同，并且多了『殺受立武庚』五個字。」

案：漢書律歷志載劉歆世經引書序總共三條，皆曾加刪潤（已詳上兩漢人見知書序卷），蔣氏以改本為原本，誤矣。

旅獒：

旅獒名篇，清孫星衍尚書今古文注疏卷三十下書序：

（獒，）馬融作豪，曰：「酋豪也。」鄭康成曰：「獒讀曰（原誤引作若，今改正）豪。西戎無君，名強大有政者為酋豪；國人遣其酋豪來獻見於周。」……當為敖，……經文必不从犬，說文云「獒犬如人心可使者」，春秋傳曰「公嗾夫獒」，若尚書有此字，許氏必不引後出之書，馬鄭亦必不以為酋豪矣。此偽孔所改字。……獒作豪者，馬氏見孔壁書如此也。

案：經典釋文卷四尚書音義下：「獒，馬云：『作豪，酋豪也。』」則馬本亦作獒，因凡馬本字異，釋文概作「馬本作某」，而此不然，知馬以獒為誤字，非所見壁書原作豪也。鄭本亦作獒，云「讀曰豪」者，借字也。孫氏大誤！說文引左宣二年傳者，取「公嗾夫獒」以喻「犬如人心可使者」，故不引早作之尚書旅獒此假定許君讀獒如字。偽孔並未改書序獒字，孫氏失考。

金縢、大誥：

民國蔣善國尚書綜述頁七三：「偽孔傳本書序，也有比漢時書序少字的，如金縢序『武王有疾』，釋文說：『馬本作「有疾不豫」』，少『不豫』二字。大誥序『將黜殷』，詩豳風譜正義引作『將黜殷命』，少一『命』字。」

案：馬本金縢書序多不豫二字，疑原爲後人援本經「弗豫」詁作「不豫」署注書序「有疾」之下，傳抄誤作正文，蓋書序簡要，贅二字嫌煩失體。今本大誥書序偶脫「命」字，唐石經本書序初刻猶有，後磨改去之。僞孔未改易金縢大誥兩書序。

康誥、酒誥、梓材：

所謂康誥、酒誥、梓材(三目)三篇書序，清孫詒讓謂曾經僞孔改易，尙書駢枝頁十三：

此僞孔本也，古本蓋不如是。周禮賈疏序周禮廢興引鄭君周禮敍云：「案尚書盤庚、康誥、說命、泰誓之屬三篇，序皆云『某作若干篇』」。依鄭說，書敍盤庚云「作盤庚三篇」、說命云「作說命三篇」、泰誓云「作泰誓三篇」，康誥敍文蓋正與彼同，此鄭以前本也。若如今本，則與彼三敍殊異，鄭不宜幷數之。古酒誥、梓材本皆冡康誥爲上中下篇，故韓非子說林篇云：「康誥曰：『毋彝酒』者，彝酒、常酒也。」今其文在酒誥，是秦以前酒誥亦稱康誥，而梓材可以類推矣。又法言問神篇云「昔之說書者序，以爲酒誥三篇俄空焉，今亡矣夫」！揚子蓋不知古無酒誥、梓材之名，因見書百篇凡箸篇目者皆列於敍，惟酒誥有目而敍不見，故云「俄空」；不及梓材者，亦文不具也。今以意推定，先秦故敍蓋云「作康誥三篇」，其書中篇目則酒誥爲康誥中、梓材爲康誥下，與盤庚、說命、泰誓同。

案：孫說決難成立者，有四事：㈠先秦典籍引康誥明舉篇名者，禮記六次、左傳二次、孟子荀子各一次，文皆在今康誥，不與酒誥牽涉，亦不作康誥上篇；㈡韓非時尚書篇名未確定，而今酒誥文「王若曰：封原闕，當補。……乃穆考文王，……文王誥教小子、有正、有事，無彝酒」、「王曰：封」見四，明是成王誥康叔封之書，說林上因受誥者爲康叔，乃定名爲康誥，非先秦古本酒誥爲康誥之中篇也；㈢孔壁古文、壁出之書序、故秦博士廿九篇傳本及大傳、漢石經（用歐陽本，歐陽本據伏本，但增入泰誓而已）酒誥列第十八，斯皆三篇分目，乃謂古本酒、梓不別題二目，又懸斷大傳雖有酒、梓傳目而大傳所據之書序則只作一目——康誥，皆非實情；㈣史記周本紀云「……次康誥、酒誥、梓材」；釋文云「馬鄭所注，竝伏生所誦」，是馬鄭本酒、梓爲二目同伏生；書孔正義堯典題下論僞孔與鄭本書序次第有異諸事，若鄭本有康誥而無酒、梓二目，事關重大，孔正義不容不著，故史遷馬鄭本皆康、酒、梓目三分；且夫鄭玄敍周禮述及盤康說泰各三篇，重在說明其文字「多者不過三千言」，故漫就康、酒、梓三篇同條之書序（即如今本書序）籠統稱康誥三篇，省略酒、梓，孫氏遂偏據之以爲曲說如此，不能無憾！

成王政：

成王政書序，清王鳴盛尚書後案卷三十謂僞孔改字，云：

馬曰：「征，正也。」……說文：「征，正行也。」……此其敘征伐事，孔改「政」，非也。（民國蔣善國尚書綜述頁七三引尚書後案說，認爲「是證明僞孔傳改篇字的一個實例」）

案：釋文卷四尚書音義下：「政，馬本作征，云：正。」政征正同音*tîeng，通假。云征者，「正行也」，初無「討伐」誼；政，「正也，从攴。」攴，擊也，則「政」字饒有「討伐」誼，清席世昌席氏讀說文記：「政从攴，古征伐字也。征本『征役、征行』之征，與『討』義無與。漢書五行志引京房易傳『諸矦力政，言以力相攻討也』。師古曰：『政亦征也。』是未（？）原从攴从彳之義，而反以『政』爲叚借、『征』爲本字，誤矣。」（見說文解字詁林）則政是討伐本字，書序或據本經作征「胤往征之，作胤征」、「湯征諸侯，……湯始征之，作湯征」。，或作「政」，即此篇，亦據本經也。序之忠於經原文不改，王氏責「孔改」，誤也。

將蒲姑、賄肅慎之命：

書序兩「蒲姑」蒲，馬本均作薄，史記周本紀述亦作薄，蒲、薄音近，傳寫異文，典籍作蒲（左昭二十年傳）、薄（尚書大傳）參互，非僞孔改字。「肅慎」肅，馬本作息，肅、息雙聲致抄異，典籍亦作肅（左昭九年傳）、息（大戴禮五帝德），亦非僞孔改字。乃蔣氏尚書綜述頁七三都以爲僞孔傳竄改，失之。

君陳：

君陳序，清崔述疑與僞古文尚書同出一手，豐鎬考信錄卷六：

此篇「嘉謨嘉猷」數語，見於坊記；玩其語意，乃人臣相誥誡之詞，非君命其臣之言也。何者？君人之道，以能受言爲賢，但取其謀之益於民，而不必其謀之出於己，故曰「禹聞善言則拜；大舜有大焉，舍己從人，樂取於人以爲善」。臣人者則不然，但求其國之受其益而不必己之擅其名，是以善則歸君，過則歸己。故此言出於人臣之口則爲忠，出於人主之口則不可以爲訓。成王，周之令主，其必不出此言明矣。又按書

> 君奭篇乃周公誥召公之詞，周召位皆三公，同朝事主，是以相稱爲「君」。……未聞君而稱其臣爲「君」者。然則「君陳」當爲同僚相稱之語。……此序不見於史記周本紀，疑與僞書同出一手。

案：孟子公孫丑上「禹聞善言則拜」，源出尚書皐陶謨篇，彼皐陶首作善言，於是「禹拜昌言，曰：『俞。』」時禹爲虞臣，拜受昌言；又舜與人爲善，時「自耕稼陶漁以至爲帝，無非取於人者」（亦見公孫丑上），是舜方爲唐臣民時，已取諸人以爲善。可見「取其謀之益於民，而不必其謀之出於己」，固亦臣人之道。尚書康誥周武王以外庶子、訓人等官「乃別播敷，造民大譽」，誡康君封防杜；梓材成王誡衛叔封伻師師歸矜勞於厥國君，亦所以虞人臣擅民造譽，則類坊記所引君陳本經「爾有嘉謀嘉猷，入告爾君于內，女乃順之于外，曰：『此謀此猷，惟我君之德。』」出諸人主——成王之口，書義習見，未見其「不可以爲訓」。東壁體經誼偶淺。

又案：君，尊也，臣僚以相稱；天子亦得尊稱臣下，如舜稱伯夷曰「伯」（堯典）、武王稱康侯曰「孟（大也、長也）侯」、成王稱叔旦曰「公」，穆王尊稱其大司徒曰「君」，則成王命周公次子嗣周公監成周，職位重要，尊呼之「君」，並無失禮。東壁失考多疑。至百篇書序所載八十一目見乎史記明稱其篇名者纔百分之八十稍強，而所不見明稱其篇名者猶多達十六目，東壁豈能將此十六目一一論爲僞乎？東壁又謂旅獒書序稱「太保」，亦作僞古文經者妄植，重申僞書與書序同出一手（豐鎬考信錄卷八，詳下責書序「太保」失稱卷）。

畢命：

書序畢命，清馬邦舉謂舊本當題霍命，其

書序畧考頁十：「三統歷以畢命作策書豐刑，此中古文尚書遺文也。鄭見畢命逸篇，乃有策命霍侯之事，是當名霍命、不似畢命也。今書序無霍命，于古尚書篇名未全也。」

請以清江聲尚書集注音疏卷十一文以釋馬氏之質難，

三統厤有引「畢命豐刑」之文，葢漢世別有畢命篇，鄭君亦及見之，故據以爲言也。云『不同與此敍相應』者，……正義引之誤多『同』字；抑或不同承冊命，言謂冊命事不同，下別言『與此敍不相應』，引少一『不』字爾，逸篇是冊命霍侯，此敍言『作冊畢公』，是不相應也。云『非也』者，既不相應，則逸篇非此篇書矣。」

江說確而密。蓋此序「命畢公」，固鄭所見；鄭別見「其命畢逸篇」殘文，記「冊命霍侯」，乃別一畢命，固非此畢命也。

文侯之命：

文侯之命書序「平王錫晉文侯秬鬯、圭瓚」平，多家謂「平」字僞孔氏後增，

清孫星衍尚書今古文注疏卷三十下書序：「平王，釋文云『馬本無「平」字』，是也。若是平王，史公、劉向等必不以爲晉文侯事。是今文、古文俱無『平』字也；僞孔因鄭注加此字。」（民國蔣善國尚書綜述頁七三亦斷僞孔增「平」字）

清王先謙用孫說，其尚書孔傳參正卷三六書序：「據馬本，今古文皆無『平』字也。鄭始以『義』和之『義』爲文侯仇字，……僞孔因於序首加『平』字。」

案：史記晉世家引本經，以僖二八左傳所記周襄王命晉文公重耳事當之，非據書序，實誤。劉向新序卷九愼謀篇則直據左傳，謂襄王命文公，有「晉文公之命」，並未引尚書文侯之命本經，是子政未以爲本篇乃襄王命文公之書，如史記所說者，孫疏誤後之治書者，多不深考，輕從誤說。。馬融本書序「平王」作「王」，實奪「平」字，何者？考之書序，凡以「王」字開端者，「王」上

必有稱號，曰「武王」云云者六、「成王」云云者九、「康王」「穆王」云云者各二——咸是美稱，及身而有。則此「王」上當依眾本有「平」字。馬讀書序偶失「王」字，又從史記誤本篇爲襄王命文公事，遂曲解本經「義和」爲「以義和我諸侯」（史記晉世家集解引），而不謂是晉文侯仇之字號。鄭玄注本經：「讀義爲儀；儀、仇，皆訓匹也，故名仇字儀。」（孔正義引）則古文鄭本書序猶有「平」字，得其眞是。史記說書宗古文；劉向引書則今文說（竝見孫疏凡例）；馬融，乃古文大家。故孫疏云「今文、古文俱無『平』字」，誤也。

上述諸家論今本書序曾經僞孔氏改易所謂例證，絕多爲民國趙貞信所采引，結論亦同，其書序辨序（古史辨冊五上編）曰：

> 現存的百篇書序即是經過了作晉僞古文經的人的改造的，有證據嗎？有。一、篇次的移動（敏案：趙說，上文已引。）……二、篇名的更換（敏案：謂益稷（趙說上已引）、五子之歌、旅獒、成王政序。）……三、文字的增減改易（敏案：謂說命、康誥酒誥梓材、文侯之命序。）。現在的百篇書序和晉僞古文經、僞孔傳同出，就他能做僞經、傳的能力和慾望來看，豈有不把書序大加改易以印合他的僞經、僞傳之理？要和鄭玄爭勝，所以有晉僞古文的出現；……要降低曹魏司馬晉，因此不得不捧出成王來壓倒周公。……現存的書序裏所以只見成王的威風而周公平凡化了，這便是做晉僞

古文的人的「明君臣上下之義，屏僭越抗害之譚」的主旨的表現。

評書序辨序曰：「竊謂王肅改造書序之本意，當爲欲與鄭玄立異，鄭氏所注爲漢古文尚書，其書序自當爲劉歆所僞者，王肅反之，故時見抑周公張成王之意耳。（原自注：王肅兼通今文，能歐陽尚書，其所改之書序，或有取今文本之處與？）」

民國童書業效同趙說，惟以竄改書序者爲王肅，其

案：僞孔氏改造舊本書序之說誣妄，既歷辨如上，趙氏盲從，毋庸費辭復駁。又今本書序明著「成王」者十二序十三次：其中大誥序「周公相成王」，鄭注：「言相成王者，自迎周公而來，蔽已解矣。」（詩東山孔正義引）。召誥序「成王在豐，……使召公先相宅」，鄭注：「使召公在前視所居者，王與周公將自後往也。」（詩王風譜孔正義引）成王政序「成王東伐淮夷，遂踐奄，作成王政」，鄭注：「凡此伐諸叛國，皆周公謀之，成王臨事乃往。」（詩破斧孔正義引）多方序「成王歸自奄，在宗周」，鄭注本經：「奄，……亦叛，王與周公征之，……自此而來歸。」（詩豳譜孔正義引）周官序「成王……還歸在豐，作周官」，鄭志

顧命序「成王將崩，命召公、畢公率諸侯輔相之。」（釋文引）則馬、鄭本書序今可確考同今本亦作「成王」者六序七次，相異者未見，釋文、正義作者親見馬、鄭本，亦未云彼與今本異。豈馬、鄭亦需捧成王壓周公以「降低曹、馬」乎？序者謹依經篇著作，晉僞古文作者未嘗增竄序「成王」文，上考可證。王肅，古文尙書家，好賈馬而異鄭玄，其注書序用馬本同鄭，均是古文孔壁本，肅父朗爲魏司空，女適司馬昭生炎爲晉武帝，兩世或仕魏或仕晉高官，必無改書序資以降低曹馬之事，童說誤；而趙氏衍清焦循尙書補疏序誤說，余恐後來者不皇考正，因爲甄覈於上。

趙商問述「成王周官」云云（見周禮地官保氏序官賈疏引）。顧命序「成王將崩，命召公、畢公率諸侯相康王」，馬融注：「成王將崩，顧念康王，命召公、

五、書序之體例

(一) 書序原自爲一編

(1) 由各序相顧為文知之

書序八十一目一百篇，始終有度，各篇之間文氣連貫，原本自爲一編（亦即自爲一篇——一大篇）。唐孔穎達已有見於此，指出其前後相顧爲文，其尚書正義於洪範書序「武王勝殷殺受，立武庚，以箕子歸，作洪範」云：

此惟當言「箕子歸」耳，乃言「殺受立武庚」者，序自相顧爲文。上武成序云「武王伐紂」，故此言「勝之」；下微子之命序云「黜殷命，殺武庚」，故此言「立之」：敘言此，以順上下也。

召誥書序「成王在豐，欲宅洛邑，使召公先相宅」，直采本經「王至于豐，太保先周公相宅」云云，用昭下洛誥書序敘事之因也，召洛二誥序相顧爲文，孔正義又曰：

序自上下相顧爲文，上篇序云「周公先相宅」，此承其下，故云「召公既相宅」。召公以三月戊申相宅而卜，周公自後而往，以乙卯日至，經營成周之邑。周公即遣使人來告成王以召公所卜之吉兆。（洛誥書序）

宋林之奇遵孔說，悉引而申之（尙書全解卷二四），且多舉它篇以證成之矣，

昔在者，篇首起語之辭，書序自爲一篇，故以「昔在帝堯」起於篇首、如孔氏序云「古者伏羲氏之王天下也」。鄭氏云「昔在者，使若無先之」者，唐孔氏云：「……代有先之，而書無所先，故云昔也。」……堯典云「昔在帝堯」、……冏命言「在昔文武」、……（史記）五帝（本紀）序云「惟昔黃帝，法天則地」，正與此同。（尙書全解卷一堯典書序）

如此篇之序曰……。篇內全無此意，蓋以上篇之序曰「伊尹去亳適夏，既醜有夏，復歸于亳」，故此序與上文相接。……是史官載記一時之事迹，首尾相因之辭，皆是史官序事之體。（同上卷十四湯誓書序）

書序……有出於史官一時之意，但述其所作之由，而不及篇中之義者，如周官之序曰「成王既黜殷命，滅淮夷，還歸在豐，作周官」，黜殷滅夷，初無與於作周官之序，此亦是與大誥、微子之命等篇之序首尾相接，若此之類，在五十八篇之中自爲一體。（同上卷二四洪範書序）

宋馬廷鸞復遵林說，引申之，益舉篇目以證廣之，

今案：堯典之後接舜典，則曰「虞舜側微」云云；接禹謨，則曰「皐陶矢厥謨，禹成厥功」云云，益足證古序自爲一篇，而相續之辭如此。……又案：「維昔黃帝，法天則地，四聖遵序，各成法度，唐堯遜位，虞舜不台，厥美帝功，萬世載之，作五帝本紀第一」，此太史公五帝本紀序傳之文，與今書序堯典之說一也。是皆古策書史官之序語如此，今史記序傳亦自爲一篇。（元董鼎書蔡傳輯錄纂註書序引）

案：謂書序史官作，非，評將另見書序作者專卷。謂書序敘事體裁爲史記所本，是。鄭玄云：「書以堯爲始，獨云『昔在』，使若無先之典然也。」（堯典書序孔正義引）鄭意作序者以

堯典爲百篇之首篇，最早之典籍，以說之，非僅釋昔在二字而已。尙書始堯典終秦誓，渾然一編，鄭說是也。

又案：孔林馬三氏舉書序文洪範上與武成下與微子之命、湯誓上與汝鳩汝方、周官上與大誥及微子之命篇相顧爲文；堯典下接舜典，序文相承接，而三謨序文亦與舜典緊相承續：均是也。余別考書序，類此者猶有帝告序「自契至于成湯八遷，湯始居亳」，後之序有「仲丁遷囂」（仲丁篇）、繼曰「河亶甲居相」（河亶甲篇）、再曰「祖乙圮于耿」（祖乙篇）、末曰「盤庚五遷，將始宅殷」（孔壁古文盤庚篇書序），記殷帝遷都，竝與帝告序文連貫，且四篇之序記遷，文亦相貫。又伊訓序「成湯既沒，太甲元年」，下太甲序承其文氣曰「太甲既立」。泰誓、牧誓、武成三篇序統記武王伐紂，年月已在泰誓，牧、武即承省歲時。金滕序「武王有疾，……」，次大誥序「……武王崩」；成王政序「成王東伐淮夷，遂踐奄，……」，次將蒲姑序「……成王既踐奄」。上亳姑序「周公將沒」，次君陳序「周公既沒」，「將」、「既」時次相承，且上序云「成王作亳姑」，下序即冒上省略「王」字，止作「命君陳分正東郊——成周，作君陳」：序文前後相照，終始有度，眞渾然一片文章也。

(2) 由逸篇亡篇序文因合編而獲存知之

尙書有逸篇十六目二十四篇、亡篇三十六目四十五篇（詳下責書序錄逸亡目篇而說之無

徵不信卷），賴與其它眾篇之序合編而獲保存，

唐陸德明經典釋文卷三尚書音義上舜典篇後逸亡篇汨作、九共（九篇）、槀飫下：「汨作等十一篇同此序敏案：謂三目十一篇共序。，其文皆亡，而序與百篇之序敏案：謂此序以外之篇之序，必不足百篇。同編，故存。」

以詩序之亡失六篇因與它篇合編故爾目存方之，同然，

清汪之昌青學齋集卷五詩序書序孰爲可信說：「鄭箋：『子夏序詩，篇義合編。』……鄭所謂合編，或以序依次自爲一卷言之。孜釋文汨作等篇，『其文皆亡，而序與百篇之序同編，故存』，吾謂詩序亦然，故南陔六詩亡，而其序不與俱亡。」

否則篇目竝盡亡矣，

題宋鄭樵六經奧論卷二書序：「詩、書之序同出一處，不與本篇相聯，故逸書之名可

得而見者；若各冠其篇首，則亡矣。」

清邵彭瑞尚書決疑書目頁三：「蓋孔壁書序別爲一卷，故存篇、逸篇之序皆在簡策，後人得知百篇全目並亡篇作意者，賴有此耳。」

案：尚書本經今存堯典等共二十九目，僞古文經十九目爲二十五篇，而書序載尙書八十一目一百篇於同一卷，其中逸亡目賴序而今得見；若序原本分附本經各篇之首，則本經逸亡序目亦隨之而逸。據逸亡目今倖存，知百篇書序本總爲一卷也。

(3) 古人著書序文皆殿全書末

古書之序皆在全書之後（今本或不然，是後人妄改），一若書序然，

朱子語類卷八十：「問詩、書序，曰：『古本自是別作一處，如易大傳、班固序傳並在後，京師舊本楊子注，其序亦總在後。』」

法言序，舊在卷後；司馬公集注，始寘之篇首，……書之序亦然。（宋王應麟困學紀聞卷十）

案：古人著作，序錄統綴編末，經別如周易序卦傳（朱子此稱爲易大傳，序卦傳序六十四卦，正在易經之末；雜卦傳後出，乃更列其下），史如逸周書序、史記太史公自序、班固漢書敘傳，子如莊子天下篇、呂氏春秋序意篇（殿十二紀之後，敘前十二紀之作意。）、淮南子要略篇、論衡自紀篇，咸然；豈獨子雲序法言（法言十三篇，其下爲序，舊編如此，亦見四庫全書總目提要卷九一，並參看清汪榮寶法言義疏卷二十「法言序」下。）？夫書序綴經末，請更由古注本證述之如下。

(4) 先秦兩漢本書序總為一編置全經末

孔壁本古文尚書本經四十五篇、本經之後書序一篇（篇或作卷，以一篇當一卷，參詳拙著古文尚書之壁藏發現獻上及篇卷目次考，孔孟學報六十六期，民國八十二年九月）。

漢歐陽本尚書，漢書藝文志著錄「經三十二卷」，其中書序總爲一卷，漢石經即據爲底本，其總書序（祇二十九篇目）爲一大篇，附全經之後，主要用爲教學之需。

馬融、鄭玄古文家本，書序總爲一卷，

> 經典釋文卷三尚書音義上：「今馬、鄭之徒百篇之序，總爲一卷。」

陸氏「今馬、鄭」云云，寔親見二家本而爲言，極可信據。唯二家古本序卷總弁全經之前，抑總附全經之後，陸氏無辭。唐貞觀時，馬、鄭本原典猶未逸，孔穎達得見，似據之謂之附後：

作序者不敢厠於正經，故謙而聚於下。（書大序下孔正義）

「聚於下」，自是言總集之於全經後。清江聲、王鳴盛亦主馬、鄭本「附後」說，且所著書即遵舊度，合百篇書序於經文末篇——秦誓之後以解之，

江尚書集注音疏卷十一：「……然則古尚書百篇之敍本別爲一卷，總列于後，故此亦總錄于經後，从古也。」

王尚書後案卷三十：「……然則鄭、馬等以序總爲一卷，附經後，是孔氏之舊也。疏又云『序者，緒述其事，鄭康成謂之贊者，以序不分散，避其序名，故謂之贊。贊者，明也、佐也，佐成序義』。詩譜序疏亦云『書有孔子作序，故鄭避之謂之贊』。大約古書序目皆在後，今說文猶然。孔子序既在後，鄭贊必又在其後。」

鄭注書序，依賈逵所奏劉向別錄爲次，別錄據孔壁本，則書序寘經後，果西漢孔安國之舊本也。又均之每篇序尚不足十七字，不便各獨成篇（卷），則必是合爲一篇（卷）併繫全經之末，故總列于後云者，非各篇序分條分行立，漢石經書序廿九篇併爲一篇，僅序與序間各空一字（作「●」），可爲顯證也。

㈡僞孔傳本尚書始引書序冠各篇上

至東晉僞古文本乃變古度，清段玉裁考僞孔氏注書序失例，因斷分序篇弁經篇僞孔倆始，其古文尚書撰異卷三三曰：

> 馬、鄭本百篇之序別爲一篇，則「受」字始見於大誓（敏案：謂僞古文泰誓上本經「今商王受」。），孔氏散百篇之序冠其篇首，則「受」字始見於此序，故孔僞孔於此爲之傳。（西伯戡黎序「……奔告于受」下）

案：段撰極精審，馬鄭注尚書「受」字，必署於第一次出現之牧誓本經「今商王受」（僞古文泰誓陰采牧誓此文）下，而僞孔析書序於各本經，故亦必署其注於第一次出現之西伯戡黎書序「祖伊奔告于受」下。則馬鄭古本果總百篇之序附經末也。

而散析各篇書序弁諸各篇經首，誠僞孔氏初作，書大序自承曰：

此篇并（書）序凡五十九篇，爲四十六卷。……承詔爲五十九篇作傳。……書序，序所以爲作者之意，昭然義見；宜相附近，故引之各冠其篇首，定五十八篇。

唐陸德明、孔穎達發其義，有：

經典釋文卷三尚書音義上書大序、舜典篇：「凡五十九篇，即今所行五十八篇，其一是百篇之序。……百篇之序同編，……孔以各冠其篇首，而亡篇之序即隨其次第居見存者之間。」

正義書大序：「……五十八，加序一篇爲五十九篇，……書序，雖名爲序，不是揔陳書意，汎論；乃篇篇各序作意。但作序者不敢厠於正經，故謙而聚於下；而注述者不可代作者之謙，須從利益而欲分之從便云。序，序所以當篇爲作此書之意，則是當篇作意觀序而昭然意義顯見。既義見由序，宜各與其本篇相從附近，不宜聚於一處，故每篇引而分之，各冠加於篇首，令意昭見。序既分散，損其一篇，故定五十八篇。」正義別又於汩作、九共、槀飫書序下曰：「此序也。孔以『書序，序所以爲作者之意，宜相附近，故引之各冠其篇首』；其經亡者，以序附於本篇次而爲之傳，故此序在此也。」

案：僞孔析伏生原廿九篇爲卅三篇（析堯典爲堯典、舜典，皐陶謨爲皐陶謨、益稷，盤庚一篇爲三篇，篇文仍是廿九不變），僞造大禹謨等共廿五篇、百篇書序合爲一篇，即所謂「并序凡五十九篇」，釋文云「凡五十九篇，即今所行五十八篇，其一是百篇之序」，亦即所云「爲五十九篇作傳」是也。既「引序各冠其篇首」，序一篇（一大篇，下同）遭拆散分置，原篇即不存，故云「定五十八篇」，即正義所云「序既分散，損其一篇，故定五十八篇」是也。

又案：云爲四十六卷，僞孔無明說，孔正義曰：

此云「爲四十六卷」者，謂除序也。……蓋以同序者同卷，異序者異卷，故五十八篇爲四十六卷。何者？五十篇內有太甲、盤庚、説命、泰誓，皆三（堯典序下孔正義曰：「安國……以同序爲卷。」）

篇共卷，減其八；又大禹謨、皋陶謨、益稷，又三篇同序共卷，其康誥、酒誥、梓材，亦三篇同序共卷，則又減四；通前十二，以五十八減十二，非四十六卷而何？其康王之誥乃與顧命別卷、以別序故也。

僞孔以一序當一卷，非一目當一卷，故太甲、盤庚、說命、泰誓等共十二篇實只四序，即當四卷；大禹謨、皋陶謨、益稷與康誥、酒誥、梓材各實止一序共止二序，即當二卷。餘四十目四十序，共當四十卷。通計四十六卷。是也。

清閻若璩、王鳴盛竝謂僞孔者爲求合漢志著錄之「古文尚書四十六卷」之數，不得已乃引序冠篇，

閻尚書古文疏證卷一條四：「四十六卷之分，鄭以同題者同卷，異題者異卷。……孔則以同序者同卷，異序者異卷。……然鄭註四十六卷，原無武成，而以百篇序寘爲末卷；孔則有武成一篇，篇自爲序，已足四十六卷之數，故不便以百篇序復爲一卷，只得引之各冠其篇首，曰『宜相附近』，此則遷就之辭云。」

王尚書後案卷三十後附辨孔安國序：「眞古文五十八篇，爲四十五卷，加序一卷，爲

四十六卷。僞古文則五十八篇，已足四十六卷之數矣；若再加序一卷，則爲四十七卷，與漢志不合，不得已遷就其辭，引序各冠篇首，而不知伏、孔之書皆無此例也。」

案：序，敍也，敍本經之作意，同於注釋、解故，古經、傳不相雜厠，意或在尊經，正義「作序者不敢厠于正經」，或然。漢逮馬融注周禮，始以經、注連文，用省兩檢之煩（尚書全解卷三三：「引序而冠之，使後人便於稽考。」此之謂也），此解經體製一大進步，鄭玄、王弼引易傳附經、杜預之集解春秋經、傳，皆基於此理念。僞孔經、傳殆東晉人作，言序、經「宜相附近」，當屬實情，閻氏（王陰用之）推度僞孔因湊合卷數乃引冠篇首之說，雖合，但顧小遺大，非的論也。

綜上所論，書序分冠經篇，及逸亡目篇序則分別附於現存之篇之後，如逸亡目篇夏社、疑至、臣扈、典寶次居湯誓後，分器次居洪範後，……是也，皆僞孔氏始爲。第民國蔣善國尚書綜述頁六六、六七既曰：「秦季儒家所整編的尚書共一百篇，當時應有百篇書序分冠各篇之首。」既而又曰：「最初的百篇書序當在秦季儒家整編尚書的時侯編成的，附在百篇尚書之末。」一云冠首，一云附末，牴牾；附末得之耳。

唐尚書正義主僞孔傳本，分書序弁各篇經文之首，高宗永徽四年頒行，以訖宋朱子、蔡傳，其間，尙書全注本除永嘉薛季宣（一一三四—一一七三）行復古典之舊，集百篇書序總爲一卷，置本經之後（在其書古文訓卷十六）說解外，它皆謹依正義本冠書序於經篇上。林之奇（一一一二—一一七六）雖深知古本體製，今本得失，然撰尙書全解仍謹依今本置書序經上；而主朱蔡學者王天與，竟亦不依師法，轉從正義加書序於本經之篇上，其尙書纂傳卷一：

（朱子）又云：「（書序，）相承已久，未敢輕議，且附經後。」今是編姑從漢孔氏，引之各冠其篇首云。

僞孔、唐本影響深遠至此！

㈢ 一目一篇一序、一目多篇一序及異目衆篇共一序

書序有堯典又有舜典，清吳汝綸尙書故曰：

今二典之序與枚（梅，下同）賾（頤）合，儒者議枚賾而信書序，是知二五而不知十也。

作序者以己私意妄分堯典，不用古文舊本，枚依序爲之爾。

案：僞古文分堯典「愼徽五典」以下爲舜典，此僞分之舜典並無舜典書序「歷試諸難」情節，而眞舜典有之（西晉猶存，今亡），書序者依以作序文，未嘗妄分一典爲二典。吳氏誤。

書序：「帝釐下土方，設居方，別生分類，作汩作。九共九篇。槀飫。」宋錢時以爲十一篇共一序（陰本經典釋文，方詳上引），其融堂書解卷一：

汩作、九共、槀飫十一篇共此序。……先儒謂古文丘、共字形相近，九共即九丘，九州各一篇，凡九篇。然則帝釐下土，其殆水平之後、未肇十二州之先歟？

案：共，讀當爲龔，給也（清江聲尚書集注音疏），非丘之誤，錢因劉敞七經小傳（卷上）致誤。此條書序止「作汩作」，是一篇之序；下九共、槀飫二序序文佚，目附見於汩作下，非三目十一篇共序也（清段玉裁古文尚書撰異、屈師翼鵬書序集釋有說）。

宋蔡沈、明郝敬，重疑書序者，謂多篇共序可疑，

十一篇共只一序，如此亦不可曉。(書蔡傳書序辨說)
十一篇共爲一序，九共九篇是一事，作典九，終四代書無此體，豈唐虞之際多文乃爾邪？且九篇何至偕亡？(尚書辨解卷九)

案：九共書序如今尚存，則爲一目九篇共一序(非十一篇共一序)，以經文長大，是一典而非九典，分篇爲九耳，四代尚書一目多篇例非一。九連篇至西晉猶存，視一目一篇之槀飫與明居、一目三篇之說命與泰誓等……蚤亡，幸運多矣：蔡、郝失疑！

清顧炎武謂臯陶謨、顧命各止一篇，書序不當分出益稷，

日知錄卷二：「帝曰『來禹，汝亦昌言』，承上文臯陶所陳，一時之言也；『王出在應門之內』，承上文『諸侯出廟門俟』，一時之事也。序分爲兩篇者，妄也。」

案：顧氏但據今僞孔本所分，眞古文尚書別有益稷(或當題棄稷)，書序依以作。顧命及康王之誥通記周成王、康王君位傳受大典，渾然一文，但「諸侯出廟門俟」以上主記冊命康王；「王出在應門之內」以下主記康王誥羣臣，且冊命在廟，誥下在寢，當分爲二，故伏生、史

記、馬鄭本皆分作二篇。顧氏又誤。清邵懿辰亦謂顧命、康王之誥應合爲一序（尋見下引），誤同顧氏。

題宋鄭樵六經奥論卷二「書序」曰：

三篇合爲一序者六：若太甲、盤庚、説命、泰誓，大禹謨臯陶謨益稷三篇，康誥酒誥梓材三篇，皆一序，皆不可不知也。若揚雄曰「昔之書序以百篇，而酒誥之篇俄空焉，今亡矣」，由是觀之，酒誥之序不空也。揚雄之言失之矣，學者不可不知也。（又同書卷二「書疑」曰：「康誥、酒誥、梓材同爲一序，則酒誥之序不俄空也。」）

明郝敬尙書辨解卷九：

（盤庚）三篇一事，故爲一篇，孔書割爲三，與太甲、説命、泰誓同湊百篇之數而已。

案：大禹謨、臯陶謨兩謨共序，而益（棄）稷不統於此序，昔賢頗有立說。臯陶謨篇絕多記臯陶言，此序所以有「臯陶矢厥謀」；意者，大禹謨主記禹平治水土之功，此序所以有「禹成厥功，帝舜申之」也。鄭樵誤，邵懿辰同誤（見下），舊多以禹皐益三目三篇共一序，都誤（此不煩舉述）。

又案：「成王既伐管叔蔡叔」云云，康誥書序也；不下統酒誥、梓材，酒、梓序竝佚。酒誥序佚，故揚雄歎俄空。舊多說康酒梓三目三篇共序（如宋林之奇、清邵懿辰：併見下引），悉誤。

三案：盤庚誠一敍遷都殷事，惟分別詰告庶民、貴戚大臣、一般官員，今文本（如漢石經）分爲三大段，上大段與下大段間空一字，一若分篇，班固漢志、鄭玄書注都徑作三篇，非僞孔割裂湊百數，郝斥僞經，併書序分篇亦指爲梅頤輩僞分，無徵勿信。

多目篇共一序，邵懿辰立上下相攝說，其尚書通義卷六曰：

洛誥之與召誥，須作一篇讀，直益稷于皐謨、康王之誥于顧命之比，但以召公、周公之言爲限耳。名洛誥者，明召公、周公、成王相誥誡之言，皆于洛發之也。有以上篇篇題攝下篇者，如皐謨分出爲益稷、康誥分出爲酒誥、梓材是也；有以下篇篇題攝上篇者，如高宗之訓分出爲高宗肜日、洛誥分出爲召誥是也。……計五十八篇序文中，數篇合一序者凡六，而顧命、康王之誥及召誥、洛誥，皆應合序而不合，序固有得有失也。

案：顧命、康王之誥固亦各自爲篇各有書序，說已見上。召洛二誥記建洛邑一事，月日在召誥首，年在洛誥末，的是渾然一篇。唯召誥幾全爲召公告成王，無周公一語，而洛誥則記周公成王對話，無召公一語，且尙書爲記言體，則以言分，誠當題兩目。書序分別依原篇敍其作意，無失。今傳益稷與皐謨，僞孔所妄分，當合，但眞益（棄）稷獨爲篇，不當合于皐謨，書棄稷亦獨立爲一序。

又案：所謂「攝下」，謂上篇篇題篇序統攝包舉下篇篇題篇序也，邵舉皐謨包益稷，上方已證其失；又舉康誥包酒誥、梓材，酒、梓原序已佚（說已見上），固非共序，邵亦失。所謂「攝上」，謂下篇篇題篇序統攝上篇篇題篇序也，邵舉洛誥包召誥，上方已證其失；至高宗之訓獨爲一篇，經序竝佚，序固不能包高宗肜日而統之也。

林之奇論多篇共序，辨析甚明，其尙書全解卷二八康誥書序下曰：

> 書之序其體不一，有每篇而一序，有二篇而一序，有三篇而一序者。蓋古者史之記載，皆以簡冊之所載，不可以繁多也，故其於一簡之所不能載者，則或析而爲二，或析而

爲三，愈多而愈分，雖其篇帙之分，而其書之所由作則一，此所以有異篇而共序也。其所以分之，則或因所作之時，或因其所陳之言，如泰誓三篇上篇則將會於孟津之時所作也，中篇則戊午次於河朔所作也，下篇則戊午之明日大巡六師所作也。惟其時有先後之不同，故其文之繁多則因其時而分之，此三篇之誥康叔，蓋俱是四方之民、五服之君咸造于洛邑，周公慰勞而誥戒之時所作也。其時既同，則因其言之不同而分之，康誥所言，皆敬典愼罰之事；酒誥所言，則戒之無荒湎于酒以革殷之舊俗也；梓材所言，則戒之以匿瑕含垢，一切下問而以德懷之之事也。惟其所誥之言不同，故因而分之以爲簡冊之別，此皆出於史官一時之意，而不可以一槩論也。故如泰誓之命篇，則以一名而有上中下者之別，此三篇則每篇而命之名，是亦其一時史官各隨其指意而然也。

案：林氏所謂異篇共序，包括㈠異題多篇共序，考之全部書序，有二題二篇共序凡兩序（大禹謨與皐陶謨，汝鳩與汝方），有三題三篇共序凡一序（伊訓與肆命與徂后），而康誥、酒誥、梓材三題三篇非共序，不與焉。夫共序之作也，必多篇同記一事，總敍其所以爲作者之意，康、酒雖同誥康叔，但一告渠敬典愼罰，一告渠剛制於酒，而梓材上半王告康叔政法，下半周公戒新君，今存康誥序，不統攝酒、梓；酒、梓兩序佚久矣。林說失之。㈡同題多篇共序，夫既同題必同記一事，經作多篇者，一篇簡竹不容多載故也，林氏舉僞泰誓時、地爲例，大抵得正，惟謂泰誓三篇分上中下，而康酒梓三篇則分題篇名，是史官隨其指意而然，則昧於經本無篇題，篇題後加之理，夫題以事分，篇以字數多寡而多寡，兩事不容相混，而序則隨題而作。考書序一題一篇一序者凡六十八篇，爲常；一題三篇共一序者凡四序，曰太甲三篇、盤庚三篇、說命三篇、泰誓三篇（上述鄭樵謂三篇合一序者六，非）；一題四篇共一序者止一序，曰咸乂四篇是；一題九篇共一序者，亦止一序，九共九篇是也。諸家（如上述邵、林）或未舉佚亡篇，考說未周也。

㈣ 書序本文言「作某題」及「某人作」

書序敍所以爲作者之意既已，絕多結言「作某題（一篇）」，或「作某題多篇」。若「……作堯典」、「……作甘誓」、「……作湯誓」、「……作牧誓」（各皆一篇，一篇例不著篇數）；又若「……作九共九篇」、「……作咸乂四篇」、「……作泰誓三篇」（超過一篇則著篇數）等是也。例外僅三篇，先記於下：

禹別九州，隨山濬川，任土作貢。(禹貢書序)

湯歸自夏，至于大坰，仲虺作誥。(仲虺之誥書序)

殷既錯天命，微子作誥父師少師。(微子書序)

討論此三序體例者，

宋錢時融堂書解卷五禹貢書序：「孔子序書，必曰『作某篇』，此獨變文而不言者，何也？詳觀此書，實成于禹之手，夏后氏之世特定此名耳，非後世史氏記錄而作者之比也，故不言作禹貢。」

宋陳經尚書詳解卷二禹貢書序：「……此篇不言『作禹貢』者，因上文有『任土作貢』，則不復言『作』矣。如『仲虺作誥』，則不復言『作仲虺之誥』；『微子作誥』，則不復言『作微子』：古人作文之簡如此。」

題宋鄭樵六經奧論卷二：「書序之體不一，百篇之不可作者三：禹貢以發首言禹未言貢，故不言作禹貢；微子作誥，故不言作微子之誥；仲虺之誥，故不言作仲虺之誥。」

清鄒漢勛讀書偶識卷三：「如禹貢序云『禹別九州，隨山濬川，任土作貢』，下當是奪『作禹貢』三字，如『微子作，誥父師少師』，下當是奪『作微子』三字，『微子作』，如『作者七人矣』之作，即篇內『發出往』之意也，言微子欲出，犇告父師少師，史錄其言爲微子篇，則其下有『作微子』三字無疑，此是今序殘缺。」清簡朝亮尚書集注述疏卷末上書序辯：「書疏引鄭云『任土，謂定其肥磽之所生』，是也。……任土者，悉禹貢一篇之義矣。序曰『任土』，蓋二字句也，以序上下文求之，於文未適也。段氏疑其下有『作禹貢』之文，將曰『任土作貢，作禹貢』，亦於文未適也。」

案：任土，即本經定天下田爲九等；作貢，依等課賦，任土而又作貢，斯一篇之義，周禮立「任土」之法，下文亦必有「以物地事」云云，義乃備。上「作貢」，作貢法也，貢賦乃一篇主義，不可或略；下「作禹貢」，作篇也，於文未有不適。古本正有「作禹貢」三字，今本脫。抑或作貢法者禹也，序首已著「禹」，故序末冒上省「禹」字一文（鄭樵說），句當讀「任土，作（禹）貢」也，則古本三字或後人妄加，史記河渠書述同今本，可資旁證。陳經說未盡。本篇春秋世撰，非成於禹手，錢說失之。

又案：仲虺，湯相也，作誥，一謂告時君湯，一謂責夏桀之辭。誥文爲仲虺所作，故題仲虺之誥（墨子非命下引同），序依題云「仲虺作誥」，言簡意該，不必贅言「作仲虺之誥」，陳經、鄭樵說是。

三案：微子作誥，句型同「仲虺作誥」，但下有受誥者——父師少師，淸俞樾謂「誥」下更有「誥」字，重字但作二畫，傳寫誤奪之（羣經平議卷六），或是。「微子作」作，撰作也，本經「發出狂（往）」云云，微子欲退隱不仕徵詢父師少師之言，時尙無立即避世如論語子曰「作者七人」之「作」心，與書序「作」義相逕庭，鄒氏說失，序文無脫文。

書序題題篇篇都記作者，如「……湯始征之，作湯征」（湯征序）、「武王……邦諸侯，班宗彝，作分器」（分器序）、「成王在豐，欲宅洛邑，使召公先相宅，作召誥」（召誥序）、「召公既相宅，周公往營成周，使來告卜，作洛誥」（洛誥序）、「穆王命伯冏（囧，下同）爲周太僕正，作冏命」（冏命序）五篇，依次爲商湯、周武王、周成王、周公旦、周穆王所作，此其常也。然郝敬疑其中二篇非成王、周公自作，其尙書辨解卷九：

其謂召誥爲成王作，洛誥爲周公告卜自作，皆非也。

又有序末結句或序文止一句直題某人作者，得十三篇，備錄於下：

……誼伯、仲伯作典寶。（典寶書序）

……仲虺作誥。（仲虺之誥書序）

咎單作明居。（明居書序）

……伊尹作伊訓、肆命、徂后。（伊訓肆命徂后書序）

……伊尹作太甲三篇。（太甲書序）

伊尹作咸有一德。（咸有一德書序）

……微子作誥父師少師。（微子書序）

……太保作旅獒。（旅獒書序）

……芮伯作旅巢命。（旅巢命書序）

……周公作金縢。（金縢書序）

周公作無逸。（無逸書序）

……周公作君奭。（君奭書序）

周公作立政。（立政書序）

此其非常也。

近人李泰棻作今文尙書正僞，自序曰：「今文尙書正僞者，對書序言之也。」是此書專辨書序之失者，謂微子篇非微子啓自作，曰：

周書諸篇之「王若曰」，乃周公述成王之言；盤庚之「王若曰」，乃宋民述盤庚之言。……是篇開首即云「微子若曰」，其非微子自作可知也。

清簡朝亮於立政篇，謂其非周公自著，先已立此理據，其尙書集注述疏卷末上書序辯：「立政之篇，稱『周公曰』者一，稱『周公若曰』者再，蓋史敍其辭，而非周公作之也。」

金縢本經及書序，說之者自來爭議多，明郝敬謂篇非周公自作，尙書辨解卷五：「金縢序謂周公自作，非也。如公自作，則『請代』與『藏冊』皆私意矣。」（又卷九：「金縢非周公自作。如公作，則小人之心矣。序于此等處孟浪之

甚！」同）

或謂金縢冊文周公自作，餘非周公自作，

宋蘇軾東坡書傳卷十一：「金縢之書，緣周公而作，非周公作也，『周公作金縢』，策書爾。」

薛季宣書古文訓卷八：「書敘謂金縢周公作，以冊言也。」

陳經尚書詳解卷二六：「此書非周公所作，而謂之『周公作金縢』者，其冊文乃周公所作故也。孔子特以二句序此書者，以見金縢之作也，起于武王之有疾；金縢之啟也，在于成王之疑周公。」

黃度尚書說卷四：「序稱『周公作金縢』者，謂冊祝之辭也。」

元金履祥尚書表注卷下頁九金縢書序：「此篇除祝詞外，皆非周公作，序文誤。」（清馬徵慶尚書篇誼正蒙頁二五金縢書序引金氏此說，表示贊同）

清姚永樸尚書誼略於金縢書序曰：「序言『周公作金縢』者，謂納于金縢匱中之冊乃周公所作，非謂周公作此篇也。」

又或謂周公所作僅冊書，餘文史官作，

宋張九成曰：「武王有疾，周公有代死之冊，在金縢之匱，今錄而成篇；金縢之冊，非周公而誰作乎？至于成王信流言，以金縢之書而悔，上天動雷電，以金縢之書而知，故史官因敘其事以見金縢之作，以明周公之心也。」(宋黃倫尚書精義卷三一載)

蘇子才曰：「金縢經，周公策命之書，自納金縢之匱，及爲流言所謗，成王悟而開之，史敘其事乃作此篇，非周公作也。」(同上)(元陳櫟書蔡傳纂疏書序略同)

錢時融堂書解卷十一：「古者占書藏之匱中，籥以金縢。……武王有疾卜，而啟籥看占書，周公乃併納祝冊于金縢匱中。……是書雖續于史氏之手，而金縢之作實周公也。」

清簡朝亮尚書集注述疏卷末上書序辯：「金縢之篇，周公所作者，冊祝也。其事之始末著於篇，則史所作焉，今序曰『周公作金縢』，不其疏乎？」

更或謂全篇盡是史官作，

宋林之奇尚書全解卷二六：「周公……作冊書，……而藏其書于金縢之中，史敘其事而作此篇也。此篇主於記事，而作出於史官之手，而其序乃曰『周公作金縢』，與夫『周公作無逸』、『周公作立政』之言，曾無少異者，蓋書序之體，固有某篇雖非某人之所作，而所載之本末皆其人之事迹語言，則雖謂其人作之可也。」（宋夏僎尚書詳解卷十八略引林此說，示同）

案：召誥除首二段記建作洛邑外，餘悉爲記召公𩔰戒成王言。開篇著成王自鎬至豐告廟，故序乃弁「成王」於上，明作邑由成王命之也。但讀者順文求義，則仞序者謂成王作召誥。洛誥除末段六十九字記事外，餘以巨大篇幅載周公與成王對話，唯序者特記周公使人告卜，吾人順文求義，則仞周公作篇。序者行文拙劣失要。召洛二誥作冊逸撰，本經具明文。

又案：「若曰」者，如此說也，他人記發話人言語大意，非其自筆（此辨別材料律則，宋人早已確立）。尙書見「某若曰」者極多，皆他人記錄之辭。唯於考甄文獻，先秦人未臻精審，故書序者以是篇「所載之本末，皆其人之事迹語言」，故「雖非某人之所作」，亦徑題某人作。金簡氏等猥以後世之治學水準律古，失之苛矣。

三案：金縢周公請代兄死，命史官記錄其冊祝文，冊文用第一人稱（旦、予、我），雖由史氏秉筆，猶公自著，故陳、黃、金、馬、姚、張、黃、蘇、陳無異辭；郝謂苟周公自筆「請代」，則有私意。夫周公考量社稷安危，赤誠請代兄死，具文辭百廿九字，禱於神明，何私意之有？至於「藏冊」，史氏紀錄文，與本經其它記武王疾周公東征前後事同出一手，孔正義曰：「案經，周公策命之書，自納金縢之匱，及爲流言所謗，成王悟而開之，史敍其事乃作此篇，非周公作也。」（甚多篇，孔均定爲史敍事之作，此不皇備舉）東坡書傳與諸家說同，云「緣周公而作」，即史官欲「以明周公之心也」。

上才述十三篇中之明居、咸有一德、無逸及立政四書序，一句定某人作某題，最是特例，或以爲此四篇序未作不計，

孔正義（堯典書序下）：「百篇凡有六十三序；……明居、咸有一德、無逸、立政不序所由，直云『咎單作明居、伊尹作咸有一德、周公作立政、周公作無逸』。……」

不序所由者，謂無可序述，故不計入書序數（若亦併計，依正義則凡六十七序），題宋鄭樵六經奧論卷二「書序」簡直仞此四篇無序，

百篇無序者四：咎單作明居、伊尹作咸有一德、周公作立政、（周公）作無逸，無可序

述，故云「作而不序其所由」。

其不言作意之故，有謂三公之誥，特表之耳，

宋薛季宣書古文訓卷十六：「咎單作明居、伊尹作咸有一德、周公作無逸，序皆不言作之之意，三公居然之告，皆特見之也。」

又或謂非周公思慮不及此——恐成王治國終怠不勤，故不需明著作意，

宋夏僎尚書詳解卷二十：「周公……意謂：今日即位之初，能知其不可自逸而勤以行之，後猶或怠，況始或不勤，則後將如何哉？此周公作無逸之本意也。序書者採其意，謂思慮之及此，非聖如周公不能，故直言『周公作無逸』，亦猶『伊尹作咸有一德』也。」

乃或者謂本經意已顯，直書某人作可矣，

孔正義明居書序：「百篇之序，此類有四：『伊尹作咸有一德、周公作無逸、（周公作立政』，與此篇直言其所作之人，不言其作者之意，蓋以經文分明，故略之。」（宋錢時融堂書解引孔此文，云：「此說是也。」）

後世尊此說者爲多，

宋錢時融堂書解卷五：「書自明白，無可敘者，故直書曰『咎單作明居』，與『伊尹作咸有一德』之類同。」

又卷六：「伊尹復辟告歸而作是書，義已明白，故孔子止曰『伊尹作咸有一德』，不復詳序也。」

又卷十五：「此書明白，無庸發揮，故序直曰『周公作無逸』，與咸有一德同。」

陳經尚書詳解卷十五：「咸有一德之書，作史者既言『伊尹復政厥辟，將告歸，乃陳戒于德』，其事已顯矣，故夫子直序之曰『伊尹作咸有一德』。」

又卷三五：「序書之體，……有直書其事而意自顯者，若『伊尹作咸有一德』、『周公作立政』與此篇『周公作無逸』是也。」（又卷三九說立政序亦謂「直書之而其意自顯」，

同）

案：咎單（湯司空，孔正義引馬融說）、伊尹及周公，的是三公，云特顯三公之告，書序即不言其作意，然則伊訓、太甲皆宰衡伊尹之告，而君奭者周公之告也，時公爲太師，三書之序一何咸揭其作意，薛說失周，未是。尚書多古聖誥命之篇，如湯誥、牧誓等，如所說，非聖君不能及，一何不直序「成湯作湯誥、周武作牧誓」耶？夏氏曲護書序，失之。

又案：明居、咸德二篇亡佚，記事不詳，姑置勿論。無逸五九三字，記殷三王、周文王保惠庶民，不耽逸豫，故壽者久位；立政六七一字，記常伯、常任、準人等之選用，關係邦家盛衰，又多述古今職官，旁及獄訟，二篇皆周公戒成王書，經緯萬端，乃鄭樵謂二篇「無可序述」，固謬。孔正義及錢氏陳氏謂書義自明，不煩復張其作意，請以林之奇說駁之，

尚書全解卷十七咸有一德書序：「百篇之序，蓋有述所作之人，而不言其所以作是篇之意者，如『咎單作明居』、『周公作立政』與此篇之序，比之諸序最爲簡省。若以爲經文已明，故略之，然其諸序亦有經文已明，而序文詳言之者，故予嘗謂書序之作，非出於一人之手，蓋歷代史官相傳以爲書之總目，既非出於一人之手，故自有詳略不

同。」

又卷三二無逸書序：「書之序有直言其所作之人，而不言其所作之事者，『伊尹作咸有一德』、『周公作無逸、(周公作)立政』，是也。司馬侍講曰『本篇論無逸之事，文義已明白易曉，故孔子作序但云「周公作無逸」』，而薛博士亦曰『無逸之義昭矣，於其序之也，正其名而已，故曰「周公作無逸」』。此亦不然。夫無逸之序既不言其所作之故，而於篇之發首亦不言之，則謂其文義明白易曉，故於其序但正其名而已，可也。然考之五十八篇，於其發首有詳言其所作之故，則是文義已明白易曉矣，何為又申言於序邪？蓋書之序本自為一篇，不以冠於每篇之上，故其體往往不同，有其事迹見於序，而發首則不言者，湯誓、大誥是也；有其事迹見於篇首，而序則不言者，咸有一德是也。惟此篇之序與發首並不言其所作之故。此皆各出其當代史官一時之旨意，不可以為說也。是故為之說者必窒礙於五十八篇之中矣。」

所謂經篇發首，謂史官敍事之辭(其下絕多接以記言)。考之：首敍具而書序不言本篇作意者，今存止立政一篇(明居、咸德已亡佚；林舉乃僞咸德)；首敍具而書序猶言本篇作意者，甘誓、盤庚、西伯戡黎、牧誓……等，亦即「經文已明，而序文詳言之者」，此類最多；首敍不具而書序言本篇作意者，別有微子、君奭……等；合首敍、書序竝闕言經篇作意者無逸，凡四大類。則諸家謂經義已曉白，書序但正其篇作者之名而已，果不然！則書序之體果不一！夫書本單篇，原無書序，林氏謂書序各出當代史官，失之。考當成編於本經編爲教科書之後，爲應課授乃有是作。各序相顧爲文，自爲一編。作者止一人，斯人也，陋儒也，謀篇既不謹嚴，爲體不一，又多茍作，敷衍了事而已，如此四篇者，清吳汝綸尙書故曰：「此無逸及立政序但言『周公作』，其書見存，不難最其指要，以欲與咸有一德、明居相配，故畧之也。」吳以咸德、明居亡佚，故書序無所據以敍作意（此說非，不遑於此詳辨），而無逸、立政雖有所據，以欲與前（咸德、明居）二篇匹看，故特省簡作意耳。評序者茍簡，是也。

(五) 書序篇次討說

今傳百篇書序，篇目實止八十有一，始目曰堯典，主記舜事，最早；終目曰秦誓，記周襄王世秦穆公事，最晚。始堯典終秦誓，各本無異也。其它七十九目，亦依時次，如堯典後繼以舜典，述虞政既已，繼以夏功禹貢，殷國將亡微子著告，其下即繼以周武用兵泰誓，……故唐孔穎達正義曰：「編書以世先後爲次。」（蔡仲之命書序下）洵是也。雖然，論八十一目百篇或超過或不足八十一目百篇之次第，各本未盡相同，舉如伏生本尚書及尚書大傳與今本書序篇次不盡同；

史記述書序篇次亦與今本書序不盡同；

馬鄭本書序篇次亦與今本書序不盡同；

今本——僞孔傳本書序篇次問題考覈。

上列四例，說均已分詳前文各卷

後世或據別本書序疑今本書序變更篇次，

清簡朝亮尚書集注述疏卷末上書序辯：「書疏云『孔以咸有一德次大甲後，第四十；鄭以爲在湯誥後，第三十二』。今攷史記，亦在湯誥後，當成湯時；僞古文以爲當大甲時，故僞孔遂改其次爾。」

案：咸有一德，史記次於明居、太甲前湯誥後，馬鄭次明居前亦湯誥後，史與馬鄭將咸德次湯誥後同。咸有一德，鄭玄禮記緇衣注謂此篇是「伊尹之誥」，不言告誰何。第考鄭注書序本篇次湯誥後，以爲當成湯時，上合殷本紀。僞孔本次本篇於太甲篇後，夫太甲篇乃伊尹戒湯孫太甲文，則僞孔以本篇屬太甲時書，故其注書序曰：「言君臣皆有純一之德，以戒太甲。」禮緇衣孔正義：「是伊尹誥大甲，故稱尹誥，則咸有一德篇是也。」同。清程廷祚晚書訂疑、江聲尚書集注音疏、段玉裁古文尚書撰異等竝責僞孔繫年失次。愚謂不然，書序孔正義：「經稱『尹躬及湯，咸有一德』敏案：此八字原爲禮緇衣引，是眞經。，言己君臣皆有純一之德；戒太甲使君臣亦然，……欲令太甲亦任一德之臣。」禮孔正義：「言惟尹躬身與成湯皆有純一之德，引者証上君臣不相疑惑。」夫引篇曰「尹誥」言「尹躬與湯」，是史臣紀錄之辭，敍尹、湯君臣事用戒時君太甲，若爲誥湯不應稱湯——受告者，則書、禮兩正義竝得之。是今本書序次第得正，僞孔本無所改變，史馬鄭以己意更定耳。

洪範，或以爲宜次分器後，

> 清孫星衍尚書今古文注疏卷三十：「周本紀：武王……十一年伐紂，作大誓、牧誓、武成、分器。後二年，問箕子以天道，則洪範編篇，宜在作分器後。」

案：分器記武王甫克殷下車之初實行分封與班器，言一事之始，先乎二年後問陳洪範，史記持之，故分器列前，顧分封班器予諸功臣親戚，成事非一日，而有晚於陳範之後者如周本紀「餘各以次受封」，其中殆有數年後始封者。，書序持一事之終，故列分器於洪範後。各有攸當，不必改次。

康誥、酒誥、梓材三目篇，書序次大誥等篇之後，清初人升之於大誥之前，四庫全書總目提要卷十四：

尚書質疑，……國朝王心敬撰。……康誥等三篇，據書語則在武王時受封，據左傳則在成王時受封，先儒皆疑不能明。今（此書）徑升大誥之前，紊亂舊第，殊失謹嚴之義。

敏案：酒誥、梓材，成王世書；左傳定四年載成王命書康誥，則爲別一書。此康誥大約武王克殷後一、二年宣命（心敬說係據宋胡宏、吳棫、朱子等），宜次大誥前固然，或竟在洪範前也。

書序「成周既成，遷殷頑民」，云遷殷民在洛邑建成之後，宋吳棫非之，謂先遷殷民後作洛，

方遷商民於洛之時，成周未作，其後王與周公患四方之遠，鑒三監之叛，於是始作洛邑，欲徙周而居之。其曰「昔朕來自奄，（予）大降爾四國民命，我乃明致天罰，移爾

遐逖，比事臣我宗多遜」者，述遷民之初也；曰「今朕作大邑於茲洛，予惟四方罔攸賓，亦惟爾多士攸服，奔走臣我多遜」者，言遷民而後作誥也。故洛誥一篇，終始皆無欲遷商民之意。惟周公既誥成王留治于洛之後，乃曰「伻來毖殷」，又曰「王伻殷乃承敘」，當時商民已遷于洛，故其言如此。(宋蔡沈書集傳卷五多士題解引)

宋蔡沈書集傳及主蔡書序說之學者從申吳說，

書蔡傳書序辨說：「遷殷頑民在作洛之前，序書者攷之不詳，以爲『成周既成，遷殷頑民』，謬矣。詳見本篇。」

書蔡傳多士本篇題解：「武王已有都洛之志，故周公黜殷之後以殷民反覆難制，即遷于洛，至是，建成周、造廬舍、定疆埸，乃告命與之更始焉爾，此多士之所以作也。由是而推，則召誥攻位之庶殷，其已(原誤巳)遷洛之民歟？不然，則受都、今衞州也，洛邑、今西京也，相去四百餘里，召公安得捨近之友民而役遠之讎民哉？書序以爲『成周既成，遷殷頑民』者，謬矣！」

元陳櫟書蔡傳纂疏多士題解：「諸家過信小序，所以『昔朕來自奄』等全解不通，蔡

說當矣。」（元董鼎書蔡傳輯錄纂註引少「等」字，非是；又引作「吳、蔡說當矣」，多「吳」，則是）

清簡朝亮尚書集注述疏卷末上書序辯：「且周遷殷民，在作雒之先，則未有成周矣，今序者曰『成周既成』，蔡氏所以謂序者攷之不詳也。」

洛誥記成周成，末繫成王七年十二（當作三）月晦戊辰，書序既次多士於其後，則仍爲是明年（成王八年，僞孔傳於本經首「惟三月」句云：「周公致政明年三月，始於新邑洛用王命告商王之眾士。」）之書，元金履祥論爲失次，其

書經注卷九：「多士『惟三月，周公初于新邑洛，用告商王士』。惟三月，七年之三月也。于，往也。於是周公以三月乙卯至新邑，越十日甲子以書命庶殷，所謂『初于新邑洛』也。而舊說以爲明年之書，失之矣。周公營洛至成王烝于新邑，命周公留後于洛矣，奚爲明年而曰『初于』？又何爲周公營洛于初攻于洛？二年之間，皆以三月？然則謂明年之書者，孔氏之失也，亦書序誤之也。遷洛之意凡二：一爲土中，二爲化商。召誥之敘以王都爲重，故不及化商之詳，止曰『以書命庶殷』，而多士自爲一書云。」

清馬徵慶亦定今尚書多士篇即建洛致政當年之三月甲子周公以成王命命庶殷之書公文，舉召誥、逸周書爲證，斥書序失次，其尚書篇誼正蒙卷四多士書序：「汲冢書遷殷民于雒在先，營洛在後，故召誥云『太保乃以庶殷攻位于洛汭』、又曰『厥既命庶殷，庶殷丕作』，則遷殷營雒，先後縣然。而成周告成，尤其後焉矣。此篇『惟三月』，即成王五年敏案：當作七年，大傳「五年營成周」，謂早先二年已謀作洛。召誥之三月甲子，『周公朝用書』，亦即竹書『甲子周文公誥多士于成周』也。序說之誤，固不待言。」

案：周人遷殷遺民於洛或近洛之地，逸周書作雒篇「（成王）二年（即周公攝政二年，下放此），又作師旅臨衛政本亦作攻殷，殷大震潰，……俘殷獻民，遷于九畢」，九畢（當作九里），成周之地（孔晁注），在東周畿內（參孫詒讓斠補）。此次僅遷殷獻民（殆殷世家大族，故殷國重臣之倫）。至明（三）年五月之前又遷殷民（似仍爲殷獻民），尚書多方「爾乃自時洛邑，尚永力畋爾田。……我有周惟其大介賚爾，迪簡在王庭，尚爾事，有服在大僚」；又多士篇成王追述三年五月告殷民書（即多方之事）曰「昔朕來自奄，予大降爾四國民命，……

明致天罰，移爾遐逖」，謂彼時已遠遷殷民于洛。（參拙著尙書多方篇著成於多士篇之前辨，臺大文史哲學報二十三期，民國六十三年十月）。覃及七年三月丙午作洛邑，庚戌日，「太保乃以庶殷攻位于洛汭」（召誥）；庶殷，即三年至今遷來洛邑之殷民其間遷當不止一次。越十五日甲子，「周公乃朝用書命庶殷，……庶殷丕作」（同上）。召誥之庶殷，爲侯國、甸國、男國之君臣庶民，前此大量徙來，作爲建邑勞工。周公用成王命書命庶殷，「書」即多士篇五百七十二字，故多士首曰「惟三月，周公初于新邑洛，用告商王士」。多士篇成王「予惟時其遷居西爾」，謂自殷朝歌西遷殷民於此洛邑也；「今朕作大邑于茲洛，……今爾惟時宅爾邑，繼爾居，……爾厥有幹有年于茲洛；爾小子乃興從爾遷」，謂遷殷民于此洛邑，許以土地房舍所有權，以誘使殷人子弟從之後來遷也。發話時，皆在洛邑未建成之前十個月，時固早已遷殷民，則書序「成周既成，遷殷頑民」，果謬！而周公以王命告誥者，係洛邑未成前已遷之殷民，書序果誤！（王鳴盛蛾術編卷五二「先作洛後遷殷」，說多疵纇，迮鶴壽（見原注）已論其失：兩文均甚長，不錄）

又案：明郝敬說書序，多主蔡傳，乃於此多士曰「洛邑成而後遷殷士，序說是也」（尙書辨解卷九），則大異蔡傳。郝以爲「多士者，周公徙殷士而告之之辭」，以爲特爲遷殷民而發之命書；見本經「昔朕來自奄，移爾遐逖」云云，解「欲移爾遠去西土」（同上卷六），明是昔日已遷，郝樌增「欲」字，曲執爲有意遷而未果遷之義。說類此，俱不可從。

清簡朝亮論書序多方失次，其

> 尚書集注述疏卷末上書序辯：「以經之事攷之，多方宜先也，多士宜後也。蓋多方當次於大誥後矣，此非其次也。」

案：多方：「惟五月丁亥，王來自奄，至于宗周。」（左昭四年傳：「（周）成（王）有岐陽之蒐。」杜注：「周成王歸自奄，大蒐於岐山之陽。」國語晉語八：「昔成王盟諸侯于岐陽。」岐陽即宗周之地）多士篇追述此事曰：「昔朕來自奄。」多方嗣又曰：「我大降爾命。」多士嗣亦追述此事曰：「予大降爾四國民命。」則多方本經所記事實在前，而多士記事在後，二篇竝當時檔案，則著成時亦多士後乎多方。多士成王七年三月成篇，多方先前四年——成王三年發誥（亦詳拙著尚書多方篇著成於多士篇之前辨，並甫見上論多士篇第），則多方當次多士前、大誥……嘉禾後。

蔡仲之命，書序次君奭後第八十三；鄭玄依別錄次之費誓前第九六，尚在穆王書——冏（囧）命篇之後。宋蔡沈書集傳蔡仲之命題解不然，云：

（蔡）叔沒，周公以（蔡）仲賢，命諸成王，復封之蔡，此其誥命之辭也。……案：此篇次序，當在洛誥之前。

蔡傳敢於變古說者，以封蔡仲當成王世周公方攝政之時，據僞古文經也，僞經云：「惟周公位冢宰，……羣叔流言，乃……囚蔡叔于郭鄰。……蔡仲克庸祗德，……（蔡）叔卒，乃命諸王邦之蔡。」則正當周公攝政時，故蔡傳欲置之周公致政時之篇——洛誥前也。成王命蔡仲于蔡，見定四年左傳，其或當公攝政時，蔡傳可取，但據僞書以正序則不可也。

㈥ 書序敍作意、詮經字及第篇之前後

序，次第也（詩大雅行葦毛傳）。廣雅釋詁三：「序，次也。」序假借爲敍（說文「序」字段注及朱氏通訓定聲）；敍，次也（尚書皐陶謨「惇敍九族」僞孔傳），說文：「敍，次弟也。」敍，述也（國語晉語三韋注）。是「序」誼：一次第也，二敍述也。清江聲尚書集注音疏卷十一「尚書敍」：

敍，抒也、緒也、次也，抒渫作者之意，見其耑緒，且次其篇弟，故曰敘。……書不

空作，皆有所由，敘則述其作書之由，使其意指宣著，故云抒渫作者之意，見其耑緒：……合此諸篇，而敘其先後之次弟，故云次其篇弟。

江云序三誼，實止二誼，曰述也（述作書之旨意，現其端緒）、曰次第也（敍其各篇先後之次）。

次第尚書各篇之先後，爲書序者法仿孔子，孔子以尚書授業，編次篇之前後，

史記三代世表序：「孔子因史文，次春秋，紀元年，正時月日。……至於序尚書，則略無年月。」

又孔子世家：「孔子……序書傳，上紀唐虞之際，下至秦繆，編次其事。」

又儒林傳：「孔子閔王路廢而邪道興，於是論次詩書。」

劉歆移太常博士書（載漢書楚元王傳）：「孔子……修易序書。」

漢書儒林傳：「孔子……敘書，則斷堯典。」

尚書本經篇，具年月者極少，故孔子編次之略無年月，唯上斷自堯典篇（唐虞際），下截止於秦誓篇（穆公，春秋中葉），粗定其早晚而已。書序始堯典終秦誓，四代之書，先虞、

夏而後商、周，各代經篇，謹依其史實第其上下，觀虞夏書篇，首堯典，而後記舜、禹、皐陶事之篇；於商書，湯伐桀而得國，湯誓居首，其下有伊尹、太甲、盤庚、高宗事迹之篇；周書則武王、周公、成王、康王、穆王誓誥等篇，大抵依時次列目，而序文後文顧續前文，如上微子序「殷既錯天命」，下泰誓序「武王伐殷」；又如上亳姑序「周公薨」，下君陳序「周公既沒」，其顯者也（參看上書序原自爲一編卷）。

敍述尚書各篇義，爲書序者法仿孟子，

史記孟子荀卿列傳：「孟軻……與萬章之徒序詩、書，述仲尼之意，作孟子七篇。」

孟子梁惠王至公孫丑七篇，多引尚書而敍述之（上「序」，下「述」，互文同義）。書序敍作書之旨意，果自孟子來也。

述即說，述尚書即說尚書也，則書序者，書之傳注也。茲先自漢人揚、王兩家說究義，

揚雄法言問神：「書之不備過半矣，而習者不知。惜乎！書序之不如易也。……昔之說書者序以百，而酒誥之篇俄空焉，今亡夫！」

王充論衡須頌：「問：說書者『欽明文思』以下，誰所言也？曰：篇家也。」「書」，尙書也，子雲下以酒誥篇應，故知。「欽明文思」，乃堯典書序（非堯典本經，此不便辨，以省蔓辭，參下王充論書序孔子作卷），則仲任謂書序爲篇家說尙書者之言，而子雲「說書者序以百」，指書序乃說書者辭，尤爲確切。

次自漢班氏及晉、唐人說索討，

漢書藝文志書類後敍：「書，……孔子爲之序，言其作意。」

書大序：「書序，序所以爲作者之意，昭然義見，宜相附近，故引之各冠其篇首。」

唐孔正義：「書序，雖名爲序，不是揔陳書意，汎論，乃篇篇各序作意。……序，序所以當篇，爲作此書之意，則是當篇作意觀序而昭然意義顯見。既義見由序，宜各與其本篇相從附近，不宜聚於一處，故每篇引而分之，各冠加於篇首，令意昭見。」

劉知幾史通序例篇：「（僞）孔安國（書大序）有云：『序者，所以敍作者之意也。』竊以書列典謨，詩含比興，若不先敍其意，難以曲得其情，故每篇有序，敷暢厥義。」

兩孔、劉氏以謂：百篇序若仍舊總附全經之末，易致讀者誤會序乃汎論尙書大意，唯其令篇序貼說各篇義，故需分弁各篇之上。

宋、元、明人謂書序言書之作意，繁多，又無特見，故茲不遑縷陳，今止錄一家，

宋程頤伊川經說卷二「書解」：「書序，夫子所爲，逐篇序作者之意也。」

清人有鄭杲者，作「論書序大傳」，謂書序猶義注，頗有創發，

今夫書序無以擬之，……擬諸禮經之記，庶幾似之。……詩序曰關雎之序，「是關雎之義也」；南陔、白華、華黍，詩亡而序存，則曰「有其義而亡其辭」；由庚、由儀、崇丘亦然：明乎詩者其辭而序者其義也。禮經之記亦然，士禮十七篇始冠，而其記首題「冠義」二字，而郊特牲申明之曰「禮之所尊，尊其義也」。……書之有序，何獨不然？

案：上引揚、王、二孔、劉、鄭等家說，合證如下：

儀禮本書有「記」者十二篇十二次，如士冠禮篇：「……記、冠義：始冠，緇布之冠也。……。」記，說解也，禮記爲儀禮（經）之傳說，故亦名「記」，漢志著錄許商五行傳記，亦傳注之作名「記」者；義，禮記有篇曰冠義、昏義、鄉飲酒義……，用釋明禮經之士冠禮、士昏禮、鄉飲酒禮，漢志著錄尚書歐陽說義、隋志著錄漢王玢春秋左氏達義，則「義」誠亦傳注之倫也。

序，其在詩、書，即以說二經之義。詩關雎序：「關雎……之化，王者之風。……關雎樂得淑女以配君子，愛在進賢，不淫其色，哀窈窕思賢才而無傷善之心焉」，序實就經「窈窕淑女，君子好逑」張皇其義，故序結言「是關雎之義也」。又亡詩小序「南陔，孝子相戒以養也」至「由儀，萬物之生各得其宜也」六條，兩著「有其義而亡其辭」，鄭玄謂此六篇：「遭戰國及秦之世而亡之，其義則與眾篇之義合編，故存。」正義：「言有其詩篇之義而亡其詩辭。」其義，謂六亡詩之小序；眾篇之義，謂另外三百五篇詩之小序。則詩序即詩義；書序與同倫，是亦書義也。書序，以說經篇之義，猶詩魯說、禮中庸說之說魯詩、說禮記也，故法言謂以百篇序「說書」，而論衡質指堯典序「欽一作聰明文思，光宅天下。將遜于位，讓于虞舜」乃「說書者」之言。「說書」云者，班志所謂「而爲之序，言其作意」，即敘各篇作意，用「敷暢厥義」者也。今存八十一目六十七條序，皆記本經作者，或說明本經所載之史實，或記其作意，或依本經撮述其旨要，或於本經外增集事證如甘誓、湯誓、牧誓、大誥等序；或竟詮解本經文，茲擇舉虞夏書、商書及周書三篇論之，

朱子語類卷七八：「問：序云『聰明文思』，經作『欽明文思』，如何？曰……。問：恐是作序者見經中有『欽明文思』，遂改換『欽』字作『聰』字否？曰：然。」

民國章炳麟膏蘭室札記卷二：「書序『昔在帝堯，聰明文思，光宅天下』。麟按：光宅天下，即經之『光被四表，格于上下』。經光借爲橫，此光亦然。此之宅即經之格，古音宅格同部也。四表上下，是爲六方，舉天下則足以包之。」

案：朱子師徒謂序者避同字，故說經時易「欽」爲「聰」。太炎謂序者以「光宅天下」詮解經文「光被四表，格于上下」。又經「巽朕位」巽，序解作「遜」。它篇如西伯戡黎序以「乘」釋「戡」，金縢序以「不」詁「弗」，俱是也。甄上歷論，知書序解經體制，下視西漢「故」（詩魯故、韓故等）、解故（尙書大小夏侯解故等），無以異也。

六、漢至唐人論書序作者

(一) 司馬遷史記不言孔子作書序

書序，謂係孔子作，舊稱漢司馬遷始作是論，大抵依據下列史記三則資料爲說，引而論之如下：

三代世表序：「太史公曰……孔子因史文次春秋，紀元年，正時日月，蓋其詳哉！至於序尚書，則略無年月，或頗有，然多闕，不可錄。故疑則傳疑。」

又孔子世家：「孔子……追迹三代之禮，序書傳，上紀唐、虞之際，下至秦繆，編次其事。」

又儒林傳：「太史公曰……孔子閔王路廢而邪道興，於是論次詩、書，修起禮樂。……自衛返魯，然後樂正，雅、頌各得其所。」

宋葉適以爲漢班固因遷史之說，乃定書序爲孔子作，其

習學記言卷五「書序孔安國序」：「以……（書）序亦孔子作，其說本班固；固因司馬遷，遷因孔安國。」（案：此孔安國，僞孔氏也，說見下）

班固乃因孔子世家，詮「序書傳」爲「作書序（即「而爲之序」）」，漢書藝文志書類後敍曰：

書之所起遠矣，至孔子簒焉，上斷于堯，下訖于秦，凡百篇，而爲之序，言其作意。

自茲，論書序孔子作，而謂由史記發端者多矣，舉要如下：

清閻若璩尚書古文疏證卷七條一〇五：「孔子世家云『序書傳，上紀唐虞之際，下至秦繆』，似序出自孔氏云。」

馬邦舉書序畧考頁十二：「史遷稱『序尚書則畧無年月』，又曰『夫子之弗論次』，

是謂夫子作書序也。」

皮錫瑞經學通論卷一：「西漢馬、班皆云孔子序書，東漢馬、鄭皆云書序孔子所作。……則書序孔子作，今古文之說同。」

第近世人論學不同，頗以「次第」釋史記「序尚書、序書傳」之序，

清吳汝綸尚書故：「世家明云『上紀唐虞之際，下至秦繆，編次其事』，則『序』即編次矣。」

康有為新學偽經考卷十三書序辨偽：「……史記所謂『序』者，不過『次序』之謂。……且世表所謂『正時月日（月日當乙轉，康君抄誤）』者，指春秋本經；上下文義相承，則所謂『略無年月』者，亦指尚書本經，無所謂『序』，明甚！」

崔適史記探源卷一書序：「三代世表曰『孔子次春秋，序尚書』，猶曰『序春秋，次尚書』也。孔子世家曰『追跡三代之禮，序書傳，上紀唐、虞之際，下至秦繆，編次其事』，此『序』字，與『追跡』之『跡』、『上紀』之『紀』，對文同義；下復總括之曰『編次』：皆謂次序之序，非序跋之序也。」

說史記表及世家「序」字爲「次第」，略遵康、崔，不謂史遷言孔子作書序者，有近人趙貞信書序辨序（古史辨冊五上編）、鍥齋書序說（中和月刊四卷四期）、張西堂尚書引論及蔣善國尚書綜述。

世家「序書傳」，謂編次書傳；書傳，若今尚書傳本自「堯典篇（此篇正紀唐、虞之際史事）、迄秦誓篇（此篇正紀秦繆公史事；尚書之篇，疑亦得稱「傳」，荀子君子篇引本篇作「傳曰」。）」。序書傳，即「編次其事」，故下文照以「編次其事」。序，編次也；二辭互文。二辭猶「（編）纂」意，藝文志：「書之所起遠矣，至孔子纂焉，上斷于堯（亦謂堯典），下訖于秦（亦謂秦誓）。（下「爲之序」云云，與本論點無關，故節略）」又儒林傳：「孔子……於是敘書，則斷堯典。」彼文作「纂書」，此文作「敘書」，一義，皆謂「編次」。漢劉歆移太常博士書（在漢書楚元王傳）曰：「孔子……修易序書。」史「序書傳」、漢兩「敘書」，及王逸（漢安、順帝時人）正部曰：「仲尼敘書——上謂天談，下謂民語，兼該男女，究其表裏。」（載意林卷四）義咸同，咸曰「編次」而已，編次尚書本經耳，非別撰書序也。故但據此史世家、漢志傳、移書，不得謂史記言孔子撰著書序。唯世家又曰：「孔子晚而喜易——序、彖、繫、象、說卦、文言。」正義：「序，易序卦也。」上文「喜易」，下文「序」，自是易本文（周易序卦傳，漢人認爲是易本文。）。若說「序」爲編次，則仍是編次下所記之易本文——

象、繫、象等，義竟與世表之「序書」同，非謂作易本文之序也。

史儒傳「論次詩、書」詩，下文以「雅、頌得所」應，知爲論次詩本經與詩樂；以推度「論次（尚）書」義，亦係論次本經篇章，非關書序，彰彰明矣。

至世表「序尚書」序，同下文「次」，序、次互文。序尚書即編次尚書本經之篇：崔說是。而所謂「略無年月」者，亦指尚書本經。夫今傳廿九目篇尚書本經紀年月日者：召誥、洛誥合記周成王築洛事，召誥「二月既望，越六日乙未。……越若來三月，惟丙午朏，越三日戊申。……越三日庚戌。……越五日甲寅。……若翼日乙卯。……越三日丁巳。……越翼日戊午。……越七日甲子」，而洛誥「予惟乙卯，朝至于洛師。……戊辰，……在十有二月，……惟七年」：記年月日較完整者僅得此二篇。顧命「惟四月，哉生魄。……甲子。……越翼日乙丑。……丁卯。……越七日癸酉」，月日粗具而缺年。洪範「惟十有三祀」，有年無月日；康誥「惟三月，哉生魄」、多方「惟五月丁亥」，有月日無年；皐陶謨「辛壬癸甲」、牧誓「時甲子昧爽」，則僅具日干而已。逸尚書周書武成篇「惟一月壬辰，旁死霸，若翌日癸巳，……粵若來三月，既死霸，粵五日甲子，……惟四月，既旁生霸，粵六日庚戌，……翌日辛亥，……粵五日乙卯」（漢書律歷志上引）。亦是月日粗具而缺年。史遷世表「序尚書，則略無年月，或頗有，然多闕」，不可如春秋魯史記歲月日時完具，正指尚書本經，康、崔氏說是，但語焉未詳。若書序，僅「太甲元年」（伊訓、肆命、徂后序）紀年，「惟十有一年，……一月戊午」（泰誓序）竝紀年月，它序絕未見，則世表「略無年月」云云，非指書序，後世遽援此表以爲史公言孔子作書序之證，如清邵彭瑞尚書決疑序目，失之。

結論：司馬遷未嘗謂孔子作書序，凡後人甚多，不煩舉述。據史記世表、世家、儒傳以證是者皆誤。

㈡ 尚書今古文家、緯書作者及王充許愼應劭論書序孔子作

漢武帝時，歐陽尚書家始以書序孔子作，視之爲經，漢志著錄「尚書歐陽經三十二卷」，其中一卷即書序；漢石經尚書底本爲歐陽本，石經末綴廿九篇書序今尚存殘字已詳上書序與歐陽本尙書及其所附之書序卷，可爲確證。書序著者，歐陽家判歸孔子，特其論今未詳。

緯書作者謂書序孔子作，孔正義（堯典序下）曰：

此序，鄭玄……云：「孔子所作。」……鄭知孔子作者，依緯文而知也。

此條緯文，其詳莫徵，殆類春秋緯之言孔子制作，要不外神祕荒誕，其不足憑信，不待深辨已明。夫緯書起哀平之際，當西漢末，則趙貞信書序辨序謂西漢世無人說書序爲孔子作，誤

也。

班固繼歐陽書家後，治經不距讖緯，以書序孔子作，具明文，漢志書類敍：

易曰：「河出圖，雒出書，聖人則之。」故書之所起遠矣，至孔子纂焉，上斷於堯，下訖于秦，凡百篇，而爲之序，言其作意。

案：班氏謂孔子作書序，受史記世表「孔子序書傳」影響（論已見上）（蔣善國尙書綜述：孔子作書序之說，漢志是附會史記的）。又孟堅不距讖緯，其孔子作書序說，或亦依緯文。惟鍥齋書序說釋「而爲之序」序，亦「與史記『序』字無別，亦應作次序解，不必即是序跋之序」（中和月刊四卷四期，民國三十二年四月），因斷即班志亦未嘗指書序爲孔子作。夫班志明言孔子纂集尙書百篇且爲之序，「之」謂尙書各篇，爲尙書各篇序，是果作書序，下文「言其作意」，言書篇所以爲作者之意也。鍥齋失察！

又案：班氏實據百篇書序而言，言尙書之作意，誠序者要務，志之言良是；孔子編纂書篇，用作教本，允亦爲實情。惟單憑篇由孔子編次，即斷序各篇之作意——此作序之常經——竝出孔子手，則不能令人信從。

漢王充譽孔子爲鴻筆之臣，著書序以頌帝王，論衡須頌：

> 古之帝王建鴻德者，須鴻筆之臣褒頌紀載，鴻德乃彰，萬世乃聞。問：說書者「欽明文思」以下，誰所言也？曰：篇家也。篇家誰也？孔子也。然則孔子鴻筆之人也。

堯典本經「欽明文思」，同論衡此引，清宋翔鳳尚書譜頁四據以謂「漢儒有以堯典爲孔子之言矣」。斯論太輕率！清陳喬樅今文尚書經說攷卷三二上：「論衡以『欽明文思』以下爲孔子所言，蓋指堯典（書）序。……據論衡則今文序『聰明』作『欽明』爲異耳。」清皮錫瑞今文尚書攷證卷一：「仲任以『欽明文思』以下爲孔子所言，蓋指書序言之；漢人皆以書序爲孔子作敏案：非盡然，說詳下。。今書序作『聰明文思』，而仲任云『欽明文思』者，今文書序與古文書序之字不同也。」說書者，謂書序，法言問神「昔之說書者序以百」說書者，明謂書序，可資輔證；下文「篇家」——說書經篇之專家，亦即說書者，兩兩相照。陳、皮二攷是也。又序「欽（或作聰）明文思」以下十九字，大抵抄撮成章，許爲鴻裁，則已矣，又斷爲仲尼筆削，余斯之未敢信。

許慎引說命書序文，亦稱之爲經（商書），是亦謂書序孔子作，說文四上：「夐，營求也。从夏，从人在穴上。商書曰：『高宗夢得說，使百工夐求，得之傅巖。』巖，穴也。」

漢、魏古文書家大儒咸認書序孔子作，

堯典書序孔正義曰：「此序，鄭玄、馬融、（魏）王肅並云孔子所作。……鄭知孔子作者，依緯文而知也。」

鄭玄注周禮車僕：「書曰『武王戎車三百輛』。」

王肅經學，好賈、馬，渠此從馬說。鄭，馬門嫡出，但好讖緯，此雖亦承師法，但兼參緯文定說；又引牧誓書序文，而稱爲「經」，則亦視序爲孔子作；唯注西伯戡黎序又偶以爲史官作書序，說詳下。

應劭三引牧誓書序，咸以經稱之，其風俗通義正失：「尚書『武王戎車三百兩，虎賁三千人（今本書序作「三百人」）』，擒紂於牧野。」又皇霸：「尚書『武王戎車三百兩，虎賁八百人』，擒紂於牧之野。」（又其漢官儀卷上引同，作「『書』稱」）

(三) 揚雄劉歆不謂孔子作書序

西漢末揚雄子雲最早不以書序孔子作，具明文，法言問神篇：

或曰：易損其一也，雖惷知闕焉。至書之不備過半矣，而習者不知。惜乎！書序之不如易也。曰：彼數也，可數焉故也。如書序，雖孔子末如之何矣！昔之說書者序以百，而酒誥之篇俄空焉，今亡夫！虞夏之書……，商書……，周書……。

案：上言「書」，下言「虞夏商周之書」，則中「書序」自謂當日所見百篇書序有缺逸，故又明著「說書者序以百」文。云「如書序，雖孔子末如之何矣」，則謂書序爲孔子以前之一本著作，故下文以之爲「昔之說書者」，言「昔者」，孔子之前既有之也。夫孔子不能據書序以定書本經篇之存亡，矧類酒誥之篇目存而序亡者乎？

謂劉歆始以爲書序孔子所作者，宋蔡沈最早，

書大序蔡傳：「詳此章雖說書序『序所以爲作者之意』，而未嘗以爲孔子所作，至劉

歆、班固始以爲孔子所作。」（宋王應麟漢藝文志考證卷一引，題朱文公曰；清徐與喬經史辨體「書序非孔子筆」引，題吳才老曰，而劉歆作劉向：都誤）

敘事歆前固後，則謂作始者劉歆，蔡傳書序辨說揭立論根據：

漢劉歆曰「孔子修易序書」，班固曰「孔子纂書，凡百篇，而爲之序，言其作意」。今考序文，……其非孔子所作明甚。

而明郝敬從之，其

尚書辨解卷九：「孔氏古文尚書序，劉歆、班固亦云『孔子序書』，則古文未出先有此序矣。」

序書，謂編次尚書本經，非爲各篇作序文也（說已詳上），則指書序孔子作，劉歆並無明文；班志雖有之，在後。是蔡、郝說不能成立。至清馬邦舉書序畧考頁十二：「七畧稱『孔子序書，言其作意』。」引所謂七略文，出班志，與後之康有爲、崔適竟同，徑以漢志出於劉歆七略，漢志言孔子爲尙書作序，即劉歆七略之言（新學僞經考卷三上漢書藝文志辨僞及同書卷十三書序辨僞），班志「孔子纂書，而爲之序」云云，亦爲七略之言（史記探源卷一書序）。厥後，趙貞信書序辨序用其說；陳夢家早歲撰尙書通論（一九五七年上海商務印書館及一九八五年北京中華書局版）謂：「以書序爲孔子作，創自劉氏父子。」（頁一〇一）又說：「鄭玄百篇序『依賈氏所奏別錄爲次』，那末百篇序見於劉向別錄；又根據劉歆七略而成的漢書藝文志有孔子纂尙書『凡百篇，而爲之序』之語，可見『百篇序』實始於向、歆父子。……劉歆說孔子作序。」（頁一〇〇）亦大抵同康崔之說。（陳氏後作尙書補述云大部分書序即見於史記的，當在公元前第二世紀內作，少部分晚於史記的則補作於西元前一世紀內：一九八五年版尙書通論頁二八二）敏案：劉向奏別錄，內有書序白文，有無言爲孔子作，不得而知。別錄即眞爲劉歆足成（趙貞信謂別錄、七略都成於歆手），所足者亦未必即「孔子作書序」云云，是夢家謂向說孔子作書序，不信。夫歆撰七略，班固「刪其要以備篇籍」，成漢書藝文志，班志之撰，非照抄七略一無更易。諸家據漢志言孔子作書序，遂判爲即歆言，別無實證，余決不敢從。

揚雄、劉歆及上述之司馬遷，西漢經學家也，皆未嘗明言書序孔子作，則嚮來謂漢人都言孔子作書序者，誤，如：

閻若璩尚書古文疏證卷七條一〇五：「百篇之序，……兩漢諸儒並以爲孔子作，故盜屈經以從序，而不顧其說之不可通。有宋諸儒出，始力排之；排之誠是也。」

(四) 僞孔氏及唐人論書序作者

僞孔氏注各篇書序，絕不言其作者；作書大序，其文度與書序作者攸關者，先引之於下：

先君孔子……討論墳典，斷自唐虞以下，訖于周。……舉其宏綱，撮其機要，足以垂世立教，典謨訓誥誓命之文，凡百篇。所以恢弘至道，示人主以軌範也。帝王之制，坦然明白，可舉而行。三千之徒，並受其義。……

書序，序所以爲作者之意，昭然義見，宜相附近，故引之各冠其篇首。

揣摩此不相銜接之兩段文意，知僞孔氏不以書序出孔子手，宋蔡沈書集傳書序辨說曰：

孔安國爲僞孔氏，下倣此。雖云得之壁中，而亦未嘗以爲孔子所作，但謂「書序，序所以爲作者之意」，與「討論墳典」等語隔越不屬，意亦可見。

案：「討論墳典」云云，謂孔子編書，定選其垂教立範者百篇，而師弟子之所授受即此百篇本經義，不言孔子據書序義以教弟子。「序所以爲作者之意」云云，明以書序爲另一書，不過敍各篇作者之意，雷同後世傳注，非孔子經著如春秋經可比，仲尼及其門徒未之見也。

誰作書序，僞孔無塙言，又前人或以爲孔子既不作詩序，而書序作意同詩序，孔子例亦不之作，故孔正義不敢質言僞孔氏言孔子所作，但作疑辭，且辯曰：

> 堯典書序正義：「此序，鄭玄、馬融、王肅並云孔子所作，孔義或然。詩、書理不應異，夫子爲書作序，不作詩序者，此自或作或非，無義例也。」

正義說無理未定，葉適遽以爲孔安國定書序孔子作，而史遷因之（習學記言卷五），誤也。

唐陸德明經典釋文尙書序錄及尙書音義竝不言孔子作書序，因主僞孔，故亦不以班固、馬融、鄭、王孔子作書序之說爲是也。

唐孔穎達謂書序孔子作（然稍持疑義，詳下節），嘗直以「經」稱之（已詳上書序稱名卷），

> 書大序孔正義（見題下）：「易有序卦，子夏作詩序，孔子亦作尚書序。」
>
> 毛詩孔正義（鄭玄詩譜下）：「書有孔子作序。」

書序誰作，僞孔既無明文，陸釋文、孔正義竝主僞孔，前者以孔義未明，故亦無釋；後者破注，反從馬鄭王，云「孔義或然」，非也。

隋書經籍志，唐顯慶元年（西元六五六）成書，著成甚後於尚書正義；而正義欽定，在先。史臣奉敕作隋志，不便與正義立異，故於書序，同謂出孔子之手，其經部書類敘：

> 孔子觀書周室，得虞夏商周四代之典，刪其善者，上自虞，下至周，爲百篇，編而序之。

編，猶史世家云「編次」，指謂本經；序之，猶漢志「爲之序」，則云編經篇、撰篇序共出

仲尼，甚塙。

劉知幾用書正義、隋志說，史通古今正史篇：

堯舜相承，已見墳典，周監二代，各有書籍。至孔子討論其義，刪爲尚書，始自唐堯，下終秦穆，其言百篇，而各爲之序。

司馬貞遵孔正義，其史記殷本紀索隱稱引伊訓等書序曰「尚書孔子序云」。

七、漢晉唐及北宋與南宋初葉人疑書序

揚雄始疑書序具明文，前乎此無有也，此尚書學史大事，其法言問神篇：「或曰：易損其一也，雖惷知闕焉，至書之不備過半矣，而習者不知，惜乎！書序之不如易也。」

晉李軌注惜乎兩句：「歎恨書序雖存，獨不如易之可推尋。」清汪榮寶疏：「俞云：『書有序；易亦有序，今序卦傳是也。序卦傳自「盈天地之閒者唯萬物，故受之以屯」，至「物不可窮也，故受之以未濟，終焉」，皆以意義聯貫，其閒其或闕失，可以推求，故上文曰「易損其一，雖惷知闕焉」。至書序則但云「爲某事，作某篇」，不相聯貫，故上文曰「至書之不備過半矣，而習者不知」，此或人歎書序不如易之意也。』」敏案：俞說大槩得之。蓋周易序卦傳者，易經（六十四卦二篇）之序、書序者，尚書經（八十一目百篇）之序也，序卦傳、書序乃兩部功能相同之解經專著，故子雲駢舉對比焉，云「書序之不如易」者，不如易序耳，此「易」字下蒙上義消「序」字。書序自爲一編，上下文頗以史實相聯貫（俞氏云書序前後文不相聯貫，誤）一若易序，但限於體例性質，不克篇篇上下聯貫，故不如易序、就之推尋可立知闕卦，而無法緣以推而確知書某篇亡闕也。卦序、書序，漢人絕多仞孔子作，子雲設問殆謂後者「低手人作」（後世朱子意如此），非出仲尼手（說已詳上），是重疑之也矣。

太甲三篇書序，記事異乎地下出土材料，杜預致疑，其春秋左氏經傳集解後序：「（竹書）紀年又稱：『……伊尹放大甲于桐，乃自立也；伊尹即位，放大甲，七年，大甲潛出自桐，殺伊尹，乃立其子伊陟、伊奮，……』左氏傳『伊尹放大甲而相之，卒無怨色』。然則大甲雖見放，還殺伊尹，而猶以其子爲相也。此爲大與尚書敍說大甲事乖異，不知老叟之伏生或致昏忘？將此古書亦當時雜記，未足以取審也？」（載春秋左傳正義全書之末）

孔正義：「竹書說伊尹、傅（說）之事，與書序大乖。杜……以書序考正，疑伏生昏忘，虛傳此事。……」

案：杜未見眞古文尚書大甲三篇，故唯據該三篇書序考覈。大甲殺伊尹，事見竹書紀年（清徐文靖竹書紀年統箋卷五、王國維古本竹書紀年輯校），與書序大異，故杜疑之。（杜言伏生作書序，說詳下書序漢人作(上)卷）

孔穎達尚書正義亦主僞孔傳，雖嘗破注以從馬鄭王，定書序作於孔子，然寔有疑於其間，云：

> 子夏作詩序，孔子亦作尚書序。（書大序題下）
>
> 此序，鄭玄、馬融、王肅並云孔子所作。……詩、書理不應異，夫子爲書作序，不作詩序者，此自或作或否，無義例也。（堯典書序下）

案：穎達以詩序子夏作（詩譜正義），則以孔子不爲詩作序。夫詩、書同爲孔門教本，「理不應異」，詩序既非夫子作，書序亦不應定出孔手；或作或否，竟失義例，孔子豈如此？穎達又指篇序明致厥疑矣，

> 洪範書序：「武王勝殷殺受，立武庚，以箕子歸，作洪範。」正義曰：「此惟當言『箕

子歸』耳，乃言『殺受，立武庚』者，序自相顧爲文。上武成序云『武王伐紂』，故此言『勝之』；下微子之命序云『黜殷命，殺武庚』，故此言『立之』：敘言此，以順上下也。」

經本無此義，序者爲照應上下篇之序而自作文，此意爲宋以後疑書序者采納（詳下朱子及其後學者難書序卷）。尙書亡篇，穎達以爲既靡本經可稽，書序義、孔傳義，竝不可確信，

書序汩作、九共、槀飫下正義：「凡此三篇（敏案：以一目當一篇）之序，亦既不見其經，闇射無以可中。（僞）孔氏爲傳，復順其文爲其傳耳，是非不可知也。」

書序帝告、釐沃下正義曰：「經文既亡，其義難明，孔以意言耳。所言『帝告』，不知告誰；序言『從先王居』，或當告『帝嚳』也（敏案：告帝嚳，從僞孔傳爲說。）。」

亳姑書序：「周公在豐，將沒，欲葬成周。公薨，成王葬于畢，告周公，作亳姑。」正義曰：「序說葬周公之事，其篇乃名亳姑；篇名與序不相允。會其篇既亡，不知所道。」

啓宋朱子、蔡沈師徒等人予亡篇序義大張撻伐（詳下責書序錄逸亡目篇而說之無徵不信卷）。

劉知幾仍書序孔子作，多漫依舊說也，顧亦嘗指篇序而質之，史通疑古篇：

堯典序又云：「將遜于位，讓于虞舜。」……汲冢瑣語云「舜放堯於平陽」，……據山海經，謂放勳之子爲帝丹朱。……則堯之授舜，其事難明，謂之讓國，徒虛語耳。

案：亦據汲冢書以疑書序（參看古本竹書紀年輯校補），類杜預所爲。

據上所徵四家多條，漢晉唐人，或疑書序庸拙，或雖一面因舊說，一面發疑質難，乃清邵彭瑞尚書決疑序目頁四一云「書序，孔子所作，漢世無異詞」，皮錫瑞今文尚書攷證卷三十云「西漢馬（敏案：馬遷無是義。）、班、東漢馬、鄭皆以書序爲孔子作，唐以前尊信無異辭，至宋儒始疑之」，考究未深，致有此失！

清鄭杲「論書序大傳」曰：

自昔相承，尊序爲經，至北宋南渡，人無閒言。……以序之尊信如此，夫何蔡傳一出，而序頓廢？……（鄭東父遺書卷三）

杲謂至南宋朱子（蔡沈說本朱子）之前，北宋及南渡初期尚無人議書序之失者，考究未深，誤同邵、皮。

北宋自王安石、蘇軾，南渡初葉吳棫等，已疑書序，奚俟朱蔡而始議之哉？

王安石尚書新義疑書序云：書序、孔安國以此篇（梓材）爲成王命康叔之書，而伏生大傳則以爲周公命伯禽之書，二說皆可疑。（見拙著尚書新義輯考彙評頁一七〇）

案：今本梓材後半篇大臣戒新君之書，前半篇成王戒康叔之書，就本經全篇言，書序（其實梓材書序已佚）誤。

蘇軾疑書序文闕誤者一篇，病序文不辭，黜之而代作者一篇，

東坡書傳卷九：「文王受命九年而崩，武王……即位而不改元，十一年喪畢，觀兵于商而歸，至十三年乃復伐商。敘所謂『十一年，武王伐殷』者，觀兵之事也；所謂『一月戊午，師渡孟津，作泰誓』者，十三年之事也，而并爲一年言之，疑敘文有闕誤。」

又卷十四改多士書序爲「成王命多士，周公傳之，作多士。」

前一則以僞經（泰誓）而疑書序，後一則乃因書序文有「殷頑民」（參下殷餘民殷頑民卷論）而別據本經去書序自作，徑改「頑民」爲「多士」。

晁說之（一〇五九—一一二九）疑君奭書序，其

嵩山集卷十七：「召公之不悅，類乎無上，……予竊懼焉。」

葉夢得（一〇七七—一一四八）疑君陳書序文，

（書序「命君陳分正東郊—成周」，）猶言「分陜」，恐非。（書蔡傳輯錄纂註書序引）

案：分陜而治，武王克殷，分天下爲二，自陜以東周公主之，自陜以西召公主之，葉疑成王時不應仍有類前分陜而治情事，故發疑。

胡宏（一一〇六—一一六二）疑康誥書序，其皇王大紀卷二十曰：

康誥叙曰……。謹按：康叔者，成王之叔父也，不應稱之曰「朕其弟」；成王者，康

叔之猶子也，不應稱曰「乃寡兄」，其曰兄曰弟者，蓋武王命康叔之辭也。……故不得不舍書敘而從經史也。

胡氏此疑，於後之人（吳棫、朱子、蔡沈……）影響極大！

吳棫才老（？—一一五四，其學術年代殆較胡為晚）有尚書學專著（原書久佚），其中特立一卷專辨書序，

宋陳振孫直齋書錄解題卷二：「書禆傳十三卷（原某氏註：「宋史藝文志作十二卷。」），太常丞建安吳棫才老撰。首卷舉要，曰總說、曰書序、曰君辨、曰臣辨、曰攷異、曰詁訓、曰差牙、曰孔傳，凡八篇，攷據詳博。」

吳論西伯戡黎書序乃後人傅會，朱子語類卷二五：

（朱子）曰：「『殷始咎周，周人乘黎，祖伊恐，奔告于受』，這事勢便自是住不得，若曰『奔告于受』，則商之忠臣義士何嘗一日忘周？……。」道夫問：「吳氏禆傳謂

書序是後人傅會，不足信。」（朱子）曰：「亦不必序，只經文謂『祖伊恐，奔告于王曰：天子，天既訖我殷命』，則是已交手爭競了。紂固無道，然亦是武王事，勢不相安，住不得了。」

玩朱子本篇經文亦不足信之語，知才老「書序是後人傅會」，但指戡黎書序與史實不合而已。

吳又論武成序「歸獸」當作「歸狩」，云：

或以「歸馬放牛」爲歸獸，非也。史記本紀「武王克殷，乃罷兵西歸，行狩，記政事，作武成」，班固亦作「歸狩」。當以「狩」爲正。（書蔡傳輯錄纂註書序引）

案：「歸馬放牛」云云，僞古文本經也（彼陰改禮樂記文），吳以爲書序獸當作狩，引史書爲證。獸、狩，清人多已有證通，不必論爲字誤。

吳更論胤征、康誥、酒誥、梓材四篇書序失，

朱文公文集卷三四答呂伯恭：「近看吳才老說胤征、康誥、梓材等篇，辨證極好。但

已看破小序之失而不敢勇決，復爲序文所牽，亦殊覺費力耳。」

朱子語類卷七九：「康誥三篇，此是武王書無疑。其中分明說『王若曰：孟侯，朕其弟，小子封』，豈有周公方以成王之命命康叔，而遽述己意而告之乎？決不解如此。五峯、吳才老皆說是武王書，只緣誤以洛誥書首一段置在康誥之前，故敘其書於大誥、微子之命之後。」

吳氏曰：「酒誥一書，本是兩書……自『王若曰：明大命于妹邦』以下，武王告受故都之書也；自『王曰：封，我西土棐徂邦君』以下，武王告康叔之書也。……今酒誥爲妹邦而作，故首言『明大命于妹邦』，其自爲一書無疑。」（書蔡傳卷四引）

朱子五經語類卷四二：「又曾見吳才老辨梓材一篇，云：『後半截不是梓材，緣其中多是勉君，乃臣告君之詞，未嘗如前一截稱「王曰」、又稱「汝」，爲上告下之詞。』亦自有理。」（朱子語類卷七八：「吳才老又考究梓材只前面是告戒，其後都稱『王』，恐自是一篇，不應王告臣下不稱『朕』而自稱『王』耳。」略同）

吳氏曰：「（梓材）『王啓監』以後，若洛邑初成、諸侯畢至之時，周公進戒之辭。」（元吳澄書纂言卷四引）

案：吳論胤征序失，文佚不詳。論康誥乃武王書，而序作成王書誤，說同胡宏，方見上彼胡氏卷。論今酒誥一篇爲二篇之誤合（才老誤，此不遑辨），皆武王命書，而序作成王書，失之（其實酒誥書序早佚）。論梓材乃兩篇之誤合，甚是；但指康誥書序以謂即梓材書序，遂論其失，則非是。

又案：吳氏已「看破小序之失」，但書序說本經頗得其本意，故才老不能盡去序言書，難免「爲序文所牽」，寔未嘗疑書序爲僞（書序本文未題作者，又未自稱爲古書，故才老「戡黎書序乃後人傅會」云云，非判斷眞僞之辭）；之前，宋人王蘇晁葉胡，已疑改書序，則吳非疑序之第一宋人，乃近人

趙貞信書序辨序曰：「疑書序爲僞的人，第一個是宋朝吳棫。」（載古史辨冊五上編）

鍥齋書序說：「始辨書序爲僞者，爲宋吳棫（下引朱子答呂伯恭書，省），據此，知吳棫疑小序之僞，由序文與經文有不相應處而來。」（中和月刊四卷四期，民國三十二年四月）

亦考之未深，故論說有誤也。

薛季宣（一一三四—一一七三）謂洪範序失史實，其

書古文訓卷七武成：「書序稱『武王殺紂敏案：洪範書序：「武王勝殷殺受。」』，而書無一語，第云『攻後以北敏案：僞古文武成「攻于後以北」。』，則紂非武王之殺，其死有由矣。」

案：殷帝紂自燔死，武王至，自射之三發，以劍擊之，復以黃鉞斬其頭，懸諸大白之旗（見逸周書克殷、史記周本紀，後世多疑之，但武王斬紂，子書亦頗紀之）。薛君舍史從經，惜所據者僞經，則尚不足證洪範書序背史實也。

八、朱熹蔡沈師弟子書序辨說板本徵孚

一、朱子尚書論著

宋朱熹（一一三〇—一二〇〇，下概尊稱之，如朱子、朱文公、晦庵等）辨書序得失，最早撰爲專書——書序辨說，其弟子蔡沈奉師命作書集傳，亦承作書序辨說。故欲論朱子及其後學者之質難書序，不得不先通朱、蔡之兩部辨書序之專著，是請特立一章於此以明之。

朱子無尚書全經注解本專著，故門人黃榦撰行狀（勉齋集卷三六）、宋史道學本傳竝不載記渠有尚書全解。朱子單篇論著、零散說解、刊書跋文、書信，攸關尚書，舉其犖犖大者，計有：

㈠朱子尚書散篇論著

①書大序解　（在朱子所撰朱文公文集卷六五「雜著」）

②堯典解　（出處同上，下放此）

③舜典解　（同上）

④大禹謨解（未完卷）（同上）
⑤金縢說（說要義，非全篇注）（同上）
⑥召誥序解（全錄召誥篇書序而全解之）（同上）
⑦召誥解（同上）
⑧洛誥解（於洛誥書序，朱子置本經之上，解之，但不分行立標題；又雖解本經，亦未完卷）（同上）
⑨康誥說（說僅及篇首四十八字與零星句辭）（同上）
⑩考定武成日月及經文次第（同上）
⑪舜典象刑說（在朱文公文集卷六七「雜著」）
⑫記尚書三義（說堯典卒章、舜典「肆覲東后」及大誥「天畏棐忱」等三事）（在朱文公文集卷七一「雜著」）
⑬（禹貢）九江彭蠡辨（在朱文公文集卷七二「雜著」）
⑭（洪範）皇極辨（同上）
⑮書臨漳所刊四經後（其中多攸關書序，在朱文公文集卷八二「跋」）
⑯刊四經成告先聖文（與⑮併看，在朱文公文集卷八六「祝文」）

⑰朱子語類卷七八、卷七九集編朱子書說多條（亦見清初程川編朱子五經語類卷四一至四九）及散見語類它卷者數條。

⑱朱熹問答一卷　（宋蔡抗「上書經集傳表」載，文即朱子答蔡仲默帖，亦略見朱文公續集卷三）

⑲朱子說書綱領（元董鼎書蔡傳輯錄纂註）、讀尚書綱領（元陳櫟書蔡傳纂疏）

案：②、③、④：朱子弟子宋陳淳曰：「書無文公解，然有典、謨二篇，說得已甚明白。」（經義考卷八二引，余粗檢淳著北溪大全集，未得）視①堯典、②舜典爲一篇及③大禹謨一篇，共二篇；或「二」當作「三」，淳答郭子從曰：「書之爲經，最爲切于人事日用之常，惜先師只解得三篇，不及全解。」（北溪大全集卷二五）堯舜二典、大禹謨恰是三篇，朱子弟子宋蔡沈書集傳序：「慶元己未冬，先生文公令沈作書集傳，明年，先生歿。……二典、禹謨先生蓋嘗是正，手澤尚新。」（載董鼎書蔡傳輯錄纂註卷首，陳櫟書蔡傳纂疏卷首載同、明蔡有鵾輯蔡氏九儒書蔡沈九峯集書集傳序載亦同，台北新陸書局仿宋影印本前載蔡氏序亦同；宋本書集傳卷首蔡序亦作「二典、禹謨」云云，見下清陳鱣宋本書集傳跋；經義考卷八二引明都穆節引書集傳序亦作「二典、禹謨」云云）今通行本（如世界書局影印五經讀本本）則作「二典、三謨」，是淺人妄改；三謨者，大禹謨、臯陶謨、益稷是也。考朱子於臯、益二謨無解，則作「三謨」，誤也。

又案：④：朱子解大禹謨止於經文「若帝之初」，下猶有「帝曰咨禹」至「七旬有苗格」等共百八十字尚未解，故董鼎於「若帝之初」下曰：「朱子親集書傳，自孔序止此。」則蔡、陳言朱子解尚書全篇及禹謨，概略言之耳。⑧：洛誥只解至第二「周公拜手稽首曰」，其下兩段經文亦未完解。

三案：①：書大序非經文，且朱子斷爲僞篇，故蔡、陳二氏皆不視之爲文公書篇解。惟⑦：召誥錄經全文，已完解，頗詳，蔡沈不於序文稱述，陳氏記朱子書解亦不之及，此不可曉。

四案：⑮、⑯：宋陳振孫直齋書錄解題卷二：「書古經四卷，序一卷。」即朱子於臨漳所刊四經之一，此僅錄刊尚書白文及刊「書序辨說」，非解書經本文之作。說詳下。

五案：⑱：亦題「書傳問答」（宋理宗淳祐十年呂遇龍上饒郡學刻本，原本存大陸北京圖書館）、或題「書傳問答拾遺」（國立中央圖書館藏南宋刊八行本書集傳）、又題「文公問答」（同館藏元建刊初印本書集傳），吳其昌朱子著述考（北平清華學校研究院國學論叢一卷二號，民國十六年九月）曰：「宋本書集傳卷首刊朱子與（蔡）九峰手帖眞蹟六道，豈所謂『問答』者乎？然語氣不似。」驗之上述南宋刊八行本書集傳，即其所稱「晦菴先生與先君手帖」，元建刊初印本題作「文公先生與蔡九峯親帖四帖」：蔡抗輯錄於此也，亦見載朱文公續集者書簡文六段，標題才一。

六案：⑲：前者，共三十一條，董氏輯自朱子文集、語類、書說（一條，見下）、宋葉紹翁四朝聞見錄（一條）及蔡抗進書表所錄「朱熹問答」（董書「凡例」曰：「久軒蔡氏抗湻祐經進本錄朱子與蔡仲默帖及語錄數段在前，今各類入『綱領』、『輯錄』內。」可證）；清伊樂堯撰五經補綱（咸豐四年晉江黃漢刊本）收此書作一卷，臺灣未見。後者，陳氏自注：「朱子說，外附以他說。」朱子說部分，咸自文集、語錄中摘集，凡二十二條；它說計四條，爲柴中行說一條、程氏說二條、滕和叔說一條。

七案：近人束景南朱子大傳頁一〇一八謂朱子堯典解、舜典解、大禹謨解、金縢說、召誥解、洛誥解及考定武成（②至⑤、⑦、⑧、⑩），皆慶元四至五年作。其考徵粗略，不信。

(二) 朱子門人編集朱子書說四種

後世著錄朱子書解，盡它人所編集，或出記錄，考如下：

晦庵書說七卷（或題朱熹書說、朱子書說及文公書說） 宋黃士毅集　書佚

陳振孫直齋書錄解題卷二書類：「朱熹門人黃士毅集其師說之遺，以爲此書。晦庵於書一經，獨無訓傳，每以爲：錯簡脫文處多不可彊通，呂伯恭書解不可彊通者彊欲通

之。……又嘗疑孔安國傳恐是假書，小序決非孔門之舊，安國序決非西漢文章，至謂與孔叢子、文中子相似。則豈以其書出於東晉之世故耶？……至言今文多艱澁，古文多平易，伏生倍文暗誦，乃偏得其所難，而安國攷定於科斗古書錯亂磨滅之餘，反專得其所易，此誠有不可曉者。今惟二典、禹謨、召誥、洛誥、金縢有解及九江彭蠡、皇極有辨，其他皆文集、語錄中摘出。」

宋史藝文志卷一書類：「朱熹書說七卷，黃士毅集。」

董鼎書蔡傳輯錄纂註（元至正十四年建安翠巖精舍刊本（下簡稱元刊本）及日本文化十一年刊昌平叢書本（下簡稱日刊本）卷首竝有「引用諸書」：竝云「黃氏士毅集書說。」元陳師凱書蔡傳旁通載「書蔡傳輯錄引用諸書」同）

士毅事迹，

明朱衡道南源委卷三：「黃公士毅字子洪，莆田人，……以壺山為號，……師事朱子，……嘗譔次朱子書說七卷。」

宋元學案卷六九滄洲諸儒學案上：「黃士毅，……莆田人。……師朱文公。……著述甚富，……譔次公文書說七卷。又因語錄成言，分門序次，為語類一百三十八卷。」

明人猶或及見全帙，或止得闕本，

陳第世善堂書目卷上：「晦菴書說七卷。」

楊士奇文淵閣書目卷二：「書晦菴說，一部三冊，闕。」

元刊本書蔡傳輯錄纂註「引用諸書」，目列黃士毅集書說、湯巾（或爲湯中，詳下）集書說，而卷內引朱子說頗輯自「書說」之書（如大禹謨「黎民敏德」及「惟帝時克」下各一條，不煩多舉），出諸黃本抑湯本，未作分析。又牛繼昌朱熹著述分類考略（國立北平師範大學月刊六期，民國二十二年九月）及吳其昌朱子著述考均著錄，書名皆作書傳緝說。

文公書說 宋湯巾（或是湯中）集 書佚

元刊本書蔡傳輯錄纂註卷首「引用諸書」：「湯氏巾集書說。」（日刊本同，書蔡傳旁通載巾作中）

經義考卷八二黃士毅集本之後，朱彝尊曰：「按文公書說，黃氏所錄外，又有湯氏中所輯，今不傳。」

敏案：湯巾，字仲能，嘉定進士；湯中，字季庸，寶慶進士：二人竝出眞德秀之門（宋元學案卷八四）。孰編文公書說，難定。牛氏考略、吳氏考亦竝著錄。

武夷經說（其中有武夷尚書說）宋黃大昌、宋王迂集　書佚

元刊本書蔡傳輯錄纂註「引用諸書」：「黃氏大昌、王氏迂集武夷經說。」（日刊本及書蔡傳旁通載同）如卷一堯典「曰若稽古」至「格于上下」下載一條，卷二「岷山導江」段載一條。此書亦後人編集文集、語類之文以成者。黃、王二氏生平，俟考。

尚書集義　宋董琮集　書佚

元刊本書蔡傳輯錄纂註「引用諸書」：「董氏琮尚書集義。」（日刊本及書蔡傳旁通載同），卷內數見「復齋集義」（如禹貢題下、「治梁及岐」下輯錄即是）。宋元學案卷八九介軒學案董復齋先生琮，「字玉振，德興人。……有書傳疏義、復齋集。」宋元學案補遺卷八九：「萬姓統譜言先生號復齋，慶元間進士。」疑此書蓋集朱子書說之著作。

㈢　**朱子作「書序辨說」**

⑴　合書序爲一編綴全經後

朱子先作詩集傳（自序淳熙四年，一一七七，清王懋竑朱子年譜依以定繫此年）；疑詩序，遂作詩序辨說，總爲一編附經傳之末（卷首敘言不記年月，但去詩集傳成書必不甚久）。而其書說，僅成數篇（已詳上），晚乃命弟子蔡沈續成。故以常理推度，朱子之疑書序，作「書序辨說」，集百篇序爲一總，附尚書本經之後，時當在後。下合論朱子詩、書序辨說（但以後者爲主體），先詩後書，比事證義，且以明朱子進學之有序。

朱子重疑詩序，作專書以辨甚得失，朱子語類卷八十：

問：「詩傳多不解詩序，何也？」曰：「某自二十歲時讀詩，便覺小序無意義；及去了小序，只玩味詩詞，却又覺得道理貫徹。……三十歲斷然知小序之出於漢儒所作，其爲繆戾，有不可勝言。……因作詩傳，遂成『詩序辨說』一冊，其他繆戾，辨之頗詳。」

朱子重疑詩小序，係因小序繆戾，吾人已知之；疑之而必集諸序爲一編，不復令弁各經篇之首，淵源何自，則吾人初尚不知，洎觀其「詩序辨說」乃知之，朱子詩序辨説卷首：「……鄭氏（玄）又以爲諸序本自合爲一編，毛公始分以寘諸篇之首。」

後作「書臨漳所刊四經後——詩」，亦申其從鄭説復漢本之舊之深意，

鄭康成説南陔等篇遭秦而亡，其義則與衆篇之義合編故存，至毛公爲詁訓傳，乃分衆篇之義各置於其篇端（敏案：朱子引鄭詩序（箋）注，有節略）。愚按鄭氏「三篇之義本與衆篇之義合編」者，是也。……序之本不冠於篇端，則因鄭氏此説而可見。

案：漢書藝文志六藝略書類：「詩，經二十八卷，魯齊韓三家。」而詩毛氏獨爲二十九卷（同見漢志著錄）；多一卷者，清王先謙補注曰：「此蓋序別爲一卷，故合全經爲二十九卷。」則毛詩序原合爲一卷，後人（敏案：未必毛公）分置各經篇之首也。

朱子繼疑書序（余反復省看朱子辨書序意見，知渠疑書序輕於疑詩序），主張除去書序讀尚書，

朱子語類卷七九：「伏生以康王之誥合於顧命，今除着（却？）序文讀着（一本作看），則文勢自相連接。」（敏案：伏生本以顧、康爲二篇，朱子誤會）

朱子視顧命及康王之誥渾然爲一篇，通記成王康王君位傳受大典，若經上各弁書序，文氣隔越，至破碎一事爲二事，故爾去序但玩本經。若聽任書序各冠篇首不除，則無以掙脫序文桎梏，故朱子論作書解，囑李生去序另置，

答李時可（朱文公文集卷五五）：「所寄堯典，以目視頗艱，又有他冗，未暇討究，已付諸朋友看，俟其看了却商量也。書序不須引冠篇首，但諸家所解却有相接續處，恐當作注字附于篇目之下，或低一字作傳寫，而於首篇明著其繆，亦可。但恐諸家元無此說，即且闕之，以俟書成，別加訂正也。」

諸家所解，謂各篇首諸家所作書序解也。要一總於篇首明著諸家書序解之謬，正類朱子日後自撰書序辨說也。

朱子始疑書序說經本事錯謬，因除却不復令冠篇首，語甚堅確，

朱子語類卷七八：「徐彥章問：『先生却除書序不以冠篇首者，豈非有所疑於其間耶？』曰：『誠有可疑。且如康誥，第述文王，不曾說及武王，只有「乃寡兄」是說武王，又是自稱之詞，然則康誥是武王誥康叔明矣。但緣其中有錯說「周公初基」處，遂使序者以爲成王時事，此豈可信？』徐曰：『然則殷地武王既以封武庚，而使三叔監之矣，又以何處封康叔？』曰：『既言以殷餘民封康叔，豈非封武康（庚之誤）之外將以封之乎？又曾見吳才老辨梓材一篇云：「後半截不是梓材，緣其中多是勉君，乃臣告君之詞；未嘗如前一截稱『王曰』、又稱『汝』，爲上告下之詞。」亦自有理。』」

今本康誥篇首有「惟三月，哉生魄，周公初基作新大邑」云云四十八字，書序作者不知是錯簡，因誤康誥本經爲成王命康叔之書，且今本書序下連梓材篇目，而梓材後半截乃臣告君之詞，顯非君（成王）告臣（周公）文，故爾朱子疑之。

朱子自詩篇除去詩序併爲一編，既而綴之本經之後以辨說之，詩序辨說卷首又曰：「近世諸儒多以序之首句爲毛公所分，而其下推說云云者，爲後人所益，理或有之。但今考其首句，則已有不得詩人之本意而肆爲妄說者矣，況沿襲云云之誤哉？然計其初，猶必自謂出於臆度之私，非經本文，故且自爲一編，別附經後。……愚之病此(詩序)久矣，然猶以其所從來也遠，其間容或眞有傳授證驗而不可廢者，故既頗采以附傳中，而復并爲一編，以還其舊，因以論其得失云。」

朱子以爲詩序漢原本，「自爲一編，別附經後」，後人裁弁經首，故當復還其舊，復漢本之舊也。漢本詩序在經末，朱子別舉經史子書古本爲旁證，朱子語類卷八十：

敬之問詩、書序。曰：「古本自是別作一處，如易大傳、班固序傳，並在後；京師舊本楊子注，其序亦總在後。」

宋刊二十卷本詩集傳(藝文印書館影印本)後，無附詩序，殆遭刻書者削去。元刊十一行本詩集傳二十卷附圖一卷、詩傳綱領一卷、詩序辨說一卷及清欽定詩經傳說彙纂猶用朱子詩集傳原本法度，詩序辨說置全經之後。別有清光緒十三年刊賀瑞麟輯西京清麓叢書詩集傳八卷、卷首一卷、詩序辨說一卷，同年刊劉毓英輯劉氏傳經堂叢書詩集傳八卷、詩序辨說一卷(竝未見原書，此據中國叢書綜錄)，或亦置詩序於集傳之末也。

(2)　朱子刊尚書古經卷末繫「書序辨說」

書大序一則曰：「(尚書五十八篇，) 并序凡五十九篇。」再則曰：「書序，序所以爲作者之意，……宜相附近，故引之各冠其篇首。」朱子據以得知尚書漢本綴書序經後，因集合八十一目一百篇書序於一編，綴附五十八篇本尚書之後，亦因漢本之舊如此，故爾復之，其書大序解(即前舉朱子尚書散篇論著①)兩則曰：

百篇之序，……非孔子所作明甚。然相承已久，今亦未敢輕議，且據安國此序(謂書大序)，復合爲一，以附經後。

諸序之本不先經，則賴安國之序(亦謂書大序)而可見，故今別定此本，壹以諸篇本文爲經，而復合序篇於後，使覽者得見聖經之舊而不亂乎諸儒之說。又論其所以不可知者如此，使學者姑務沈潛反復乎其所易而不必穿鑿傅會於其難者云。(亦見朱文公文集卷八二「書臨漳所刊四經後——書」，僅一異文)(宋王柏書疑卷一「書大序疑」曰：「朱子雖取此序(謂書大序)於書傳之首，謂其言本末之頗詳，且取其掃小序自爲一篇，而不殺雜於經文之上，亦未嘗不言其非西京文字。」敏案：王氏「且取其掃小序自爲一篇」，謂朱子取書大序之言書序原總在經後，(僞)孔氏始各引冠篇端，非謂(僞)孔氏將書

小序自各篇端除下集於一所也。王氏屬文欠密）

案：朱子合書序爲一編殿全經之後，援所謂孔安國書大序之述尚書及書序舊板本爲其歷史依據，而絕不及漢志著錄孔壁古文四十六卷本、漢石經本及馬鄭本皆總置書序全經後（已詳上書序原自爲一編卷）者，蓋以孔安國此之說板本，視漢志等爲早，治學貴討源，源既釐清，流派不必一一論矣。又朱子疑書大序疑古文經傳，於檢討孔氏不應變置書序古板本之餘，得無寓辨別僞書之深意乎？

又案：或謂：朱子併書序於經末，集中言論用辨其非，既聞命矣，然渠全錄召誥書序十七字於召誥篇本經之首，詳解之達三百二十三言，且明標題目「召誥序」；又全錄洛誥書序十八字於洛誥篇本經之首，詳解之亦至百十九字，謂之何哉？應之曰：此殆朱子稍早之作，爾時疑序猶未甚堅，故偶作依違兩存之論，且召洛二誥並非五十八篇全經，不便將兩篇書序分附篇末，故暫依僞孔板本分置篇首爲解。洎知漳州，開郡學，刻尚書古經板本成，則不復曲從僞孔，而教弟子遵古本察書序之失矣，

朱文公文集卷六十答潘子善：「（潘問：）某讀書至盤庚及五誥諸篇，其疑不可數舉，

若以諸家之說勉強解去，亦說得行，但恐當時指意未必如此耳。如此等處，只得姑存之，如何？（朱子答：）漳州所刻四經書序有此說。」

其漳州刻尙書古經及它三經庸意，請於下文次第言之。

朱子以詩經、尙書爲教本，本亦詩序、書序各總置其經後，

朱子語類卷八十：「詩、書序當開在後面。」

又卷八四：「問：『聞郡中近已開六經。』曰：『已開詩、書、易、春秋，惟二禮未暇及。詩、書序各置於後，以還其舊。』」

板本遵古舊，郡，當指臨漳郡，開，謂開授，郡中開詩、書、易、春秋四經課，專刻四經以爲教本，

朱子書臨漳所刊四經後（四文均見朱文公文集卷八二）——書：「（伏生二十八篇，增多二十五篇，又增多分出伏生五篇，）并序一篇，合之凡五十九篇，及安國作傳，遂引序以冠其篇首，

而定爲五十八篇，今世所行公私版本是也。……諸序之本不先經，則賴安國之序（書大序）而可見，故今別定此本，一以諸篇本文爲經，而復合序篇於後，使覽者得見聖經之舊，而不亂乎諸儒之說，又論其所以不可知者如此。……紹熙庚戌（元年，一一九〇）冬十月壬辰（十一日）新安朱熹識。」

又——詩：「……然序之本不冠於篇端，則因鄭氏（玄）此說而可見，……故因其說而更定此本，以復于其初。猶懼覽之者惑也，又備論於其後云。紹熙庚戌冬十月壬辰新安朱熹識。」

又——易：「古文周易，經、傳十二篇，亡友東萊呂祖謙伯恭父之所定。……易……言雖約而所包甚廣，夫子作傳，亦略舉其一端以見凡例而已。然自諸儒分經合傳之後，學者便文取義，往往未及玩心全經而遽執傳之一端以爲定說。……熹蓋病之，是以三復伯恭父之書而有發焉，非特爲其章句之近古而已也。……淳熙九年（一一八二）夏六月庚子朔旦新安朱熹謹書。」（朱子語類卷八四：郡中開授四經，「易用伯恭所定本」。同）

又——春秋：「近刻易詩書於郡帑，易用呂氏本古經、傳十二篇，而絀詩、書之序置之經後，以曉當世，使得復見古書之舊．而不錮於後世諸儒之說。……春秋大訓，聖筆所刊，不敢廢塞，……乃復出左氏經文別爲一書，以踵三經之後。……紹熙庚戌冬十月壬辰新安朱熹謹書。」

刊四經成告先聖文（在朱文公文集卷八六）：「熹……又嘗考之書、詩，而得其小序之失，參稽本末，皆有明驗。私竊以爲不當引之以冠本經聖言之上，是以不量鄙淺，輒加緒正，刊刻布流，以曉當世。」

案：古本周易，經（卦、卦辭、爻辭）與傳（彖上下、象上下、繫辭上下、文言、說卦、序卦、雜卦，凡七種十篇，稱十翼）不相雜廁，鄭玄始割取彖象條附經內，王弼繼抽取文言入乾坤二卦中，大亂古本。宋人恢復周易古本，本甚多，朱子用呂氏定十二篇本，爲經上下二篇、傳（十翼）十篇。詩會合詩序於一所，又「備論其後」，即詩序辨說（方見上文議論）。春秋古文經十二篇、左傳三十卷（以一篇當一卷），經、傳原各自爲帙，自晉杜預分經之年附傳之年，遂令經傳廁雜，朱子將杜本附在左傳內之春秋經文移出，刻成一書。此三經之刊，旨皆在復古書之舊。尚書亦然。

朱子此尚書刊本，前刻五十八篇本經白文，故曰「故今別定此本，一以諸篇本文爲經」；後盡合書序爲一編繫經後，故又曰「復合序篇於後」，再則曰「紬詩、書之序置之經後」，三則曰「竊以爲不當引序以冠本經之上，不量鄙淺，輒加緒正」；既紬之後矣，「又論其所以不可知者如此」，斯即謂書序辨說之著作也。不然朱子四傳弟子金履祥何以肯定其師祖確有著作耶？其尚書表注自序曰：

> 小序事意多繆經文，而上誣孔子。朱子傳注諸經略備，獨書未及，嘗別出小序辨正疑誤，指其要領，以授蔡氏而爲集傳。諸說至此，有所折衷矣。（明朱升尚書旁註自序暗引金氏此文略同，見經義考卷八七引）

朱子受命知漳州，光宗紹熙元年（一一九〇，朱子年六十一）四月到郡（年譜），遂即以公帑刻四經以爲教本，觀其「刊四經成告先聖文」曰「刊刻布流，以曉當世」，則此板五十八篇尚書本經白文及附刊「書序辨說」（姑倣其詩序辨說命名），確已梓行。

果然，朱子朋友尤氏得其書而著錄於其私家藏書目，

> 宋尤袤遂初堂書目經總類：「朱氏新定易、書、詩、春秋古經。」

四經皆復古本之舊，故尤目稱之曰古經。

晚宋、元初人陳、馬氏，親見書古經及其序而著錄之，

陳振孫直齋書錄解題卷二書類：「書古經四卷、序一卷，侍講朱熹晦庵所錄，分經與序，仍爲五十九篇，以存古也。」

馬端臨文獻通考經籍考卷四書類：「書古經及序，共五卷。陳氏（振孫）曰：『晦庵所錄，分經與序，仍爲五十九篇，以存古也。』」

朱子此刊本，經、序分編，先經而後序，陳、馬憑所見爲說，與朱子刊四經跋文契符。

至明晚葉，此書猶存，陳氏獲見著於目錄，

陳第（一五四一—一六一七）世善堂書目卷上：「書古經及序五卷（原自注：「朱文公。」）。」

古經，五十八篇尚書本文；序，書序也：析卷，則經四卷、序一卷，是果集合八十一目一百篇書序爲一卷附經後也。

清初朱彝尊經義考卷八二著錄，不敢定存佚，但云「未見」，豈原書猶在天壤之間乎？

元吳澄作書纂言參酌宋吳棫、朱子疑僞古文尚書及朱子併序爲一編總置經後意見，別僞二十五篇爲帙，而合書小序併置其後（古本書纂言如此，通志堂經解本將僞篇經文及書序盡皆削去），其書纂言「目錄」云：

> 夫以吳氏及朱子之所疑者如此，顧澄何敢質斯疑，而斷斷然不敢信此二十五篇之爲古書，則是非之心不可得而昧也。故今以此二十五篇自爲卷袠，以別於伏氏之書，而小序各冠篇首者復合爲一，以寘諸後，孔氏序并附焉。而因及其所可疑，非澄之私言也，聞之先儒云耳。

清同治十三年進士孫葆田佩南，輯「孫氏山淵閣叢刊」（光緒十九年榮成孫氏問經精舍刊本），收「古文尚書一卷」，題「宋朱熹輯」（台灣未見，此據中國叢書綜錄）。清儒學案卷一九四東甫學案載葆田古文尚書跋曰：

> 書錄解題……載有「書古經四卷、序一卷」，……蓋即臨漳刻本，而元書則今不可復

見，其篇不知與僞孔傳有異否也。茲用趙氏（敏案：謂元趙孟頫）分編今古文例，仍附書序於後，而一題曰「古文尚書」，其義實不悖於朱子。

案：孫氏將僞古文尚書五十八篇分別今文（同乎伏生本者二十九篇）、古文（純僞造者二十五篇）而編之，此元趙孟頫（著書今古文集注，經義考卷八五錄其自序）、吳澄以下始有是作，朱子臨漳刊本無是；唯合書序附後全經，則得朱子恢復原典舊制之意也。

二、朱子命門人編撰書集傳

㈠朱子先分命門人㈡李陳謝編撰書集傳

承朱子之命作尚書傳者，先乎蔡沈仲默，即有眾弟子，王懋竑朱子年譜考異卷四「慶元四年戊午」：「按文集答潘子善書，論書解甚詳（敏案：余檢文集卷六十答潘子善書十一通，中誠多論尚書義，但無一字論及編撰書傳一書之事，白田失引），而李時可亦有書說，亦朱子所命，其書不傳，當是戊午（慶元四年）已命門人分為之，至己未（五年）冬，乃專屬之仲默耳。」李受師命著書，考略於下：

書說三十卷 宋李相祖集 書佚

宋元學案卷六九滄洲諸儒學案上：「李相祖字時可，……在朱門辨質詳明，用心精切，嘗以朱子之命編書說三十卷。」（閩書：「李相祖從朱文公學，嘗以文公命，編書說三十卷。」（朱子大傳頁一〇一六引））牛考畧據以著錄。吳考著錄云：「朱衡道南源委：『李相祖……，光澤人，爲晦庵高弟。辨質詳明，用心精切，嘗以晦庵命，編書說三十餘卷。』（自注：宋元學案作三十卷，近是）其昌按：此書奉師命而編，則亦蔡傳之類也。」

敏案：朱文公文集卷五五有答李時可書七通，朱子覆書與論尚書堯典、去書序不冠經篇首，攸關命編書傳事（引文已詳上），又有曰：「王氏書義中，明言是王雱說，然荊公奏議却云『一一皆經臣手』，但以序爲正可也。」此論集書傳錄收王安石尚書新義事。更有：「緣此間禮書未了，日逐更無餘功可及他事，只略看得禹貢，如冀州分爲三段，頗有條理，易照管，而諸州皆只作一段，則太闊遠而叢雜矣。恐皆合依冀州例，而逐句之下夾注某人曰、某地在某州某縣，其古今州縣名不同有復見者，亦並存之，以備參考。段後低一字，大書右某州第幾節，以圈隔斷，而先儒有辨論通說處，即亦大字附於其下。若今日自有所疑有所斷，則更低一字寫之。如無此兩項，則各留一二行空紙，以俟恐後有補入者。其導山處須以四列爲四段，導水則一水爲一段。段後亦如前例云，右導山第幾節、右導水第幾節，其通論疑斷亦如之。如此則庶幾易看矣。

所寄册子，今却封還。請依此格目作一草卷，便中寄及也。」相祖編書傳禹貢篇注解，體例未盡當，師爲之訂正，封還原册，囑遵所訂格目，另作寄審。是相祖承命作書傳至確，惜著錄諸賢未及引。

當時分任尚書傳之門人，又得謝成之（成一作誠）、陳埴兩人，朱子答蔡仲默（朱文公續集卷三）：「謝誠之書說六卷、陳器之書說二卷，今謾附去，想未暇看，且煩爲收起，鄉後商量也。漳州陳安卿在此，其學甚進。」證次如下：

書說二卷 宋陳埴撰 書佚

宋元學案卷六五木鐘學案：「陳埴字器之，永嘉人，舉進士，少師水心，後從文公學。……著禹貢辯、洪範解。……學者稱潛室先生。」

經義考卷九四著錄其禹貢辨一卷、卷九六著錄其洪範解一卷，竝云未見。

書說六卷 宋謝誠（一作成）之撰 書佚

朱子答謝成之（朱文公文集卷五八）：「熹病老益衰，今年尤甚，亦理之常，無足怪者；況身外之悠悠，又可復置胸中耶？所恨聞道既晚，而行之不力，上無以悟主聽，下無以變時習，而使斯文蒙其黕闇，是則不能無愧於古人耳！所示二典說，大槩近似，目昏尚未及細看。此中今年絕無來學者，只邵武一朋友，見編書說未備，近又遭喪，俟其稍定，當招來講究。亦放詩傳作一書，彼編所看，後篇得接續寄來，尤幸，恐當有所助耳。但三山林少穎說亦多可取，乃不見編入，何耶？李氏說爲誰，其論『放勛』字義，與林說正相似；又以『欽哉』爲戒飭二女之詞，則正與鄙意合也。蓋『女于時，觀厥刑于二女』，皆堯語，其下云『釐降二女于嬀汭，嬪于虞』，乃是史記其下嫁二女於嬀水而爲婦於虞氏。於是堯戒以『欽哉』，正如所謂『必敬必戒』者，乃敘事之體也。自孔傳便以『女于時』以下爲史官所記，故失其指耳。」

案：誠之寄奉所編書傳堯、舜二典部分，故文公答書稱其「二典說，大槩近似」，又詢以林之奇尚書全解爲何未予編入。堯典末章（僞古文本）「女于時」云云，孔傳誤解（朱子以爲），答書亦提示於此，更囑誠之倣詩集傳將書說編成一書，佐證以朱子答蔡沈書，是謝承師命編書傳一如其後蔡九峯所爲，甚顯。

朱子答書「今年絕無來學者，只邵武一朋友，見編書說未備，近又遭喪」云云。考朱子門人親近而又籍邵武者至少有五人——李閎祖、李壯祖、何鎬、吳壽昌及李方子（據朱子語類卷首記錄姓氏），中確知渠嘗編書說者，末一人是也，宋史卷四三〇本傳：「李方子字公晦，昭（邵）武人。……初見朱熹，（朱子）語曰『觀公爲人，自是寡過，但寬大中要規矩，和緩中見果決』，遂以『果』名齋。」編尙書一篇，朱子答黃榦（朱文公續集卷一）：「李公晦禹貢集解編得稍詳，今附去試看，如可用，令人抄下一本，別發此冊回來。」經義考卷九四：「李氏方子禹貢解，未見，邵武府志：『李方子，……眞德秀、袁甫取所著禹貢解以進，特授朝奉郎。』」宋元學案卷六九滄洲諸儒學案上李方子傳馮雲濠案曰：「一本云先生有傳道精語等書行世，眞西山、袁蒙齋嘗進其禹貢解，授朝奉郎。」疑此「邵武一朋友編書」云云，謂李方子，惜「近又遭喪」無從考實（朱子大傳頁一〇一七謂「此邵武一朋友，便應是指李方子」，遭喪一點慮未及），姑志疑於此。

(二) 朱子末命門人蔡沈編撰書集傳

朱子晚年共門人修禮書（後定書名曰儀禮經傳通解），欲早成編，而書傳雖已先後分命門人李相祖、陳埴、謝誠之、李方子（？）等編撰，然彼時都尙無成書（已詳上考）。逮卒前一年，見蔡沈仲默研習尙書有成，堪託付，乃專屬諸蔡（詳下）。蔡沈早先治尙書，自欲

成集注，

朱子語類卷七八：「仲默集注尚書，至『肇十有二州』，因云：『禹即位後又并作九州。』（朱子）曰：『也不見得。但後面皆只說「帝命式于九圍，以有九有之師，不知甚時又復并作九州」。』」

又卷七九：「仲默論五刑不贖之意，曰：『是穆王方有贖刑，嘗見蕭望之言古不贖刑。某甚疑之，後來方省得贖刑不是古，因取望之傳看畢。』（朱子）曰：『說得也無引證。』因論望之云：『想見望之也是拗。』」

以上二條皆黃義剛錄，癸丑（一一九三）以後所聞也，當先蔡受師命作書集傳有年，時蔡氏此二說，朱子未表贊同，體其語氣，時亦尚未屬意蔡氏編撰書集傳。逮玩朱子後作之答蔡仲默帖，知至此乃有意命編書集傳，擇要引說之如下：

「洪範傳已領，俟更詳看，然不敢率易改動；如餘子書（敏案：絕句難定），一面寫，後日早來取。」——蔡撰尚書洪範傳成，呈師審看。

朱子將謝誠之與陳埴所編撰書傳（撰未竟全書）附送蔡氏參酌，待日後商量去取。蔡將堯典星室說呈師，師不盡同意。蔡草成禹貢冀州傳，師教以岐梁二山當兼存眾說，而以晁氏說爲斷。又云「禹貢有程尚書說，冊大難送（敏案：程吏部尚書大昌撰禹貢論，有山川地理圖，圖冊巨大），俟到此可見，稍暇能早下來爲佳」：囑蔡速來商定編書集傳之事；與下一帖文云「禮書大段未了，最是書說未有分付處，……千萬便撥置此來，議定綱領，早與下手爲佳」，亦促蔡速來共謀編事者也。指出蘇軾東坡書傳、林之奇尚書全解及呂祖謙東萊書說之短長，且云制度祇當以唐孔疏爲本。——檢今蔡傳，頗引四家書。教蔡氏注書毋強解，疑則當闕，如康誥文義數處是。

朱文公文集、續集、別集答蔡沈書，止此帖，政以其爲父沈受朱子命撰書集傳之重要文獻，故子蔡抗經進本錄入卷冊也。

書集傳待蔡生沈來便可面商綱領節目，且以命編，朱子答陳淳語至明至確，

朱子語類卷一一七：「臨行拜別，先生曰：『安卿今年已許人書，會冬間更須出行一

遺。』李文稟曰：『書解乞且放緩，願早成禮書，以幸萬世。』（朱子）曰：『書解甚易，只等蔡三哥來便了。禮書大段未也。』」（陳淳錄，云在庚戌（一一九〇）或己未（一一九九）。敏案：決是己未，己未冬，仲默正式奉師命編撰書集傳，詳下蔡自序）

蔡三哥，元定第三子沈仲默也，宋呂遇龍紹定五年跋宋饒刊本書集傳及書蔡傳輯錄纂註卷首「朱子說書綱領」竝轉錄此條，「蔡三哥」皆徑更作「蔡仲默」，是呂氏及董鼎竝以爲蔡三哥即蔡沈也。考沈原行三，故稱三哥，上有二兄，宋劉爚西山先生蔡公墓誌銘（附見西山集）：「（蔡元定）娶崇安江氏，男四人：長淵，次知方，次沈；次沆，早亡。」其仲兄原名沆，出與人爲嗣，「蔡沆，字復之，……西山先生之次子也，西山憐外表兄虞英無子，與之爲嗣，更名知方。從母命歸宗，入則受教家庭，出則從文公學。」（宋元學案卷六二西山蔡氏學案）故沈升列行二，字仲默（朱子名之字之，見後；五經讀本本書集傳蔡沈自序某氏注見字仲默遂謂沈爲元定仲子，失之）。其季弟沆早亡，若棄卻不計，則沈行居季，明郭子章蔡子傳（載九峯集）：「蔡沈，……西山先生季子。」宋元學案卷六十七九峯學案：「蔡沈，……西山先生季子也。」（近人李致忠北京圖書館藏宋版書敍錄（九），文獻一九九二年四期：「蔡沈，是蔡元定的小兒子。」但據宋元學案，未遑考實）雖然，宋杜範仍以元定季子稱沈，宋元學案補遺卷六二西山蔡氏學案：「（杜清獻集曰：）蔡沆，西山季子也。」馮梓材曰：「劉雲莊爲西山墓志云『男四人：長淵，次知方，次沈；次沆，早亡。』蓋先西山而卒，而清獻云爾，則亦嘗講學者矣。」記此以備義）

是歲（己未）冬，蔡沈（或作沉）（一一六七—一二三○）面受師命編書集傳，宋眞德秀九峯先生蔡君墓表（眞西山文集卷四二）：

君名沉，字仲默，姓蔡氏，西山先生子也。……師事朱文公。……入則服膺父教，出則從文公游。文公晚年，訓傳諸經畧備，獨書未及爲，環眡門下生，求可付者，遂以屬君。洪範之數，學者久失其傳，聘君（沉父元定也）獨心得之，然未及論著，亦曰「成吾書者沉也」。君既受父師之託，廩廩焉常若有負，蓋沈潛反復者數十年，然後克就。其於書也，攷序文之誤，訂諸儒之説，以發明二帝三王群聖賢用心。洪範、洛誥、秦誓諸篇，往往有先儒所未及者。……君於二書闡幽發微，至於如此，眞不媿父師之託哉！……君之沒，實紹定三年五月壬辰（初一日），年六十有四。……始君之名若字，文公寔命之。

又宋史卷四三四儒林蔡沉傳：

沉字仲默，少從朱熹游。熹晚欲著書傳，未及爲，遂以屬沉。洪範之數，學者久失其傳，（蔡）元定獨心得之，然未及論著，曰：「成吾書者沉也。」沉受父師之託，沈潛反復者數十年，然後成書，發明先儒之所未及。

沈經、子著僅二書：一爲洪範皇極內篇五卷，清四庫全書著錄子部術數類，此受父遺命而作，非本文所主，今置勿論；二爲書集傳，全解尚書五十八篇及辨説書序，今但論此書。沈書集傳之作，承師朱子之命，其書集傳自序（載書蔡傳輯錄纂註卷首；亦載九峰集，字有異；各本書集傳本書例有刊載）：

慶元己未（一一九九）冬，先生文公令沈作書集傳，明年先生歿，又十年，始克成編，總若干萬言。……沈自受讀以來，沈潛其義，參考衆説，融會貫通，迺敢折衷，微辭奧旨多述舊聞。二典、禹謨，先生蓋嘗正是（敏案：本或作是正），手澤尚新。嗚呼，惜哉（原蔡沈自注：「先生改本，已附文集中，其閒亦有經承先生口授指畫而未及盡改者，今悉更定，見本篇。」）！集傳本先生所命，故凡引用師說，不復識別。四代之書，分爲六卷。文以時異，治以道同，聖人之心，見於書，猶化工之妙著於物，非精深不能識也。是傳也，於堯舜禹湯文武周公之心，雖未必能造其微；於堯舜禹湯文武周公之書，因是訓詁亦可得其指意之大畧矣。嘉定己巳（二年，一二〇九）三月既望，武夷蔡沈序。

沈受師命作書傳，亦見其子抗上書經集傳表（載久軒集）：

曁皇圖赤伏之中興，有大儒朱熹之特出，經皆爲之訓傳，義理洞明，書尤切于討論；工夫未逮，謂先臣沈從遊最久，見道已深，俾加探索之功，以遂發揮之志。微辭奧旨，既得於講貫之餘；大要宏綱，盡授以述作之意。往復之緘具在，刪潤之墨猶新，半生殫採摭之勞，六卷著研覃之思。帝王之制，坦然明白；聖賢之言，炳若丹青。使澄徹于九重，亦熙緝之一助。……學臣誤蒙拔擢，獲玷班行，……抱父書而永歎，望宸闕以冒陳。倘獲清閑一覽之俯臨，先但疇昔辛勤之不朽（敏案：句恐有誤字），置之座右，常聞無怠無荒之規；措之海隅，咸仰克寬克仁之治。所有先臣沈書集傳六卷、小序一卷、朱熹問答一卷，繕寫成十二冊，用黃羅裝褙護封，謹隨表上進以聞。

又見抗淳祐七年八月二十六日面聖表（載淳祐十年呂遇龍上饒郡學刻本蔡沈書集傳，下簡稱宋饒刊本），有云：

> 朱熹晚年訓傳，諸經略備，獨書未有訓解。以先臣從游最久，遂以大意令具藁而自訂之，今朱熹刪改親筆，一一具存。

其後，董鼎書蔡傳輯錄纂註序亦云：

> 文公朱子，集傳之功未竟，而委之門人九峯蔡氏。

仲默受命撰傳，當慶元己未，而王懋竑朱子年譜卷四下據明李古冲本朱子年譜繫前一年戊午，殆誤！

仲默自序「先生文公令沈作書集傳」、又曰「集傳本先生所命」，眞氏表墓云「文公……獨書未及爲（訓傳），……遂以屬君」，子抗上表「朱熹……授（先臣）以述作之意，往復之緘具在」（即朱子答蔡仲默書）及董序朱子以集傳「委之門人九峯蔡氏」，並參考上述引語類三條及手帖擇要，則朱師命蔡子受命撰書集傳，皆確有之事矣。

㈢ 蔡沈承撰書集傳成書

仲默既受命己未，至己巳而書成，歷正十年，故自序「又十年始克成編」；乃墓表（史傳用其說）「沈潛反復者數十年，然後克就」，通其上文讀之，「數」字誠不當有（四庫提要：「蓋誤衍一『數』字」，說存參），自是家乘誇美之過。第若溯自仲默舊從遊朱子，早得師說於講論之間（子抗表云「先臣沈從遊最久，微辭奧旨，既得於講貫之餘；大要宏綱，盡授以述作之意」云云），斯即受命著述以惠方來之伊始，則果沈潛數十年乃就，故子抗面聖表有云「臣先臣沈辛勤三十年，著成此書」也。

蔡沈撰書集傳，受朱師書說手稿數篇，自序「二典、禹謨，先生蓋嘗正是，手澤尚新」，當指朱子堯典解、舜典解、大禹謨解，見載文集中（已詳上述朱子尚書散篇論著②、③、④），故自序又云「先生改本，已附文集中」，蔡抗兩表亦云「（朱熹）刪潤之墨猶新」、「今朱熹刪改親筆，一一具存」，而董鼎曰：

朱子親集書傳，自孔序止此（大禹謨「若帝之初」）；其他大義，悉口授蔡氏，幷親藁百餘段，俾足成之。（書蔡傳輯錄纂註卷一）

親藁百餘段，或即金縢說至皇極辨（亦見上述朱子尚書散篇論著⑤至⑭）及書序辨說共十一文。王懋竑朱子年譜卷四下：「（年譜）按大全集，二典、禹謨、金縢、召誥、武成諸說數篇，及親稿百餘段具在，其他悉口授蔡沈，俾足成之。」（原註：李本）李古冲湊合文集及董說，判分金召武等與親稿百餘段爲二，檢覈二蔡氏自序及上表，恐止是同一文獻，即朱子手稿是也。懋竑朱子年譜考異卷四，以文集無朱子親藁百餘段，且蔡自序亦不言別有親藁，致疑云「凡此皆所未詳」，殆未察董書，遂疑其出處。夫董鼎族兄夢程，黃榦、董銖之弟子也，於晦庵爲再傳，鼎因夢程而私淑朱學，可謂淵源有自，時代又甚近，朱子予蔡之親藁，或嘗寓目，乃記於此也。

蔡秉命撰集書集傳，一部分補朱師之所未完篇，如大禹謨、洛誥等，蔡傳足成之，其間亦有頗異乎朱師原解者，自序並不諱言：「先生改本，……其閒亦有經先生口授指畫而未及盡改者，今悉更定，見本篇。」如元陳櫟曰（書蔡傳輯錄纂註卷一大禹謨引）：

> 朱子訂傳，元本有曰「正月，次年正月也。神宗，說者以爲舜祖顓頊而宗堯，因以神宗爲堯廟，未知是否，如帝之初」等事，蓋未嘗質言爲堯廟。今本云云，其朱子後自改乎？抑蔡所改乎？語錄嘗云「堯廟當立於丹朱之國」，又云「祭法之說，伊川以爲

可疑，更當博考」。

陳氏所引「正月」至「如帝之初」，是朱子原自撰集之本，今具見於文集卷六五，第今蔡本注神宗是堯廟，引禮記祭法爲佐證，而削去師說，凡此蔡傳之所謂的確，皆曩朱師之所深疑者，蔡氏改師說也。元吳澄甚至因此疑蔡傳有它人竄筆，其

吳文正公集卷十九書（蔡）傳輯錄纂註後序曰：「（朱子）訂定蔡氏書傳，僅至『百官若帝之初』而止，它篇文義，雖承師授，而周書洪範以後，浸覺疎脫，師說甚明而不用者有焉，豈著述未竟而人爲增補與？抑草稿粗成而未及修改與？金縢『弗辟』，鄭非孔是，昭昭也，既迷於自擇，而與朱子詩傳、文集不相同。……召、洛二誥，朱子之說具在，而傳不祖襲之，故切（竊？）疑洪範以後殆非蔡氏之手筆也。」

夫經學貴在發展，師說未精，弟子轉密，若暖暖姝姝謹守一先生言，則二千五百年上下一孔子足矣，伏生、董子、鄭君、朱文公皆不必生，大傳、繁露、詩箋、易義，皆不必作矣。蔡傳訂諸儒，述師說，又多創發，光大考亭書學，「洪範、洛誥、秦誓諸篇，往往有先儒所未

及者」（墓表），吳草廬以其解異師，遽疑非九峯手筆，亦過矣。

蔡沈同門學弟陳淳，先已不肯仍朱子嘗命人作書集傳，反而評論其書解爲蔡氏一家書，藉陰責其破壞師法，且恨先師不及全解尚書，致令衆說雜出，戕害義理，淳曰：

書無文公解，然有典、謨二篇，說得已甚明白，親切精當，非博物洽聞、理明義精不及此。（經義考卷八二引）

前年道間遇潮人，說及謝教有書解，自刻，往未委（敏案：義不明），是自著是編集。因一書求之，未蒙回答，更仗吾友求本，示及爲幸。蓋書之爲經，最爲切于人事日用之常，惜先師只解得三篇，不及全解，竟爲千古之恨。自先師去後，學者又多專門，蔡仲默、林子武皆有書解，聞皆各自爲一家。昨過建陽，亦見子武中庸解，以書相參爲說，中間分章有改易文公舊處。（北溪大全集卷二五答郭子從）

案：林夔孫字子武，著中庸章句、書本義（宋元學案卷六九滄洲諸儒學案上、朱子大傳頁一〇一六引福州府志），後者，經義考卷八二云佚。陳淳不滿蔡林二氏違師書說，故併林氏中庸章句之改易朱子舊章句言之，評以各自爲一家，明是不遵師說，後世如黃景昌、金履祥輩，於蔡傳斷斷有辭（據四庫全書提要卷十一書類一書集傳下），人皆知之，而於陳淳先已質難，則至今無人特筆表述。

宋人多謂九峯書集傳，朱子訂正，蔡抗面聖表云「朱熹……以大意令（蔡沈）具藁而自訂之」，黃震黃氏日抄卷五讀尚書曰：

經解惟書最多，至蔡九峯，參合諸儒要說，嘗經朱文公訂正，其釋文義既視漢唐爲精，其發指趣，又視諸家爲的。書經至是而大明，如揭日月矣。

蔡稿嘗承朱師親筆改訂，蔡沈於夢奠記（朱子年譜卷四下引）自陳曰：

慶元（六年）庚申三月初二日丁巳，先生簡附葉味道，來約沈下考亭。……是夜，先生看沈書集傳，說數十條，及時事，甚悉，精舍諸生皆在。四更方退，只沈宿樓下書院。初三日戊午（敏案：越七日而朱子卒），先生在樓下改書傳兩章。……是夜，說書數十條。

考諸善本蔡沈書集傳，卷內題有「朱子訂定蔡氏集傳」字（如書蔡傳輯錄纂註書序正文前、書大序正文前、本經各卷大題前，及如書蔡傳纂疏卷一大題前），或於卷一題「晦庵先生訂定門人蔡沈集傳」（宋刻八行本，見下引陳鱣跋），或書名逕題「朱文公訂正門人蔡九峯書集傳」（宋饒刊本）：既明蔡氏書學宗承（書蔡傳纂疏凡例曰：「標題此書云『尚書蔡氏傳』，……卷首有『朱子訂定』四字，不忘本也。」），又以確示師徒共作此書。然而蔡氏去冬才受命撰書，次春朱子即歸道山，而蔡書後九年方成，則朱子不獲篇篇爲之訂定，故說者疑焉（陳櫟又曰：「自二卷起，去（朱子訂定）四字，紀實也。」李致忠宋版書敍錄曰：「慶元五年的冬天，朱子始命蔡沈作書集傳，翌年，朱熹便與世長辭了。中間不過一年的時間，要訂正十年後始克成編的書集傳，豈不滑稽！」）。愚謂：朱子以述作之意教九峯蔡氏，準則通貫尚書全書可用，毋庸篇篇爲之訂正；口授指畫，耳提面命，數月已足。竊意朱子與蔡氏議定者，大要六事：

一撰作綱領，

二撰作體例，

三采用諸家書，

四分別今文、古文書篇，

五講明此四代之書，所重者義理，須直探二帝三王之心，得其心則得道，得道則國得治：朱子曰：「向日喻及，尚書文義通貫，猶是第二義；直須見得二帝三王之心，而通其所可通，毋強通其所難通。」（朱文公續集卷三答蔡仲默）蔡氏恪遵師旨，自序揭撰作旨要曰：「二帝三王之治本於道，二帝三王之道本於心；得其心，則道與治固可得而言矣。何者？精一執中，堯舜禹相傳之心法也；建中建極，商湯周武相傳之心法也。……後世人主，有志於二帝三王之治，不可不求其道；有志於二帝三王之道，不可不求其心；求其心之要，舍是書何以哉！」眞氏表其墓曰：「其於書也，……發明二帝三王群聖賢用心。」則蔡撰傳要旨，重在講明古聖君心法者，朱子師法也。

六書序可疑，一一自經篇之首除去，會爲一編，置殿經末，辨其是非。（詳下論）

上六事爲全經撰解規範，朱子爲訂定，蔡氏準以述作，益以朱子親稿、散篇論文、平日講貫及經由朱子指導成撰之同門學侶前所撰集（如李相祖、謝誠之、陳埴書說等），且蔡傳凡引用師說，不加識別（自序），故傳內固多朱師之說：職是之故，昔賢謂朱子訂定蔡傳全書，固其宜也。「朱子既嘗親訂之，猶其自著也」（董鼎書蔡傳輯錄纂註自序）。而其中去書序言經，總置經後而譏短之，唐正義頒行（西元六五三）以來五百六十年無有是作，其影響近八百年尚書之學不爲不大，請次第論之可也。

三、蔡沈撰「書序辨說」總附尚書全經卷末

蔡沈書集傳，宋寧宗嘉定二年（一二〇九）完卷，當時即有寫本，原寫本今佚。坊間亦遂有刊本，至理宗淳祐十年（一二五〇）蔡抗面聖上表時，云「坊中板行已久，蜀中亦曾板行」，歷三十餘年，刻本已甚多。元、明兩朝，科舉崇朱學，尚書用蔡傳，「家誦戶習之」（蔡有鵾語，見九峯集附），傳刻本尤多。近三百年來，尚書朱蔡氏學，世爲顯學，印本益繁。

(一) 俗刻書集傳或刪削或前移「書序辨說」

各本蔡傳，處理八十一目一百篇書序，體製可分五大類：

(1) 書序（蔡沈辨說，全部署於書序本文之下，下全同）遭全部削去

清乾隆文淵閣四庫全書本書集傳六卷（云據通行本）

四庫提要卷十一：「……小序一卷，（蔡）沈亦逐條辨駁，……今其文猶存，而書肆本皆削去。」吳哲夫先生故宮善本書志「書集傳六卷」（故宮季刊九卷三期，民國六十四

年春季號）曰：「……至於今世傳本（原注：如四庫全書據以著錄之本）……刪去……書小序。」

世界書局影印五經讀本—尚書讀本—本書經集傳六卷

台北新陸書局民國五十二年仿宋影印本書經集註六卷

日本享保九年甲辰（一七二四）刊本書經集註六卷

日本慶應二年丙寅（一八五五）三刻本書集傳六卷

附辨：四庫提要卷十一曰：「朱升尚書旁注稱：古文書序自爲一篇，孔注移之各冠篇首，蔡氏刪之而置於後，以存其舊。是元末明初刊本尚連小序。然宋史藝文志所著錄者亦止六卷，則似自宋以來即惟以集傳單行矣。」敏案：近人余嘉錫四庫提要辨證卷一：「宋時刻本，已合序于集傳後，宋志僅著錄六卷，當由于此，非以集傳單行也。」余氏論宋志著錄止云六卷之故，大致得之；第合書序於集傳後，蔡君原典即已如此，不俟後刻，余氏之說未盡。夫蔡氏自序「四代之書，分爲六卷」，但又於辨說書序之前自敍曰：「今姑依安國壁中之舊，復合（書序）爲一篇，以附卷末。」是蔡傳末原附書序，唯書序不入計卷數，而宋志著錄亦只計正經六卷，附編雖竝在同書，則不煩特爲表說。目錄家著錄尚簡明，往往不標附編資料，如宋刊八行本、元建刊初印本等之列目均是（詳下），宋元明所刊無有單行本蔡傳，提要者思偶未周，失議！

(2) 書序總冠全經之前

書蔡傳輯錄纂註六卷（元董鼎撰，主蔡傳，元至正十四年（一三五四）建安翠巖精舍刊本，通志堂經解本、日本文化十一年（一八一一）刊昌平叢書本竝同。敏案：董此書，據自序，元至大元年（一三〇八）成撰，初本當綴書序於經末，知者，明初書經大全如此，大全抄襲董書，則初本董書書序在經末，後刻移置卷首，竝失蔡董原典之舊矣）

元至正二十六年梅隱精舍刊本書集傳六卷（詳吳哲夫先生故宮善本書志，出處已見上）

書蔡傳纂疏六卷（元陳櫟撰，亦主蔡傳，通志堂經解本）

書集傳音釋七卷（元鄒季友撰，亦主蔡傳，明初刊黑口本）

明正統十二年司禮監刊本書集傳六卷、書序一卷（書序一卷在正經六卷之前）

案：原本蔡傳將書序總置全經之後（詳下），上述(1)(2)兩類或削去書序，或移書序弁全經之前，均失蔡意。

(二) 善本書集傳附書序於卷末存蔡氏原典之舊

(3) 書序總殿全經之末

影響蔡沈變僞孔本及唐孔正義法度置書序殿正經全文之末者，曰一南宋薛季宣（一一三四—一一七三）書古文訓，總集書序於全經之後以解之，但並未通編辨正其失，影響甚小；二朱師文公，影響極大！朱子疑書序非孔子作，乃周秦間低手人作（詳下宋以後人論書序作者卷），先則除序即書經求義，掙脫書序桎梏；既而附置書序經後；於是郡學經課教本，亦命書序萃置經後；洎於臨漳刻尚書，復古制，掃小序爲一編繫經後以辨其失，作書序辨說（諸事已具上文），凡此，承教數十年者蔡沈，奉編書集傳，不容不受。

辨正書序者，蔡氏秉命編書集傳之要務也，故眞氏表其墓論蔡君於尚書也，「攷序文之誤」（明郭子章蔡子傳同，經義考卷八二引明何喬新曰：「至蔡氏集傳出，……辨大序、小序之訛舛，而後二帝三王之大經大法粲然於世焉。」），而元金履祥、明朱升均斷朱子確以專書——書序辨說授蔡沈，

金氏尚書表注序：「小序事意，多繆經文，而上誣孔子。朱子傳注諸經略備，獨書未及，嘗別出小序，辨正疑誤，指其要領，以授蔡氏而爲集傳，諸說至此有所折衷矣。」（經義考卷八七引朱升尚書旁注自序從「朱子傳注」至「而爲集傳」，陰用金氏此文）

朱升尚書旁注曰：「古文書序，自爲一篇，孔注移之各冠篇首，序文與書本旨往往不協；蔡氏刪之而置於後，以存其舊，蓋朱子所授之旨也。」（經義考卷八二引）（經義考卷八七著錄朱升尚書旁注六卷，云存。今臺灣未見此書。四庫全書總目提要卷十一曰：「書錄解題載朱子書古經四卷、序一卷。則此本乃朱子所定，先有成書，（朱）升以爲所授之旨，蓋偶未考。」敏案：升已考知朱子先撰書序辨說授蔡氏（方見上條引文），此言朱子所授之旨者，兼指既授成書，又教以要旨，相通無礙。館臣之說拘矣）

蔡氏謹守師法，書序置經後，元人特記之，

何異孫十一經問對卷三：「問：小序之文，孔安國以附於各篇之首，蔡傳欲以存古，聚爲一篇於終者何？……」

陳師凱書蔡傳旁通者，爲通證蔡傳而作也，元英宗至治元年（一三二一）作，陳氏語學者曰：

小序雖出孔壁，然非孔子所作，蔡氏固不取之；猶存於卷末者，以其具百篇之目故爾。

（書蔡傳旁通卷六下「書序」）

清高宗弘曆親見善本書蔡傳，其書序辨說猶置經後，觀其御製文二集卷二二書小序考曰：

書序……相傳已久，未可擯棄。……蔡沈作書傳，疏其可疑者附於卷末，可稱具卓識。而王天與尚書纂傳及監本尚書注疏仍列於前，雖姑從漢孔氏之例，然未免有擇焉不精之疵矣。

是蔡傳誠將書序總存經卷之末。

清人謂蔡傳末編爲書序，誠是；但謂仿例朱子詩序辨說，則不知朱子亦撰書序辨說，蔡氏徑仿之亦次書序經編之末，而非別仿詩序辨說也，

崔應榴吾亦廬稿卷一：「（書序）朱子以爲非孔子作，蔡氏集傳因之，如康誥、君奭諸篇，皆不用序說，又別爲一編，論其得失，以附集傳之後，蓋仿朱子詩小序之例。」

蔡沈恪遵朱子辨正書序旨要，論書序淺陋，至戾經義，知非孔子作，因自經篇之首悉除之下（明郝敬尚書辨解卷九：「（書序，）蔡仲默註書紬之，是也。」），并爲一編置全經後，並論其可疑，作書序辨說，如朱子向所爲者，而於此書前敍曰：

> 漢劉歆曰「孔子修易序書」，班固曰「孔子纂書，凡百篇，而爲之序，言其作意」。今考序文於見存之篇，雖頗依文立義，而識見淺陋，無所發明，其間至有與經相戾者；於已亡之篇，則依阿簡略，尤無所補，其非孔子所作明甚。顧世代久遠，不可復知，然孔安國雖云得之壁中，而亦未嘗以爲孔子所作，但謂「書序，序所以爲作者之意」，與「討論墳典」等語隔越不屬，意亦可見。今姑依安國壁中之舊，復合序爲一篇，以附卷末，而疏其可疑者於下云。（見書蔡傳輯錄纂註卷首「書序」）

蔡此持論，全用朱子書大序解之說，復合書序爲一篇，總附卷末；疏其疑，即著書序辨說，則書序辨說，蔡果置於其書集傳之末也。

復求之古本（宋元明清本）書集傳，其板本猶存蔡氏初本之舊，合一百篇八十一目書序於全經之末者，有：

宋理宗淳祐七年（一二四七）蔡抗經進家寫本書集傳六卷，抗進表曰：「……所有先臣沈書集傳六卷、小序一卷、朱熹問答一卷（即朱子答蔡仲默書，亦載朱文公續集卷三），繕寫成十二冊，用黃羅裝褙護封，謹隨表上進以聞。」先正經之傳六卷，次書小序一卷附後。原書佚。

北京圖書館藏宋理宗淳祐十年（一二五〇）呂遇龍上饒郡學刊書集傳六卷，每半葉十行，行十八字，存（北京中華書局影印古逸叢書三編本），首淳祐七年八月蔡抗進書集傳表，次同年同月二十六日蔡抗面對延和殿所得聖語，……次書傳問答，次蔡沈書集傳自序，次書大序、五十八篇尚書本文，正文之後爲書序（板心作書後序），終焉。

國立中央圖書館藏南宋刊八行本書集傳，每半葉八行，行十五字，存一卷，內容爲書傳問答拾遺（即晦菴先生與先君手帖，帖亦見朱文公續集卷三），拾遺之後爲「書序」（板心刻作「後序」），書序既了，爲蔡沈自序，終焉。敏案：此本爲殘卷，板心不刻卷第幾，當係附編性質，不計入正卷，觀「後序」，知以書序總綴正經卷之後也（稱「後序」，併參考下錄三明刻本）。

宋刻八行本，每半葉八行，行十七字，清陳鱣經籍跋文宋本書集傳跋曰：「書集傳六卷，宋刻本，每葉十六行、行十七字。首題書卷第一，晦庵先生訂定、門人蔡沈集傳，餘卷止題蔡沈集傳四字，與前序云『二典、禹謨，先生蓋嘗是正』之言合，此其原式。……宋本（蔡沈自）序後有眞西山題跋、又載孔安國序一篇、漢書埶（藝）文志一條、孔穎達疏說一條，皆有注。後載書序，亦有注。蓋集傳于書序，亦如朱文公之攻詩序，逐條辨駁。」敏案：所謂「前序」，蔡沈自序弁書集傳卷首者也。所謂「後載」，謂全經之後所載也。是此宋本，書序繫全經之末，合蔡氏初本體製。朱文公詩序辨說及書序辨說咸退小序於經末，條駁之，陳仲魚所見此本書集傳，序亦退居經後，故引朱子詩序辨說以映證之也。

國立中央圖書館藏元建刊初印本書集傳六卷，首蔡沈自序，次書大序，次卷一堯典至卷六秦誓，卷六末以後爲書小序，書小序既終，復附文公問答（即「文公先生與蔡九峯親帖四帖」，帖亦載朱文公續集卷三），既而有門人記文公語數則。

通志堂經解本元陳師凱書蔡傳旁通（英宗至治元年（一三二一）撰成，據自序）卷首「卷目」曰：

蔡傳本六卷

一卷上（蔡自序）　堯典

一卷中　舜典
一卷下　大禹謨至益稷
二卷　禹貢至胤征
三卷　湯誓至微子
四卷上　泰誓至武成
四卷中　洪範
四卷下　旅獒至梓材
五卷　召誥至立政
六卷上　周官至顧命
六卷下　康王之誥至秦誓
　小序（敏案：驗即書序）

敏案：師凱所據爲宋或元刊本書集傳，正經六卷；書序總聚一所，殿經後，不入計卷。蔡本分卷，入目，附序體式，得此資料而至明至確，無疑義矣！

國立中央圖書館藏明初葉建刊黑口本書經集註十卷，開卷爲蔡沈自序，卷一起至卷十終爲堯典至秦誓；其後爲「書經集註後序」，即書小序各篇序說之合編，板心刊作「後序一卷」。

國立臺灣大學藏明刻本書經大全，卷首書說綱領、卷一至卷十本經，其後爲各篇書序之合編，板心作「後序」。敏案：大全抄襲董氏鼎書，必所據董本亦如此，參詳上文。

國立中央圖書館藏明嘉靖間贛州清獻堂刊巾箱本書經集註十卷、書序一卷。前十卷正經；正經後爲書序——八十一目一百篇共卷，題「書經集註後序」。

欽定書經傳說彙纂二十一卷、卷首二卷、書序一卷，清雍正八年刊本，主蔡傳，將蔡氏書序辨說綴總正經（卷二一）之後，合爲一卷。

(三) 論「書序辨說」其它板本

(4) 單行本

書序說一卷、書序註一卷，宋蔡沈撰，收清伊樂堯「五經補綱」，清咸豐四年（一八五四）晉江黃宗漢刊本。敏案：臺灣未見，此據中國叢書綜錄。伊氏分立書序說、書序註二名，不詳其故；豈將蔡君辨書序之失之文屬「說」，訓解書序之文別屬之「註」歟！

(5) 取蔡傳「書序辨說」中之書序散置各篇經文之前

宋吉州刊本，元何異孫十一經問對：「問：『小序之文，孔安國以附於各篇之首，蔡傳欲以存古，聚爲一篇於終者何？』對曰：『不若附於各篇之首，會讀書人自有見趣。如朱氏詩傳將序并作一處，讀書者深爲不便。近見吉本，某人將書序寘之各篇，初不害其爲蔡氏書傳也。』」敏案：異孫，元初人，所稱吉本，當係宋刊。

元人主張書序仍分冠經篇之首者，何氏之外，金履祥、王天與是也。金氏，朱子之四傳弟子，晚年作尙書表注二卷，分置書序於各經篇之上使與篇名、正經之文密接，加（　）號於書序本文每字之上、下，而時於板框外辨書序之失（金氏深疑書序者）。王氏書學主朱學，今背師法以書序分置經篇之首，其尙書纂傳卷一曰：

按唐孔氏謂：書序，馬融、王肅並云孔子所作。至朱子則以爲非，（朱子）又云：「相承已久，未敢輕議，且附經後。」今是編姑從漢孔氏，引之各冠其篇首云。

謹案：序者，序所以爲作者之意，猶經解也。古者經、傳各自爲書，不相廁雜，自東漢馬融注周禮，移傳於經下，用省兩檢之煩，後世注經體製爭倣之，遂成通例。吉刊本、何氏、金氏、王氏復分冠書序於經篇，利其便文取義，雖云遵漢唐經注常例，亦朱子、蔡傳有以啓之，蓋朱蔡雖疑書序辨其失，但二家書說亦有時采取序義（朱子亦有取於詩小序及書小序），未嘗盡廢之。夫既有所取，與其合置卷末，檢閱費思，不如依舊一一條弁經首，比辭求義之爲愈也。後世書解，多列序經首，此潮流所趨，無如之何也。

本章結論

書序八十一目一百篇，各序前後相顧爲文，原自爲一編，繫綴尙書全經之末，孔壁本、歐陽本（漢石經以之爲底本，同）、劉向（別錄）本、馬（融）鄭（玄）本均是。自僞孔氏欲書序與本經之篇文相附近便檢，始條引書序使各冠經篇之首，而唐陸德明經典釋文、孔穎達尙書正義主僞孔傳守其法度，弁序經耑，尙書古板本體式遂尠爲人知用矣。

朱子訓解諸經略備，獨尙書僅有散篇論著今存，門人黃士毅、湯巾（或是湯中）、黃大昌與王迂、董琮編集師說書義，原書又佚。朱子言論，疑書序，謂乃周秦間低手人作，去書序讀尙書，因據書大序所稱書序原自爲編及古籍序文例總繫全書之末，力主掃書序合爲一編置之全經之後，渠於朋友講習、學堂開課，歷申此義，而其臨漳所刊書經，即復古本之舊，書序板卷總殿本經之後，且條辨其得失，作「書序辨說」，猶其先前所作「詩序辨說」；書序辨說原書至明晚葉猶存未佚。

朱子晚年分命門人李相祖、陳埴、謝誠之及李方子（？）編撰書集傳，自訂定之，惜皆未完卷：末乃命蔡沈仲默撰集。朱子親與仲默討論經義，口授指畫，與議定綱領體式，決定采用眾家，誨以書解重在探見古帝王之心，以成治道，而章句文義次焉，又教以書序不可信，須自經篇之首除去，統歸經末，且授之以所撰書序辨說。

蔡沈既受命，用功十年，書成六卷，遵師法末總附書序，逐序辨正，成撰「書序辨說」一卷。宋淳祐七年蔡氏家寫本、十年上饒郡學刊本、南宋刊八行本、宋刻八行本、元建刊本、元刊本、明初葉建刊黑口本、明刊書經大全本、明嘉靖贛州刊巾箱本，乃至清欽定書經傳說彙纂本，都以「書序辨說」板殿諸經後。

俗刻本書蔡傳，將書序辨說或予刪削，以爲無用、爲節省工本費也；移置卷首，茫然不知朱子蔡沈師弟子之學的也；或取便比看文義，明知蔡原本體式，亦竟仍遵僞孔孔沖遠餘意，復散書序於各經篇之首，如宋吉州刊本，又如金履祥尚書表注、王天與尚書纂傳等解尚書，皆務反朱蔡復古本之意者也。

朱蔡疑書序識見淺陋、與經相戾，非孔子作，因變置之經末，復聖經原典之舊，亦使諸儒之書序解說不再淆亂本經，直疑其書僞作當黜如僞古文廿五篇矣。顧卒以僞大禹謨篇等篇記古帝王傳心傳道語，不敢遽將僞古文經移置今文經廿九篇之後，如變置書序於經末然，而但各於篇題下分別注明「今古文有無」字，以爲區別而已。至元吳草廬澄，大申朱蔡意，倣二家將書序改殿經後之表示疑僞作法，將僞經及書序亦悉總置今文經後，但註今文眞經，於僞經及書序竝不爲解說。自來辨僞古文尚書者，於吳氏受朱蔡「書序辨說」板本影響，並無人指出，特表述之於此。

九、朱子及其後學者難書序（朱子前後信書序者之相關議論併附見）

㈠ 難虞夏書五目書序

堯、舜二典書序，

朱子評堯典序「聰明」直改經「欽明」而成，殊無深義，

朱子語類卷七八：「曰小序不可信。問：恐是作序者見經中有『欽明文思』，遂改換『欽』字作『聰』字否？曰：然。」

清簡朝亮尚書集注述疏，頗主朱子書說，其卷末上書序辯：「經言『欽明文思』，而序言『聰明文思』；經言『光被四表』，而序言『光宅天下』，序亦何裨於經乎？易夬象傳云『聞言不信，聰不明也』，今經曰明，則聰在其中矣。釋詁云『欽，敬也』，堯典首言欽，蓋敬者書之第一義也，論語言堯舜者，所以推本於脩己以敬也。序言聰

而不言欽，可乎？」

案：序「聰」，本或作「欽」（論衡須頌篇引），今古文之異。即不爾，以「聰」詮「欽」，字義誠難相通，但「聰」可訓審辨（洪範「聰作謀」），易傳「聰不明」正謂辨識不明。光宅天下，精釋「光被四表，格于上下」（上引章炳麟說），是序尚有裨於經也。

朱子又責堯典序不能悉一篇經之義，

朱子語類卷七八：「小序皆可疑（書蔡傳纂疏載作多可疑）。堯典一篇自說堯一代爲治之次序，至讓于舜方止，今却說是讓于舜後方作。」

又卷八十：「書小序亦未是，只如堯典、舜典便不能通貫一篇之意。堯典不獨爲『遜舜』一事，舜典到『歷試諸難』之外，便不該通了。其他書序亦然。」

清人因之，

崔邁訥菴筆談卷一書經辨說：「書序之可疑者，無若堯典舜典二序，……其辭語亦淺率遺漏。吾寧信經，不敢信序也。」

簡朝亮尚書集注述疏卷末上書序辯：「孟子云：堯典曰『放勳乃殂落』，蓋自此而後，則言舜在位克終者焉，所以著堯讓天下之得人也，豈惟言其『將遜于位』已乎？是序無以悉一篇之義也。」

其後，康有爲進而疑序違經，

新學僞經考卷十三書序辨僞：「據今堯典，『月正元日』以下，皆舜即位後事，經文班班可考。序唯言『將遜於位，讓於虞舜』，止及堯事，顯違經文，曾是出於孔門而有是邪？」

案：堯典記舜受禪，先是攝帝政（正月上日，受終于文祖下。），及堯崩，乃即眞（月正元日，舜格于文祖，以迄篇末。），即眞四十二年間，畫經國方略，命九官，篇末且記其崩（陟方乃死），誠「讓于舜後方作」，晦庵之疑失當。

又案：「月正元日」以下，記舜即尊，告岳牧，命九官，爲禪讓一事之終，且篇首著堯有讓德，一「讓」字通貫全篇要義，其下舜、九官莫不共讓，故序以堯「讓于虞舜」括之，可也簡，第固末「違經」。宋范浚論此序要義在禪位是也，香溪集卷十堯典論：「夫子序書，辭嚴旨奧，不越數言，而終篇大義粲然可明。若序堯典，言『昔在帝堯，聰明文思，光宅天下，將遜于位，禪于虞舜』，則堯之廣大同天，始能格于上下，協和萬邦，終能求賢于側陋，授以天下。盛德大業已備見矣。」

朱子亦責舜典序「歷試諸難」不能該通經義（方見上引語類一條），朱子語類卷七八亦曰：

舜典亦是見一代政事之終始，却說歷試諸難，是爲要受讓時作也。至後諸篇皆然。

蔡沈幾全用之，

書蔡傳書序辨說因之，亦曰：「舜典一篇備載一代政治之終始，而序止謂『歷試諸難，作舜典』，豈足以盡一篇之義？」

宋呂祖謙爲序不言舜施政，有說辭，其

東萊書說卷二：「聖人序書，蓋有深意，自『歷試諸難』至『陟方乃死』，皆舜之事，而序止言『歷試諸難』，攝位事何以不紀？蓋此乃剏端造始任諸難事，即位以後事皆不外此。」

案：堯典記試舜事才「愼徽五典」至「烈風雷雨弗迷」卅四字，甚簡，別賴舜典補益（清陳澧東塾讀書記卷五：「舜典序言『歷試諸難』，似指『愼徽五典』至『烈風雷雨弗迷』數事，且鄭云『入麓』明是『納于大麓』，然則『愼徽五典』以下，似是舜典矣。且鄭既以事在堯時者爲堯典，而入麓仍在堯時，又不能無疑也。」是不察堯典「愼徽」一段記試舜甚簡者，因別有舜典詳之，雖皆在堯時，彼此互足，史筆如此）。眞舜典雖逸，顧鄭玄時尚及見，注云「入麓伐木」，正謂歷試之事。朱、蔡未見原篇，不應但憑僞孔所分出之文（「愼徽五典」以下）以疑序。呂氏爲序曲說，亦祗據今本堯典後半，於事無補。

清廖平、康有爲立古無舜典說，而民國蔣伯潛因之，廖氏古學攷頁四九—五十：「古無舜典，衛、賈創爲其名，以湊百篇之數。陳亦韓說：『本無別出舜典；大學引書通謂帝典，子華子、孔叢子亦稱帝典。』……且堯、舜均稱，二典當並重，西漢以前乃無人引其文，無人道其名，萬不能軒輊若此；即此可悟古無舜典矣。」

康氏新學僞經考卷十三書序辨僞：「古止有堯典而無舜典，其舜典一篇，止見於古文及書序。其可疑有三：今堯典備載舜事，幷總敘徵庸在位生死年數以結之，是舜之事實已完，何得別有紀載？可疑一。大學引堯典作『帝典』原注：孔叢子論書篇同。，堯、舜同德，故紀錄同篇。其孟子及伏生稱『堯典』者，蓋堯、舜同篇，而篇首曰『粵若稽古帝堯』，故即舉堯該之；否則堯、舜兩典各有其篇，大學單稱『帝典』，何以分別乎？可疑二。古文舜典雖不可見，然據序說如此。夫既謂之『典』，則一朝實錄，徵信所關，豈有實事強羼先帝之篇，而本紀唯書勸進之事！蓋舜事既具堯典，不能重出，故作僞時敷衍遜位之事以充其數，可疑三。以此觀之，書序之矯誣，尚足辨邪！」

蔣氏十三經概論頁三二五：「書序之有舜典，則極可疑。大學引堯典語，作『帝典曰』（孔叢子論書篇同）。蓋堯舜同德，故雖禪代，而紀錄同篇也。孟子及尚書大傳稱堯典者，蓋以首句『曰若稽古帝堯』，故即舉堯以該之耳。若堯典之外，別有舜典，則大學僅云帝典，究指何篇乎？此可疑者一也。堯典自『月正元日，受終於文祖』以下，皆記舜即位後事，經文彰彰可考。其下備載舜事，并總敘舜徵庸在位生死年數以結之。是舜一生事實，已具見於堯典中矣，何得別有舜典一篇乎？此可疑者二也。序曰：『虞舜側微，堯聞之聰明，將使嗣位，歷試諸難，作舜典。』夫既謂之『典』，則爲一朝實錄，徵信攸關；豈有實事載之堯典之中，而本篇惟記歷試勸進之事者乎？此可疑者三也。」

案：廖、康皆不信孔壁古文，故於逸書眞古文舜典亦詆爲僞託，而蔣氏則雷同是非。夫尙書篇名古稱不一，大學引作帝典（子華、孔叢竝僞書，陰襲大學），孟子引作堯典，一取首句「曰若稽古帝堯」上一字「帝」，一取其下一字「堯」；「帝」謂唐帝，不可令兼該堯、舜。孟子萬章、史記五帝舜本紀所記舜事，雖不必爲舜典原文，事殆出舜典，何得謂無人引道？舜典特詳於試難諸事，乃堯典之所未悉具者，故不得不出此篇。三家說要非通人之論。

九共書序，

朱子疑九共序，

朱子語類卷七八：「問：張子以『別生分類』為明庶物、察人倫，恐未安。（朱子）曰：書序本無證據，今引來解說，更無理會了。又問：如以『明庶物，察人倫』為窮理，不知於聖人分上着得『窮理』字否？（朱子）曰：這也是窮理之事，但聖人於理自然窮爾。」

案：「別生分類」，序汩作也，九共序文則已佚，唯九共佚文「予辯下土，使民平平，使民無敖」（尚書大傳引），於「明庶物，察人倫」義竟無悖，晦庵未之察也。

五子之歌書序，

五子之歌，本經亡佚，僞古文造爲「太康尸位，以逸豫滅厥德，……有窮后羿因民弗忍，距于河。厥弟五人……徯于洛之汭。五子咸怨，述大禹之戒以作歌」經，蔡氏及主蔡傳者宋馬廷鸞、元董鼎、明郝敬皆誤據以難書序，

書蔡傳書序辨說：「經文已明，此但疣贅耳。下文不註者倣此。」

馬氏曰：「五子作歌之由，史臣元載詳矣。……予謂如湯誓、大誥等，初未嘗言所作

之意，而引序以冠之，此爲得體。否則安知是篇何自而作乎？至五子歌、旅獒之類，復加以序之云云，則爲贅矣。所冠之序，是非蓋相半也。」（書蔡傳輯錄纂註書序引）

書蔡傳輯錄纂註書序：「愚謂：五子作歌可也，作五子之歌者又誰歟！」

尚書辨解卷九：「五子作歌之由，已具本篇，何用複說？若詩序自無此病。」

案：諸家未見眞經，非之無理。類此所謂贅序，蔡氏云不爲註。余檢計另尚有帝告、釐沃、湯征、咸有一德、沃丁、咸乂、伊陟、原命、仲丁、河亶甲、微子、金縢、召誥、洛誥、無逸、蔡仲之命、多方、立政、顧命、冏（囧）命凡二十目，蔡均不爲註，未知蔡氏果皆以其爲贅序否乎？

胤征書序，

宋吳棫看破胤征書序之失，但未敢作決論，而朱子稱之（已詳南宋初葉人疑書序卷）；惜吳說今已不詳。

宋蔡沈病書序者不克明了經義，因別立說，

書蔡傳書序辨說：「以經考之，羲和蓋黨羿惡，仲康畏羿之強，不敢正其罪而誅之，止罪其『廢厥職，荒厥邑』爾。序書者不明此意，亦曰『湎淫廢時亂日』，亦有所畏而不敢正其罪邪！」

清崔邁訥菴筆談卷一書經辨說疑胤征序五事，茲刪二錄三於下：

（胤征）書序云……。其事深爲可疑。蓋古文不足信，而書序亦未敢以爲然也。堯典有羲仲、和仲、羲叔、和叔之文，「羲、和」非一人也。今云「羲和湎淫」，……一人乎，非一人乎？可疑一也。堯典「乃命羲、和，欽若昊天」，蓋羲伯、和伯也。羲伯、和伯在國都，而仲、叔宅於四方，此湎淫之羲和必在國都者，在國都，何用以六師征之乎？……可疑三也。……書序無仲康字，不著其時，史記謂「當帝中康時」，唐志以爲日食在仲康之五年，經世書以爲征羲和在仲康之元年。然夏代未必止仲康時日食，而篇中仲康不足以爲據也。可疑五也。

案：書序者實據眞胤征經佚久，敍篇意云「羲和湎淫廢職，胤往征之」，史夏本紀用其義，而佚經文存「有攸不惟臣，東征，綏厥士女。匪厥玄黃，紹我周王見休」（孟子滕文公下引），殆即帝仲康時胤奉天子命征罪臣──羲和之文。僞古文經亦無「羲和黨羿，仲康畏羿強不敢正其罪」文，蔡氏若是云云，據宋林之奇尚書全解卷十三也，林曰：「羲和之罪，雖主於廢時亂日，意其欲黨於后羿，將與之同惡相濟，以共爲不軌之謀，故胤后承王命以徂征。」（或吳棫先已有說，蔡氏因朱子意而用之）宋人好變亂史實以就己臆，類此者皆不可從。清俞正燮癸巳類稿卷一胤征序義評曰：「南宋、元、明之儒，……定羲和爲羿黨，則又一無稽之言，各成一局。且謂孔子書序不明羲和黨羿之罪，夫羲和黨羿，南宋始有成案，孔子周人，何由得明之？」是也。

又案：羲與和兩姓，唐堯時掌天官。至夏，以羲和爲掌天文之官名，不復爲姓氏，則得爲一人（或世襲爲日官，則仍爲二姓）。羲和一如堯之羲仲叔、和仲叔，四宅觀象，何必定在國都（清簡朝亮尚書集注述疏卷末上書序辯：「羲和，王朝之官，序言『往征之』者，蓋羲和……將在其國歟？將在其采邑歟？」亦疑羲和當居國都）？

三案：胤征，孔壁逸書，史遷及鄭玄均及見。書序上不著夏帝，余深疑書序上脫「中康」云云一句，史遷所見本猶未脫，故夏本紀有之，閻若璩推夏中康帝十一年閏四月朔日食，尚書古文疏證卷六上條八一曰：「予嘗思書序『羲和湎淫，廢時亂日，胤往征之，作胤征』，未詳何王之世。太史公固受逸書二十四篇，內有胤征篇者，知出中康之世，故夏本紀曰『帝中康時，羲和湎淫，廢時亂日，胤往征之，作胤征』。夫不曰帝中康初，而曰帝中康時，最確。……」可聊釋崔氏之疑。

(二) 難商書九目及周書一目書序

湯誥書序，元陳櫟，學宗朱子，書主蔡傳，致疑於湯誥序，其書蔡傳纂疏書序：「諸侯來朝，湯誥之與天下更始，序意欠明。」（據尙書輯錄纂註引補此一字）

案：序欲簡，於誥書，多敍發命之時際，如仲虺之誥、多士，而不盡其所誥之事，固誠「欠明」，顧乃其常格，無可厚非。陳氏據僞古文經以爲「誥之與天下更始」，不知史殷紀尙存眞古文經篇佚文，爲告諸侯勤力民政，否則大罰殛之，非告天下更始也。

郝敬謂湯誥篇目爲僞撰，尙書辨解卷九：

司馬遷作史記載湯誥，……。伏生書無此篇，司馬遷何從得此？其辭義散漫無味，而孔書湯誥又與此殊，可知當世僞書甚多，皆因序目杜撰，不獨張霸武成、孔安國古文而已。

案：湯誥，孔壁眞古文有，史遷、鄭玄均及見，殘文存殷本紀，篇目非書序者杜撰。

伊訓、肆命、徂后三目三篇書序，

商帝成湯崩，外丙、仲壬相繼爲帝，

孟子萬章上：「湯崩，大丁未立，外丙二年、仲壬四年；大甲顚覆湯之典刑，伊尹放之於桐。……三年，……復歸于亳。」（趙注：「大丁，湯之大子，未立而薨。外丙立二年、仲壬立四年，皆大丁之弟也。……大甲……復得歸之於亳，反天子位也。」）

竹書紀年：商帝湯，而外丙，而仲壬，而大甲。（據古本竹書紀年輯校）

史記殷本紀：「湯崩，太子太丁未立而卒，於是迺立太丁之弟外丙。……帝外丙即位三年崩，立外丙之弟中壬。……中壬即位四年崩，伊尹迺立太丁之子太甲。」（張守

節正義云史記此采世本。三代世表述商帝湯，而外丙、仲壬，以逮太甲，同殷紀）

是帝湯與帝太甲之間，尚有外丙、仲壬二帝（王國維殷卜辭中所見先公先王續考同）。

乃伊訓肆命徂后書序曰：「成湯既沒，太甲元年，伊尹作伊訓肆命徂后。」似謂帝成湯崩，太甲緊繼嗣立爲帝，而上無帝外丙、帝仲壬，僞孔傳即持此說，而孔正義申之，

太甲，太丁子、湯孫也。太丁未立而卒，及湯沒而太甲立，稱元年。序以太甲元年繼湯沒之下，明是太丁未立而卒，太甲以孫繼祖，故湯沒而太甲代立，即以其年稱爲元年也。……湯崩之年，太甲即稱元年也。

宋邵雍皇極經世書卷三上歷譜紀帝王世次，湯起乙未，太甲起戊申，中間無外丙、仲壬，以太甲實繼成湯而立也。

然而孟子，宋道學家所尊重，其書歷紀商初四帝傳嗣之迹及趙注甚明確，似不容置疑，但程頤詮孟別出心意，云：

孟子之意，云「外丙二年」者，以謂外丙年方二歲也；「仲壬四年」者，以謂仲壬年方四歲也。湯方有天下，眾心未定，乃立幼君，其可乎？故伊尹舍外丙、仲壬而立太丁之子太甲，太甲乃湯之適長孫也。（宋黃倫尚書精義卷十七引，亦略見林之奇尚書全解卷十五、夏僎尚書詳解卷十一及朱子孟子集注引）

而宋陳鵬飛從伊川說（亦夏僎尚書詳解引），陳經說亦如此（尚書詳解卷十三）。宋某士評伊川說曰：

商人以甲乙爲兄弟之名，則丙當爲兄，而壬當爲弟，豈有兄二歲弟乃四歲乎？（朱文公文集卷五一董銖問引）

案：商人以生日十干稱其先王，非以十干紀生年，故凡丙未必兄而壬未必弟也。唯孟子此敍外丙先乎仲壬，兄先弟後，即兄外丙而弟仲壬。若二年四年爲其年歲，則時兄方二歲而弟已四歲，伊川說絕無可通之理。清簡朝亮尚書集注述疏卷末上書序辯：「程子之說，若襄九年左傳，晉侯謂公年爲十二年也。繇是言之，則仲壬長于外丙矣，孟子何以先言外丙乎？非齒年之義也。」洵是也。

去外丙、仲壬，以太甲直繼成湯，俑始者僞孔也，宋蘇軾責爲臆說，

東坡書傳卷七：「史記……。太史公按世本，湯之後二帝，七年而後至太甲，其迹明甚，不可不信。而孔安國獨據經，臆度以爲成湯沒而太甲立，且以是歲改元，學者因謂太史公爲妄，初無二帝，而太史公妄增之。豈有此理哉？經云（敏案：書序文）『湯既沒，太甲元年』者，非謂湯之崩在太甲元年也。……殷道親親，兄死弟及，若湯崩舍外丙而立太丁之子，則殷道非親親矣，而可乎？」

而林之奇尚書全解卷十五廣其說，云：

蓋殷人之傳世，兄死則弟及，……微子舍其孫腯而立弟衍者，用殷禮也。外丙、仲壬，太丁之弟也，以殷禮言之，有外丙、仲壬，則不應舍之而立太甲也。故蘇氏之說爲可信。（夏僎用林說）

案：僞傳孔疏實由于僞伊訓經文「惟元祀，十有二月乙丑，伊尹祀于先王（彼謂湯），奉嗣王（彼謂太甲）祗見厥祖（彼謂太甲之祖父湯）」，明謂伊尹立太甲嗣湯位且奉之以見其祖湯之殯，且當年帝太甲即改元年。東坡責之臆度，而書序並不誤。是也。

清皮錫瑞更從古幼君得立，評伊川等，其今文尚書攷證卷三十曰：

> 宋人解孟子，謂二年四年是年歲之年，非謂即位年數，說尤難通。古者植遺腹，朝委裘。二歲四歲之君，豈得謂不可立？

宋明清人多自書序與史迹不合立難（如朱文公文集載董銖問、郝敬尚書辨解卷九、崔應榴吾亦廬稿卷一），朱子則存疑云：「成湯太甲年次，尤不可考，不必妄爲之說。」（朱文公文集卷五一答董叔重）答人問又肯定外丙、仲壬不會不立爲帝，是書序不足憑（朱子語類卷五八），而蔡傳指擿序者誤解本經，悖孟子、史記，

> 書蔡傳書序辨說伊訓等：「孟子曰……，史記……。序書者以（僞伊訓）經文首言『奉嗣王祗見厥祖』，遂云『成湯既沒，太甲元年』，後世儒者以序爲孔子所作，不敢非

之，反疑孟子所言與本紀所載，是可歎也。」

又書序辨說太甲：「序文之謬，遺外丙、仲壬二帝。」

案：眞伊訓「惟太甲元年十有二月乙丑朔，伊尹祀于先王，誕資有牧方明」（漢書律歷志一下載世經引），先王，謂成湯等，方明者，其神明象也（參漢書注孟康曰），此書序「成湯既沒，太甲元年」之所本，非本僞伊訓經文，蔡說誤。

然書序疎略，成湯歿下越外丙仲壬帝即緊接太甲元祀，失記述常體者，亦有其故焉，林之奇尚書全解卷十五：

序云「成湯既沒，太甲元年」，蓋推本其所以作訓之意也。夫書序其所以作篇之意而已，其所以作之之意，與尋常史家記述其體自有不同。苟於書序之言而必以史官記載之體而求之「成湯既沒，太甲元年」，以爲湯沒而太甲立，若「盤庚五遷」不以意而逆志，則是五遷皆在於盤庚之世。故當以蘇氏、孟子之言爲正。（夏僎尚書詳解卷十一從林說）

林氏云書序者推本言之，故於「太甲元年」之上著「成湯既沒」，清兩士遵宋人說而申廣之焉，江聲尙書集注音疏卷十一云：

成湯之歿久矣，于此言「成湯既歿」者，蓋三篇伊訓、肆命、徂后皆偁成湯，故推本之爾。……成湯之歿，距太甲元年，中隔兩君，秝有年所，此言「成湯既歿，太甲元年」者，特推本成湯之歿爲言，非謂湯歿之後即爲太甲元年也。僞孔氏……誣前王而紿後學，誕妄甚矣！

崔述申之尤其明塙，商考信錄卷一：

外丙仲壬二王，自孟子、史記逮帝王世紀皆同，無異詞者。至僞孔傳及唐孔氏正義因書序有「成湯既沒，太甲元年，伊尹作伊訓」之文，遂謂湯沒之歲即太甲之元年，並無外丙仲壬兩代。由是唐宋諸儒皆叛孟子而信其說。……然僞孔傳所言亦初非書序意，何者？序言「成湯既沒」，但爲太甲失教，伊尹作書張本，非謂必沒於作書之年也。傳云「神農氏沒，黃帝堯舜氏作」，孟子云「堯舜既沒，聖人之道衰，暴君代作」，神農沒之年，黃帝固猶未作，何況堯舜？堯舜之後，尚有禹啟，何得遂云「暴君代作」也？古人於文不過大概言之，烏得以詞害其志乎！遂以此爲太甲繼湯之據，誤矣。

張本即推本，戒孫事推本於祖父，故云「成湯既沒」，「非謂湯之崩在太甲元年也」，東坡說得林江崔說而益信。

太甲書序，

元董鼎謂臣不得放君，書序伊尹放太甲可疑，

書蔡傳輯錄纂註書序太甲：「伊尹營桐宮，爲太甲居憂之所耳，序則曰：『伊尹放諸桐』，豈可以『成湯放桀於南巢』例之乎？其君不賢，則固可放，亦此序啓之也。」

案：伊尹放太甲於桐，孟子萬章上、竹書紀年（輯校本）、史殷紀竝有明文，書序依眞太甲本經立義，董但憑僞太甲上本經「伊尹營于桐宮，王徂桐宮居憂」云云難序，失之。

盤庚書序，

盤庚序之見疑於蔡氏，厥以「五遷、亳殷」，

書蔡傳書序辨說：「以篇中有『不常厥邑，于今五邦』，序遂曰『盤庚五遷』，然今詳『于今五邦』之下繼以『今不承于古，罔知天之斷命』，則是盤庚之前已自有五遷，而作序者考之不詳，繆云爾也。又五邦云者，五國都也，經言亳、囂、相、耿，惟四邦耳，盤庚從湯居亳，不可又謂之一邦也。序與經文既已差繆，史記遂謂盤庚自有五遷，誤又甚矣。」

明郝敬、清簡朝亮竝引蔡說而申之，云：

篇中云「不常厥居(邑)，于今五邦」。序坿會經文，概謂「盤庚五遷」，語欠分曉，蔡仲默所以譏其謬也。(尚書辨解卷九)

盤庚言先王之遷曰「于今五邦」，謂古之五遷也。故繼言之曰「今不承于古」，而序乃曰「盤庚五遷」，不違經乎？蔡氏云……。是也。(尚書集注述疏卷末上書序辯)

而俞正燮癥癥於書序孔子作之說，妄指蔡說為謬，其癸巳存稿卷一：

宋人非書序云：篇中言五邦，則盤庚前有五遷。序謂「盤庚五遷」，考之不詳，謬云爾也。夫書言五邦，則必是四遷，盤庚又遷，始為五遷；自不知計數，反以孔子書序為謬。且史記云「盤庚渡河，南復居成湯之故居，迺五遷無定處」，統殷事言之。乃誣之云：史遷謂盤庚自有五遷，誤人之甚！古今讀史記者俱明其文理，不曾誤人也。

元敏謹案：蔡郝簡此說是，俞說非，請於下考之：

今本盤庚書序「盤庚五遷，將治亳殷」，孔正義曰：「（晉）束晳云：『尚書序「盤庚五遷，將治亳殷」，舊說以為居亳，亳殷在河南。孔子壁中尚書云「將始宅殷」。』是與古文不同也。謂僞古文……然孔子壁內之書，安國先得其本，此『將治亳殷』不可作『將始宅殷』，『亳』字摩滅，容或為『宅』，壁內之書……『治』皆作『乿』，其字與『始』不類，無緣誤作『始』字。知束晳不見壁內之書，妄為說耳。」

亳、殷二地名，「治亳殷」，不詞，則「亳」乃「宅」之誤。考尚書本經及書序共十三「始」字、二十三「治」字，內野本字形竝同今本。今本書序四出「始」字，「治」字僅此一見，必是形誤。壁中本作「始宅」，今本形訛爲「治亳」，「（盤庚）將始宅殷」句型句義同帝告書序「湯始宅殷」。束晳西晉人，典著作，親見壁書（時眞古文尚書盤庚本經及其書序尚存全）。宋薛季宣書古文訓「治」作「糺」，非孔壁本字。清魏源謂束晳託於壁中本（書古微卷六），默深特今文家，歧視古文，說偏；清簡朝亮據鄭本書序亦作「治亳」，亦責束晳妄作（尚書集注述疏卷末上書序辯），夫鄭本得之傳抄壁本，誤（參觀堂集林卷十三說殷），簡氏說失之。

「亳殷」既證爲「宅殷」之譌，殷爲「一邦」，此可解蔡氏「盤庚從湯居亳，不可又謂之一邦也」之疑。五邦者，史記殷本紀：「湯始居亳，……中丁遷于隞（囂），河亶甲居相，祖乙遷于邢（耿），盤庚……復居成湯之故居亳。」止得亳、隞、相、邢四邦，且湯爲定都，非遷也，又據本經先王五遷不應包括時君盤庚之遷，則止得三邦。尚書全解卷十八：「序曰『盤庚五遷，將治亳殷』，是自湯至于盤庚之遷併而數之，方及五遷。今此言『不常厥邑，于今五邦』，又繼之以『今不承于古，罔知天之斷命』，則是盤庚之前所遷者既有五邦矣。……太史公謂『祖乙遷于邢』，汲冢紀年亦謂『祖乙遷于奄』，此皆與序文相戾，不可以爲據也。意者：自仲丁至盤庚，更有一遷，而史家失之。」蔡傳因林氏說而疑書序。林說近是。竹書紀年更有「祖乙……居庇。……南庚更自庇遷奄」，益庇、奄則恰為囂、相、耿、庇、奄五邦（宋羅泌路史國名紀丁：「五遷，則囂、相、庇、奄、耿也。庇、奄，書所不載，而世儒輒以湯、盤庚之兩都足之，已失之矣。」）。祖乙遷耿後又遷，體會祖乙篇書序亦可窺見，序云「祖乙圮于耿，作祖乙」，圮必為大災難，以遷避故作書篇特告臣民。夫人親見彼本經作序，近古珍貴，後人去古遂遠，愼勿輕議。唯序者未見竹書（或竹書時尚未作），遂以五遷包盤庚遷殷，失之矣。

咸乂、說命、高宗肜日、歸禾四目九篇書序合論，

商周書書序均載災祥，得此四目九篇，其顯者也（洪範、金縢及多方融入討論），說命書序，殷高宗夢良弼傅說，求而得之。其言事神異，程門疑之，

> 問：高宗得傅說於夢，……古之聖賢相遇多矣，何不盡形於夢卜乎？曰：此是得賢之一事，豈必盡然？蓋高宗至誠，思得賢相，寤寐不忘，故朕兆先見於夢，如常人夢寐間事，有先見者多矣，亦不足怪。……大抵人心虛明，善則必先知之，不善必先知之，有所感必有所應，自然之理也。又問：或言高宗於傅說，……蓋已素知之矣，恐羣臣

未信，故託夢卜以神之。曰：此僞也，聖人豈僞乎？（河南程氏遺書卷十八程伊川語）

伊川以至誠相感而應詮高宗夢得傳說，即中庸「至誠之道，可以前知」。象山學者陳經（宋元學案補遺卷七七）以心即理、至誠感通發明伊川意，其尚書詳解卷十七：

天下惟有一理，私心隔之，則雖有同席而不相知者。至誠之道，無有遠近，無有彼此，無有顯隱，無有夢覺，無有上下，無有貴賤，無往而非一。高宗之夢以誠而感，傳說之得以誠而應。

案：殷卜辭記王夢，詩小雅斯干記周人夢熊夢虺而占之，周禮春官有占夢，墨子、國語、左傳亦記王侯夢兆（以上參近人朱天順中國古代宗教初探頁一二九—一三二）。殷高宗夢得賢，書序原據眞說命篇，而說命作者當得諸冊籍或傳說，非僞也。

伊川時代（北宋）或疑殷高宗僞託夢兆欲以取眾信，陳經亦斥後世斯以詐心度聖君，云：

後世儒者……謂：高宗憑恍惚不足信之夢，安能信天下之不信？高宗之夢，豈能盡其人之形狀？百工之刻其形者，又安能盡其夢中之形狀？傳說之賢，亦豈輕以形狀之相似而遂輕來？必是高宗與傳說相知之久，恐他人未之知也，遂因時俗之所尚者以聳動天下。商人尊神而先鬼，故託之于夢。爲此說者，是以詐心逆高宗也！……以後世私心度聖賢，而未知有至誠相感之理也。（同上）

殷高宗夢傅說，使人依其夢中所見圖傅之形象，國語楚語上：「武丁……又使以象夢旁求四方之賢。」韋注：「思賢而夢見之，識其容狀，故作其象而使求之。」僞古文說命上：「乃審厥象，俾其形旁求于天下。」殆本國語，固有所本。郝敬尙書辨解卷九：「夢得良弼，記名畫象求之果獲。事涉誕妄，抑當時高宗知說賢，欲用而神其事與？猶詩言『帝謂文王』云爾，序乃作此孟浪語。」未考國語，未讀程陳書，所評失允。

咸乂書序，記太戊時，桑、穀共生於朝，史記殷本紀及封禪書，漢書五行、郊祀及藝文三志，論衡感類，家語五儀均同；尙書大傳、論衡異虛，竝謂武丁時事；呂覽制樂、韓詩外傳三，又竝謂是湯時事。書序蓋本咸乂本經敍其作意，惜本經逸絕，無從考實。

而高宗肜日書序，殷帝祖庚世，行肜祭，有雊飛升鼎耳而雊，祖己作高宗肜日，本經今存，宋蔡沈持與序校，質疑兩事焉，書蔡傳書序辨說：「經言『肜日』，而序以爲『祭成湯』；經言『有雊雉』，而序以爲『飛雉升鼎耳而雊』，載籍有所傳歟！然經言『典祀無豐于昵』，則爲近廟，未必成湯也。宗廟都宮堂室，深遠幽邃，而飛雉升立鼎耳而鳴，亦已異矣。」

明郝敬尚書辨解卷九申之，

案雉鳴鼎耳，即祭祀所用之雉，始陳鼎廟門外，牲未告殺之先偶有此，故以爲異。今云「有飛雉」，則是野雉自外來，序僞而無識，類此。

清簡朝亮尚書集注述疏卷末上書序辯亦申蔡疑，

經言「越有雊雉」，不言「升鼎耳」也。序者言之，於經病添文矣。或曰此序補史所未言者也，是信序而反議經之疏也，不已惑乎？

案：此篇爲帝祖庚祭其父高宗廟，近人據甲骨文類例，益徵其是，序者誤讀經首句「高宗肜曰」，因誤為武丁祭湯。經「越有雊雉」，序衍為「雉升鼎耳而雊」，蓋別據異聞傳說。兩事又皆有尚書大傳（殷傳云：武丁祭成湯，有飛雉升鼎耳而雊。）及史記殷本紀可資佐驗。大傳多記災祥，蓋戰國末季以來說經家習尚，豈足異哉！

蔡書序辨說於亡篇往往置弗論，否則亦將異咸乂書序而徧致疑言。夫天以災異譴告人君，經籍習見，周易繫辭上：「天垂象，見吉凶。」禮記中庸：「國家將亡，必有妖孽。」君人者知所修省，然後得以消救，太戊從伊陟言修德，祥桑枯死，祖庚正厥德，而神鬼格。周公旦誠而見疑，天動威，風雷驟變，成王悟而後災息（金縢）。故漢書藝文志術數略雜占類敍曰：「德勝不祥，義厭不惠。桑榖（穀）共生，大戊以興；雊雉登鳴，武丁為宗。」否則宗廟覆社稷亡矣，多方篇：「天惟五年須暇之子孫，罔可念聽。」謂天寬緩五年，以冀紂之悔改，紂不聽，天乃「大動以威，開厥顧天」。天動威，見災凶，墨子非攻下：「遝至乎商王，天不序其德，……祀用失時，兼夜中，十日雨土于薄，九鼎遷止，婦妖宵出，有鬼宵吟，有女為男，天雨肉，棘生乎國道。」紂仍不顧天，天乃命周人間之。則天人相與，神人相感，說自西周已有之，蔡、郝何多疑耶？郝指此山雉為祭祀用之牲，無稽。

歸禾書序，言唐叔得嘉禾異畝（母）同穎，獻諸成王，王命餽周公於東土。清崔適以為莽歆所偽託，其史記探源卷一書序曰：

漢書王莽傳：「遣平憲等多持金幣，誘塞外羌豪良願等，使獻地願內屬，曰：『安漢公至仁，天下太平，五穀成熟，或禾長丈餘，或一粟三米』」。乃造「唐叔得禾，異畝（字同母，錢大昕說）同穎」之說，作嘉禾書序以張其本。太平御覽休徵部引大傳略說：「周公踐阼，朱草暢生」，又曰：「周公輔幼主，不矜功，則蓂莢生」：此亦後人所依託。古人第言咎徵，藉以修德，故洪範五行傳止詳災異，不及祥瑞。王莽傳：「班德祥、符命、福應等篇於天下，言黃龍見成紀、井石、金匱、雌雞化爲雄之屬」，始飾災異爲祥瑞。唐叔之時，安得此矯誣之說耶！

尙書大傳周傳記成王時得嘉禾，猶有三苗貫桑葉而生，同爲一穗，其大盈車，又記有苗異莖同穟，與此歸禾書序說略同，而崔氏以其證據不利於己，故置不引，但擇引與周公有關者，用證王莽佯尊周公以欺黔首。夫井石、金匱及羌豪稱瑞固莽作僞，但文帝世黃龍見成紀，見載史記文帝本紀，非莽得僞爲。洪範舉徵，休咎駢列。伏生洪範五行傳依之言五事，止論咎徵——五事不肅不艾不悊不謀不聖，及厥罰極（災異），便陳消救之方；不言休徵——五事貌肅言艾視悊聽謀思聖，毋需消救故也，則何容牽涉祥瑞（榮賞）？歆莽緣書序僞造逸書嘉禾本經（「周公奉鬯立于阼階，延登，贊曰：『假王莅政，勤和天下。』」見漢書王莽傳），今崔氏因後僞經而疑前眞序，過矣。中庸又曰：「國家將興，必有禎祥。」禾生異畝（母）同穎。寧非吉之先見者乎？

高宗肜日書序，又論：

高宗肜日本事，書序謂乃高宗（武丁）祭成湯，蔡氏不以爲然，

書蔡傳書序辨說曰：「經言『典祀無豐于昵』，則爲近廟，未必成湯也。」昵即禰，近廟乃禰（父）廟，又書蔡傳卷三：「蓋祭禰廟也，序言湯廟者，非也。」

本經又稱廟號（高宗），主祭人明非武丁，元金履祥書經注卷六：

凡書之本敍（敏案：謂尙書篇本經開篇敍事之言，非謂書序。），多稱其君之名，或曰「王」，未有以廟號稱者，而此曰「高宗肜日」，則似果若追書之云者。……以廟號稱之，又曰「典祀無豐于昵」，然則詳味其辭文，又安知非祖庚之時，繹於高宗之廟，而有雊雉之異乎？」（金氏另著尙書表注卷上：「此篇首稱『高宗肜日』，終言『無豐于昵』，高宗，廟號也，似謂高宗之廟；昵，近廟也，似是祖庚繹于高宗之廟。……書序大誤！」同）

清馬徵慶尙書篇誼正蒙卷二高宗肜日書序用蔡金說曰：「此（史記殷本紀）爲（祖己）訓祖庚，……敘意似以爲訓武丁，豈有豫偁廟號而訓之者哉？謬顯然矣。」都責書序誤解本經，失史實。甚是。

古人說經，較少考究成篇時代，近世辨定史料撰著年代，蔚爲風氣，李泰棻著今文尙書正僞，論書序言某人作某篇不合時代極多，其高宗肜日正僞云：

書序謂作於武丁生時，史記謂作於武丁崩後。以理度之，既稱廟號，必非武丁生時所作，前說自不成立。後說雖不背理，然以文字攷之，既非商書，且亦不產於西周，乃戰國初年作品也。

案：稱廟號，知非武丁世作，蔡金馬先有說，以其文辭不古論之，東周以後作也（非本節文所主，不遑詳論）。

㈢ 難周書十七目書序

泰誓書序，

僞孔傳謂書序「十有一年，武王伐殷」爲武王觀兵，云：「周自『虞芮質厥成，諸侯並附』，以爲（文王）受命之年，至九年而文王卒，武王三年服畢，觀兵孟津，以卜諸侯伐紂之心，諸侯僉同，乃退以示弱。」又註書序「一月戊午，師渡孟津」方是伐紂，云：「十三年正月二十八日，更與諸侯期而共伐紂。」書序孔正義曰：「文王受命十有一年，武王服喪既畢，舉兵伐殷，以卜諸侯伐紂之心，雖諸侯僉同，乃退以示弱。至十三年，紂惡既盈，乃復往伐之。其年一月戊午之日，師渡孟津，王誓以戒衆，史敘其事，作泰誓三篇。」孔正義又疏證僞孔傳曰：「以一月戊午乃是作誓月日，經言『十三年春，大會于孟津』，又云『戊午，次于河朔』，知此一月戊午是十三年正月戊午日，非是十一年正月也。序不別言十三年，而以一月接十一年下者，序以觀兵至而即還，畧而不言月日；誓則經有年有春，故畧而不言年春，止言一月，使其互相足也。」

周武王觀兵，重要史源有二：孔正義引今文泰誓曰「四月觀兵」（殆漢河內本泰誓文），史記周本紀：「（武王）九年，武王上祭于畢，東觀兵，至于盟津。……是時，諸侯不期而會盟津者八百諸侯。諸侯皆曰『紂可伐矣』，武王曰『女未知天命，未可也』。乃還師歸。」僞古文泰誓上即據以改造爲「觀政于商」云云，而僞傳孔疏依之，皆湊合書序，謂武王十一年觀兵。夫觀兵誠有厥事（宋人程頤、張載等不信，有理無事據，參詳下文），第以史記「武王九年觀兵」爲「文王九年，武王觀兵」，是仍武王即位不改元而上冒文王之年，宋人歐陽脩等已辨其非，後士多從之說。

且書序明言十一年伐殷，決非於是年觀兵；下文一月渡盟津作誓，正承上言擧師伐紂之事，不容破碎爲前觀兵，後二年始伐殷、且上又不記年月，故宋人責之，

林之奇尚書全解卷二二：「序言『惟十有一年，武王伐殷』，繼之曰『一月戊午，師渡孟津』，其文前後相屬，則是一月戊午者，十有一年之一月戊午也。而先儒以十一年爲觀兵之年，至十三年一月戊午始渡孟津以伐紂，其於序文既已（原誤作巳）破碎而不相連屬矣。」

書蔡傳書序辨說泰誓：「……孔氏乃離而二之，於十有一年，武王伐殷，則釋爲觀兵之時；於一月戊午，師渡孟津，則釋爲伐紂之時。上文則年無所繫之月，下文則月無所繫之年。」

案：周本紀記觀兵已，緊接之曰：「二年，遂率（車兵）……東伐紂。」九年後二年，正是十一年，故又緊接之曰：「十一年十二月（敏案：十二月有問題。）戊午，師畢渡盟津，……作太誓。」即書

序「(十一年)一月戊午，師渡孟津，作泰誓」事。乃僞傳孔疏曲說，囿於劉歆世經及僞泰誓經文故也(詳下)」。

僞泰誓上本經首曰「惟十有三年春，大會于孟津」，書序作「十一年師渡孟津」，相差兩年，宋、元人異之，

題宋鄭樵六經奧論卷二書疑：「書……有經、序異文者，……泰誓序述武王伐殷，在於十有一年，正經則曰十有三年，……此經、序之異文。」

元金履祥尚書表注卷下：「小序年與敘文不同。」

云非書序誤即(僞)經誤，

宋程頤河南程氏遺書卷十九：「大誓一篇前序云『十有一年』，後面正經便說『惟十有三年』。先儒誤妄，遂轉爲『觀兵』之說。先王無觀兵之事，不是前序『一』字錯却，便是後面正經『三』字錯却！」

薛季宣書古文訓卷七：「書序作十一年，泰誓作十三年，二者必有一誤。」

呂祖謙東萊書說卷十四：「序言『武王十有一年伐殷』，經文乃言『十有三年』，……非序之誤，即經文之誤。」

定（僞）經正書序誤者有人，

宋（南北宋之間人）陳善捫蝨新語上集卷二「歐陽公信經廢傳」：「泰誓序『惟十有一年，武王伐商』，公獨以爲是武王即位之十一年。武王八十三即位，九十三而終，安得十一年始伐紂，而經復云十三年乎？」

案：歐陽脩謂武王即位自紀元年，泰誓書序「十一年」即武王十一年，非上冒文王九年後之二年。陳氏據大戴禮，文王年十五生武王（見泰誓書序孔正義引），又據禮記文王世子，文王九十七、武王九十三崩，因推定武王八十三即位，在位前後十一年而崩，故不得云武王十一年始伐紂。則伐紂當依（僞）經，定在十三年——通文王在位之九年計數之，則爲武王即位後之四（或五）年。陳氏以爲經正書序誤。夫禮書記武王年齡失之（竹書紀年云武王年五十四，近是），據定其即位、伐商，竝失之矣。

泰誓年月，朱門師弟子及後學論乃書序誤字，

朱子語類卷七九：「柯國材言：序稱十有一年，史辭稱十有三年，書序不足憑。至洪範謂十有三祀，則是十三年明矣。使武王十一年伐殷，到十三年方訪箕子，不應如是之緩：此說有理高錄云：「見得釋箕子囚了。問：他若十一年釋了，十三年方問他，恐不應如此遲。」。」

又：「同安士人杜君言：泰誓十一年只是悞了，經十三年爲正，洪範亦是十三祀訪箕子。先生云：恐無觀兵之事。」

又：「……（朱子）因云：泰誓序『十有一年，武王伐殷』，經云『十有三年春，大會于孟津』，序必差悞。說者乃以十一年爲觀兵，尤無義理。舊有人引洪範『十有三祀，王訪于箕子』，則十一年之誤可知矣。」

元陳櫟書蔡傳纂疏泰誓書序：「或引洪範『十有三祀，王訪箕子』爲證，則『十一年』之誤可知。……愚案：……經之『十有三年』，即洪範之『十有三祀』也；『一年』之『一』字誤，顯然矣。」

清之主朱學者，逕定洪範訪箕陳範之年即伐殷之年——十三年，謂書序將「三」字誤作

「一」，

簡朝亮尚書集注述疏卷末上書序辯泰誓：「十有一年，……以洪範序攷之，此當爲十有三年。」又同書卷十二洪範：「十有三祀者，武王克商之年也。……記曰『釋箕子之囚』，蓋在克商時矣。此武王所繇就謀之也。」

案：尚書大傳云：武王釋箕子之囚，箕子走之朝鮮，後受武王之封，於十三年來周京覲王，陳洪範，合洪範本經「十有三祀，王訪于箕子」；又史記周本紀謂武王已克殷後二年，問箕聞範。後二年既爲十三年，則克殷當十一年。朱子等徒以一理懸斷，罔顧史實，此不可從。

蔡沈者，朱門尚書學高弟也，即不敢安受師說；別立新證，其書蔡傳書序辨說泰誓：「十一年者，十三年之誤也。序本依放經文，無所發明，偶三誤而爲一。漢孔氏遂以爲十一年觀兵，十三年伐紂。武王觀兵，是以臣脅君也，張子曰『此事間不容髮，一日而命未絕，則是君臣；當日而命絕，則爲獨夫。豈有觀兵二年，而後始伐之哉』？……武王蓋未始有十一年觀兵之事也。且序言『惟十有一年，武王伐殷』，繼以『一月戊午，師渡孟津』，則記其年其月其日之事也。夫一月戊午既爲十三年之事，則上文十一年之誤審矣。」

案：此蔡判序誤，唯一之依據經也，今既知經僞，則失據誤說。觀兵事確有，唯在九年而非十一年，理學家昧於當日情勢，謂觀兵是以臣脅君，乃必無之事，誠徒以「義理懸斷數千年以前之事實」（清皮錫瑞經學歷史經學變古時代），重失之也。蔡氏之前有葉適（一一五〇—一二二三）亦據僞經正序（習學記言卷五）；蔡後又有錢時（淳熙間人），其融堂書解卷九：「序云『十有一年』，經云『十有三年』，當是序誤。一月，即十三年正月。商之正朔已絕，而周之正朔未頒，故但云一月也。經書十有三年春，而序以一月書之，明其爲周之春正月也。序不書春而特書曰一月，抑亦行夏時之本旨歟！」

案：序云「一月」，依眞經；僞經作「春」，倣貌春秋經，但僞武成又逕作「一月」而並不依作「春正月」，是本無義例，亂作耳。或定序正（僞）經誤，取洪範十三年爲證，宋林之奇尚書全解卷二二：「序云『惟十有一年』，而篇首曰『十有三年』者，何也？案：洪範篇首曰『惟十有三祀，王訪于箕子』，而史記又謂『武王克商二年，問箕子以天道』，則是洪範之作，蓋克商二年之後。洪範既爲十有三祀而作，則伐商爲十有一年也，審矣。世儒徒以此篇首十有一年爲洪範十有三年所汨，故傳者亦誤作十有三年矣。其實『一』字誤作『三』字。」

鄭伯熊敷文書說：「經稱十三年，當依序文作十一年。史記云『武王克商二年，訪箕子』，而洪範亦云『十三祀，訪箕子』，可見也。」

夏僎尚書詳解卷十六：「序言『惟十有一年，武王伐殷』，即繼曰『一月戊午，師渡孟津』，其文前後相屬，則是一月戊午即十有一年一月之戊午也。……敘書者蓋謂泰誓三篇乃武王即位十一年定伐殷之謀，遂以其年一月戊午渡河于孟津，將渡既誓衆，已渡又誓之，渡之明日又誓之，故泰誓三篇所由以作。按史記『文王崩，武王即位，九年，上祭于畢，十一年遂往伐紂』，是此所謂十一年乃武王之十一年，非文王之十一年也，明矣。又洪範言『惟十有三祀，王訪于箕子』，史記謂『武王克商二年，問箕子以天道』，是洪範之作，蓋在克商二年，以克商二年足伐商十一年爲十三年，是洪範之作誠在武王即位之十三載。洪範之作，既在十三載，則此篇言十有三年者，必是十一年，經文久遠，傳寫誤以一爲三。」

明郝敬尚書辨解卷九：「此序謂武王十一年伐紂，近是。案：洪範云『十三年，訪道于箕子』，可徵也。」（又卷十：「今當以洪範『十有三年』，爲正；而序說『十一年伐商』，近之。序先出，或有所本耳。」）

清任兆麟述記「書序」泰誓序：「今本經文作十有三年，漢志引（書序）作十有一年。攷史記『克殷後二年，問道箕子』，則序與漢志是也。」

案：取洪範十三年訪箕，以證前二年──十一年伐殷，復參以史記，得之（說將更詳於下），是序不誤。

或據邵康節推算，定序正而（僞）經誤，

宋胡宏皇王大紀卷十一：「泰誓敘曰『十有一年』，經曰『十有三年』者，『三』之文誤也。曷爲知其然？以皇極經世知之。」（同卷引（僞）泰誓本經及書序說武王事，於經（惟十有三年）注曰：「三，當爲一。」皇極經世卷三下：武王即位十一年爲武王元年。以爲伐商即當是年）

或據今本竹書紀年定序十一年得之，

清馬徵慶尚書篇誼正蒙卷十三泰誓書序：「汲冢書：紂四十一年西伯昌薨，五十一祀冬，周師渡盟津而還，五十二祀庚寅冬，庸蜀羌髳微盧彭濮從周師伐殷，敗之于坶野。紂五十二祀，是武王即位之十一年也。」

或謂（僞）經泰誓上「三」字誤，據僞泰誓中「惟戊午，次河朔」論定，所據爲晚書，結論幸而不謬。

宋陳經尚書詳解卷二一泰誓：「『惟十有三年春』，『三』必是差錯，何以知之？中篇泰誓『惟戊午，王次于河朔』，即書序所謂『一月戊午』也，豈有十一年用戊午日渡孟津，至十三年又用戊午日以次河朔也？」

或謂（僞）經「三」字誤，孔子知之不改，而別於書序正作「一」，此夫子治學「闕疑」僞經亂編史事，不足據也。

之道也，

宋黃度尚書說卷四：「書序伊訓、泰誓書年，皆有義——伊訓防疑，泰誓闕疑。書『十三年』，當時傳寫至夫子時已誤。夫子以周史考實爲一年，承書之誤不改，而自於序正之，蓋『闕疑』之類也。」

孔子曷及見僞經泰誓？黃說失之！

南朝尚書家，絕多篤守前代書序孔子作之說，故先乎宋人已用書序改（僞）經矣，

經典釋文卷四尚書音義下泰誓上：「惟十有三年春，或作十有一年，後人妄看序文輒改之。」（釋文所言「後人」，爲南朝尚書義疏家之說）

或因劉歆世經（漢書律曆志一下引）引書序並述其事而疑今本書序闕文，茲先錄歆說如下：

文王受命九年而崩，再期，在大祥而伐紂，故書序曰「惟十有一年，武王伐紂，(作)太誓」，八百諸侯會。還歸二年，乃遂伐紂克殷，以箕子歸，十三年也，故書序曰「武王克殷，以箕子歸，作洪範」；洪範篇曰「惟十有三祀，王訪于箕子」。自文王受命而至此十三年。……(書)序曰「一月戊午，師度于孟津」，……甲子昧爽而合矣。

歆謂：武王上冒文王之年，一也；文王崩後二年，當文王十一年武王大會諸侯觀兵，釋書序之「十一年伐紂」爲觀兵，而太誓者爲觀兵而作，二也；觀兵歸周後二年，當文王十三年，武王遂伐紂克之，此番用兵未作誓師之辭（以上歆意略爲僞孔傳孔疏之所參酌者，二孔說已詳上），同年武王訪箕問範，三也；太誓序「十一年一月戊午，師度于孟津」，十一年曲解以至爲十三年伐殷，十三年二月甲子殷周交戰牧之野：子駿破碎書序文義，竄亂史實，顛倒年歲，導後師疑今本書序「武王伐殷」下、「一月戊午」上有闕文，

清胡秉虔尚書序錄泰誓：「此序『武王伐殷』下，或有闕文。(僞孔)傳意乃分爲兩截，『惟十有一年，武王伐殷』，觀兵也；『一月戊午，師渡孟津，作泰誓三篇』，十三年伐紂也。上則年無所繫之月，下則月無所繫之年。」

第以史記較之，今本書序似不誤，

清段玉裁古文尚書撰異末卷：「漢書律麻志云：書序曰『惟十有一年，武王伐紂，大誓八百諸矦會』，律麻志又云：序曰『一月戊午，師度于孟津』。按志以伐殷觀兵爲十一年事，一月戊午，師度于孟津爲十三年事，似書序『一月』之上當有『十三年』三字。志引書序『大誓八百諸矦會』在十有一年武王伐紂之下，而不在『一月戊午，師度于孟津』之下。疑今書序有脱誤，非劉歆、班固所據之書序也。然周本紀：九年觀兵盟津，十一年十二月戊午，師畢渡盟津，作大誓，告于衆庶。商之十二月，即周之一月，一月即系十一年。書序本無脱誤，似不必過信劉歆、鄭康成説。」

鄒漢勛讀書偶識卷二：「書序多殘缺，如泰誓序律麻志引之曰『惟十有一年，武王伐紂，大誓八百諸矦會』，又引之曰『一月戊午，師度于孟津』，及按以今序，則僅曰『惟十有一年，武王伐殷，一月戊午，師渡孟津，作泰誓三篇』，無『大誓八百諸侯會』語，又『紂』作『殷』。似今序是而律麻志非。」

王先謙尚書孔傳參正卷三五：「或又謂(書)序有脱文，據史記所引今文書序，與古文書序不異，則序並無脱誤。……史記引今文書序云『十一年十二月戊午，師畢渡盟津』，與古文書序所云，皆文義一氣相承，年月日必是一時之事，而漢志云：書序曰……。是班氏始分觀兵爲十一年，師渡孟津爲十三年，其說本於劉歆。歆益據逸周書，以爲文王受命九年而崩，故以再期觀兵爲十一年，又二年伐紂爲十三年，僞孔傳用歆說。」

案：書序「十一年」，鄭玄注：「本文王受命之年而數之。」（詩大雅文王正義引）謂武王上冒文王之年，同劉歆說。逸周書文傳篇第二十五：「文王受命之九年，……召太子發曰：我身老矣。」次柔武篇第二十六即記武王事，稱「惟王元祀」，則謂文王九年崩。僞古文尚書泰誓上曰「我文考……大勳未集」、僞武成「我文考文王，……誕膺天命，……惟九年，大統未集」，即因逸周書而造，又湊合書序、參酌劉歆世經、史記，空造泰誓上篇首本經「惟十有三年春」及武成月日，成其十一年觀兵、十三年伐紂之謬說。胡段王均以史記證今本書序得正，甚是。近人陳夢家尚書通論頁九五：「是世經所引泰誓序……，異于今本，其書序當爲『惟十有一年，武王伐紂，大誓，還歸二年，一月戊午，師度于孟津，作泰誓三篇』。」所增「大誓，還歸二年，于」七字，盡依世經作者劉歆所自添，非書序原文。陳說誤。

又案：泰誓書序「惟十有一年」，它篇書序絕無同此筆法，且不類一篇序文之首，當是迻抄原典（眞泰誓本經）開篇之文，則武王伐殷，誠其改元後十一年之事，竹書紀年「武王十一年，……周始伐商」（古本竹書紀年輯校）、史記齊世家「（武王）十一年正月甲子誓於牧野，伐商紂」、又周本紀「武王已克殷後二年，問箕子……」，問箕當洪範本經所云「十有三祀」，逆推伐殷克之恰在十一年、金縢「既克商二年，王有疾」，武王重病在十三年（同年歲末崩），前推二年，亦是十一年克商：皆同書序「十一年伐殷」。周本紀「十一年十二月戊午，師畢渡孟津」，諸家定此十二月用殷正，即周正之次年一月，則是周正武王十二年一月伐殷，史記月份恐有誤。新學僞經考卷十三書序辨僞：「史記作『十二月』，而序作『一月』，蓋殷之十二即周之正月，序用周正。然既改十二月爲一月，自當稱爲十二年。仍曰『十一年』，此其妄也。」三正說晚起，書序純依眞經，康說非是。

又或謂泰誓三篇非一日所作，書序有失，

> 元董鼎書蔡傳輯錄纂註書序：「愚謂：泰誓三篇非一時一所所作，序謂作於一日，豈理也哉？」

案：序言「一月戊午，……作泰誓三篇」，直據本經，蓋當日武王宣布命書如此，董纂見僞泰誓三篇有記戊午前、後事，遂疑序言失理，亦非是也。

武成書序，

僞古文武成記事，蔚爲大觀，審之，無非雜纂先秦典籍文句，其中「歸馬于華山之陽，放牛于桃林之野，示天下弗服」，襲禮記樂記文，僞者蓋見書序武王伐殷後「歸獸，識其政事」，故移抄樂記文於此。乃宋蔡沈、郝敬竝誤據僞經、樂記責難序者，

書蔡傳書序辨說：「歸獸，歸馬放牛也。武成所識其事之大者亦多矣，何獨先取於歸馬放牛哉！」

郝敬尚書辨解卷九：「歸獸，即歸馬放牛，然『往伐，歸獸』，不成語。」

案：獸，讀爲狩，音同，清段玉裁古文尚書撰異末卷：「古獸、狩通用，淮南覽冥訓云『狡蟲死』，高誘曰『蟲，狩也』，漢石門頌云『蕙蟲蘚狩』，即『惡蟲弊獸』也。」史記周本紀作「武王罷兵西歸，行狩」，逸周書世俘「武王狩，禽虎二十有二」云云，孟子所謂「驅虎豹犀象而遠之」，殆皆「歸狩」事，蔡郝失評。

洪範、分器二目二篇書序，

洪範書序「武王殺紂（受）」；聖人安事於殺？朱門師徒討論之，

朱子語類卷七九：「江彝叟疇問：洪範載（書序）『武王勝殷殺紂』，不知有這事否？曰：據史記所載，雖不是武王自殺，然說斬其頭懸之，亦是有這事。……觀武王興兵初，無意于殺人，所謂『今日之事，不愆于六伐七伐，乃止齊焉』是也；武王之言，非好殺也。」

又：「問：『勝殷殺紂』之文是如何？曰：看史記載紂赴火死，武王斬其首以懸于旌，恐未必如此。書序，某看來煞有疑，相傳都說道夫子作，亦未知如何？」

案：逸周書克殷篇：「武王……先入，適王所，乃克射之（紂）三發，而後下車，而擊之以輕呂，斬之以黃鉞，折縣諸大白。」史記周本紀本之，云：「（武王）遂入，至紂死所。武王自射之三發，而后下車，以輕劍擊之，以黃鉞斬紂頭，縣大白之旗。」且墨子、荀子、尸子亦並載武王親殺紂（見逸周書朱右曾注），牧誓記武王「左（手）杖黃鉞」，斬紂頭者即此鉞也。王又以鉞斬二女（妲己等）頭。是書序據先秦故書以昭明史寔。夫王手刃獨夫，鋤殄佞人，朱文公何必爲之遮掩？

朱之弟子蔡沈見史實不可抹煞，轉責書序於本經外添文，

書蔡傳書序辨説：「唐孔氏曰：『言「殺受，立武庚」者，序自相顧爲文。』未見意也。」

案：孔說，釋序之所以於經文增事之故，但已稍疑序自作義不當；蔡則陽譏序文上下相顧之意未明，陰責序不應於本經外增義，用聲援師意耳。

序：克殷，而立武庚，而以箕子歸，作洪範。文勢似皆一時之事，俱在克殷之年，而其編次又置分器之前，論者亦謂失第，

清吳汝綸尚書故：「武王十一年克殷，已克殷後二年問箕子……以天道，武王病，天下未集，羣公懼穆卜：是洪範經所云『十有三祀』與金縢經所云『既克商二年』者爲一時事。此序以洪範作于勝殷時，次于分器之前，於是劉歆、鄭康成等遂以克殷爲十三年矣。序不惟顯悖史記，亦與太誓序所云十一年者，自相矛盾也。」

崔適史記探源卷一書序：「周本紀『周受命九年，武王上祭于畢。十一年，伐紂克殷。後二年，問箕子以天道』。大傳『武王釋箕子之囚；箕子不忍爲周之釋，走入朝鮮；封之。箕子既受周之封，不得無臣禮，故於十三祀來朝。武王因而問洪範』。是問洪範在克殷後二年，箕子自朝鮮來也。書序曰『武王勝殷殺受，立武庚，以箕子歸，作洪範』，直謂勝殷之年即以箕子自朝歌歸周矣。正與三統歷『文王受命九年而崩；後四年，武王克殷』，以克殷爲在十三年合。」

序非以克殷之年即作範之年，其敍事固有筆法，吳崔弗及察，幸前人崔述已知之，其豐鎬考信錄卷三：「洪範……序云『武王克殷，以箕子歸，作洪範』：此但追敍箕子至周之由，爲作洪範張本，非謂作範必在克商年也。奄之踐在成王之初，(詩周頌)武之章稱武王之謚，然詹伯、楚子皆蒙『武王克商』之文言之；蓋特原其事之所始，與傳文之先經以首事、後經以終義者同，不必其事定在此一時也。」

案：此誠通儒之論也。書序述太甲元年伊尹作伊訓肆命徂后，而以「成湯既歿」爲其張本，非謂湯崩而太甲遂繼立（已見上）；周公以王命放蔡叔，既而蔡叔遷死，周公乃舉蔡叔之子胡為魯卿士，魯國治，於是周公更舉胡復封之於蔡（左定四年傳、史記管蔡世家），自蔡叔死至胡復封，多歷年所，但蔡仲之命書序「蔡叔既沒」下即繼以「王命蔡仲踐諸侯位」，書序述事有本有原，豈謂父蔡叔沒日子蔡仲立即復奉蔡祀哉！

至於分器，史記謂武王十一年作，次洪範之前，書序者蓋以範、器二篇皆勝殷殺紂後作，故俱編次武成、泰誓、牧誓之後。器篇本經已亡，孰得其正，無從考質，唯劉向別錄、馬鄭本書序咸同今本，志於此以嗣徵。（參上書序篇次討說卷）

旅獒書序，

偽古文本經「西旅厎貢厥獒，太保乃作旅獒」，序與之幾全同，故林之奇尚書全解卷二六評書序「失於贅」，而蔡氏書序辨說亦視為疣贅不為之注，馬廷鸞亦責序為贅（均已詳上五子之歌卷）。

金縢、召誥、洛誥三目三篇書序，

召洛兩序，蔡沈書序辨說無注者，蔡曾於前五子之歌序下辨曰：

經文已明，此但疣贅耳。下文不註者倣此。

則蔡謂序者但抄湊本經，如同未作。

名召誥，以召公戒成王約五百五十四言；名洛誥，記周公、成王在洛對話相戒，二書竝記言爲主記事爲副。而書序於主文極忽略，僅撮記二篇篇首數十言之事要，誠難盡一篇大義，主蔡學者多申蔡說以責序失諸簡略，

元陳櫟書蔡傳纂疏書序召誥：「愚案：召公告王，序全不言，簡略之非，詳見本篇。」

（元董鼎書蔡傳輯錄纂註引同）

又卷五召誥：「愚謂……召公因作書誥王，其忠愛尤在此，蓋以宅中圖大固難，保大定功尤難。王之在豐，召之相宅，固見宅中圖大之難矣。召公拳拳以敬德永命戒王，敬不敬之異効，凡七言之，至謂不敬德則必墜厥命，其詞甚危，見保大定功之尤難也。序畧不言，非矣。」（董鼎引大同）

又書序洛誥：「愚案：此序只說得『伻來以圖，及獻卜』，以前以後全□（畧）不及。」

（董鼎引作「……以前後未能盡」）

清簡朝亮尚書集注述疏卷末上書序辯召誥：「此序所言，經皆言之矣，以此見書不待序而明也。」

又洛誥：「洛誥之篇，豈獨言使來告卜已乎？若毖殷，若命禋于文武，若王烝、祭歲，若告周公其後：今皆不及焉。是序無以悉一篇之義也。」

宋陳經篤信孔子作書序，書序不容見譏，因曲爲書序辨護，其尚書詳解卷三五：

序書之體，……有舉其所因者，若「成王在豐，欲宅洛邑，使召公先相宅」，是也。

案：序者，敍一篇作意；非是，即不足稱序，單舉一事所因，不能盡一篇要義，不足稱序是也。

清代其他學者，亦病洛誥序不能盡一篇大義，連帶論及於金縢，謂序於「冊祝」外之事均略而不及非是，

邵懿辰尚書通義卷六：「序云『遣使告卜，作洛誥』，序每望文生說，猶金縢序單舉，

『冊祝』事，豈足蔽金縢之義耶！」

案：金縢雖周公冊祝請代死爲主，然載風雷譴告，成王始悟周公忠勤，連及東征前後事，不應盡遺不著，今序太簡，誠不足蔽一篇之義也。

康誥書序，

書序謂康誥是周成王封康叔（名封）於衞之命書，宋胡宏、吳棫已論爲武王命康叔之書（引說已詳上朱子及其後學者疑書序卷）。洎乎朱子，益申暢胡吳說，經注、文集及語錄，多見議論，

大學或問：「康誥之言『作新民』，何也？曰：武王之封康叔也，以商之餘民染紂污俗，而失其本心也，故作康誥之書而告之。以此欲其有以鼓舞而作興之，使之振奮踴躍以去其惡，而遷於善，舍其舊而進乎新也。……小序以康誥爲成王周公之書，而子以武王言之，何也？曰：此五峰胡氏之說也。蓋嘗因而考之，其曰『朕弟，寡兄』者，皆爲武王之自言，乃得事理之實，而其他證亦多。」

所謂「他證」，答問三帖見之，

朱文公文集卷五七答李堯卿：「康誥，小序以爲成王封康叔之書。今考其詞，謂康叔爲弟，而自稱寡兄，又多述文王之德，而無一字及武王者，計乃是武王時書，而序者失之。」

又答陳安卿：「……看此……篇，只說文王而不及武王，又曰『朕其弟，小子封』，又曰『乃寡兄勗（勖）原註：武王自稱，猶今人云『劣兄』。』，則可見矣周公初基節，是錯簡。。」

又別集卷三答孫季和：「康誥等篇決是武王時書，却因『周公初基』以下錯出數簡，（書序）遂誤以爲成王時書。然其詞以康叔爲弟而自稱『寡兄』，追誦文王而不及武王，其非周公、成王時語，的甚原註：吳才老、胡明仲皆嘗言之。。」

語錄等文獻亦屢有申說，

朱子語類卷七八：「康誥第述文王，不曾說及武王，只有『乃寡兄』是說武王，又是自稱之詞，然則康誥是武王誥康叔明矣。但緣其中有錯說『周公初基』處，遂使序者以爲成王時事，此豈可信？」

又：「康誥，……必定武王時書，人只被作洛事在前惑之，如武王稱『寡兄，朕其弟』却甚正。……此與他人言，皆不領，嘗與陳同甫言，陳曰：每常讀，亦不覺，今思之，誠然。」

又：「胡氏皇王大紀考究得康誥非周公成王時，乃武王時，蓋有『孟侯，朕其弟，小子封』之語，若成王則康叔爲叔父矣。又其中首尾只稱『文考』，成王周公必不只稱文王。又有『寡兄』之語，亦是武王與康叔無疑，如今人稱『劣兄』之類。」

又：「康誥……是武王書無疑。其中分明說『王若曰：孟侯，朕其弟，小子封』，豈有周公方以成王之命命康叔，而遽述己意以告之乎？決不解如此。……只緣誤以洛誥書首一段置在康誥之前，故敘其書於大誥、微子之命之後。」

又：「康誥……是武王命康叔之詞，非成王也原注：如「朕其弟，小子封」；又曰「乃寡兄勗(勖)」，猶今人言「劣兄」也。故五峯編此書於皇王大紀，不屬成王，而載於武王紀也。」

又卷七九：「『惟三月，哉生魄』一段，自是脫落分曉，且如『朕弟，寡兄』是武王自告康叔之辭，無疑。蓋武王周公，康叔同叫作兄，豈應周公對康叔一家人說話，安得叫武王作寡兄以告其弟乎？蓋寡者是向人稱我家我國，長上之辭也，只被其中有『作新大邑于周』數句，遂牽引得序來作成王時書，不知此是脫簡。……要之，此……篇斷然是武王時書；若是成王，不應所引多文王而不及武王，且如今人才說太祖，便須及太宗也。」

舉稱呼、經篇不及文王與篇首四十八字爲它篇錯簡（末一事，蘇軾東坡書傳卷十二先有說）三事，俱上有所本，朱子又別舉一事證，

朱子語類卷七八：「唐叔得禾，傳記所載；成王先封唐叔，後封康叔，決無姪先叔之理。」

案：呼弟封爲「朕其弟」，自稱於弟封之前曰「乃寡兄」，則王的是武王；且篇中屢呼康叔曰「小子封」（凡四見），若是成王發話，雖在君臣，亦斷無呼叔父爲小子禮，尙書周書亦無此例。故朱子「書臨漳所刊書經後」曰：「諸序之文，或頗與經不合，如……康誥之類。」（朱文公文集卷八二）篇首四十八字，緣其中有「周公作洛」、「周公降（洪）誥辭（治）」，後人不察茲乃它篇錯簡，因誤康誥本經之「王」爲周公（云周公稱王，非是），指「兄、弟、

小子」云云，乃兄公旦呼弟叔封者。永康陳亮，論學大不同於朱子，但仍康誥武王命書，論點竟同晦庵，可見人同此心，心同此理也。

又案：康誥本經王語康叔曰「乃顯考文王，乃文考」之考，均皆謂康叔之父文王姬昌，以出諸武王口，故不可能涉及自我，理固是；雖然，周誥述周先王，多稱文王，不必併武王亦連稱之（如酒誥，成王命書也，即單稱文王，不及武王），朱子等家慮未周延。

三案：書序有歸禾篇（本經早逸），傳記（如遷史紀傳）載唐叔承成王命餽此嘉穀於周公（則斯時唐叔已受封於唐），而篇第竟次康誥之前，豈爲姪者先封而爲叔者反後乎？朱子創疑極是。雖然，朱子等家但知書序者爲錯簡四十八字所誤，因誤康誥爲成王（時周公攝政）命書，不知序者又爲定公四年左傳「分康叔以殷民七族，命以『康誥』，而封於殷虛」云云所誤，因定康誥爲成王伐武庚管蔡以後之命書，繫大誥、微子之命乃至於歸禾、嘉禾之下。夫今廿九篇之康誥，武王始封康叔於康地之命書也，左定四年之康誥，乃成王四年（周公攝政四年）徙封康叔於衞地（殷虛）之命書，故逸康誥繫大誥、微子之命、嘉禾下，不誤；今康誥則當升次旅獒之後金縢之前。

今康誥既係武王之命書，則康叔此次受封地非衞，而別有其地，朱子已知之，朱子語類卷七八：「……徐（彥章）曰：『然則殷地武王既以封武庚，而使三叔監之矣，又以何處封康叔？』曰：『既言「以殷餘民封康叔」，豈非封武庚之外，將以封之乎？』」又卷七九：「問：如此則封康叔在武庚未叛之前矣。曰：想是同時；商畿千里，紂之地亦甚大，所封必不止三兩國。」

案：朱子謂武王以殷畿內三監封國以外之地之殷民封康叔，雖猶不知所封爲康國（今河南臨汝縣），然其識卓卓，經學凡師之所不及者也。

胡、吳、朱子，特以朱子說，影響後世甚重，而蔡傳中之最爲切要，

書蔡傳書序辨說：「胡氏曰：康叔，成王叔父也，經文不應曰『朕其弟』；成王，康叔猶子也，經文不應曰『乃寡兄』，其曰兄曰弟者，武王命康叔之辭也。序之謬誤，蓋無可疑，詳見篇題。又案：書序似因康誥篇首錯簡，遂誤以爲成王之書，而孔安國又以爲序篇亦出壁中，豈孔鮒藏書之時，已（原誤作巳）有錯簡邪？不可考矣。」

書蔡傳卷四：「書序以康誥爲成王之書，今詳本篇，康叔於成王爲叔父，成王不應以弟稱之。說者謂周公以成王命誥，故曰弟，然既謂之王若曰，則爲成王之言，周公何

遽自以弟稱之也？且康誥……言文王者非一，而略無一語以及武王，何邪？說者又謂『寡兄勗（勖）』爲稱武王，尤爲非義。寡兄云者，自謙之辭，寡德之稱，苟語他人猶之可也，武王康叔之兄，家人相語，周公安得以武王爲寡兄，而告其弟乎？或又謂康叔在武王時尚幼，故不得封，然康叔武王同母弟，武王分封之時，年已九十，安有九十之兄，同母弟尚幼不可封乎？且康叔文王之子，叔虞成王之弟，周公東征，叔虞已（巳）封於唐，豈有康叔得封反在叔虞之後？必無是理也。又案：汲冢周書克殷篇言：王即位於社南，羣臣畢從，毛叔鄭奉明水，衞叔封傅禮，召公奭贊采，師尚父牽牲；史記亦言衞康叔封布茲，與汲書大同小異。康叔在武王時非幼，亦明矣。特序書者不知康誥篇首四十八字爲洛誥脫簡，遂因誤爲成王之書。……康誥……篇次當在金縢之前。」

其後，宋王柏（書疑卷六）、元金履祥（尚書表注卷下）師弟子竝謂此篇乃武王命康叔之書，元吳澄（書纂言卷四）錄蔡傳斷康誥篇次當在金縢上，元何異孫（十一經問對卷三）參取蘇軾及朱蔡等說，定四十八字爲錯簡，康誥乃武王命書，而元陳櫟特就「寡兄」義申蔡，其書蔡傳纂疏卷四：「諸家泥周公命康叔之說者，謂公呼武王爲寡有之兄，言其德不羣也。曲辭巧說，豈事理名稱之實乎？惟是武王自言，故稱文王詳而自謂甚略，只以一『朂（勖）』字見其自勉。若周公之言，豈論武王如此簡略乎？且『朂（勖）』字惟自謙乃可言耳。」

清人簡朝亮依蔡傳（尙書集注述疏卷首自序、又卷末上書序辯）；姚鼐作康誥說大體依宋儒說，定爲武王書，有云：

康誥，……武王既克殷，封建母弟周公于魯、管蔡霍叔畢，封康叔封于康，……爲之命書曰『肆汝小子封，在茲東土』，是爲康誥矣。是時武王以蘊忿生爲司寇，康叔以康侯兼小司寇，故又命之曰『封！敬明乃罰，服念五六日，至于旬時，丕弊要囚』，此周禮小司寇之職也。……康亦殷地，……武王取以封弟而氏之康，天子胙土而命之氏不易，康侯既封衞，而猶爲康叔、子曰康伯，微子既封宋，而猶爲微氏，故微子子曰微仲（原注：古今人表以仲爲啟子。），及再易世，然後氏宋、衞也。」（惜抱軒全書經說）

案：左傳定公四年「康叔爲司寇」，不言任職年世；史記衛世家「成王長用事，舉康叔爲司寇」。姚氏謂武王時康叔爲小司寇，不知其所據。唯康叔殆通曉法律，故武王誥之多法律之言。康叔受封康以地爲氏，後仍用舊名稱康叔，然亦稱衞侯（顧命篇），姚氏「再易世」乃更氏說，待酌。

明郝敬說，甚異蔡傳，且幾將上引宋元人說一壁推倒，

尚書辨解卷九：「蔡仲默以誥辭似武王，謂序不當稱成王，非也。康叔肇封雖自武王，而升爲牧伯，以司寇監殷，則成王時也。王幼，周公述武王命命之。」

又卷五：「康誥，……周公所以告康叔也。……初，武王伐商誅紂，以其地封管叔及羣叔，監紂子武庚治殷，封康叔于康，亦殷土也。後數年，武王崩，東方反者數起，成王既誅管叔，周公奉王東征討武庚，盡有殷地，以其半封微子，嗣殷爲宋，以半益封康叔爲衞、晉牧伯，官兼司寇，監于東土，遂相洛，營東都。……周公……奉王東征，還相洛，會諸侯，升康叔爲伯，作此告之。……然辭稱武王何也？凡周公所爲勤勞天下之事，莫非武王之事也，……況……兄弟之國封自武王，故辭必稱武王也。……而說者不達，謂編次在大誥後，不宜稱武王；既云『朕其弟，小子』、又云『寡兄』，

則不宜屬成王；又謂康叔武王弟，則不當于成王時始封，封則不應專言刑罰事。不知康叔受封在武王初年，而益地晉伯則成王也。……其官兼司寇，故屢言刑罰。……先儒謂爲武王作，欲移置金縢前；以篇首『惟三月至大誥治』四十八字爲錯簡，移置洛誥『周公拜手稽首』上（敏案：蘇軾東坡書傳主此）。今以篇次考之，洛成雖在七年，而初基則自茲始；諸侯咸會，故洪大誥，非錯簡也。」

又於本篇經文「王若曰」解曰：「（周）公述武王之志，呼康叔告之。……王若曰者，若爲武王言也。寡兄，武王自稱。」郝乃又於下十三次「王曰」，續解云：「爲武王言，再告也。三告也至十三告也。」

案：武王世，康叔始受封於康，故地在今河南臨汝；周公東征凱歸後，乃徙封之於衛。衛約在故殷都朝歌，詩邶鄘衛之區；南康北衛相距數百里，如何能兼治？郝云益封康叔以衛，一非也。史記衛世家「康叔卒，子康伯代立，……」，索隱：「康伯即稱伯者，謂方伯之伯。」則康叔子始爲方伯，郝云康叔本身已升爲方伯，因度其必參與作洛集會，二非也。康誥九百十八字（併篇首錯簡四十八字在內）多言刑罰，非專言，康叔爲司寇時代又不確（方見上文），郝氏相關之說非是，三也。篇首四十八字言「初基作新大邑于東國洛，四方民大和會」云云，是集合國人（中有殷遺民）効力於周，明爲肇造新大城，非方謀營斯邑（郝用鄭玄注訓初基，始謀基也），郝說四誤也。周公頒降大誥辭（當承王命，應見於下文，惜下文亡佚），告侯甸男采衞、百官及殷遺民也，何竟全述周故武王之言，用獨告康叔？夫多士周公代王宣告，開篇曰「周公初于新邑洛，用告商王士」，「用」王命告商王士也，下全述王言，各冒以「王若曰」或「王曰」，俱是告殷多士；多方周公代王宣告，經文作「周公曰：『王若曰……王曰……（王）又曰』」，內容亦俱是告四國多方，且王均係時王。豈有臨洛庶衆而誥之，內容獨屬諸康叔，又祗追引先君之言哉！郝甚誤，五也。郝不知成王徙封康叔於衞所作之命書——康誥，乃另一康誥，又不知書序成誤之緣由，勉強牽合四十八字與武王康誥，論無一可取。蔡是，郝非也。

多士書序，序謂遷殷（頑）民當成周（洛邑）建成之後（史記周本紀用其說），宋吳棫首揭異議：

方遷商民於洛之時，成周未作，其後，王與周公患四方之遠，鑒三監之叛，於是始作洛邑，欲徙周而居之，其曰「昔朕來自奄，大降爾四國民命，我乃明致天罰，移爾遐逖，比事臣我宗多遜」者，述遷民之初也；曰「今朕作大邑於茲洛，予惟四方罔攸賓，亦惟爾多士攸服，奔走臣我多遜」者，言遷民而後作洛也。……洛誥……周公……曰「伻來毖殷」，又曰「王伻殷乃承敘」，當時商民已遷於洛，故其言如此。（書蔡傳書序辨說引）

蔡沈等因而申之，

書蔡傳書序辨說：「遷殷頑民在作洛之前，序書者攷之不詳，以為『成周既成，遷殷頑民』，謬矣。詳見本篇題。」（清簡朝亮尚書集注述疏卷末上書序辯：「且周遷殷民，在作雒之先，則未有成周矣，今序者曰『成周既成』，蔡氏所以謂『序者攷之不詳』也。」悉用其說）

書蔡傳多士本經篇題：「武王已有都洛之志，故周公黜殷之後，以殷民反覆難制，即遷於洛，至是建成周，造廬舍，定疆場，乃告命與之更始焉爾，此多士之所以作也。由是而推，則召誥攻位之庶殷，其已遷洛之民歟？不然則受都今衞州也，洛邑今西京也，相去四百餘里，召公安得捨近之友民，而役遠之讐民哉？書序以為『成周既成，遷殷頑民』者，謬矣！」

吳蔡竝又另出重要論點一，用明遷殷民在作洛邑之後，

多士本經「昔朕來自奄，今朕作大邑于茲洛」云云，蔡傳曰：「以自奄之命爲初命，則此命爲申命也。言……我所以營洛者，……惟爾等服事奔走臣我多遜。……詳此章，則遷民在營洛之先矣。……吳氏（棫）曰：『來自奄稱「昔」者，遠日之辭也；作大邑稱「今」者，近日之辭也；移爾遐逖，比事臣我宗多遜者，期之之辭也。』……以此又知遷民在前，而作洛在後也。」（元陳櫟書蔡傳纂疏書序：「諸家過信小序，所以『昔朕來自奄』等全解不通，蔡（書蔡傳輯錄纂註蔡上有吳字，是。）說當矣。」用其說）

案：遷置殷遺民，爲周初治殷重要政策。周人遷殷遺民於洛，至遲成王三年（即周公攝政三年）五月已行。多士「昔朕來自奄」，即多方「五月丁亥，王來自奄」，時成王三年（即周公攝政三年）也。多士續云「予……移爾遐逖，比事臣我宗」，謂三年五月已遷爾於此洛邑也，故多方有曰「爾乃自時洛邑，尚永力畋爾田」。以迄七年三月丙午作洛邑，四歲間陸續

有遷殷民，庚戌，「太保乃以庶殷攻位于洛汭」（召誥），庶殷即前後累遷之殷民及原居洛邑之殷人。越十五日甲子，「周公乃朝用書命庶殷——侯、甸、男邦伯」（同上），命殷民効力作洛，而此一公文「書」即今多士篇五百七十二字也；觀彼多士本經開篇「惟三月，周公初于新邑洛，用告商王士」：三月，即召洛二誥七年之三月；用告商王士，公于新洛邑以成王命告殷民（即侯甸男邦伯）也（書蔡傳纂疏引宋陳傅良曰：「此一篇皆稱『王若曰』，則是相宅年之三月作之，此不待辨而知也。」）；誥文終篇且云「今爾惟時宅爾邑，繼爾居，爾厥有幹有年于茲洛」，告既遷之殷民，將安居此洛邑，爾子孫乃興起從爾續遷于洛也。則果是周公作洛誥庶殷之書。夫作洛完成於七年歲末，而遷殷民於洛也，最近一次亦不致晚於同年三月，越十月而洛邑方建成。序謂成周既成乃遷殷民，誤；吳蔡說洵是也（亦參拙著尚書多方篇著成於多士篇之前辨，臺大文史哲學報二十三期，民國六十三年）。

明郝敬則大不然蔡傳，又指名非難之，

尚書辨解卷九：「洛邑成而後遷殷士，序說是也。蔡仲默執以爲先遷殷民後營洛，無據。」

又卷六多士篇題：「多士者，周公徙殷士居洛而告之之辭。」

甄郝氏解多士「周公初于新邑洛，用告商王士」，云：「此史臣記公所以作多士之故；洛邑新成，將移朝歌世家往居之。」敏案：既于新洛告商士，是商士已奉命西遷至此新邑矣，云「將移……往」，失解；郝解篇題云徙殷士，未添「將、往」字，亦尚如此。又解「我乃明致天罰，移爾遐逖，比事臣我宗多遜」，云：「我乃明致天之罰，欲移爾遠去西土，比于事臣我宗周之多遜順者；不但欲移之新邑之近而已。」又案：已遷移殷民於遐逖——洛邑，非「欲」遷移而已，「欲」字增文，亦失解。又解「爾乃尚有爾土」，云：「今爾往洛，所居即爾土。」三案：時受遷之殷民已蒞在洛，非將往而尚未行，「往」字又增文，又失經意。且夫召誥周公「既命庶殷，庶殷丕作」，庶殷（即向所遷來之殷人，非作洛當月日始自紂都遷來之殷民，蔡傳論之甚是：已見上引）受命建作洛邑也，郝見經義明確，竟指此爲「東土殷庶民」，非遷洛之殷民，欲成就己說，曲解如此！夫殷民皆處東土，二之不可也。至多方，周公以王命告四國，云「今爾奔走臣我監五祀」，監，諸侯也，謂殷人臣服三監（管、蔡、殷武庚），自武王十一年至成王三年閱五載耳，郝竟指監爲周公治洛，篇爲周公治洛之三年作，以就其多方營洛成後之作說。夫周公治洛而已，豈四國多方均奔走臣服之，而洛之外東方更無它諸侯國乎？必不然也。

蔡仲之命書序，

僞古文本經首：「惟周公位冢宰，正百工，羣叔流言，乃致辟管叔于商，囚蔡叔于郭鄰，以車七乘。降霍叔于庶人，三年不齒。蔡叔克庸祗德，周公以爲卿士，（蔡）叔卒，乃命諸王邦（封）之（蔡仲）蔡。」敍周公成王命蔡仲甚詳。又書序似是撮述「叔卒」以下九字之記事，林之奇、郝敬謂是贅文，

> 尚書全解卷三三：「此篇，其發首自『惟周公位冢宰，正百工』以下，其載所以爲作者之意，可謂至詳矣，而序復曰『蔡叔既沒，王命蔡仲踐諸侯位』，則無乃贅乎！」
>
> 尚書辨解卷九：「篇中自有序，此亦贅語。」

案：僞經綴集改易金縢、逸周書作雒、定公四年左傳及周禮大司寇文以成，煩瑣雜亂，眞經——書序之所據——必不如此，林氏猶不及知。郝氏踵吳棫、朱子、吳澄之後，雖疑二十五篇爲僞，附其全著之末（在卷十）且辨其失（其中辨及蔡仲之命爲僞經），竟又轉據後書（僞經）以定前書（書序）文贅，嚴重疏失！本篇書序據其本經外，或又據左定四年傳。

周官書序，蔡、陳、何、郝又嫌其文贅，

蔡傳書序辨說：「成王黜殷久矣，而於此復言何邪？」

元陳櫟書蔡傳纂疏書序：「愚謂：序言『王歸在豐』，書云『歸于宗周』，乃歸鎬，非豐也。自『惟周王撫萬邦』，至『董正治官』，乃此書之本序，辭甚明白，小序贅矣。」（元董鼎書蔡傳輯錄纂註引同）

元何異孫十一經問對卷三：「問：周官一書，據小序，作於黜殷滅淮夷王歸在豐之後者何？對曰：是時黜殷久矣，何爲又及初年之事，小序不可信。」

明郝敬尚書辨解卷九：「篇中自有序，此亦贅語。」

案：大誥序「將黜殷」（成王元年事），微子之命序「成王既黜殷命」（二年頃事）、成王政序「成王東伐淮夷，遂踐奄」（三年事）、將蒲姑序「成王既踐奄」（同上）、多方序「成王歸自奄」（同上），然後周官序「成王既黜殷命，滅淮夷」云云（三年後事），作周官時，黜殷未久，蔡說但據書序編次，見周官遠在大誥等「黜殷」之後，故生「久矣」又贅言之疑。

竝失之。陳、郝依僞周官經首「惟周王撫萬邦，巡侯甸，四征弗庭，綏厥兆民，六服羣辟罔不承德，歸于宗周，董正治官」，敍成王作周官甚詳，不需復贅爲序文，書序所據之眞經未必有類此繁文。陳氏時尚未及知，郝氏在後，已不解僞二十五篇，竟亦用僞經難序，此又一大疎誤！成王在豐，作周官，史記魯世家同書序。僞周官經改「還歸在豐」爲「歸于宗周」者，陰襲多方「王來自奄，至于宗周」也。宗周，鎬京也（詩正月毛傳），即僞孔多方傳亦如此說；而豐不稱宗周，僞孔傳亦知之，故釋書序「豐」爲「西周」，含混其詞，不敢確指其地。陳氏據僞經「歸鎬」，以責依倣眞經之書序「歸在豐」爲誤，失察！

賄肅愼之命書序，

蔡傳書序辨說：「賄，賂也。義未詳，篇亡。」敏案：賄，賜也（僞孔傳）；謂肅愼國來周王朝上賀，成王賜之幣，使榮伯作策書以命之。蔡說賄義失之，致序義不可通。

亳姑、君陳二目二篇書序，

君陳，人名，書序僞孔傳：「君陳，臣名也。」不以爲周公旦之子。蘇軾（東坡書傳卷十六）、陳鵬飛（尙書全解卷三六引）竝謂渠非公旦之子。然書序、鄭玄竝謂是周公之子伯禽之弟，鄭禮記坊記注：「君陳，蓋周公之子，伯禽弟也。」君陳書序孔正義：「鄭玄注中庸云：『君陳，蓋周公子。』（敏案：今本禮記中庸鄭注無此文，疑此正義誤坊記鄭注爲中庸鄭注。）」鄭玄詩譜：「元子伯禽封魯，次子君陳世守采地。」君陳仕履，別無更早文獻可徵，而鄭疑是周公子伯禽弟者，坊記孔正義：「以書序云『周公既沒，命君陳分正東郊——成周』，似若蔡仲之命書序云『蔡叔既卒（沒），王命蔡仲踐諸侯位』相似，皆是父卒命子，故疑周公子；以伯禽周公元子既封於魯，命君陳令居東郊，故知伯禽弟也。」君陳書序孔正義：「鄭……云『君陳蓋周公子』者，以經（謂書序爲經）云『周公既沒，命君陳』，猶若『蔡叔既沒，命蔡仲』故也，（僞）孔未必然矣。」書序意謂君陳乃周公子，而鄭從而爲之說，馬廷鸞評謂不信，其

碧梧玩芳集卷二一讀史旬編三皇五帝世譜：「太史公作五帝本紀，……遷之興寄遠矣；而欲彌縫世次，聯屬相承，……必欲實其父子相傳之說故也。譬猶書君陳序『周公既沒，命君陳分正東郊——成周』，而鄭氏即曰『君陳，周公子也』，此豈可信乎！」

案：王鳴盛尚書後案卷三十：「汲郡古文云『成王十一年，王命周平公治東都』，沈約云：『周平公即君陳，周公之子，伯禽之弟。』」後案據今本竹書紀年，眞僞難定，引沈約說，

不知所本。書序據本經，似不誤可信。夫君，尊稱也；陳，其名：君陳猶君奭、君牙之倫。而皆以人名命篇，尙書篇名所習見者也。

亳姑、君陳兩亡篇（後者有僞古文本經），蔡、陳質難書序，

書蔡傳書序辨說亳姑：「此言『周公在豐』，漢孔氏謂致政歸老之時；而下文君陳之序乃曰『周公既沒，命君陳分正東郊——成周』。方未命君陳時，成周蓋周公治之，以公沒故命君陳，然則公蓋未嘗去洛矣。而此又以爲『在豐，將沒』，則其致政歸老果在何時邪？」

書蔡傳纂疏書序：「治洛以化殷民爲重。故君陳、畢命曰：『尹茲東郊，保釐東郊。』雖以東郊言，實全付以治洛也。小序一『分』字，辭意欠明。或者遂謂分東郊成周，使君陳爲之正長；王城之事，蓋無與焉。小序誤之也。」

案：上亳姑序云「周公將沒」，此緊相承接云「周公既沒」。考周公監成周，既薨，成王以其次子君陳嗣位。成王十一年，命周平公治東都，平公即周公子君陳（姑依上今本竹書紀年及沈約說），伯禽之弟。則此命書周公致政後四年作，次亳姑（致政三年後作）下是也。「周公在豐，將

沒」，時仍監洛，偶在豐（猶召誥「（成）王朝至于豐」，書序曰「成王在豐，欲宅洛邑」云云，亦其比也。），未必去職，則公未嘗歸老也。分，設官分職之分，正，治也，分正東郊成周，猶周召分陝而主，謂命君陳分治洛邑也。

顧命、康王之誥二目二篇書序，

顧命序「成王將崩，……作顧命」云云，次之以康王之誥序「康王既尸天子，……作康王之誥」云云，上文「將崩」，下「既尸」云云，相顧爲文，是書序以顧康爲兩目篇，朱子等家以爲此兩目篇本經文字相連，不當二之，伏生本祗爲一目篇，

> 朱子語類卷七九：「伏生以康王之誥合於顧命，今除着（書蔡傳輯錄纂註引作却。是。）序文讀着，則文勢自相連接。」
>
> 明郝敬尚書辨解卷九：「康王之誥，伏書通爲顧命一篇，此割爲二。」
>
> 清簡朝亮尚書集注述疏卷末上書序辯：「伏生今文，康王之誥合於顧命，共爲一篇，蓋史連其文故也。夫史連其文，安得其序分之乎？」
>
> 清吳汝綸尚書故：「伏生康王之誥合于顧命，此序乃分爲二篇，然則書序伏生所無矣。今人多云伏生有序者妄也。史記亦分二篇，用古文說也。」

案：史記儒林傳「漢定，伏生求其書，……獨得二十九篇，即以教于齊魯之間」（漢書儒林傳同）、漢書藝文志六藝略書類著錄「（尚書今文）經二十九卷」（以一卷當一篇），而班氏於後敍曰「書，……伏生獨壁藏之，漢興亡失，求得二十九篇，以教齊魯之間」。據此，伏生本爲二十九目篇（漢河內泰誓，伏生卒後乃出，故伏生本無泰誓），其中顧命、康王之誥爲兩目篇。古文馬融、鄭玄、王肅本，皆顧命、康王之誥分目篇，史記據書序、伏本，云「成王將崩，……乃命召公、畢公，……作顧命，太子釗遂立，……徧告諸侯，……作康（王之）誥」，亦顧、康分目篇。朱等失考。

又案：顧康二目篇，記成王傳位於康王大典，本經文氣相貫，可勿二分。但顧命主記成王末命，含命太保奭、芮伯等大臣及冊命康王嗣位，其它布几筵、陳寶器、設兵衞及儀典事宜皆因王之末命而有，且在廟中舉行，故爲一篇；而康王之誥，主記康王因羣臣之戒而報誥之，且在另一地——寢中舉行，故宜另爲一篇。朱等慮未及此。

清簡朝亮又以顧命序不能盡篇義，其尚書集注述疏卷末上書序辯：「顧命之篇，大訓、其大要也，而序不及焉，是序無以悉一篇之義也。」

所謂大訓，謂成王戒大臣及命康王之言辭，序不及焉者，尙書雖記言體之史，但書序言一篇作意，記其事情之要與言辭之要旨爲主，從不直引述其言辭，矧申先王治道，戒大臣篤弼，命嗣王敬天牧民，帝王末命之常辭，何必特敍，簡君何拘拘耶？

史記周本紀「成王既崩，二公率諸侯，以太子釗見於先王廟，申告以文王武王之所以爲王業之不易，務在節儉，毋多欲，以篤信臨之」，清吳汝綸尙書故：「史記有『見廟申告』之事，序不言之，亦爲疏畧。」案：史記此文，乃改易召公、芮伯代表諸侯眾戒康王之言「惟周文武，克恤西土」云云以成，在寢非在廟，代言者有芮伯無畢公，史記誤。書序例不直引述言辭，吳未察序常體，責之苛矣。

或又質本經稱顧命大臣六員，而序但舉召畢二公，大不備，可疑，宋陳經爲釋疑，其尙書詳解卷四一：「顧命之書『乃同召太保奭、芮伯、彤伯、畢公、衛侯、毛公、師氏、虎臣、百尹、御事』，而孔子序書獨云『命召公、畢公率諸侯』，蓋三公之職也。三公內總百官，外總諸侯，故特舉召公、畢公。」

案：武王克殷，分陜而治，周公主東，召公主西，洎周公薨，畢公承乏，康王之誥本經「太保率西方諸侯，畢公率東方諸侯」，可證。顧康記新君嗣統，以昭告天下諸侯爲主，故序稱舉二方牧伯——召畢二公。若謂特舉三公，尚缺舉一公，何耶？

蔡沈、郝敬又責康王之誥序拈字失當，

> 書蔡傳書序辨説：「尸天子，亦無義理，太康尸位、羲和尸官，皆言居其位而廢弃其事之稱，序書亦用其例，謬矣。」
>
> 尚書辨解卷九：「尸天子，語拙，豈以諒陰爲尸居耶？」

案：「尸天子」尸，爾雅釋詁上：「尸，職主也。」詩召南采蘋：「誰其尸之？」毛傳：「尸，主也。」書序「尸天子」，主天子位也，字義有字書、詩之經、傳佐證。蔡傳見僞五子之歌「太康尸位，以逸豫滅厥德」、僞胤征「羲和尸厥官，罔聞知」，分言君、臣居位廢政，因釋「尸」云：「尸如祭祀之尸，謂居其位而不爲其事，如古人所謂尸祿、尸官者也。」（卷二）又狃於後世「尸位素餐」常義，遂譏序例謬。夫此「尸」字，果律以義例，謬在僞經，序書者何尤？郝釋「尸」義，同蔡，誤亦同。

畢命書序，

漢書律麻志一下引劉歆三統麻曰：「康王十二年，六月戊辰朔，三日庚午，故畢命豐刑曰：『惟十有二年六月庚午朏，王命作策，豐刑。』」

志引畢命佚文；併此書序及參僞古文本經，朱子疑書序有衍文及闕文，

朱文公文集卷六十答潘子善：「漢志引……畢命豐刑曰：（湝，已見上引）。畢命，（僞古文有此篇，其年月日與此同。而『王命作冊』乃序文，唯『豐刑』爲無据。然年月之下，亦有『至于豐』字，豈又若伊訓之『方明』耶？但古文之序，『冊』下更有『畢』字，孔傳以爲命爲冊書以命畢公，如此則全不成文理。本文似亦有闕語，疑『作冊』二字乃衍文，而闕一『公』字也。以此可見劉歆所見古文已非其正，而今本亦有闕誤，難盡信也。孟康便以豐刑爲逸書篇名，則亦不復本上文，自有畢命矣，此又誤之甚也。」

案：僞古文畢命本經，襲三統歷，故年月日兩相同。朱謂：三統歷所引「王命作冊（策）」

乃該篇書序之文，但比今本書序冊下少一「畢」字。又謂：兩本「作冊」二字皆爲衍文，而「畢」下竝缺「公」字。又謂：豐刑，不知所據，本經有「至于豐」，或相關涉。

謂今本書序有闕誤，語意難通，別又有人焉，

元陳櫟書蔡傳纂疏書序：「愚謂：此序首句必有訛闕。」（元董鼎書蔡傳輯錄纂註書序引陳櫟曰：「此序『康王命作冊畢』一句，文義難通，必有闕誤。」）

明郝敬尚書辨解卷九：「作冊畢，語不明。」

清崔應榴吾亦盧稿卷一：「（書序）畢命『康王命作冊，畢分居，里成周郊』，則句義爲難通。」

宋王應麟困學紀聞卷二殆承朱子意，且校以史記周本紀，仍書序「畢」下缺一「公」字，清江聲尚書集注音疏卷十一、簡朝亮尚書集注述疏卷末上書序辯考竝同王氏。

書序凡命史官作書以命臣下，例如「王命蔡仲踐諸侯位，作蔡仲之命」、「（王）命君陳分正東郊——成周，作君陳」、「穆王命君牙爲周大司徒，作君牙」、「穆王命伯冏（囧）爲太僕正，作冏命」，槩不著撰作冊書之史官之名；惟「王俾榮伯作賄肅愼之命」，著撰作

冊書者名，但榮伯爲諸侯；特命諸侯撰冊，故著其名。夫作冊書，史官之本職，可不必著，畢命序有「作冊」二字，與眾篇序異，且無需要，當是衍文，誠如朱子說。則書序全文及讀法爲：「康王命畢公，分居，里成周郊。」分居，分別部居也；里（釐也）成周郊，治理洛邑郊也。

孟康注逸篇，謂畢命篇亡佚也，似非謂豐刑。豐刑，無定說，不可曉。

君牙、冏（囧）命二目二篇書序，

清簡朝亮、吳汝綸據史記難囧命書序，

尚書集注述疏卷末上書序辯：「周官云『太僕，下大夫二人』，注云『僕，侍御於君之名；大僕，其長也』。是也。蓋稱曰大僕，其爲長可知矣。今序又稱正焉，如曰：正，長也，其於大僕，若綴旒然。論語云『政者，正也』，則正者所以爲政也，今言爲大僕政也。史記云『乃命伯臩，申誡大僕國之政』，是也。僞古文囧命云『今予命汝作大正』，蓋以爲大僕長也。非序之本意也。」

尚書故：「史記言『命伯臩申誡太僕』，則臩不爲太僕矣，序與史記違也；又王道衰微，『申誡太僕以國之政，而復寧』，非僅命爲太僕也。」

案：周禮夏官大僕：「大僕，掌王之服位。」又序官：「太僕，下大夫二人。」太僕下有屬官，尙書立政「左右攜僕」是，在王朝；列國則康誥「小臣」及酒誥「服休、服采」，度亦太僕之屬員。下大夫二人爲太僕，殆以一人爲長，尙書顧命「相被冕服」鄭玄注：「相者，正王服位之臣，謂太僕。」（孔正義引）又「伯相命士須材」，清劉逢祿尙書今古文集解卷二五：「相即『相被冕服』之相；伯，長也。伯相即太僕射人師也，士其屬也。」太僕長即此太僕正，書序直據眞囧命本經，或考之古官制有太僕正故作，非綴旒也。

又案：尙書篇名「某命」者凡九：說命、旅巢命、微子之命、賄肅愼之命、顧命、畢命、蔡仲之命、文侯之命及本篇，一皆天子命臣工之書，且除顧命命羣大臣外，「命」上之人名莫非被命之人，故囧命，命囧也，安有命之誡太僕而篇以宣命或作命之臣工——䢅爲名者乎？序依本經立言，馬遷臆說，簡吳過尊史記，失之。

又於兩篇書序分別有「大司徒」、「太僕正」，其上各有「周」字，宋蔡沈論爲「無義」，多家附從之，書蔡傳書序辨說：「序無所發明，曰『周』云者，殊無意義。」

清簡朝亮尚書集注述疏卷末上書序辯：「此周書也，乃別而稱之曰『周』，蔡氏謂序之無義，是也。」

民國趙貞信書序辨序（載古史辨冊五上編）：「君牙、冏命序說『爲周大司徒』、『爲周太僕正』，……以周人敘周事，不必加『周』字於句內。」

民國鍥齋書序說（載中和月刊四卷四期，民國三十二年四月）：「竊考書序之文，如君牙、冏命序，有『爲周大司徒』、『爲周太僕正』等語，以周人而作周書序，不應再加『周』字。」

民國童書業論兩序「周」字不可消，其「評書序辨序」曰：

趙貞信……此說亦未安，當時列國分立，不加「周」字，不甚分明。（載圖書季刊一卷三期，民國二十三年九月）

案：童評殊簡略，猶未評及蔡簡二氏先前之說。考王朝及列國皆有大司徒（參民國斯維至兩周金文所見職官考，中國文化研究七期，民國三十六年九月）、太僕正（推度當有）。復考之周書書序，記天子命某人爲某官者（命爲諸侯者不筭），只此二篇著「周」字，此曰「周大司徒」、曰「周太僕正」，正以區別天王、諸侯之官也。周，周王國也、鎬京也，康誥「見士于周」、召誥「王朝步自周」、洛誥「作周，恭先」……，不遑盡舉也。又書序從敍堯讓位予虞舜，終秦穆師敗歸誓，渾然一片，原未有虞書、夏書、商書、周書之畫分，而於斷代之際加朝代以明之，則事屬於周天王者，別著「周」字有其必要，曷謂「無義」哉！尙書本經，雖在周天子書，爲求文義明確，或令區別彼我，亦往往加「周」辭上，曰「我周王」（多士，多方二見）、曰「我周太王、王季」（無逸）、曰「我周文王」（同上、立政）、曰「周文武」（康王之誥），均爲書序者設言之所據，豈出成王周公之口者，一皆贅言乎？

(四) 責書序「太保三監康王」失稱，及「圭瓚」增文可疑

太保、三監、康王三專名，見稱於書序，說者責其失時宜。旅獒書序「太保作旅獒」，清崔述以爲失稱，其

豐鎬考信錄卷八：「僞古文尚書有旅獒篇，云『惟克商，……太保乃作旅獒，用訓于

王』。……於召公稱爲『太保』，亦與事理不合。何者？古之師保，皆所以輔導入主，體隆禮重，故常以耆宿大臣爲之，非若後世止爲官階以寵貴臣，雖子弟武夫皆可循次而遷轉也。……召公在文王時無所知名，而至康王時猶存，則其年當與周公相若，少於武王者，不得爲武王之太保也。是以史記周本紀於文王時無一言及於召公者；武王即位，乃云『召公畢公之徒左右王』，其後召公凡屢見皆稱爲『召公』，不稱爲太保；至成王世，遷殷遺民之後，乃云『召公爲保，周公爲師』，而書君奭篇序亦云『召公爲保，周公爲師，相成王爲左右』。然則是召公於成王時始爲太保，不得於武王時豫書爲太保也。周公不得爲武王師，召公安得遂爲武王保也？作僞書者蓋見召誥顧命之於召公皆稱之爲『太保』，不求其故，而遂於武王之世亦以是稱之；正如呂覽之稱『武王使保召公與微子盟』者然，皆由於臆度而僞撰，是以考其時勢而不符耳。且史記多采書序之文，而此篇之序獨不見於本紀，疑書與序出於一人之手。」

先乎崔氏，清閻若璩已予指擿，唯以爲書序乃用事後追稱作爲當時實稱，

尚書古文疏證卷四條四十九：「序書者……見召誥有『太保』字及顧命康王之誥皆然，

遂以太保爲召公之官，曰『……太保作旅獒』，不知武王時召公尚未也。然史家多以其人所終之官言之，初不計其時，亦追書者之常。若當武王時敘召公所居官而曰『太保乃作旅獒』，則大不可矣。凡僞書之以追書爲實稱，其誤如此。」

清王鳴盛陰依之說焉，又增舉逸周書、新書等論武王時召奭尚非太保，云太保出於追稱，

尚書後案卷三十書序：「(史記)燕召公世家『成王時，召公爲三公』，則知武王時未爲太保矣。史記、(逸)周書竝稱『武王克殷，有召公奭』，不言太保；言太保自『成王幼在襁褓中，召公爲保』始，見賈誼新書。作僞者但見召誥有『太保』字，及顧命康王之誥皆然，遂以旅獒之太保爲召公之官，不知武王時召公尚未也。史家記事，多以其人所終之官言之，初不計其時，亦追書者之常。若當武王時敘召公所居官而曰『太保乃作旅獒』，則大不可矣。凡僞書之以追書爲實稱，其誤如此。」(吳汝綸尚書故用王此說，又參崔述說)

清莊述祖亦謂太保乃追稱，

珍藝宧文鈔卷三旅獒序說：「召公相成王，與周公為左右，於是周公為師，召公為保。武王之時，召公曷稱太保？曰從其後書之也。曷為從其後書之？春秋傳曰『自陝而東者，周公主之；自陝而西者，召公主之』。召公在成王康王之世，以太保主西方，故康王之誥曰『太保率西方諸侯』，而周召之為左右二伯，自武王時已然矣。周公之治東方，終於息慎來貢；召公之自（治？）西方，壹言西旅獻獒而已。……自文武之受命，召公以甘棠治內，旅獒治外，耆造勖德施於成康，故從其後書之曰『太保作旅獒』。」

案：尚書稱召公奭為太保，見召誥四次、顧命康王之誥八次；稱太保奭，見顧命；稱保奭，見君奭：皆成王時檔案，三稱皆指召康公奭。周禮地官保氏序官賈疏：「鄭志：趙商問：案成王周官：『立大師、大傅、大保，茲惟三公。』即三公之號，自有師保之名。」是謂大保官起自成王世，武王時尚無有。書序「召公為保，周公為師，相成王為左右」，馬融注：「分陝為二伯，東為左西為右。」（孔正義引）史記周本紀：「周武王之滅紂，封召公於北燕。其在成王時，自陝以西召公主之，自陝以東周公主之。」是召公為保大保之省稱，序亦謂成王時。似果若閻王崔莊說，武王時召公尚未官太保。第深考之，則又未必然也：大戴禮保傅「昔者周成王幼，在襁褓之中，召公為太保，周公為太傅，太公為太師，……此三公之職也」（賈誼新書保傅篇同；王氏後案云召奭爲太保始見新書，則檢考未周）。夫成王年十三而父崩（古文尚書說，見譙周古史考。），則召公武王無恙時已爲太保，求之金文亦可徵，保卣：「王令保及殷東或五侯，征兄六品，蔑曆于保」云云，陳夢家西周銅器斷代(一)：「王令保及殷東國五侯，應指武王時王令武庚及齊魯燕管蔡等五國。」因謂此器之保，可能是保奭（見斷代(二)），黃盛璋釋定此保爲大保召公奭（見金文詁林補保字）。呂氏春秋誠廉篇：「武王即位，……又使保召公就微子開於共頭之下，而與之盟。」是紂未滅時，召公已爲太保。保，太保之簡稱，見書君奭周公曰及同篇書序，而武王嘗口命召公保幼子成王，事見周公語召公曰：「前人武王敷乃心，乃悉命汝，作汝民極，曰：『汝明勖偶王，在亶。乘茲大命，惟文王德丕承，無疆之恤。』」（君奭篇，相意即保，洛誥成王應周公曰「明保予沖子」可證）召奭爲保，當在此時或稍前（諸家討論此問題多忽略未引），書序「太保作旅獒」，必據尚書本經，則此太保與下君奭序之保同，咸謂召公奭。得之。是旅獒書序之「太保」，乃當時實指非追稱。召奭者武王之太子（成王）之保，自非武王本身之保。崔誤解。孫星衍尚書今古文注疏卷三十亦謂成王即位後召奭始爲太保，故此武王朝之太保非太保召公奭（孫意書序但言「太保」，未言渠是召奭，則太保別有其人），重失書序本意。

大誥序「三監及淮夷叛」，清姚鼐評謂三監名成王世始有之，聖人命諸侯以成天下之治，未有疑而用之者也。管蔡封于殷之故地，其民故殷民也。周謂諸侯君其民曰監，故曰監殷，非監制武庚之謂。且武王勝殷以其地置國，實不止三，三監之名，以成王時叛國而後有之，武王時無是也。（其子姚永樸尚書誼略卷十三引）

案：監，諸侯也，諸侯謂之監國者，尙書梓材「王啓監」，王立諸侯也；多方「今爾奔走臣我監五祀」，殷民臣服我周所立之諸侯五年也。三監，管叔、蔡叔、殷武庚三諸侯也（漢書地理志、僞孔傳、孔正義）；無霍叔（左傳定公四年，史記周本紀、魯世家、管蔡世家及衞世家）。三監，非謂姬姓三諸侯監制殷武庚也。監既非監視監制而爲稱諸侯，則武王初立此三國時已有三監之實，名從實生，毋待管蔡叛而後始生三監之名也。

顧命、康王之誥二目二篇書序：顧命序「相康王」康王，清吳汝綸謂失稱，其尚書故：「顧命命立嗣非命相，史記云『相太子而立之』，是也。序云『相康王』，非其指也。」

案：顧命先是稱太子釗爲「元子」、「子釗」，以時釗尙未即位；自入廟隮堂受冊，乃易稱釗爲「王」。史記云召畢率諸侯相太子而立之，就成王遺命羣大臣（王曰「疾大漸」云云一大段文）言之（「（成）王崩」以下之稱「（康）王」多次不在內）；而書序則統合新王即王位前後，槩稱釗爲「康王」，其不爲苛細之分，甚簡當。且序「成王……命召公畢公率諸侯相康王」，正君王將終遺命大臣輔相新君之義（君奭周公引武王遺命召公相成王曰「汝明勖偶王」，類此），亦即「命立嗣」（洛誥「汝受命篤弼」，吳氏尚書故云：「（周公）受武王顧命也。」亦類此，皆爲命大臣輔佐少君），則書序不失經指。吳氏過信史記，未遑深探經義序指，失之。

文侯之命本經載周平王賜晉文侯仇「秬鬯一卣」，書序乃曰「平王錫晉文侯秬鬯、圭瓚」，記賜多「圭瓚」一物。史記半用書序說，謂周襄王二十年（魯僖公二十八年、晉文公五年），天子賜晉文公「秬鬯一卣、珪（同圭）瓚」，作晉文侯命（晉世家，又太史公自序：「嘉文公錫珪（圭）、鬯，作晉世家。」同）。

秬鬯（黑黍酒也），用於祭祀，洛誥周公曰：「伻來毖殷，……以秬鬯二卣，曰：『明禋，拜手稽首休享。』予……則禋于文王武王。」禮記表記：「天子……粢盛、秬鬯以事上帝。」又郊特牲：「周人尚臭，灌用鬯臭；鬱合鬯，臭陰達於淵泉。」平王以賜晉文侯，欲渠祭其先人，用追養繼孝也（見下）。

本經無圭瓚，又序舍同時授賜之它物，而特言秬鬯者，宋王安石、林之奇竝爲之說，

尚書全解卷四十：「序言『秬鬯、圭瓚』，而篇中特言『秬鬯』，此亦互見其義以相備也。平王之錫晉文侯，既有秬鬯，又有弓矢車馬，而序特言秬鬯，五十八篇之序如此者多矣，不可以從而爲之說也。王氏（安石）曰：『明所錫以秬鬯爲盛。』則鑿矣。」

案：王說固鑿，林說亦未的。蓋如林說，平王文臣先作此命書，但著「秬鬯」，預期後有撰序者增著「圭瓚」用備物，必無是理也；且所謂相備，謂或彼有此無，或彼無此有，互足之義，若是，序即不應復著「秬鬯」：林說尤鑿矣！

圭瓚（一作珪瓚，酒器也），本經篇未明見，尚書另廿八篇亦無明文，徒此序有之。此序似增賜物以解經，啓人疑議，

書蔡傳書序辨說：「經文止言『秬鬯』，而此益以『圭瓚』，有所傳歟？抑賜秬鬯者必以圭瓚，故經不言歟？」

元陳櫟書蔡傳纂疏書序：「記曰『……賜圭瓚然後爲鬯，未賜圭瓚則資鬯於天子』（禮

王制），苟以此律之，今賜圭瓚則文侯可自爲鬯，不資於天子矣。」董鼎書蔡傳輯錄纂註書序：「愚竊謂：序所以爲作者之意，書但曰『秬鬯一卣』，而序乃曰『秬鬯、圭瓚』，使誠出於天子，則惟器與名不可假人，肯自增『圭瓚』於『秬鬯』之下乎？」

清吳汝綸尚書故：「經不言『圭瓚』，史記有之，此序『珪（圭）瓚』，明本史記爲文。」

案：遷史載襄王賜晉文公物，係據左僖二十八年傳，非據尚書文侯之命，彼左傳既無賜圭瓚，則明是史記襲書序而添文。吳失。陳董皆疑「圭瓚」不當在賜物之列，序增文解經。理然。蔡疑序著「圭瓚」，說有所傳授，凡言賜秬鬯必及圭瓚，故後者本經不必明著。容商證於下。

顧命「太保以異同，秉璋以酢」，爲璋瓚（禮記祭統：「大宗執璋瓚，亞祼。」）；則先前康王所用之「同」，爲圭瓚（祭統又曰：「君執圭瓚，祼尸。」），清江聲尚書集注音疏卷九、王鳴盛尚書後案卷二五竝持說。旁參之以詩亦通，大雅棫樸：「濟濟辟王，左右奉璋。」箋：「璋，璋瓚也。祭祀之禮，王祼以圭瓚；諸臣助之亞祼，以璋瓚。」是尚書（它篇）亦及圭瓚，書序者實有所本。

禮器圭瓚，用以祭，或且與璋瓚竝舉，上引禮祭統、王制外，文獻亦數見之，周禮春官典瑞：「祼圭有瓚，以肆先王，以祼賓客。」

禮記郊特牲：「灌以圭、璋，用玉氣也。」（鄭注：「灌謂以圭瓚酌鬯始獻神也。」）

鄭玄注禮記祭統：「圭瓚、璋瓚，祼器也。以圭、璋爲柄，酌鬱鬯曰祼。」

書序連添「圭瓚」於「秬鬯」下，當受禮家影響。

然而直接予其重大影響者，厥爲詩，

召穆公虎平淮夷，詩大雅江漢載周宣王命之曰：「釐爾圭瓚、秬鬯一卣，告于文人。」

此詩記諸侯平淮夷，與此經記諸侯敉國亂相似，宣王錫召虎，事又與後之平王命文侯相若，故書序者參取之，增「圭瓚」於「秬鬯」之下。（孔叢子居衞篇：「子思曰：『吾聞諸子夏，殷王帝乙之時，王季以功，九命作伯，受珪瓚、秬鬯之賜。』」僞書，但偶存早期資料，姑錄此以備徵）

則是，賜秬鬯果需併以圭瓚，蔡傳有理，舊說有所傳授，文侯之命書序孔正義曰：「平王乃以文侯為方伯，賜其秬鬯之酒，以圭瓚副焉。」本經孔正義又曰：「詩美宣王賜召穆公云『釐爾圭瓚、秬鬯一卣，告于文人』，知賜秬鬯者必以圭瓚副焉。此不言圭瓚，明并賜之，可知也。」孔「圭瓚副焉」，義當有取乎三國志魏書吳主傳：「魏文帝……策命（孫）權曰：『……君以忠肅為基，恭儉為德，是用錫君秬鬯一卣，圭瓚副焉。』」

兩物併賜，俾之祭人鬼，至漢猶行，白虎通攷黜篇：「圭瓚、秬鬯，宗廟之盛禮。故孝道備而賜之秬鬯，所以極著孝道。」書序益字「圭瓚」，持之有故，言之成理，敍作者之意而申暢之，固可如此。論之可，病之則非也。

(五) 責書序錄逸亡目篇而說之無徵不信

書序八十一目百篇中有逸目篇。逸目篇者，相對西漢尚書博士所有伏生傳本二十九目三十一篇而言（盤庚一目，伏生為一篇，此計為三篇；後出之漢河內泰誓，晚乃加入為博士教本，此伏本無有，故不計入），漢人猶見其本經，凡十六目二十四篇，曰：

舜典、汨作、九共（九篇）、大禹謨、益稷、五子之歌、胤征、湯誥、咸有一德、典寶、伊訓、肆命、原命、武成、旅獒、冏（囧）命。（虞書大題下孔正義引鄭玄書序注，但孔正義以爲西漢張霸之徒僞造）

書序中又有亡目篇。亡目篇者，漢世已亡失、漢人未嘗見其本經原卷之謂也。今就八十一目百篇減伏生傳本二十九目三十一篇（伏本原一目一篇），更減逸目十六篇二十四，得亡目三十六、篇四十五者，曰：

棄飫、帝告、釐沃、湯征、汝鳩、汝方、夏社、疑至、臣扈、仲虺之誥、明居、徂后、太甲（三篇）、沃丁、咸乂（四篇）、伊陟、仲丁、河亶甲、祖乙、説命（三篇）、高宗之訓、泰誓（三篇，此先秦眞泰誓）、分器、旅巢命、微子之命、歸禾、嘉禾、蔡仲之命、成王政、將蒲姑、周官、賄肅愼之命、亳姑、君陳、畢命、君牙。（馬、鄭本亦當如此，但兩家已加入西漢河內本僞泰誓一目三篇）

書大序：「（五十八篇，）并序凡五十九篇，……其餘錯亂摩滅，弗可復知。」孔正義：

「其餘錯亂摩滅，五十八篇外四十二篇也。」四十二篇即所謂亡篇；經典釋文卷三尚書音義上解書大序「錯亂摩滅」云云，記此四十二篇（三十一目），曰：

汨作、九共（九篇）、槀飫、帝告、釐沃、湯征、汝鳩、汝方、夏社、疑至、臣扈、典寶、明居、肆命、徂后、沃丁、咸乂（四篇）、伊陟、原命、仲丁、河亶甲、祖乙、高宗之訓、分器、旅巢命、歸禾、嘉禾、成王政、將蒲姑、賄肅愼之命、亳姑。

此係將書序八十一目百篇減其僞古文本五十目五十八篇（其中太甲、盤庚、說命、泰誓，均各爲一目三篇），五十加三十一，得八十一目，五十八加四十二，恰是一百篇。而眞古文逸書十六目二十四篇（此孔正義以爲西漢張霸之徒僞造）不計。

逸亡目篇，以馬鄭說爲正；雖然，即就馬鄭及僞孔等共同認是亡書者，尚得二十六目二十九篇，曰：

槀飫、帝告、釐沃、湯征、汝鳩、汝方、夏社、疑至、臣扈、明居、徂后、沃丁、咸乂（四篇）、伊陟、仲丁、河亶甲、祖乙、高宗之訓、分器、旅巢命、歸禾、嘉禾、成王政一作征、將蒲姑、賄息慎之命息一作肅、亳姑。

逸亡目篇書序，無本經可資對驗，費人猜疑，蕭梁五經博士劉叔嗣因撰尙書亡篇序注一卷（詳拙著尙書輯逸徵獻，中央圖書館館刊新二十四卷一期，民國八十年六月）特爲考徵，劉注唐孔穎達等殆未及見。孔正義徧疑逸亡書序難信，其於汩作九共槀飫及亳姑書序下曰：

> 凡此三篇（汩九槀）之序，亦既不見其經，闇射無以可中，而孔氏爲傳，復順其文爲其傳耳，是非不可得而知也。
>
> 序說葬周公之事，其篇乃名亳姑；篇名與序不相允。會其篇既亡，不知所道，故傳原其意而爲之說。

宋林之奇尙書全解遵從其說，進而舉逸亡目篇序一皆疑之，其卷三曰：

> 自汩作至亳姑，凡四十有六篇，皆逸書也。其書既逸，則其序之義不可以強通。而孔氏曰「帝釐下土方，設居方者，言舜理四方諸侯，各設其官，居其方」；於別生分類

云「生，姓也；別其族姓，分其類，使相從」；於汩作云「汩，治，作，興也。言治民之功始興」；於槀（原誤作稾，下同誤）飫云「槀，勞、飫，賜也」。此皆是順序文而爲之說，未必得書之本意。正如序詩之南陔「孝子相戒以養也」、白華「孝子潔白也」、華黍「時和歲豐，宜黍稷也」，此亦但順詩名而爲之說，未必得詩之本意也。

林氏於其它逸亡目篇書序（自帝告至亳姑），因其蔑本經（含僞古文廿五篇「經文」）可憑，一槩不予解說，但錄書序白文而已。

朱子蔡沈師弟子及其後學陳櫟亦難逸亡目篇書序，

朱文公文集卷六五雜著書大序解：「此百篇之序，……其於已亡之篇，則伊（依？）阿簡略，尤無所補。」

書蔡傳書序辨說卷端用師說：「於已亡之篇，則依阿簡略，尤無所補。……顧世代久遠，不可復知。」

又亳姑書序辨說：「此言『周公在豐』，漢孔氏謂致政歸老之時。而下文君陳之序乃曰『周公既沒，命君陳分正東郊——成周』。方未命君陳時，成周蓋周公治之，以公沒故命君陳，然則公蓋未嘗去洛矣。而此又以爲『在豐將沒』，則其致政歸老果在何時邪？」

陳櫟書蔡傳纂疏書序汨作、九共、稾飫下：「亡書序尤不可強解，姑存舊說耳。餘並倣此。」

案：以所謂亡篇「依阿簡略，尤無所補」，夫本經既亡，晦庵、九峯又何所憑而知序者是簡略無所補益經義？矧若帝告書序，記成湯上世都凡八遷，可與尚書大傳、史記相證；仲丁、河亶甲、祖乙三書序，記三商君遷都事，可大補亡經及史書資料不足之憾，庸詎謂之「無補」？而其眞正依阿簡略甚者，若咸有一德（僞古文）、金縢、無逸、立政四序，爲見存之篇，三宋元人竟無譏，不知何故。書序存亡篇古義，但其席不可遽奪，陳氏籲俊存察，視其師儒，高明多矣。

清顧炎武竟謂逸亡目篇四十二篇篇名不可盡信，日知錄卷三：

（孔）正義曰：尚書遭秦而亡，漢初不知篇數。武帝時有大常蓼侯孔臧者，安國之從兄也，與安國書云：「時人惟聞尚書二十八篇，取象二十八宿，謂爲信然，不知其有百篇也。」今攷傳記引書，並無序所亡四十二篇之文。則此篇名，亦未可盡信也。

案：此所謂亡書四十二篇，不知指謂僞孔氏所謂之亡書篇（甫詳上文列目），抑鄭注所謂之亡書篇，第即就馬鄭、僞孔共同認爲亡書者，尙得二十六目二十九篇（方見上列），其中咸乂、高宗之訓（篇名或作高宗）明見墨子及禮記稱引，湯征逸文則見孟子數引，爲古書可確信，它二十三目二十三篇度亦皆據本經撰序，宜皆可信。且夫二十八篇取象斗宿云者，見論衡；又略見僞孔叢子連叢子篇載孔臧書簡（即孔正義所引），殊可疑，係今文家仞今文廿九篇爲備，護短之詞，亭林竟信從，何乃爾！

㈥論書序闕列百篇外尚書失當

清顧氏及孫氏又疑書序所載之篇名可疑，且云左傳載猶有尙書之篇目，在書序百篇之外，序者不當漏列，日知錄卷三又曰：

益都孫寶侗仲愚謂：「書序爲後人僞作，逸書之名亦多不典。至如左氏傳定四年祝佗告萇宏：其言魯也，曰『命以伯禽，而封於少皞之虛』；其言衛也，曰『命以康誥，而封於殷虛』;其言晉也,曰『命以唐誥,而封於夏虛』。是則伯禽之命、康誥、唐誥,周書之三篇,而孔子所必錄也,今獨康誥存,而二書亡,爲書序者,不知其篇名,而不列於百篇之內,疏漏顯然。是則不但書序可疑,并百篇之名,亦未可信矣。」其解「命以伯禽」爲書名「伯禽之命」,尤爲切當,今錄其說。

踵孫顧之說,責書序作者遺漏古尚書篇目者,清李榮陛尚書考卷一「百篇序考」曰:

孫顧徐程諸家,則併以百篇之目爲不足據,尤覺新聽。然漢人僞造尚書緯已(原誤作巳)云「孔子得黃帝元孫帝魁之書,迄秦穆公,三千二百四十篇,定其可爲世法者百二十篇」,白虎通五經條云「(傳曰……)五帝之受錄圖世(世字當上移至受下),史記從政錄帝魁以來除禮樂之書三千二百四十篇」,趙岐注孟子「我武惟揚」亦云「古尚書百二十篇之時泰誓也」。是彼時治尚書者,固不盡以百篇爲斷矣。予讀緇衣記夫子述葉公之顧命,怪葉公之卒在後,後讀逸書乃知爲祭公謀父遺訓穆王,祭、葉形類而誤,其文既爲夫子引述,亦豈肯置之?又春秋定四年傳祝鮀述周初封命有伯禽、唐誥、康誥並列。伯禽者,宗國受封之書,魯亦必不遺失,夫子既登康誥,何肯恝置二誥

（原注：孫仲愚已言之。）？又逸書中如周公皇門、誥成王、嘗麥篇等，文體與伏氏所傳書同；又有尹誥之目；墨子引書有有禹誓、總德、湯說、官刑、武觀；左傳有夏訓。而序並闕如，乃知夫子哀集之書，孔鮒取藏壁中，漸以朽滅者，原不止百篇。序第用其殘目，並伏氏所發書顛倒錯亂者，爲說耳。

清馬邦舉亦取書緯等說，定古尚書多至百二十篇，

> 書序畧考頁二一：「書緯稱以百二篇爲尚書，十八篇爲中候，故邠卿（趙岐）曰『百二十篇』也。今時書序僅得百篇，以緯校之，少二十篇，或□二篇也。」

因指伆伯禽、唐誥、揜誥、克殷、度邑俱爲百篇外逸書，統書序所漏列者也，

> 書序畧考頁一：「劉炫說伯禽、唐誥皆誥命篇名，今時書序皆無此篇名，知百篇書序非周末舊書也。」
>
> 又頁十：「王應麟困學紀聞云：伏生書傳有揜誥也。」

又：「周本紀載周書克殷、度邑二篇，或云錄自周書，非孔氏所有逸書十餘篇者也。今觀周書當錄入史者多矣，何以獨錄二篇，疑尚書有此二篇也。書序不盡古籍，此外逸篇尚多也。」

清崔應榴吾亦廬稿亦質問書序缺錄伯禽、唐誥：

竊謂書序可疑者有數端，……左傳祝鮀稱魯曰「命以伯禽」、稱晉曰「命以唐誥」，此二篇何以序反無之？

清簡朝亮錄百篇外尚書七篇，責序者缺入，尚書集注述疏卷末上書序辯申孫寶侗意見曰：

左傳襄四年有夏訓，定四年有伯禽有唐誥，墨子有禹誓有湯說，大傳有揜誥，史記有大戊，今書序皆無之，蓋書不惟百篇已也，孫氏寶侗既疑之矣。

請先以清盧見曾說應孫馬崔簡四家難辭，雅雨堂文集卷四尚書大序辨曰：

孫仲愚先生「六經」諸篇，新義頗多，惟「尚書大序論」一條斥百篇之序為偽，其論未允。……仲愚据左傳定四年祝佗告萇宏曰「命以伯禽、命以唐告（當正作誥）」，謂尚書當有「伯禽之命、唐誥」二篇，而書序不列于百篇之內，疎漏顯然。（顧）寧人是其說。竊謂不然，五帝三王之書豈止百篇，孔子刪書亦用春秋一書不再書之例，洛誥之「命公後」，鄭氏、孔氏皆以為封伯禽之事，則「伯禽之命」可以不錄也；唐叔有「歸禾」，則唐誥可以不錄也。若據傳記所載逸書，皆當為孔子所錄，則逸周書芮良父、祭公諸篇，並人君之大寶箴也，何嘗不可錄？……緇衣載祭公，猶左傳載伯禽、唐誥，率皆謂書序之疎漏可乎？

案：謂逸書之（篇）名多不典（孫顧氏說），不詳所指。

又案：古尚書三千二百四十篇（一云三千三百三十篇），孔子刪定為百二十篇，以百二篇為尚書，十八篇為中候（一云以百篇為尚書，十八篇為中候），緯書之說也，趙岐尚書百二十篇之說本乎此。緯書荒唐不信。以今存及亡逸篇數計之，固不止百篇，亦不契百二十之數。李馬氏失據。

三案：克殷、度邑（竝馬氏說）、（周公）皇門、（周公）誥成王（當即大戒篇，見逸周書第五十及其篇序。）、嘗麥（竝李氏說），咸逸周書之篇，體雖近尚書，乃別一著作已成一書，不當錄入尚書，書序作者即見而不錄，亦無過失。

四案：禮記緇衣引尚書「尹吉」，吉爲告誤，告即誥。尹誥，即書序商書咸有一德篇，書序原無缺，李氏失察。太（大）戊，篇獨見史記殷本紀，當爲衍文，簡氏失之（討論太戊者甚多，不煩多錄）；禹誓（墨子兼愛下引）、（禹之）官刑、（禹之）總德、武觀、夏訓、湯說、蔡公之顧命（竝李氏說）、揜誥（馬簡二氏說），百篇之外尚書之篇，書序者未見原書，或其篇不合錄收標準，故棄去，非疎漏也。

五案：左定四年載封康叔云「命以康誥，而封於殷虛」，此成王封康叔於衞之命書，以告康叔，故亦名「康誥」，與武王當年封康叔於康之命書——康誥同篇名，孫氏「今獨康誥存而二書亡」、李氏「夫子既登康誥，何肯㮣置二誥」？失考也。又所謂被㮣置之伯禽、唐誥兩誥，書序者蓋未見，或以爲不合編入，故棄去，非關疎密。多家（孫顧李馬崔簡六氏）誤責書序作者。

六案：百篇外逸目，見於先秦、西漢典籍載引者，凡廿六，孫氏豈能一一以「疏漏」責序之缺少乎？盧謂百篇外逸書甚多，而書序不錄列，不可便責之疏漏，得之。它論則有誤，或未深入。

馬邦舉見史書舜命禹文，竟亦賦予篇名，謂古尚書或原當有此篇，

> 書序畧考頁九：「史記秦本紀載大費佐禹，舜命費語，必本于秦紀。……今觀其辭，大類尚書，或孔安國家古文尚書有之也。今時百篇書序，虞舜時有汩作、九共，無大費之命，謂書全爲古籍者，非也。」

案：秦本紀載帝舜語大費曰：「咨爾費，贊禹功，其賜爾皁游，爾後嗣將大出。」類此果如馬氏意，皆錄入尚書，則經典殘文碎義凡度其近似尚書文體者不其遐棄矣。果然，馬氏又取論語命舜二十二字定爲古帝典文，

> 書序畧考頁一—二：「論語堯曰篇堯曰『咨爾舜，天之歷數在爾躬，允執厥中，四海困窮，天祿永終』，舉案：此二十二字古帝典語也，今尚書無此文，史記五帝本紀亦不載此二十二字，知伏生所傳尚書固非孔門舊本，即安國家所上尚書，亦非孔子及七十子所讀全文也。書辭既未合孔氏之舊，知書序亦未能全合孔氏之舊也。」

宋王柏已將此二十二字補入堯典「舜讓于德，弗嗣」下（書疑卷一）；馬氏進而以爲此尚書別一篇殘語，好逞臆說改經，代有其人矣。

清齊召南疑書篇不及夏少康中興功烈，有失，

尚書注疏考證頁六：「据左傳、國語，魏絳、伍員俱能詳言羿、浞干紀之事，伍員述少康本末尤詳。……自古中興之君，未有功業極盛如少康、后杼，中興之臣未有忠勳並懋如靡有鬲、虞思、女艾者也。書序百篇並無其事，抑獨何哉？」

而清徐與喬謂商書多於周書，虞書多而夏書少，彌遠而彌多，豈可盡信？因質厥疑，其

經史辨體古文尚書序：「百篇之說無考，止據書序耳；書序非古也。序周書、商書皆三十（原誤作文）九篇，而費誓、秦（原誤作泰）誓又諸侯公（當作事），則商書反多于周，安在『杞（原誤作杷）宋不足徵』乎？且商多夏何獨少？夏少虞何獨多？夏十七王四百六十年事，得書四篇；虞一帝，六十年間事，得書十五篇，是可盡信乎？」

案：夏書，書序錄九篇（自禹貢至汝方）；百外篇書六篇（禹誓、禹刑、禹之總德、武觀、夏訓、夏令），多記禹事，未見少康中興之迹。年世悠遠，書殘有間，序者未見本經，亦何所據而敍其作意耶？夏書獨少，以此；且虞書，書序八目十六篇，其中大禹謨、臯陶謨、益稷三目篇多關涉夏禹事，或可歸入夏書，則謂夏少虞多，亦未甚允也。商書二十六目三十五篇，別有百外篇書四篇；周書三十八目四十篇，百外篇書十六篇。無論獨計序所錄目、或併計百篇內外，周皆多於商書，徐氏失討；又尚書記政令，關涉先王禮度者寡而零散，援以徵殷禮，雖多亦奚以爲？徐氏疑書序不可盡信，失疑。

十、宋以後人論書序作者

(一)論書序孔子作

書序孔子作，漢、唐人（特以孔穎達尚書正義）多持此說，兩宋人大都沿用之。

北宋劉敞（一〇一九—一〇六八）七經小傳卷上：「湯誓曰：『伊尹相湯伐桀，升自陑。』……泰誓曰：『惟十有一年，武王伐殷。』……武成曰：『武王伐殷，往伐，歸獸，識其政事，作武成。』」

劉引湯、泰、武三書序文，而直以三篇本經稱之，以爲書序孔子作，故視之爲經，漢（許愼、鄭玄、應劭）、唐（孔穎達）等先已如此作，說已詳前文（書序稱名卷），下放此。

吳祕（宋仁宗景祐元年進士）曰：「書百篇，……其亡過半，孔子序書，存百篇之義，而

其篇亡不可復知。」（揚子法言問神篇註）

謂百篇書序存其各篇本經之義，即書大序云「書序，序所以爲作者之意」也。

蘇軾東坡書傳卷七：「孔子曰『伊尹相湯伐桀』，『太甲不明』而廢之，『思庸』而復之，君臣相安。」

又卷十：「『武王殺受，立武庚』，非所以問洪範者，而孔子于此言之，明武王之得箕子，蓋師而不臣也。……此孔子敍書之意也。」

又卷七：「經云『湯既沒，太甲元年』者，非謂湯之崩在太甲元年也。」

案：條一引湯誓書序、條二引洪範書序，皆指謂孔子言曰，而引伊訓等書序文直指謂「經曰」，蘇以孔子作書序明矣。

伊川經說卷二：「書序，夫子所爲，逐篇序作者之意。」

又曰：「（堯典書序，）此夫子之序，舉一篇所紀之大要也。」

河南程氏遺書卷二：「書曰：『湯既勝夏，欲遷其社，不可。』」

案：前二條謂書序孔子作以敘篇意，條三亦以尚書本經視書序（夏社），同劉原父、蘇子瞻。兩程子再傳弟子張九成篤信孔聖作書序，例甚多，今只舉一，張說禹貢書序云：

禹欲治水，先定九州之界。然後……濬九州之川，……入于海。水盡土見，即任其土地所出而作貢法。……此之謂「任土作貢」。此聖人立言精到，豈不餘一言，約不失一辭。（宋黃倫尚書精義卷九載）

至南宋，薛季宣用書序，作書古文訓，其書

自序云：「書序出於孔子，旨自有在；詮次百篇之後，將以歸於古學。」

又卷十六說堯典書序云：「孔子序書，惟以『聰明』稱之於堯。」

呂祖謙重違其師林之奇之說，上遵漢唐人舊義，而堅信書序孔子作，茲舉二例，其東萊書說卷一堯典書序：「書皆孔子序正也，『聰明文思，光宅天下，將遜于位，讓于虞舜』四句，該一篇之旨。」

又卷十九微子之命書序：「孔子序書，所以發尊王之意，欲後世知征伐自天子出。」

書序孔子作，舊說也，項安世據焉，以申戡黎當武王世，其項氏家說卷三西伯戡黎序云：

先儒謂西伯戡黎，故殷始咎周。……至孔子作序，乃言「殷始咎周，周人乘黎，祖伊恐，奔告于受」。……以文勢考之，咎周乃在乘黎之先。蓋文王之世，殷未嘗咎周也；至武王之末年，疑間生而責讓至，度其事勢，必有侵伐之謀，武王于是戡黎國。

朱子論書序非孔子作，考亭門人絕多遵奉其說，獨董銖質異，反據班書，議其非聖人不能作，朱文公文集卷五一：

銖竊謂：書序之作，出於聖人無疑，學者觀書得其序，則思過半矣。班固言「書之所起遠矣，至孔子纂時（班原作焉），上斷於堯，下訖于周，凡百篇，而爲之序，言其作意」，而林少穎乃謂「書序乃歷代史官轉相授受，以書爲之總目者，非孔子所作」，今玩其語意，非聖人其孰能與於此哉！

考亭後學又有眞德秀者，論作書序之人，亦悖晦翁，宋車若水腳氣集卷下：

晦庵既謂書序非孔子作，庵翁既沒，其門人後學如眞西山諸人，又皆確然以爲是聖人之書。……西山併以康誥（一有序字）爲是，依孔子說。

陸象山後學，有陳經、錢時者，竝論書序出孔子手，

陳尚書詳解卷一堯典書序：「此夫子之所作也。……聰明文思，形容堯之德，不可作四事論。言乎堯之中虛，無物以窒之謂之聰；言乎堯之心，外物不足以蔽之謂之明。堯之聰明如此，不獨得之于中，其文又見于其外，所謂美在其中，暢于四肢，發于四體，睟然見面盎背，謂之文。有是文而智慮之未深，泛應之不能皆當，容或有之，必如夫子之行止久速無可無不可，然後可以言堯之思。」

以心即理，心外無物說書序，誠象山桀矱也。陳氏更舉四例，足徵其持書序孔子作之意甚堅塙，

卷三大禹謨皐陶謨益稷書序：「此夫子序此三篇之大旨也。」

卷六禹貢書序：「此夫子序一篇之大概。」

又卷二四分器書序「此孔子序分器一篇之書也，其書亡矣，而序存。」

卷二五旅獒書序：「孔子序書，但言『西旅獻獒，太保作旅獒』，直書之而其意益顯也。」

無論本經存亡之篇，錢時皆定其序出夫子手，其篤信如此：

融堂書解卷一舜典、卷十六成王政及卷十八康王之誥書序均曰：「孔子序書。」

又卷四汝鳩汝方書序：「（汝鳩、汝方，）書雖不存，而夫子之序大畧可攷。」

又卷五湯誥書序：「史氏止云『湯歸自克夏，至于亳』，夫子序書特曰『湯既黜夏命，復歸于亳』，便見得已承大統，而與天下更始，其義昭昭矣。」

夏僎於書說，多采林之奇尚書全解（林說書序史官作，詳下），第論書序獨不然，其

尚書詳解卷三大禹皐陶謨益稷、卷九五子之歌及卷十二太甲書序均曰：「孔子作序。」又卷一堯典書序：「李校書曰：『書序，……鄭玄、馬融、王肅皆以爲孔子所作。然觀其領略大意，而盡于數言，至于一字不可增損，蓋聖人之文，非吾夫子莫能爲也。』」

其推尊如此！

宋人別有三家，亦竝用舊說，論孔子作書序，茲各舉其例一：

程珌洺水集卷六：「夫子序書，斷自堯始。……學者窮經，要須先觀一篇終始大概，則篇中章句自可迎刃而解，此愚所以略其章句而首敘一篇大旨也。若夫所謂『昔在帝堯，聰明文思，光宅天下，將遜于位，讓于虞舜，作堯典』，此一篇之序也。馬融、王肅以爲孔子所作，而孔安國（敏案：當作孔穎達）正義亦以爲然。蓋惟聖人足以論聖人，非孔子筆力，孰能序此？」

黃度尚書說卷三太甲書序：「太甲嗣仲壬而立，不明居喪之禮，伊尹營桐宮居之，夫

子序書謂之放。」

胡士行尚書詳解卷一堯典書序：「此孔子序述一篇之大旨也。」

清人守舊說，論書序出聖人之手者不乏其人，茲擇舉數家：

常州莊述祖，清人信書序孔子作之最篤者，作尚書今古文攷證，又別作尚書諸篇書序說載其文集，茲錄取兩條，

莊珍藝宧文鈔卷三大誥序說：「讀大誥（書）序而知非聖人不能作也。」

又康誥酒誥梓材序說：「凡聖人箸之於經者，使後人信不使後人疑，故（逸周書）度邑有『建庶』之文，恐學者不得其說，不以列於百篇。百篇義皆可知，恐學者亂之，復系以序，蓋讀百篇而明其義，則所刪之餘皆可讀也。」

同邑後學劉逢祿作書序述聞，述其說（多直引莊先生曰），亦論書序出孔子手。

清乾嘉、嘉道學者，遵舊說謂孔子作書序者，

江聲尚書集注音疏卷十一：「孔子編書，欲以垂世立教，不中乎恉，後學安所取衷？則孔子自不容不作敍。」

宋翔鳳作尚書譜謂孔子作書序。

陳喬樅今文尚書經說攷卷三十二上據論衡，謂：「(書)序實孔子所作也。」

晚清之信書序孔子作者，此記二家於下，

鄭杲鄭東父遺書卷三：「今夫書序，無以擬之，……擬諸禮經之記，庶幾似之，何者？禮經之記，亦是尊之爲經，而未嘗發其指也。自今以往，學者尊序爲經，而大傳爲傳，以與諸經傳記相證明，則書其有明之一日矣乎？」

一若漢歐陽家等，尊書序爲孔子手著之經。

別有山東魚臺馬邦舉，嘉慶進士，言書序原爲孔子意，口授以傳，後之經師始著于竹帛，且見于史記之書序之篇者，爲孔氏舊書，它未必亦是，其書序畧考頁十二：「孔子序尚書者，非必自著竹帛也。史記載孔子之于春秋曰『口授弟子』；秦漢間各經皆由棘下生口授，故公羊傳至景帝時胡母子都始著竹帛也。凡書序之見于史記者，必孔氏書也。史記又言孟子『叙詩書』者，『述仲尼之意』，口授弟子云爾；言述不言作，非孟子始有此說也。經師既以孔子之意著于竹帛，故七畧稱『孔子序書，言其作意』也。」

清末代今文大家皮錫瑞今文尚書攷證卷三十信今文書序如史記所引乃孔子作，竟略同馬氏此說。

(二) 論書序孔子作筆法同春秋經及其駁義

宋張九成論孔子作書序（已見上節，下放此），以擬作春秋：

識夫子序書之意，然後知吾夫子作春秋之心矣。其造化之妙，鑪錘之工，蓋與乾坤同用、六子同機。……其曰「昔在帝堯，聰明文思，光宅天下」者，此葢指帝堯平生用處，爲天下後世言也，如三畫圖乾，六畫圖坤，錯綜圖六子，使乾坤六子無所逃其妙。而「聰明文思，光宅天下」止八字耳，其探索鉤致，堯之賾隱深遠，亦無所逃其妙矣。

非吾孔子其誰有此見識，批判而不疑乎？……獨曰「將遜于位，讓于虞舜，作堯典」，何也？曰：此與作春秋同幾，其予奪抑揚進退去取，乾坤之功、六子之妙也。夫堯之德、堯之用賢、堯之同天、堯之知人，其幾莫敏于遜位也。（宋黃倫尚書精義卷一堯典書序下引）

案：序「昔在帝堯」三句，撮取堯典本經見成首數句，庸手尚優爲之，何必須夫子？禪讓者，此篇之重心，經美堯德「允恭克讓」，厥臣若舜、禹、垂、益皆能有讓，中人讀書，亦能察而表之，九成以方夫子春秋之幾用，得毋過譽之乎？

甘誓書序，宋錢時、陳經竝謂合夫子春秋筆法，

錢融堂書解卷四：「孔子序書，書『戰』而不書『大』，所以微寓意于君臣之大分。不曰有扈何罪，不曰夏王，不曰征，而獨曰『啓與有扈戰于甘之野』，春秋責賢者，備其旨深矣。若有扈之罪，則固不待言也。」

陳尚書詳解卷七：「夫子序此書，直言『啟與有扈戰于甘之野』，則知有扈氏有無主之心，視天子如儕匹，以一國之微敢與天子抗，則其陰謀爲叛逆之事已非一日之積矣。」

宋蔡沈恰與錢陳反，以爲甘序不協麟經筆法，

書蔡傳書序辨說：「經曰『大戰于甘』者，甚有扈之辭也；序書者宜若春秋筆然。春秋：桓王失政，與鄭戰於繻葛，夫子猶書『王伐鄭』，不曰『與』、不曰『戰』者，以存天下之防也。以啓之賢，征有扈之無道，正『禮樂征伐自天子出』也。序書者曰『與』、曰『戰』，若敵國者何哉！孰謂書序爲孔子作乎？」（清簡朝亮尚書集注述疏卷末上書序辯引用蔡說）

案：既直書臣與君戰，上下之分已失；去「大」字，無寓意，省文耳。不及扈罪，亦省文。不書夏王而作啓，直稱帝王名，虞夏商書書序常見，堯、舜、禹、太康、成湯、祖乙、盤庚皆是，並無深意。啓攻有扈氏，至於「國爲虛厲」（莊子人間世篇），經曰「大戰」，非甚過之辭，序謹依經意，書「與……戰」，何必若春秋周天王戰列國之筆，曰「征」、「伐」？言甘序合春秋筆削，或據謂失麟經書法，均非篤論也。

胤征書序，宋蘇軾以爲寓義褒貶，是仲尼書法，一若春秋然，

東坡書傳卷六：「胤（原作徻（亂？），不成字，下同；今皆徑改）征之事，益出于羿，非仲康之所能專。……義和，湎淫之臣也，而貳于羿，益忠于夏也，如王凌、諸葛誕之叛晉，尉遲迥之叛隋，故羿假仲康之命以命胤矦而往征之。……孔子敘書，其篇曰『義和湎淫，廢時亂日』者，言其罪止于此也。曰『胤往征之』者，見征伐號令之出于胤，非仲康之命也：此春秋之法。」

錢時略從蘇說，亦謂書序書法合春秋大義，

融堂書解卷四：「孔子序書，獨曰『胤征之』：不書王命，何哉？明非王命也。羿……立仲康，遂專國政。……義和不平于羿，……忠君之志未明，而失職之罪先著，羿遂得以爲之辭焉，然則胤之往征也，實羿命之，非仲康之命也，故孔子首書『湎淫』，以正義和失職之罪。不書王命，以著賊羿無君之惡；春秋作而亂臣賊子懼，可于是乎見之矣。」

案：序云「胤往征之」，實據眞胤征本經（僞古文胤征「胤后承王命徂征」），蘇錢變亂史實，臆度胤侯矯命專征，謂序是孔子筆法，林之奇尙書全解（卷十三）、夏僎尙書詳解（卷九）已援古史籍以甄其失矣。

宋永嘉鄭伯熊論伊訓、太甲、咸德關涉伊尹者之篇書序，爲春秋筆法，其敷文書說頁二十——二一：「孔子序書，……。書之序，春秋之法也：其『成湯既沒，太甲元年，伊尹作伊訓肆命徂后』云者，爲桐宮之營張本，以明伊尹之初心也。曰『太甲既立，不明』者，危成湯之業也。曰『伊尹放諸桐』者，伊尹不得已之權而爲法受惡也。曰『三年復歸于亳，思庸』，敘伊尹之績也。……曰『伊尹作咸有一德』，以明伊尹之於太甲，其出其歸，皆志於成其德也。夫然後伊尹之志較然昭著於天下。……聖人於太甲之書，反覆致意，體常而盡變，存正以明權，故曰春秋之法。」

案：四庫提要卷十一評其「誤信書序，謂眞孔子所作，……未免牽合舊文，失於考證」，良是，鄭蓋合僞古文伊太咸三經、孟子及史傳，騁辭議論，本爲發科而作，學術興趣殊少。泰誓書序作「一月」不作「正月」，宋呂祖謙以爲孔子筆法如此，東萊書說卷十四：

一月者，孔子序書深寓春秋之法也。春秋十二公，惟定公無「正」，蓋以昭公之喪未歸，定公未立，舊君之天命已終，新君之正朔未告，故不書。此書一月者，亦謂當時殷之正朔已絕，周之正朔未頒，故只云「一月」。

宋袁燮說同呂，進而論十一年亦合春秋之法，絜齋家塾書鈔卷八：

序稱十一年，書稱十三年，……伐紂雖在十三年，然當其觀兵之時，伐商之心蓋始於此，所以孔子定爲十一年，春秋之法也。一月戊午，此即十三年之一月，孔子書法甚嚴。觀書一月，便可見不曰正月而曰一月，正者正也，是時無王不得爲正，故不稱正而稱一。」

案：謂武王九年觀兵，十一年伐殷作泰誓，果如袁意，伐商之心始於九年，序當作「惟九年，武王伐殷」矣。伐商當十一年，序直據眞泰誓本經，不涉春秋筆法。序一月，亦據眞經，眞泰誓雖逸，但眞古文武成本經曰「一月壬辰」，不作「正月」，推知眞泰誓本經亦必作「一月」：均直書之，不講所謂春秋筆法也。

洪範書序「武王……以箕子歸」，宋薛季宣、呂祖謙竝謂有春秋筆法，

薛書古文訓卷八：「書序：『武王勝殷，以箕子歸，作洪範。』春秋之法，書『以歸』者，皆強之也。史記『武王封箕子於朝鮮，而弗臣』，武王固不敢臣箕子矣。……朝鮮，今高麗國也，書云『王訪箕子』，猶虞之詢四岳，即問于彼，故謂之訪。」

呂東萊書說卷十七：「孔子序書與春秋同筆，……自有易直正大之體。……『以箕子歸』，『以』之一字，不可不深求也。箕子與微子、比干言『人自獻于先王，我不顧行遯』，是無歸周之意矣。書『以箕子歸』，見箕子之心不歸周；以箕子歸者，武王也。」

案：隱七年春秋經「戎伐凡伯于楚丘以歸」，杜注：「但言『以歸』，非執也。」孔正義：「杜意言『以歸』者，以彼隨己而已，非囚執之辭。……穀梁傳云『以歸，猶愈乎執也』。」則春秋「以歸」，迫與（以，與也）之俱歸（至戎國）也。薛呂竝援以解書序「以歸」，謂武王挾箕子歸至周鎬京，非箕子所願也。夷考書序「以」當釋「因」，以箕子歸，因箕子來朝而問之也，尙書大傳：「武王釋箕子之囚，箕子不忍周之釋，走之朝鮮。武王聞之，因以

朝鮮封之。箕子既受周之封，不得無臣禮，故於十三祀來朝武王；因其朝而問洪範。」（洪範書序孔正義引）非如春秋戎以凡伯歸之類，迫箕子與俱歸鎬也。

大誥書序「三監」、「相成王」、「黜殷」，宋錢時以爲聖人運春秋筆法，故如此云，融堂書解卷十一：

書稱「殷小腆，誕敢紀其敍」，而孔子敍書獨言「三監及淮夷叛」，而不言武庚，所以明造謀者非武庚，三監實爲之耳。東征者，周公也，成王未嘗往也，序曰「相成王，將黜殷」，所以明征東之役雖決策于周公，實相成王以舉事，爲成王討叛也，非周公自爲討也。然前書「三監及淮夷叛」，而後止書「將黜殷」者，蓋殷乃作亂之根，有武庚在，故羣盜挾之以起，以動商眾，此皆斷自聖心，春秋之筆也。（此前，宋呂祖謙東萊書說卷十九：「……不言武庚，乃言『三監及淮夷叛』者，蓋武庚之叛生於三監之謀，欲閒周公，孔子灼見其情，春秋一字之貶也。」略同，附併於此下）

案：監，諸侯也（諸侯謂之監國者）；三監，武庚（殷小腆，殷小國之諸侯也）、管叔、蔡叔（無霍叔）也，言三監即包括武庚，則書序非不言武庚，無所謂聖筆矣。周公相成王不稱王，故書習見，春秋經亦無類似筆法也。

康王之誥書序「遂誥諸侯」，呂祖謙以爲有微言大義，東萊書說卷三二：

此孔子之書法也。遂，繼事之辭也。既宅尊位，繼即誥諸侯，其辭之迫，則其勢必有不容已（原誤刻作巳，今逕改）者。四國流言之變未遠，亟須新天子之號令，所以鎮浮議而折姦萌。

案：康王應召公芮伯之告，當即報誥，書序依以著「遂」字，尋常行文耳，未見辭迫勢急，不知孔子書法如此。

書序君牙「周大司徒」，冏（囧）命「周太僕正」，兩序均著「周」字，或者謂有筆法，蔡沈致疑，

書蔡傳書序辨說：「序無所發明，曰『周』云者，殊無意義。或曰此春秋『王正月』例也。曰：春秋魯史，故孔子繫之以王，此豈其例乎？下篇（囧命）亦然。」

案：王朝、列國皆有大司徒、太僕，書序於此二官上各加「周」字，明以區別天王與諸侯國之官，加「周」，屬天子官，不加則屬諸侯國大司徒、太僕正也（已詳上朱子及其後學者難書序卷）。

以爲書序當春秋筆法者，呂太史祖謙力主，然亦有時覺而難通，不得不曲說之，其說秦誓書序「秦穆公伐鄭」曰：

秦穆因杞子之閒潛師襲鄭，書法宜曰「襲」不宜曰「伐」；師未加鄭，移兵滅滑，書法宜曰「滑」不宜曰「鄭」。正其出師之名曰「伐」，發其謀也；正其受兵之國曰「鄭」，誅其心也。……立義之精如此，書之序、春秋之策，其同一筆乎？

持秦誓及費誓書序以照春秋書法，論其不合者多事，請辨正於下：

元鄒季友書集傳音釋書序引其曾祖父近仁之言曰：「魯之先君，當諱其名，乃書曰伯禽；春秋書『秦伯任好』，此乃書秦穆公，皆非聖人筆削之例。朱子曰：此說極是。」（趙貞信書序辨序引此鄒說，論曰：「春秋有沒有經過孔子筆削，這是另一個問題，

但孔子不會直斥伯禽之名而稱秦伯爲秦穆公，這總是可信的。」（載古史辨册五上編，併附於此）

清簡朝亮尚書集注述疏卷末下書序辯：「論語稱伯禽曰魯公，不名也；論語非史也。今序曰伯禽，序者以爲史孌然也。經言淮夷徐戎，今序曰徐夷，不嫌於徐之夷乎？此於文未適也。」

民國鍥齋書序說：「如費誓序有『魯侯伯禽宅曲阜』之語，魯侯、魯人之所當諱，不應直斥伯禽之名，其非周人所作無疑。序中如秦誓則尊穆公爲秦穆公；……穆公者，春秋書『秦伯任好』，周人不應稱公。」（中和月刊四卷四期，民國三十年四月）

請先以童書業「書序辨序評」論之，

此語實不足以折服持孔子作書序說者之心。伯禽，字也（原注：伯禽名保，保即俘字，說見郭沫若殷周青銅器銘文研究），稱伯禽，爲（當作「如」，鉛排誤字）稱仲尼，後儒之尊孔子至矣，亦時稱仲尼，蓋古者稱字，亦所以表尊尚之意。至稱秦伯任好爲秦穆公，亦常事耳；論說（語？）嘗稱齊桓公、晉文公，何故至書序即不可稱秦穆公（原注：春秋是否孔子作，趙君固無肯定之詞；但即使春秋爲孔子作，春秋亦與書序體例不同，不得比擬；且「春秋秦伯任好」之文，或爲舊史所書，修春秋者仍之耳）？（載浙江省立圖書館館刊三卷五期，民國二十三年十月）

案：童評未周。「秦伯任好卒」，見左傳文六，春秋經無是稱也，諸家盡失檢。魯侯，以稱魯國國君，有莊公（莊六公羊傳）、僖公（文元穀梁傳），昭公（昭五左傳）、定公（定十左）、成公（成十六左），伯禽、亦魯君也，爵侯，自亦得稱魯侯，詩閟宮記伯禽之封曰：「（成）王曰叔父：『建爾元子，俾侯于魯。』……乃命魯公，俾侯于東。」書序「魯侯」下若不連題字號（伯禽），則爲魯何君莫辨。至秦君，見稱秦惠公（哀四經）、秦景公（昭六經）、秦康公（文七左）、秦穆公（文三左），是稱謚稱公亦常有，書序稱秦穆公，又何異焉？且夫秦伯，以謂秦多君（見春秋經傳，彼依繫年，知秦伯爲某君），此若但作秦伯，何以別乎？此魯侯伯禽、秦穆公不容不稱也。左傳亦稱任好爲穆公，傳豈秦人著作乎？鍥齋誤之甚矣！

明樊良樞謂書百篇序，皆契春秋義例，略依杜預春秋左氏經傳集解序言春秋爲例之五情「一曰微而顯，文見於此而義在彼；四曰盡而不汙，直書其事」等泛論四代之書序出諸聖筆，書序在五十八篇之外，……由是篇以讀經文，乃得其義，……蓋序述二帝之德顯而微，序夏商直以簡，序周□□，疑非聖人不能作也。」（經義考卷七三載。敏案：樊氏，萬曆進士，無尙書學專著）

(三) 書序非孔子作

宋人明言書序非孔子作，吳棫最早，見載宋王應麟漢藝文志考證卷一「孔子纂焉，上斷於堯，下訖于秦，凡百篇，而爲之序，言其作意」下：

吳氏曰：「先序者，孔子之序，猶詩之大序也；再序者，當時之序，猶詩之小序也。」

先序，不知所指謂（非謂書大序，書大序自稱孔安國臨淮作）；再序，指謂書序（書序每條十餘字爲常，渾然一片文，不能如詩小序分「首句」、「後句（以下）」），吳既上云先序，孔子作，則再序，云非孔子作明甚。

朱子於舊說「書序爲孔子作」，疑之，

朱子語類卷七九：「問：『勝殷殺受』之文是如何？曰：看史記載紂赴火死，武王斬其首以懸于旌，恐未必如此。書序某看來煞有疑，相傳都說道夫子作，未知如何？」

武王以黃鉞斬紂頭，逸周書、史記竝載，洪範書序據先秦古史籍，朱子疑序非孔子作，是，但此又疑其記事，則非是。

朱子又斷小序（即書序「昔在帝堯」至「還歸，作秦誓」一千一百零一字，相對於書大序而言，故稱），

朱子語類卷七八：「小序斷不是孔子作。」

又：「書小序亦非孔子作，與詩小序同。」

朱文公文集卷五四答孫季和：「古今書文，雜見先秦古記，各有證驗，豈容廢紬？不能無可疑處，只當玩其所可知，而闕其所不可知耳。小序決非孔門之舊，安國序亦決非西漢文章。……孔氏書序與孔叢子、文中子大略相似。」

又卷六五雜著書大序解：「今按此百篇之序，出孔氏壁中。漢書藝文志以爲孔子纂書而爲之序，言其作意。然以今考之，其於見存之篇，雖頗依文立義，而亦無所發明。

其間，如康誥……則與經文又有自相戾者。其於已亡之篇，則伊（依？）阿簡略，尤無所補。其非孔子所作，明甚。」

案：詩小序「關雎，后妃之德也」、「殷武，祀高宗也」等共三百十一條之倫。，朱子謂乃漢儒作，非孔子作（朱子語類卷八十），而書序與之同倫，自亦非孔子作。朱子答孫氏「（書）小序決非孔門之舊」，比觀下文「（孔）安國序、孔氏書序（竝謂書大序）亦决非西漢文章，……與孔叢子、文中子大略相似」，則於書大小序朱子皆以論其作者（非謂今本小序非孔門舊本，而認有後人竄改），而謂小序非孔子作。孫氏殆欲廢絀書小序，朱子則以爲此乃先秦古書，類經之傳記，不可遽言廢絀。又朱子論見存本經之書序無發明，已散見於前文，下文亦將續加徵引討論，而逸亡目篇書序問題，前已特立「責書序錄逸亡目篇而說之無徵不信」卷，明之矣。

書小序記康誥爲成王命叔父康叔之書，朱子用胡宏、吳棫說定爲武王命弟康叔之書，云書序如爲孔子作，安得巨誤如此？

朱文公別集卷三答孫季和：「書小序又可考，但如康誥等篇決是武王時書，却因『周公初基』以下錯出數簡，遂誤以爲成王時書。然其詞以康叔爲弟，而自稱寡兄，追誦文王而不及武王，其非周公成王時語的甚（原注：吳材老、胡明仲皆嘗言之。）……。太史公雖用其體，而不全取其文；……遷書之體，或未必全是師法書序也。大抵古書多此體，如易序卦亦是此類，若便斷爲孔子之筆，恐無是理也。」

朱子語類卷七九：「康誥三篇，此是武王書無疑。其中分明說『王若曰：孟侯，朕其弟，小子封』，豈有周公方以成王之命命康叔，而遽述已意以告之乎？決不解如此。五峯、吳才老皆說是武王書，只緣誤以洛誥書首一段置在康誥之前，故敘其書於大誥、微子之命之後。」

又：「『惟三月，哉生魄』一段，自是脫落分曉，且如『朕弟，寡兄』是武王自告康叔之辭無疑。蓋武王、周公，康叔同叫作兄，豈應周公對康叔一家人說話，安得叫武王作『寡兄』以告其弟乎？蓋寡者是向人稱我家我國，長上之辭也，只被其中有『作新大邑于周』數句，遂牽引得序來作成王時書。……若是成王，不應所引多文王而不及武王，且如今人纔說太祖便必及太宗也。」

大學或問：「孔氏小序以康誥爲成王周公之書，而子以武王言之何也？曰：此五峯胡氏之說也。嘗因而考之，其曰『朕弟，寡兄』者，皆爲武王之自言，乃得事理之實，而其他證亦多。小序之言不足深信。」

案：今本康誥首「惟三月，哉生魄，周公初基作新大邑至公……乃洪（降）大誥治（辞、辭）」四十八字乃它篇錯簡（蘇軾先有說），不得作爲本篇乃周公稱王誥弟康叔之證；本篇「王曰」王，武王發也，故呼康叔曰弟，而自稱兄，此申胡宏、吳棫之論；王既爲武王，故篇內多稱文王而不可能自稱——武王。又武王克殷，初封康叔於康，作康誥（即今本）；周公相成王時分封，乃徙封康叔於衞，亦又作康誥（見定四年左傳，此康誥篇已亡），後世（含書序作者）誤後康誥爲前康誥，因誤前康誥爲成王命書，此其主要原因，胡吳朱見實未及此。（攸關康誥，參詳上朱子及其後學者難書序卷）

蔡沈法朱子，亦作書序辨說（今存全），卷內明言書序非孔子作者多條，論列如下：

蔡傳書序辨說卷端：「今考序文，於見存之篇，雖頗依文立義，而識見淺陋，無所發明，其間至有與經相戾者。於已亡之篇，則依阿簡略，尤無所補，其非孔子所作明甚。」（此文幾全襲朱文公文集卷六五書大序解，甫見上引）

卷端所揭書序之失，具分篇議論如後。

夏社書序，蔡謂非聖人（成湯）之徒（孔子）作，書蔡傳書序辨說：「程子曰：『聖人不容有妄舉，湯如欲遷社，衆議以爲不可而不遷，是湯有妄舉也。蓋「不可」者，湯不可（之）也。』（皦案：亦略見河南程氏遺書卷二上）……恐未必如程子所言，要之，序非聖人之徒，自不足以知聖人也。」

湯既克夏，欲遷社夏社事，別見史殷紀與封禪書、漢書郊祀志、漢應劭說及書序鄭注，說雖不盡同，要之，欲遷夏社是實，卒從衆議而不行，吁俞之際，唯聖人有以取舍，何必横生疑難？

俘寶，理非聖人所急，而典寶書序記聖湯俘寶，本經又亡不可映證，蔡因疑此序亦非聖人（湯）之徒（孔子）作，

書蔡傳書序辨說：「俘，取也。俘厥寶玉，恐亦非聖人所急。」

案：逸周書世俘篇：商紂取天智、玉琰五，環身厚以自焚；此玉殆即湯俘玉所貽。湯俘玉于夏，武王亦俘玉于商，正猶九鼎既成遷于三國也（參章炳麟古文尙書拾遺定本，制言二十五期，民國二十五年九月）。夫典寶，常寶也，斯國之庸器，將子孫世守其物，則俘玉，固聖

君之所急，曷疑焉？

蔡氏據僞古文本經，責說命書序於經無益反損，

書蔡傳書序辨說：「經文『乃審厥像，俾以形旁求于天下』，是高宗夢得良弼形狀，乃審其狀貌而廣求於四方；說築傅巖之野，與形象肖似。如序所云，似若高宗夢得傅說姓氏，又因經文有『羣臣百官』等語，遂謂使百官營求諸野，得諸傅巖，非惟無補經文，而反支離晦昧，豈聖人之筆哉！」

案：書序止記高宗夢人名說（史記封禪書據之），依眞說命本經爲言也，蔡氏增益狀形情節，據僞以疑眞也。

蔡氏申繼朱師意，以康誥失史眞，論必非孔子作，

書蔡傳書序辨說：「胡氏曰：『康叔，成王叔父也，經文不應曰「朕其弟」；成王，康叔猶子也，經文不應曰「乃寡兄」。其曰兄曰弟者，武王命康叔之辭也。』序之謬誤，蓋無可疑。……又案：書序似因康誥篇首錯簡，遂誤以爲成王之書，……然書序

之作，雖不可必為何人，而可必其非孔子作也。」

又康誥篇題蔡傳：「書序以康誥為成王之書，今詳本篇，康叔於成王為叔父，成王不應以弟稱之。說者謂：周公以成王命誥，故曰弟。然既謂之『王若曰』，則為成王之言，周公何遽自以弟稱之也？且康誥……言文王者非一，而略無一語以及武王，何邪？說者又謂：寡兄勗（勖）為稱武王，尤為非義，寡兄云者，自謙之辭，寡德之稱，苟語他人猶之可也，武王，康叔之兄，家人相語，周公安得以武王為寡兄而告其弟乎？或又謂康叔在武王時尚幼，故不得封，然康叔武王同母弟，武王分封之時年已九十，安有九十之兄，同母弟尚幼不可封乎？且康叔文王之子，叔虞成王之弟，周公東征，叔虞已封於唐，豈有康叔得封反在叔虞之後，必無是理也。又案：汲冢周書克殷篇言『王即位於社南，羣臣畢從，毛叔鄭奉明水，衛叔封傅禮，召公奭贊采，師尚父牽牲』，史記亦言『衛康叔封布茲』，與汲書大同小異。康叔在武王時非幼，亦明矣。特序書者不知康誥篇首四十八字為洛誥脫簡，遂因誤為成王之書，是知書序果非孔子所作也。

康誥……篇次，當在金縢之前。」

案：武王時，康叔年已長，可受封。且據嘉禾書序，成王時，唐叔成王同母弟已受封，不應叔父康叔之封反在姪後，故始封康叔約在封管蔡同時，而康誥等三篇當次武王時最後一篇書——金縢之前。

多士篇，書序次洛誥之後，云：「成周既成即洛誥所記洛邑建成事，遷殷頑民」，蔡氏論遷殷民在作洛前，因斷曰：「……書序以為成周既成，遷殷頑民，吾固以為非孔子所作也。」敏案：周人遷殷民於洛，早在成王三年已行，書序誠誤（參詳上書序篇次討說卷），但古史湮遠，即仲尼操觚，亦未必無失。

元何異孫以伊訓等書序「成湯既沒」，外丙嗣立，不當即繼云「太甲元年」（參詳前文朱子及其後學者難書序卷），知序非孔子作，

十一經問對卷三：「……蔡傳曰『太甲之為嗣王，嗣仲壬而為王也。太甲是太丁之子，仲壬是其叔父也』。此說正。問：蔡傳之說雖正，而『成湯既沒，太甲元年』，如書序何？對曰：小序若果孔子作，必不如此不合。」

清簡朝亮論書序，甚尊朱子、蔡傳，堅持其非孔子作，其

尚書集注述疏序：「孔子曰：『入其國，其教可知也。其爲人也，疏通知遠，書教也。故書之失誣。其爲人也，疏通知遠而不誣，則深於書者也。』今之爲尚書者，其誣有三焉：……書序孔子作，其誣二也。」

簡氏書之卷末上書序辯首揭序不出孔子手，云：

書序非孔子作也。

其集注述疏本卷及書序辯本全卷，論書序非孔子作甚多，不遑枚舉。

清崔適與康有爲臭氣相投，指書序乃劉歆作，其明言序非孔子作者，錄一條如下：

史記探源卷一書序：「孟子曰『湯崩，外丙二年，仲壬四年』，乃序太甲之事，殷本紀與之同。書序曰『成湯既沒，太甲元年』，直以爲太甲繼成湯而立。豈孔子之數典忘祖歟？抑稽古之力不如孟子歟？其厚誣孔子明矣。」

(四) 書序史官作

西漢末揚雄曰「如書序，雖孔子末如之何矣」（法言問神篇），則謂書序孔子以前之人之著作。夫孔子之前學術在王官，由史官執掌，尙書篇者史官紀錄之辭，傳本猶具明文（如金縢「史乃冊祝曰」、洛誥「作冊逸誥（作冊即作冊史）」，史官作策，載見經本文，將詳下說）。意者，子雲以謂史官既作書篇，又各篇爲之序，用言其作意。

東漢末鄭玄謂書序孔子作（已詳漢至唐人論書序作者卷），第偶爾亦以爲出史官之手，

西伯戡黎序「祖乙……奔告于受」鄭注：「紂，帝乙之少子，名辛，……號曰『受德』，時人傳聲轉作『紂』也。史掌書，知其本，故曰『受』。」（孔正義引）

清江聲尙書集注音疏卷十一書序，始則定鄭言書序爲史氏舊文，

世子生，既命名，必書其生年月日與名而藏之，或爲之美號，亦在所必書；史掌文書，焉有不知？則「受悳（德）」之號，史必知之矣。弟如鄭君此言，則以此敍爲舊史之文。

既而又曲說以自亂之，云：

而鄭又謂百篇之敍，孔子所作（敏案：見孔正義，述，說已詳上。），毋乃自相矛盾乎？曰：否。葢史官錄書，或略敍其作書之繇，容當有敍，但未必篇篇皆有。孔子編書，必有仍舊敍者，亦必有特作者，即可槩云孔子所作，猶春秋本魯之舊史，孔子修之，遂爲孔子作春秋矣。（清孫星衍尚書今古文注疏卷三十上書序、簡朝亮尚書集注述疏卷末上書序辯竝陰襲江此說）

案：尚書本經，以理論之，乃史官紀錄之辭，事實亦猶可灼見，如金縢「史乃冊祝」，史官代周公作祝文且照冊宣讀也；洛誥「王命作冊逸祝冊，……作冊逸誥」，史官逸奉成王命作祝誥文且照冊宣讀也；顧命「太史秉書，……御王冊命」，太史奉成王末命作冊文且宣命太子釗嗣位也。立政「其在受（紂名）德（升也，謂登帝位。）」受、無逸「無若殷王受」受、牧誓「今商王受」受與其書序「與受戰」受及洪範書序「殺受」受，鄭必知之，則顧見本經、書序，而謂二者同出史手，何疑？鄭君解經，往往自我觤戾，吾人正不必曲爲彌縫。又書序出諸一人之手，孔子未見，亦未作，編書教本亦無有附序，江氏謂孔子或因舊敍而修之，或特作序，皆因迴護鄭說致誤！謂史官作書序，失之，辨猶詳下。

至宋，乃有經師響應鄭說，定書序爲史官作者，二林倡首，

林光朝曰：「序乃歷代史官相傳以爲書之總目，猶詩之有小序也。」（經義考卷七三引）

（光朝同里鄭樵說同，題樵撰六經奧論卷二書序曰：「書序出於史官之所題，正如詩之上序，出於當時太史所題。」）

林之奇尚書全解卷一堯典篇題下：「此（堯典）二字，史官之舊題也。古者序自爲一篇，故史官以此二字爲題。」

又卷十四湯誓篇題下：「書序本自爲一篇，蓋是歷代史官相傳，以爲書之總目，吾夫子因而討論是正之，以與五十八篇共垂於不朽。其文多因史官之舊，故其篇次亦有相爲首尾者。」

又仲虺之誥書序：「某竊嘗以謂書序者乃歷代史官轉相傳授，以爲書之總目者，蓋求之五十八篇之序，有言其作意者，如堯典序；……如此篇序，……上一句言其作誥之時，下一句言其所誥之地。……若此之類，其爲史官記載之辭也審矣。」

又卷二一高宗肜日書序：「書之百篇皆有序，漢儒例以爲孔子作。而某竊以爲歷代史

官第（遞？）相傳授，以爲書之總目，至孔子因而次序之，非盡出於孔子之手者。以其閒所序事迹有不見於經而獨見於序者。」

又卷三一洛誥書序：「書序之作，類非一人之所爲，故有一篇之義包括於數句之閒者，如太甲之序。……亦有姑撮其事之始而略載之者，如康誥酒誥梓材三篇，……其序則曰『成王既伐管叔、蔡叔，以殷餘民封康叔，作康誥、酒誥、梓材』。……召誥、洛誥之序，亦猶此也。周公之達觀于新邑營，蓋王城之與成周皆在於規度，此則惟曰『往營成周』，亦是略言之也。『使來告卜』者，當周公之至洛，王尚在塗，故遣使而來，以所得吉卜告於成王也。」

二林，特以之奇說，後之奉其說者甚衆，

宋葉適習學記言卷五：「書序亦舊史所述，明記當時之事，以見其書之意，非孔子作也。不然則『升自陑，放太甲，殺受』，皆其書所無有，孔子胡斷然錄之哉！」

一向取書序孔子作之舊說者，閒亦贊同林說，夏僎尚書詳解卷十五高宗肜日書序：「林少穎謂『書序漢儒例以爲孔子作，某竊以爲歷代史官遞相傳授以爲書之總目，……』。

此說亦有理，故特存之。」

馬廷鸞曰：「林少穎謂……書序自爲一篇，故以『昔在帝堯』起於篇首，如孔氏序云『古者伏羲氏之王天下也』。今案：堯典之後接舜典則曰『虞舜側微』云云，接禹謨則曰『皐陶矢厥謨，禹成厥功』云云，足證古序自爲一篇，而相續之辭如此：此蓋史氏舊文也。又案：……太史公五帝本紀序傳之文與今書序堯典之說，一也，是皆古策書史官之序如此。今史記序傳亦自爲一篇。」（元董鼎書蔡傳輯錄纂註書序引）

元何異孫十一經問對卷三：「問：篇名是史官名之，抑孔子定書而名之？對曰：當時史官記述之時，就以名篇，如詩篇相似，國史收詩之時，就其名詩曰『某』也。問……（太甲）三篇皆伊尹訓也，何必以『太甲』名篇？對曰：師保之訓，太甲之悔，史官以其首尾本末非一篇可敘述，且又自有伊訓一篇，故名之以『太甲』。」

清盧見曾雅雨堂集卷四尚書大序辨：「書序，司馬遷、班固皆謂孔子所作，愚意即非孔子，亦當如林少穎所云『歷代史官轉相授受』，而非後人之僞造也。（孫）仲愚（寶侗）之論，恐開學者不信古不好古之漸，故辨之。」

民國蔣善國尚書綜述頁六五：「書序原來是史氏舊文，齊魯經師在秦并天下後整編尚書爲百篇時，當把記明本事的史氏舊文編成百篇書序。」說緣林之奇、葉適而下者。

案：二林、鄭、葉、夏、馬、何、盧說，總評於下：

一、各篇書序，記時則早晚相次，記事則上下銜接，是作者相顧爲文，原總爲一篇（說已詳上書序原自爲一編卷），誠如林之奇、馬所論，唯必之爲史官初作，轉相傳授乃列於此，則無實據。詩大序「國史明乎得失之迹，傷人倫之廢，哀刑政之苛，吟詠情性，以風其上」，林光朝、鄭據此謂詩小序乃史官作，而度書序與同倫，故斷亦出史手。不知大序此文，實謂國史掌詩（參看鄭玄答張逸問及孔正義），矧詩序亦非國史作。林、鄭失據。

二、書序一千一百零一字，出一人之手，但體例不盡一致，詳略不齊，林之奇有見於此，遂以爲先後出諸歷代史官，故不齊，非也；又爲書序者，有於篇本經之外徵增資料以昭經義者，非必僅史官能爲是，林亦以輔證書序出史氏手，林、葉說亦不可信。

三、書，號令也，史官作冊，初無篇名。經籍引書舉篇名，昉於戰國，因當時篇名猶未固定，故諸書稱述，頗不齊一（如堯典，禮記大學引作帝典；酒誥，韓非子說林上引作康誥等是。），至周秦之際，爲書序者乃參酌舊引，繹察經意，題曰堯典、舜典、……大誥、康誥、……秦誓等共八十一目。目非史官所題，且史作書亦毋需題標，正猶詩人詠唱情性，爲三百十一篇，關雎、桃夭、巧言……等之名篇後添，詩序非國史作，其篇名亦非出史手。林、何氏失考。

四、書序，敍經一篇作意，功等同傳注（已詳上書序敍作意、詮經字卷），史官承君命作書，無緣又自爲之注，矧當日號令，語文天下所共曉，固不俟序注而後明，序非撰各篇本經之史官作，彰彰明矣。

鄭玄以「史掌書」，作西伯戡黎書序已見上引，宋元人推廓其意，生所謂史官所掌書原有序，二林、鄭、葉、馬、何等是也。至清初，朱彝尊又更予衍申：

周官外史之職，掌達「書」名于四方，此「書」必有序。而今百篇之序，即外史所以達四方者，其由來也古矣。（曝書亭集卷五九書論二）

百篇之序，實自漢有之，竊謂周官外史，達「書」名於四方，此「書」必有序。而今百篇之序，即外史所以達四方者，其由來古矣。（經義考卷七三）（清毛奇齡古文尚書冤詞卷三、姚永樸尚書誼略竝節引朱此說，表示贊同）

案：書名：尚書之篇名，若堯典、禹貢；或尚書之文字，若「曰若稽古帝堯」、「禹敷土，隨山刊木」：鄭玄注如此；咸謂本經，外史通達之於四方，使知之。竹垞謂此「書」必有序，達四方者即此序，解周官經、鄭注竝失其義矣。

又案：矧原始尚書本經，成篇之初，勿需有序（後世人感覺需要，方有書序之作），明郝敬尚書辨解卷九：「夫序者，直也，作者有未明之志，序以直之。易無序卦，則不知演易之意；詩無古序，則不知美刺之由，皆篇中所未傳，懼來者之無稽，故著爲序。……如書序，衹依篇中文義重複演説，不用固無傷。」

清簡朝亮尚書集注述疏卷首：「詩非序不明，易非序難次。書與詩易不同，蓋史之所書，序在斯矣，書而又序，若綴旒然。」

又卷末上書序辯：「然史之爲書，皆自序其事於其篇，則書所繇作既明，又可因而爲次矣；豈如詩非序不明，易非序難次者乎？書而又序，若綴旒然，古史不當若斯也。史記、漢書倣之而作序焉，皆未察爾。且二史者，司馬氏、班氏皆自作之，爲一家言，其序皆相應也。而書序或不應其書，則其序非史之自作矣。」

案：郝氏謂作尚書者心志，盡明見於本經，故書序不需復著，簡氏逕謂史官作尚書，敍事之意昭明，已具於本經，而又別爲書序則綴複，故書篇本無序，序非史官作。二家說雖是，然而未臻深切。

(五) 書序乃後人所作

朱子通觀書序全文，大抵定書序決非孔子作（已詳上書序非孔子作卷），但隨機答問，有時或不確爲何人作，

朱子語類卷七八：「尚書小序不知何人作。」

朱子答諸生，時而又謂書序乃後人作，

朱子語類卷二五：「問：吳氏裨傳謂『書序是後人傳會，不足信』。曰：亦不必序，只經文謂（下節引西伯戡黎及僞仲虺之誥本經，此略去），……後人多曲爲之說以諱之。」又卷五八：「問：外丙二年，仲壬四年，（趙岐、程頤）二說孰是？曰：今亦如何知得？然觀外丙、仲壬，必是立二年、四年，不會不立。如今人都被書序誤，（伊訓等）書序云『成湯既沒，太甲元年』，故以爲外丙、仲壬不曾立。殊不知書序是後人所作，豈可憑也？」

案：書序言孫太甲事推本於祖父湯，非謂外丙、仲立不曾立（說已詳朱子及其後學者難書序卷）。吳朱所謂「後人」，相應於本經而言，謂書篇某人作，書序爲書篇之後另人作。二家又皆嘗定書序非孔子作，則殆指其爲遲於孔子之「後人」作。蔡沈書序辨說謂堯典書序乃「作者追言作書之意如此」，同其朱師意，亦定書序「後人」作也。

孫寶侗以逸書之篇多不典，百篇外猶有書篇如伯禽、唐誥等，因謂「書序爲後人僞作」，其說無理（辨已見上論書序闕列百篇外尚書失當卷），而清李惇申之，其

羣經識小卷八：「唐誥、伯禽之命，並逸書也。杜解不以爲書名者，以書序無之故也。然如杜說則文義不協，例亦不符。不知此正足以見書序之僞，不當訓爲人名也。」

案：左定四年傳「唐誥」，一若書序「康誥、召誥、洛誥……」等篇名體例，故杜注云「唐誥，誥命篇名也」。同年左傳又云「……命以伯禽」，似不合尙書篇名常體，故杜注謂是人名，云「伯禽，周公世子，時周公唯遣伯禽之國，故皆以付伯禽」，釋「命以伯禽」爲「以付伯禽」，以伯禽爲人名。唯比觀下文「命以康誥，命以唐誥」，則當爲篇名（參孔正義引劉炫說），篇名伯禽誥（或魯誥）或伯禽之命。杜注誠不協不符。但此兩篇本經，書序者或

書序爲僞書。

未見原文，或仍不合編收標準，故棄不入，亦非誤「伯禽誥」爲人名而缺收，尤難憑此以定

㈥書序王肅之徒僞作

旅獒書序「太保」云云、僞古文旅獒本經「太保乃作旅獒」，清崔述以爲「太保」者稱召公奭，武王命書不當著之，因「疑（僞）書（本）經與書序出於一人之手」（豐鎬考信錄卷八，引文已詳責書序「太保」失稱卷）。僞古文本經，崔謂「乃南渡以後，晉宋之間，宗王肅者之所僞撰，以駁鄭義而伸肅說者耳」（古文尚書辨僞卷一），則固亦定書序爲東晉、劉宋之際王學之徒所撰者矣。夷考包含旅獒在內之僞二十五篇，東晉時已出現，范曄（劉宋初葉元嘉時人）之祖父甯爲作集解，的非晉宋之際人始僞，若書序與之同爲一人撰，則至遲在東晉之前已成書；矧書序出孔壁，兩漢、魏（如王肅）以至西晉人（含杜預、束晳）所親見，固亦非晉宋間人僞撰，東壁失考。

㈦書序漢人作（上）

民國鍥齋書序說以爲秦博士作書序，云：

序中如秦誓，則尊穆公爲秦穆公，而泰誓序「一月戊午」則又用秦曆。穆公者，春秋書「秦伯任好」，周人不應稱公；秦曆者，秦人之所用，周人尚未之知也。由是言之，則書序似非周人所作，必秦季博士之所爲也。蓋博士傳經，既授章句，必授大義。古經無刊本，竹簡傳書，殊非易易，意者師弟子授受之間，必將每篇經文大意簡錄數語，係于篇首，使學人易明。是則書序之作，猶今人之作題跋提要；題跋提要，未必即盡一書之義。而博士傳經，在授章句，所作書序，故亦未必盡是聖人之旨；然而師弟子展轉傳錄，書序遂附以傳，此西漢今文家說書之所以兼存書序也。（中和月刊四卷四期，民國三十二年四月）

案：民國趙貞信書序辨序「泰誓序說『一月戊午』，……一月是秦曆，不是周時的孔子所能用」（古史辨冊五上編），此鍥齋云泰誓序用秦曆之所本。夫書序「一月」當援本經，逸尚書武成「惟一月壬辰」，亦用「一月」，豈孟子所親見斯經作者亦用秦曆乎？金文有「隹(唯)一月既生魄」、「唯一月初吉」（竝見金文詁林卷一頁二），豈又西周竟用秦曆乎？必不然矣。又言書序稱秦穆公，非周人語調，說亦未的，已詳上論書序孔子作筆法同春秋經卷。至論博士傳授章句大義一節，以漢經師課業上推度先秦，亦未能必其如此也。

嬴秦博士，入漢傳尙書而最顯者，非伏生莫屬。伏生，故秦尙書博士，始皇焚書之年，年約五十六（詳拙作漢代第一位經學大師伏生，國文天地七卷八期，八十一年一月）。其在漢孝文世，授尙書，爲私學，度其昔在秦朝，亦必以官學教人，則鍥齋謂秦博士作書序者，其意在伏翁乎？西晉杜預春秋左氏經傳集解後序曰：

（竹書）紀年……稱：「……伊尹放大甲于桐，乃自立也。伊尹即位放大甲，七年，大甲潛出自桐，殺伊尹，乃立其子伊陟、伊奮。」……左氏傳：「伊尹放大甲而相之，卒無怨色。」然則大甲雖見放，還殺伊尹，而猶以其子爲相也。此爲大與尚書敘說大甲事乖異。不知老叟之伏生或致昏忘，將此古書亦當時雜記，未足以取審也？（在左傳正義全書之末）（左傳孔正義曰：「竹書說伊尹傳之事，與書序大乖。杜……唯以書序考正，疑伏生昏忘，虛傳此事，又疑竹簡雜記，未足取審。」）

案：伏生尙書大傳殘文，未見伊尹放太甲事。且大傳有大戰、揜誥二篇，在百篇書序之外；又大傳說尙書各篇，不盡與書序同；且大傳注解書序本文（說均已詳上書序與伏生傳本二十九篇尙書及尙書大傳卷），夫人無自作序又自注之理，足證書序非伏生作。清康有爲又橫生枝節，其新學僞經考卷十三書序辨僞引杜此文，論曰：「杜預時，劉歆書序行久矣，預不過以伏生乃首傳書之人，故凡書即歸之伏生耳。」夫杜注左傳涉及尙書者多矣，無間存逸，未嘗皆一一歸之伏生，康氏偏執劉歆作書序，故意曲解杜說。

清李榮陛以爲伏生尙書學宗之後學輯書序，其尙書考卷一「百篇序考」曰：

成王伐殷之大誥，辭存而序亡；梓材合兩闕篇，而正目並佚；康誥、酒誥冒錯簡而以爲作於周公。考其前後次第，凡伏氏傳書有誤，序不能詳正，反從而緣飾之，其爲學伏之徒所輯，無可疑者。武成序有「一月」之文，一月爲秦歷，伏生在二世時爲博士，年已六十餘，其徒入漢初，習於秦歷，故不覺發之於序。然則序之端末，不可掩已！

「成王伐殷之大誥」，李氏殆指謂尙書大傳述及之「大戰」或「揜誥」篇，不能確。梓材誤合兩篇，用宋吳棫說。康誥、酒誥非作於周公，用宋胡宏等說。大傳說絕多同書序，本之故也，非書序者緣飾大傳之說。一月，周秦並用，非秦曆專用（方見上文），據定爲必伏學之徒著於序中，謬矣。

清柯劭忞以爲書序伏生以後之人作，云：

「成王在豐，欲宅洛邑，使召公先相宅」三句，皆尚書大傳文，見御覽職官部。此作序者剌取大傳文以爲己說也。（清吳汝綸尚書故引）

案：尙書大傳說書多與書序同（說已詳書序與伏生傳本二十九篇尙書及尙書大傳卷），大傳說召誥十四字，乃大傳剌取書序文，柯說顚倒始末。

吳汝綸尚書故堅執書序襲史記，乃司馬遷以後人所作：

書序……言多與史記不合，則子長亦未見書序，書序殆出史記之後，依史文爲之，而不盡用史說耳。

案：是言書序襲史記，書序乃司馬遷以後人作（辨已見上述評吳汝綸書序出史記論卷）。

清高宗弘曆，論書序乃漢儒作，其御製文二集卷二二「書小序考」：

以余思之，詩序既非夫子所作，則書序亦定非夫子所作。何言之？使書序辭義精於詩序，則爲夫子所作，或不可知；今書序遠遜詩序，朱子亦以爲非夫子所作，而馬端臨且謂詩序不可廢，書序可廢。是知書序乃出於漢儒所爲，徒以不能定其爲誰。

書序辭義即眞遜於詩序，何必定爲漢儒所爲，不可曉，有待弘曆更宣御旨冥府矣。

清牟庭嘉慶八年作「尙書百篇序證案」（附見其同文尙書卷終之後），定書序東漢衞宏、賈逵撰，有言：

衞宏者……喜妄作，觀其所爲毛詩序，已足以知之矣。杜林……以舉世不習之書交手而授之閉門造虛之士，桼書一卷變而百篇，其在此時矣。……賈逵……爲衞宏所傳桼書古文作訓，又私得劉向別錄更爲百篇以就衞宏之僞而奏上之，然後百篇之序信於當時、傳於後世而無可疑。是則百篇之序起衞宏而賈逵成之也。

請先以清馬邦舉說駁之，

書序畧考頁二四：「衞宏……定古文尚書序，非作尚書序也。定者，定其字形，官書者，中古文藏于秘府者也。後漢書宏傳言『宏爲作訓旨』，即此一卷也。」

又頁四七：「以（書）序爲衞宏作，今觀宏傳『宏作毛詩序』，第言作書訓旨，不言作序。又逵有家學，何至中道信宏之序而奏之？史記、漢書、書傳所不載，若槀飫、釐沃、亳姑等篇，今不可考。古人讀書多于後人，必有所授，非漫無据依，奮筆妄撰者也。」

案：衞宏治毛詩，所作毛詩序，以爲研習教學之需，非今傳三百十一篇之毛詩序，固非僞作。且史傳絕不言宏亦作書序，牟君以其既作詩序，斷書序亦出其手，無稽之言。杜林漆書一卷，至多三、五篇，衞君如何化爲百篇？劉向歆父子校中書，賈逵作今古文尚書同異，又據別錄所定百篇次第奏上，當時載在冊府，賈君何得別製以成衞君之僞？書序西漢見世，伏歐揚馬班王（充）……具親見，大傳史記漢書法言論衡都載，逸亡篇亦頗見舊籍引用，非衞賈所能鑿空虛作，馬說是而牟君非是也。

判所謂古文書序是東漢衞宏造，又有清魏源，其書古微卷六曰：

問：書序「……祖乙圮于耿，作祖乙；盤庚五遷，將治亳殷，殷民咨怨（四字原作民咨胥怨，魏氏誤），作盤庚三篇」，鄭注（盤庚篇書序）：「祖乙居耿，後奢侈踰禮，土地迫近山川，嘗圮焉。」……馬、鄭所據「圮于耿」之書序，乃衞宏所造之古文本，非馬遷所受安國「度于邢」之古文本也。束晳所稱「將始宅殷」之書序，託於壁中古本，尤無稽之談，兩漢今古文家所未見者也。信衞宏、束晳，必不信史遷、安國而後可。

清皮錫瑞信疑參半，其今文尚書攷證：

古序百篇，疑由東海皮氏原注：「今所傳書序，與史記所引書序，多不同，詳見書序攷證。或以毛詩序爲衞宏作，古文書序亦出於宏；蓋不無變亂。」。(見凡例)魏源以爲古文書序亦衞宏作，雖無明文可據，然古文書序爲後人改竄，不必皆孔子之舊，亦猶毛詩序不必皆子夏所傳也。(見卷三十書序)

案：書序「圮于耿」，馬、鄭古文本同，史遷「圮」作「遷」，當是昧於事實而誤改文字。祖乙圮于耿，鄭注祖乙篇書序亦曰：「祖乙又去相居耿，而國爲水所毀，……。」(孔正義引)今本盤庚序「將治亳殷」，既違盤庚自奄遷殷事實，「亳殷」亦失稱，束晳所見壁本「將始宅殷」字正，徵之盤庚本經、竹書紀年竝契說已詳上朱子及其後學者難書序卷。魏氏，清今文家，見後漢書載古文尚書家衞宏「作毛詩序」(儒林宏傳)，遽臆書之序亦由宏手；皮氏於學爲同調，明知無可據，又從而爲之說，云「後人改竄」，後人誰耶？

〔附辨〕所謂「朱子說書序爲後漢末人作」

朱子語類卷七八稱八十一目百篇書序爲「小序」：云「小序斷不是孔子作」，云「兼小序皆可疑（下遂節引堯舜二典書序文）」；或謂「書小序」，云「亦非孔子作」，云「不是孔子作，只是周秦間低手人作」；或謂「尙書小序」，云「不知何人作」；或簡稱「書序」爲「序」（下即節引堯典書序文）：據知，凡書小序，朱子以爲先秦人作。

同書同卷稱「書大序」爲「孔安國尙書序」，云「文字軟郎當地」，「亦非後漢時文字」，「只是唐人文字」；或稱「書大序」爲「孔（安國）氏書序」，云「不類漢文，似李陵答蘇武書」；或稱「（尙書）大序」，云「不是孔安國作，怕只是撰孔叢子底人作，文字軟善，西漢文字却麤大」；或稱「（書）大序」，云「先漢文章重厚有力量，大序格致極輕，疑是晉宋間文章」；或稱「尙書孔安國傳序文」，云「亦不類漢文章（原注：漢時文字麤，魏晉時文字細。），如孔叢子亦然，皆是那一時人所爲」；或稱「尙書（大）序」，云「某疑非孔安國所作，蓋文字善困，不類西漢人文章，亦非後漢之文」；又或引「書大序」原文「傳之子孫，以貽後代」，云：「漢時無這般文章」：據知，凡「書大序」，朱子以爲文字軟善，上不及漢代文章麤豪，而似晉宋間人文，若王肅僞撰之孔叢子文章然。

而稱「書序」，云「書序是得書於屋壁已有了，想是孔家人自做底」，云「除却書序不以冠篇首」（下責康誥書序誤說爲成王命書）：既是孔壁已有，孔家人自做，爲先秦物，合是書小序。

但朱子稱「書序」，或有竟指書大序者，云「書序恐不是孔安國做，漢文麤枝大葉，今書序細膩，只似六朝文字」，云「書序細弱，只是魏晉人文字，陳同父亦如此說」（朱文公文集卷五四答孫季和：「安國序亦决非西漢文章，……陳同甫聞之不疑。」此安國序即書大序，亦即彼「書序」，輔證甚切要），云「書序做得善弱，亦非西漢人文章也」，云「書序不可信，伏生時無之，其文甚弱，亦不是前漢人文字，只似後漢末人」：既云書序細弱、善弱、弱，與上述評書大序同；不是前漢初伏生時代文章體格，即謂非西漢初葉孔安國臨淮所作，却似後漢末人文字（朱子大抵謂似魏晉時文字）。

則朱子稱「書序」，有時指書大序，元熊朋來不察，以爲指小序，熊氏經說卷二「古文今文尚書」因云：「今小序非孔安國所作。」民國蔣善國誤讀朱子書，起朱子謂小序後漢人作之論，其尚書綜述頁六四：

（書序）漢末人作，朱熹不信書序，……時而說「書序不是前漢人文字，只似後漢末人」。（見朱子語類，方亦見上引）

余恐滋後學誤會，因詳徵如上。

八 書序漢人作（下）：劉歆作及其駁義

論書序是王莽時劉歆撰，學林共道始乎清康有爲、廖平、崔適輩，其實清方苞早已作俑，其

方望溪全集卷一讀尚書記：「書說之謬悠，莫如君奭篇，序稱『召公不悅』，……是……亦劉歆之爲耳。蓋歆承莽意……奏稱『周公踐祚而召公不悅』，所以探漢大臣之心，而多爲之變以攜之也，而於記無可附，故於君奭之序竄焉，而並竄魯、燕世家以爲之徵。」

案：（清）馬邦舉尚書畧考頁四七：「劉歆傳及他人書皆未言子駿作書序，今亦未敢定爲歆

作也。」馬氏似未見方氏此說；其所謂「他人書」，應指漢書中其它紀傳，或兩漢其它典籍。

又案：召奭不悅云云，書序於經外取材，史記燕世家大略因之，漢晉多人申述，非歆能竄入。崔適亦疑君奭書序，說詳下。

康氏新學僞經考（下康氏說引悉據是）謂史遷從孔安國問故，書序乃劉歆僞造，班史依入，而崔氏史記探源（下崔氏說引亦悉據是）因之。夫班志刪歆七略以備篇籍，要非全部抄襲；而儒傳，孟堅自著書，子駿不及僞爲，且班亦無緣媚歆，是「從問故」一節可信。若云史記未載便可疑（皮錫瑞語），夫記武帝以前漢事，班書有而馬書無者多矣，歆豈能一一豫僞以授孟堅乎？

康云「書序與古文同出，古文爲劉歆之僞，則書序亦爲歆僞無疑」，崔云「此（書序）亦劉歆所作，託之孔子」。夫班志書類敍謂孔子作書序，係以歐陽尙書家及讖緯爲前導，非出劉歆七略；且歆移太常博士書云孔子「修易序書」，序謂編次尙書本經，非謂作書序，今存劉歆其它著作殘文，亦絕未見其主張孔子作書序。彼既不以書序出孔子手，云僞作以託之孔子，失所依據矣。二家舉篇證以證劉歆僞爲書序，辨更詳後文。

淸吳汝綸尙書故論「書序」云：「其（書序）言多與史記不合，則子長亦未見書序。書序殆出史記之後，依史文爲之，而不盡用史說耳。」謂書序襲史記；凡與史記異者，則屬於不襲用部分。康云：「史記與書序同者，乃書序勦史記，非史記采書序。……書序既勦史記復作異同者，蓋故作參差以彌縫其剽竊之迹。」說略同吳氏，且舉七證。前四證，舉史記與書序不合事，謂若所載本於書序，何又自乖異？一證曰史記云「帝般庚崩，百姓思般庚，乃作般庚三篇」與書序異（近人張西堂尙書引論頁二〇六亦舉此爲證同），敏案：殷本紀前文「殷民咨胥怨」云云襲書序；後文「百姓思盤庚」云云，言本篇作者及著作時期，則失序意，或別有所據，或史遷臆說，但後文之異不能否定前文之同、指爲因襲。二證曰史記云秦穆公敗於殽後三年伐晉作秦誓，與書序還歸作誓異（張西堂亦舉此爲證同），敏案：史遷以爲此篇書序不可據，故別取文公三年左傳，夫一、二序之被棄舍，不能否定其它序文之見采。三證曰史記云「武丁崩，祖己嘉武丁之祥雉爲德，立其廟爲高宗，遂作高宗肜日及訓」，此史遷別有所據而云然，與書序異。雖然，殷本紀前文云武丁祭成湯，有雉登鼎响，合書序，知爲抄襲，又後文之異不能否定前文之同，說理方見上盤庚。四證曰史記晉世家別據僖二八左傳定文侯之命篇爲周襄王命晉文公重耳，雖有書序在手而不之據者，說理方見秦誓。至於第五證，曰「書序無太戊而殷本紀有之，史記若采書序，此篇又從何來」？敏案：太戊目，乃史記衍文，且史記取材，不限書序，先秦逸書目，今知尙得二十六目篇，見諸舊籍稱引，司馬遷固亦得而據之，矧即康氏亦仞「史公經典之外多所援用」，是也。

康氏六、七兩證，指劉歆僞造湯征、湯誥逸文竄入史記。敏案：殷本紀載逸湯征五十七字，不似孟子所載逸湯征文，諸家（元金履祥、清崔述等）致疑，但非劉歆僞造；至湯誥逸文，典雅古奧，略近周誥，劉歆不能僞也。康氏書後文立「書序條辨」節，歷論每序皆劉歆作，或陳妄言，或未著議論，即強指劉歆本某書或本某文造僞，災禍梨棗，不煩一一辨復。崔氏謂古人第言咎徵，不及祥瑞，而嘉禾書序言唐叔得禾異畝（母）同穎，乃王莽僞造以爲其執政時期所謂祥瑞屢見之張本。敏案：洪範休徵咎徵竝陳，禮記中庸曰「國家將興，必有禎祥」，先秦故書（如墨子、呂覽）、尙書大傳（此先秦尙書伏生之教科書，雖編成在漢，固可視爲先秦尙書學專著）載祥瑞多矣，劉歆固不得一一竄僞。崔氏又謂王莽法舜受堯禪，凡事比迹重華，故劉歆僞作舜典篇名。敏案：孔壁出逸書有舜典本經、同壁出書序亦有舜典目篇；歆父向別錄序次百篇目列焉，賈逵、馬融、鄭玄、王肅承之，非國師劉僞造。且眞舜典主記「堯將使舜嗣位，歷試諸難」書序（堯典記舜事，「試難」一節特簡，才卅四字），新莽受禪不必非取此不可，而崔引莽傳曰「予前在大麓」、「流棻于幽州」云云，倣堯典而言，莽篡不必賴舜典，國師不必承旨僞造明矣。崔氏更謂書序謂武王克殷之年，即箕子陳洪範之年，勝殷在十三年，而劉歆作三統歷，亦謂武王十三年克殷，則共出歆一手。敏案：書序但追敘箕子至周之緣由，非謂作範必在克殷同年也，豐鎬考信錄卷三有說（已見前朱子及其後學者難書序卷），且泰誓書序明謂十一年伐殷，三統歷亦加引述，崔適皆晦昧不予援據，但曲解序意，以利己說，孰敢信從？崔氏未證謂君奭篇史記謂召公不悅周公踐阼，書序謂召不悅周復列臣位，史、序義相反之論曰「凡與太史公說相反者，皆歆說也」。敏案：據本經，召公無疑、不悅之意，史記謂不悅在攝政七年中，書序則繫還政後，史記襲序而小變其義，非相反，漢書王莽傳載說者曰用史記說，以利莽踐阼稱王耳。

崔氏謂史記乃記動即記事之書，不應有記言之體，故載錄堯典、西伯戡黎、微子、洪範經文，「錄其文，所以記動也；非爲記言，故不錄其篇名」。敏案：史記載堯典絕多爲二帝語，載戡黎絕多爲祖伊語，載微子多微子與父師對話，載洪範則幾全爲箕子陳法，則其體皆爲記言非記動；又其錄篇名與否，何關乎文體？果然，崔氏下文舉禹貢、盤庚、牧誓、秦誓、金縢、文侯之命，謂史記引其文，而「雖寓篇名，仍是記動」，則即依準崔前揭論點，有無篇名，皆得爲記動，則篇名著否，誠無關乎文體，矧此盤庚至文侯之命五篇記天子、大臣言爲主，亦是記言非記動乎？崔氏又謂史公錄甘誓、高宗肜日、無逸、肸誓、君奭經文，是記動體，但併「繫其上下文，曰作甘誓，曰作高宗肜日及訓，曰作無逸，曰作肸誓，曰作君奭」，并錄篇名，則令此五篇「兼記言之體」，因「與全書不類，必非太史公語」，「凡曰爲某事作某篇者，皆劉歆之徒據書序竄入也」。敏案：崔氏前舉盤庚、牧誓、文侯之命亦皆有「某事作某篇」，崔氏以彼爲「仍是記動」，則此甘誓至君奭併其上下文「作某篇」與之同，依崔氏例，固亦記動非兼記言，與全書一類，乃太史公語，非劉歆僞明矣。又有本經逸亡而書序存，若汝鳩、汝方，崔氏曰：「更有無文可錄，如殷本紀：伊尹入自北門，見女鳩、女房，作女鳩、女房。此文更屬不類。二人之言行無攷，何所藉以發明，而史記載之乎？」敏案：汝鳩、汝方，亡篇也，類此者猶有夏社、明居、湯征、帝告、嘉禾、典寶、徂后、沃丁……等，皆無文可錄，而史記皆稱曰「某事作某篇」，據書序也，其間固亦頗有它書可供參覈，如帝告篇亦見尚書大傳，非出國師手，明矣。

康、崔二氏蔽於家法，刻意護衞今文，或謂書序襲史記，或謂劉歆僞作書序，一皆失之。

清廖平古學考（成書在康書稍後、崔書之前）頁五十—五一斷百篇書序盡劉歆僞爲者，云：

> 百篇序本古文家仿張霸而作，羼入史記，以爲徵信。……劉歆欲攻博士經不全，故本其書作序。有序無經，不示人以瑕；序襲百兩，非百兩襲序。……書序則劉歆所爲，以百篇立名，憒博士「二十八篇爲備」之説耳。

案：張霸僞百兩篇，乃案百篇之序空造，漢書儒林傳、論衡具明文（說已詳前文）。伏生藏本尚書，兵燹亡數十篇，僅存廿九篇，以遞傳歐陽夏侯爲博士，則博士本廿九篇（增後得泰誓，合顧命、康王之誥爲一篇。）爲殘本，劉歆移書譏其爲缺典甚確，不必別造百篇八十一書目以爲佐證，即可令博士俛首承認今文書經不備。廖亦蔽於家法，謂書序歆作，妄也。

康、崔二家此說，斷斷乎不可從，然而貽誤後學極大，非更申駁不足以正經義：

民國趙貞信書序辨序以爲：今本書序的中心思想，與劉歆完全不合：據康氏說，劉歆爲獎成王莽篡漢而僞造文獻，但考之嘉禾書序「周公既得命禾，旅天子之命」，序不涵周公作假王之義，不合歆獎成之意。大誥書序「周公相成王」及君奭序「召公爲保，周公爲師，相成王爲左右」，竝不見周公稱王踐阼之義，亦悖獎篡之旨。（詳見古史辨冊五上編頁三二九—三三二）

余謂：尚書言災祥，今存金縢篇記周公見疑，因而有風雷之變；它若咸乂篇，記伊陟相太戊，有祥，桑穀共生於朝，據本經也，本經雖佚，其義猶見於書序。則嘉禾序記祥禾異畝（母）同穎，當亦援據本經，且兩事竝著於尚書大傳而尤詳，劉歆又安得一一爲僞？

駁康、崔書序劉歆作謬說，莫若證史記襲書序，余前評吳氏汝綸書序出史記說已略及，茲更舉明清及近人說以證成之：

明梅鷟尚書考異卷一「漢書藝文志」：「『孔子纂書凡百篇，而爲之序』，史記無此句，……漢書與史記不同者若此。宜從史記爲當。然百篇之序，史記班班可考，但孟堅以爲孔子爲之，晦翁不可也。」

又卷一「伏生今文書二十九篇」：「試以史記考之，則百篇之序散見於夏殷周本紀中，雖不盡完備，然顚末可考。」

明以前從無劉歆作書序之論，故梅鷟不煩強調史記襲書序。第自康崔論出後，攻擊者則針對其說提示有力駁證：

民國鍥齋書序說（中和月刊四卷四期，民國三十二年四月）：「康有爲倡公羊之學，專與劉歆爲難，……其於書序，亦謂劉歆僞造。……康氏本非經生，其所以倡今文公羊之學者，意在聳動人主，改制以變法耳。故其說經之書，多辨而寡實。……其後崔適復承其說。……歐陽傳今文之學不廢書序，意者伏生、大小夏侯等並見之。則史遷所引之書序，必據今文之本無疑，若是，則崔氏謂劉歆竄入史記者，斯又無根之游辭矣。」

蔣善國尚書綜述頁七一：「崔氏說史記所載書序是劉歆僞造竄入的，但康、崔兩人認爲劉歆僞造的逸書十六篇裏面的舜典、汨作、大禹謨、弃稷、旅獒五篇的篇名，爲什麼史記裏面都沒有？劉歆爲什麼不把這些篇名竄入，以證實書序？足證康、崔均是臆說。百篇書序與史記所載的不完全相合，漢人整編百篇書序雖參考了史記，但除史記外，還參考了其他資料。」

余謂：史記勦書序（略參看民國黎建寰百篇書序探討第七章、古國順史記述尙書研究頁四〇八—四一〇），其與書序同者，因襲也，唯所據當爲孔壁本；與書序異者（書序有而史記無），或史遷別據資料，有所增益，或涉上下文而衍（如史記多太戊也）（已詳上書序與史記卷）。

古文尚書序出自孔壁，其下傳也，清馬邦舉書序畧考頁二四：「書序，賈逵奏之。逵傳父徽學，徽親受古文尚書于塗惲（原誤寫作惲，下同誤，今均逕改正）子眞，塗惲受于徐敖，敖受于胡常，常受于膠東庸生，庸生受于都尉朝，朝、孔安國授以古文尚書者也。

書序百篇，賈之別錄，必塗惲傳之賈徽，賈徽傳其子逵者也。西漢經師所傳，劉歆、塗惲皆見之。」

余謂：不唯古文書序，今文書序劉歆前亦早傳行，漢石經尙書底本，依今文歐陽本也。今尙存石經書序殘字十三篇約凡四十四字，則西漢初今文尙書固有序，劉歆安得而僞爲？

康氏意謂原有古尙書本，孔子刪定爲今廿八篇本，猶原有魯史記本，孔子據以修春秋，有所刪削，所刪去者九共、帝告、大戊、大戰、多政、距年……，衆先秦典籍及尙書大傳、史記所引，猶公羊莊七年傳「雨星不及地尺，而復」之倫。夫孔子未嘗刪書，廿八篇之外或書序所載或典籍所引，皆實有其書篇，劉歆安得一一空造？

近人吳康從新學僞經考「書序襲史記」說，遂定書序武帝昭帝以後作(司馬遷昭帝時卒)，而言「(漢書)儒林傳『成帝求其古文者，霸以能爲百兩徵』，爾時五十八篇之書已存中祕，而成帝所據以爲古文猶未全備而求之者，必爲書序無疑」，因結論曰「故予竊疑書序之作，必在孝成以前」，始於歆前，非歆作也(尙書大綱頁四二)；但又謂書序終定於向、歆之手，而託之孔子)。敏案：非歆作，是矣，但出於孔壁，伏生、史遷、歐陽尙書家……皆親見而據之，非武昭以後作，無疑也。

(九) 書序秦漢之際人作

以下四家皆民國人，咸認秦末或秦漢之間人作書序，

趙貞信書序辨序：「書序，……我以爲是秦漢間的經師彙存了幾十篇書，替它加上去的一個總目。它的數目是跟了書走的。伏生保留了二十八篇，也就留下了二十八目。後來加了一篇泰誓，也就多了一目。」

陳夢家尚書通論頁一○二：「司馬遷已引書序；……惟書序體制不見於先秦者，它和太史公自序敘作一百二十九篇十分相似，所以可認爲是秦漢之際解經人的所作。」

蔣善國尚書綜述頁六一——六二：「在秦季儒家整編尚書以前，尚書也許都是散篇的，篇數沒有一定，經文編目也沒有一定，哪裏能有一篇整整齊齊的百篇書序？所以書序成爲專篇，附在經末，最早是儒家整編尚書的時侯才這樣的。」

黎建寰百篇書序探討頁一三一、一三四：「（呂氏春秋）引書，……若驕恣篇引『仲虺有言』，書序作『仲虺之志』，此其篇名不同；又順民篇引湯禱雨之湯誓，乃在百篇之外：俱與書序不同。……有如此之差異，是可見呂氏門客亦未見書序也。……書序

亦在屋壁之中。……書序之作成時代，或在秦始皇三十四年至恭王壞孔子屋壁之間。……壞孔子屋壁之時，書序之藏已久，是不可於秦後而藏之，則其入屋壁之時，乃在始皇三十四年，或其後不久，是即書序之作成時代。」

案：趙、蔣二家意見相似，云尚書原爲散篇，及有彙編本，乃有其總目——書序：此論尚合常理。唯何以定出「秦漢間經師彙存」或「儒家所整編」，則二氏未及詳言。又趙說「幾十篇書」，違今本百篇之數；又伏生原本，因楚漢分爭「亡數十篇」，故不止廿八九，又泰誓篇目，書序已具，眞泰誓佚文今猶有存，非後加，趙氏亦未考。

又案：陳氏意謂史記自序體制倣書序，故認爲書序是秦漢之際經師作，缺乏堅強證據，備一說於此。呂覽引「仲虺有言」，猶荀子引「中蘬之言」，皆指仲虺之誥篇內仲虺之話言，非篇名，即不得作爲與書序篇名相異之證；呂覽引湯禱雨之文，前此諸子（如墨子）書多載，而呂氏因之，且湯禱非湯誓，殆書序作者之所棄不取者，不足證呂客未嘗見書序，則黎氏援呂氏引書二條，失據無功。至據序出屋壁，因推度其著成及著者，朱子、金履祥先有此意（將詳下書序先秦齊魯間儒者作卷）。夫孔鮒者，孔子裔孫也，秦皇焚禁詩書之初藏尚書及書序魯壁中（詳參拙著古文尚書之壁藏發現獻上及篇卷目次考，孔孟學報六十六期，民國八十二年九月)，則其著成約略於趙陳二氏所謂秦漢之際人也。

伊尹、太甲等書序，關涉商初年代，似誤，朱子因以決書序非孔子作，乃經師作，

(十) 書序先秦經師作

朱文公文集卷五一答董叔重：「書序恐只是經師所作，然亦無證可考，但決非夫子之言耳，成湯、太甲年次尤不可考，不必妄爲之說。讀書且求義理，以爲反身自修之具，此等殊非所急也。」(元董鼎書蔡傳輯錄纂註引無「且」字，無關宏旨；元陳櫟書蔡傳纂疏引刪削「恐只」二字，甚非；近人唐文治尚書大義外篇書序辨：「朱子謂係古經師所作，其論非誣。」妄加「古」字)

朱子既定書序上不至孔子作，又嘗謂乃周秦間人作(詳下)，則此「經師」者，云孔子後、先秦之書經師也。果然，弟子陳淳及清王懋竑據如此判斷，

陳氏北溪大全集卷四二答陳伯澡問書序：「序乃先秦之儒、孔門之後、不可的知其誰

何，決非孔子作，明矣，如康誥、酒誥、梓材三篇乃武王封康叔告戒之詞，而序以爲成王，可見其誤。」

王氏白田草堂存稿尚書雜考：「書序……當出孔壁，史記載之，此孔子後經師所傳。」

案：儒謂經師，孔門後學、先秦之儒，自即先秦經師，「所傳」，謂作書序而傳之，原典既出於孔壁，是作書序之經師必爲先秦人。伊訓康誥等序得失，已具上文，然竟謂其竝爲先秦經師所作，尚欠直接證據。

(十一) 書序先秦齊魯間儒者作

尚書本經及書序、孝經，朱子堅信竝出諸孔壁，書序一若孝經（謂其中一部分「經」、「傳」），是「亂道」，乃孔家人自做，

朱子語類卷七八：「書序是得書於屋壁已有了，想是孔家人自做底；如孝經、序亂道，那時已有了。」

朱子謂書序一如孝經經傳，亦是「亂道」，又皆同出孔壁，茲先集朱子論孝經相關說要：

朱文公文集卷六六雜著孝經刊誤：「所謂孝經者，其本文止如此敏案：謂自「仲尼閒居」至「患不及者，未之有也」。，其下則或者雜引傳記以釋經文，乃孝經之傳也。竊嘗考之，傳文固多傅會，而經文亦不免有離析增加之失。……孝經相傳已久，蓋出於漢初左氏未盛行之時，不知何世何人為之也。」

朱子語類卷八二：「因說孝經是後人綴緝。問：此與尚書同出孔壁？曰：自古如此說。」又：「……在左傳中自有首尾，載入孝經都不接續，全無意思，只是雜史傳中胡亂寫出來，全無義理，疑是戰國時人鬬湊出者。」

朱子又曰：「孝經獨篇首六、七章為本經，其後皆傳文，然皆齊魯間陋儒纂取左氏諸書之語為之。」（見民國陳鐵凡孝經學源流頁五一引「語類」言，檢朱子語類孝經卷，未見此文）

案：孝經，朱子謂之抄襲左傳，當漢初左氏未盛行之時，雖不定何世，然既云「漢初」之前，則意謂「先秦」；果然，朱子又疑其乃「戰國時人鬬湊」左傳等書以成者；若以籍地言，乃齊魯間人。朱子既以書序與孝經同流，則亦以書序乃戰國時齊魯陋儒所作，自即是「孔家人自做底」！

朱子四傳弟子元金履祥據明定書序齊魯諸儒作，其

尚書表注序：「朱子嘗……證詩序之僞矣，獨書序疑而未斷。方漢初時，泰誓且有僞書，何況書序之類？且孔傳古文其出最後，則附會之作有所不免；若書序果出壁中，亦不可謂非附會者，蓋孔鮒兄弟藏書之時，上距孔子歿垂三百年，其同藏者論語、孝經，論語既有子、曾子門人所集，孝經又後人因五孝之訓而雜引詩、書、傳記之語附會成書，何爲古□□□（補「文書序」）是夫子舊本？則其爲齊魯諸儒次序附會而作序，亦可知也。」（金氏另著論語集注考證卷上前「序說」，略同）

明梅鷟謂書序戰國人作，合朱子說（梅氏似未及見朱子疑孝經語），

尚書考異卷一「朱子語錄」：「……朱子之言（敏案：梅氏於前文引朱子疑堯典書序之文。），誠爲精當，但猶頗有放失者，愚請得而補之。小序在於二十九篇之數，又史記班班可考，孟堅以爲孔子作，則因其流傳之久故也。是則雖非孔子親筆，然先秦戰國時講師所作無疑。……朱

子於先漢小序，盡力排之，不肯少恕。」

清邵懿辰定爲孟子之門人作，大抵以爲是戰國齊魯間人，其尙書通義卷六：

（君奭）序曰「召公不悅」，不悅云者，不樂居其位也，猶孟子所謂「孔子不悅于魯衞」也。小序本孟子門人所作，故其文之相合如此。

書序著此於孟子之後，唯邵說君奭不悅義，不合序意（說詳下書序成書晚於荀卿書之流傳卷）。

㈦ 書序周秦間低手人作

戰國時陋儒，朱子又指謂是「周秦間低手人」作書序，

朱子語類卷七八：「某看得書小序不是孔子作，只是周、秦間低手人作。然後人亦自理會他本義未得。且如『皐陶矢厥謨，禹成厥功，帝舜申之』，申，重也；序者本意，

先說皐陶後說禹，謂舜欲令禹重說，故將申字係禹字。蓋伏生書以益稷合於皐陶謨，而『思曰贊贊襄哉』與『帝曰：來！禹，汝亦昌言。禹拜曰：都（原誤作俞，今改）！帝，予何言？予思日孜孜』相連，『申之』二字便見是舜令禹重言之意。此是序者本意。」（元董鼎書蔡傳輯錄纂註及陳櫟書蔡傳纂疏節引，旨同）

又曰：「大禹謨序『帝舜申之』，序者之意，見書中皐陶陳謨了，『帝曰：來！禹，汝亦昌言』，故先說『皐陶矢厥謨，禹成厥功』，帝又使禹亦陳昌言耳。今書序固不能得書意。」（書蔡傳輯錄纂註引同）

朱子謂「帝舜申之」僅緊承上句「禹成厥功」而言，故云舜欲令禹重說；書蔡傳書序辨說謂「申之」句總承上二句而言，故云「舜申禹使有言，申皐陶使有功」，修訂師說（元陳櫟書蔡傳纂疏「愚案：朱子語錄甚明，蔡氏不甚祖述，仍用交互申禹使有言、申皐使有功之說。」）；

又朱子方說書序者「不能得書意」，蔡進而評序者淺近、不知三謨精微義，其

書蔡傳書序辨說：「序書者徒知皐陶以謨名，禹以功稱，而篇中有『來！禹，汝亦昌言』與『時乃功，懋哉』之語，遂以爲舜申禹使有言，申皐陶使有功。其淺近如此，

而不知禹曷嘗無言，皋陶曷嘗無功，是豈足以知禹、皋陶之精微者哉！」

所謂不知精微，金履祥謂序者不達三聖傳授之旨——所謂十六字傳心要訣，其

尚書表注卷上：「小序『矢謀』，序皋謨；『成功』，序禹謨；『申之』，序益稷後亦昌言。然不能及舜禹傳授之旨。」

案：此二謨——大禹謨、皋陶謨兩篇共序，而益稷不與焉，晦庵師弟子不知。序者當統觀二篇經文，據以言皋陶先陳謨，其次禹謨、言成土功之事，帝舜重申二臣之事功猷裕「帝曰：臣作朕股肱耳目」云云。朱蔡等不見眞禹謨，誤據僞篇「人心惟危，道心惟危，惟精惟一，允執厥中」所謂十六字心傳，又誤讀「帝舜申之」，以爲是「舜使禹重說」，遂斷「小序是周、秦間低手人作」，不及三聖傳授之旨，尚不足以知二臣謨言之精微。

朱蔡以下，諸家多承說，或謂書序陋儒作，

宋末何基曰：「（尚）書以陋儒之小序冠之篇端，以亂經文。」（元金履祥濂洛風雅卷三引）

或謂書序周秦閒人杜撰，不如易序卦及詩小序，

明郝敬尚書辨解卷首：「書序非夫子作，其篇目眞贗混淆，語多孟浪，煩簡不中節，殆周秦閒人杜撰。今觀虞書一典千餘言，括盡兩朝二百年盛事，皋陶一謨僅七百言，五臣弼主，洪猷包羅殆盡，非獨文字高簡，亦由古人篤實，尚行寡辭，竹簡篆書記載繁難，自不能多。予嘗謂虞書不容更有第三篇，以其希貴也。據序，虞書尚有十一篇偕亡，則虞庭文辭之多何異秦漢，不足信耳。」

又卷首「讀書」：「讀易先讀序卦，讀詩先讀古序；書序無足觀。先考其世代篇目，詳其命篇本意，乃讀其文辭，條理血脈自然貫串。」

又卷九「孔氏古文尚書序」：「今察其辭義疏略，而割裂舊章湊百篇之數，尤爲鄙拙，蔡仲默註書絀之，是也。愚案：六經易書詩皆有序，惟書序僞，而朱元晦幷詩序亦疑其僞。詩序本眞，而班孟堅、劉子駿幷書序亦以爲眞；易序卦非聖人不能作，朱元晦反疑其僞，皆無卓然一定之見。夫序者直也，作者有未明之志，序以直之。易無序卦，則不知演易之意；詩無古序，則不知美刺之由，皆篇中所未傳，懼來者之無稽，故著爲序，所以不可廢也。如書序，祇依篇中文義重複演說，不用固無傷，此眞贗之分也。」

又辨高宗肜日書序曰：「雉鳴鼎耳，即祭祀所用之雉，始陳鼎廟門外，牲未告殺之先偶有此，故以爲異。今云『有飛雉』，則是野雉自外來，序僞而無識，類此肜日。」

案：郝氏謂虞書但有堯典、皐陶謨二目二篇已足，舜典、汨作、九共三目十一篇不當有（僞孔本書序虞書別有槀飫、大禹謨、益稷三目三篇，郝氏未計入）。夫書序緣篇之本經作，九共尚存佚文十二字（見尚書大傳引），舜歷試事，彼堯典所載甚簡，由舜典詳之，殆孟子、史記所載舜事之所出，則此數目篇非贋。

又案：郝氏以三經序之功庸大小分眞贋，讀易序卦，知六十四卦之所以相生，故易需要序卦，序卦最早產生；詩無達詁，其風諫之意，待小序而後明，故詩需要詩序，詩序繼易序而產生；尚書記四代古史，年世悠遠，事迹闕略湮昧，若能「先考其世代篇目，詳其命篇本意」如書序之所作，則讀經研史稱便，第因其緣經直敍，不免重述經句，而其欲於十餘字間殫一篇誥命多至千餘字之意，誠難該洽，遂來疏略之譏。要之，書序作者親睹八十一目百篇書本經，本之作序，郝云割裂湊足百數，允非的評，以「僞而無識」論肜日序，尤其鹵莽滅裂（肜日序「飛雉」非祭祀所用之牲，說已見朱子及其後學者難書序卷）。

從朱子確認書序周秦間人作者，又有四清人一近人，清閻若璩尚書古文疏證卷七條一〇五：「百篇序，……朱子謂是周秦閒低手人所作，尤屬特見。葢非周秦閒不能備知百篇之名，非低手人亦不應説之如是庸且妄也。」

程廷祚晚書訂疑卷二：「夫以序爲孔子作，其誰敢信？殆周秦閒爲尚書之學者記其所聞而作也。與安國壁中書同出，故司馬遷從安國問而載於史記。……後漢孔學既行，注尚書者遂皆注序，則序出於孔，信矣。」

孫喬年尚書古文證疑卷二：「序……出周秦間無疑。」

簡朝亮尚書集注述疏卷末上書序辯：「書序，非孔子作也，朱子謂其爲周秦閒人作也，蔡氏謂其淺陋，其閒有與經相戾者。繇今考之，豈不然邪？」

民國陳柱尚書論略頁四二：「序……非孔子作，將爲何人作邪？蓋孔子以後，周秦之間，傳尚書者之所爲也。」

十一、論書序之著成年歲

書序之作，唐以前人大抵論爲孔子所作。宋以後人，或維護舊議，申明孔子作書序之論；或力辨舊議非是。後者說甚紛紜，大要爲三科：一史官作，二周、秦間人作，三漢人作。究其言論，考索其文，槩屬空說，羌無實證，不得視爲定論。余今茲案書序體製之淵源、書序篇目之所據定，尤其書序之引書及敍史事之依據，一一討原尋根，布列十二綱多目，詳徵其實如下。

(一)　書序據詩雅，見其著成不得早至周宣王之前

汨作書序「帝釐下土方」，清江聲尚書集注音疏卷十一：「詩商頌曰『禹敷下土方』，正同此句。」屈師翼鵬尚書集釋頁二八八：

帝釐下土方，詩長發云「洪水芒芒，禹敷下土方」，蓋書序所本。

序或依汨作本經抄錄，惜經原篇逸絕，無從考驗（參看論下湯征太甲等序類似之論據卷）。苟書序果本詩長發，則當作於宋襄公之後，春秋中葉以後成編也。

文侯之命書序「平王錫晉文侯秬鬯、圭瓚」視本經序多「圭瓚」，受詩大雅江漢載周宣王命召穆公虎「釐爾圭瓚、秬鬯一卣」影響（詳看上責書序「圭瓚」增文可疑卷）。則書序之著成，當不得早至周宣王之前。

(二) 書序之著成，當左傳國語成書（戰國初葉）之後

(1) 書序體製受左傳國語影響

左傳載周代事，書序取焉，武王康誥書序「成王既伐管叔、蔡叔，以殷餘民封康叔」，自定四年傳（已詳朱子及其後學者難康誥書序卷，又參下康誥書序稱殷餘民卷）；秦誓書序「秦穆公伐鄭，晉襄公率師敗諸崤，還歸」云云（將詳下卷），自僖三十三傳；亦或亡篇蔡仲之命書序「蔡叔既沒，王命蔡仲踐諸侯位」，亦自定四年傳來（參上朱子及其後學者疑蔡仲之命書序卷）。

近人又或以書序體製亦脫胎於左傳，

民國陳夢家尚書通論頁十八——十九：「左傳也有與孟子相類的書序，定公四年曰『周公相王室以尹天下，於周爲睦，分魯公以……，命以伯禽；……分康叔以……，命以康誥；……分唐叔以……，命以唐誥；……而命之以蔡，其命書云……』。」

案：孟子中類書序體製之文，說見下書序體製濫觴於孟子卷。尚書多命書，書序表出之，具明文者，猶有若說命，殷高宗命傅說；旅巢命，周武王命巢伯；微子之命，成王命封微子於宋；歸禾，成王命唐叔歸禾於周公；多士，周公宣成王命於庶殷；賄肅慎之命，成王賜財物予肅慎氏命之；畢命，康王命畢公；君牙，穆王命君牙爲大司徒；冏（囧）命，又命伯冏爲太僕正；呂刑，又命呂侯㒥；文侯之命，平王賜晉文侯仇秬鬯、圭瓚而命之也。左傳「命以康誥」，正謂以殷遺民命封康叔也；命蔡，且錄其命書，後人因定篇曰蔡仲之命；及命伯禽之「伯禽（之命）」與命唐叔之唐誥，洵皆書序「命書」型式之所本。

左傳「命以」上敍作命緣由，猶書序「作某篇」上之敍事文字，以言其篇作意，則定四年左傳述分封魯公、康叔、唐叔以土地民人車服及舉蔡仲而後命封之，果爲書序「如何如何作某篇」型式之濫觴，

> 民國許錟輝先生先秦典籍引尚書考頁九七：「（康誥）書序云……。約取此定四年左傳，下同。所述封康叔之事爲之。序所云『以殷餘民封康叔』，即此所云『分康叔以殷民七族』，此可見書序後出，而其體制則濫觴於先秦。」

> 又：「（蔡仲之命）書序云……。此云王蔡蔡叔，周公舉蔡仲爲卿士等事，所以說明策命蔡仲之緣由，與上文云分魯公以大路、大旂，分康叔以大路、少帛，分唐叔（以）大路、密須之鼓相類，皆可視爲類似書序。後世書序之作，即取材於此。」

「命以」命，動詞，作命書也；其下（康誥、唐誥等）即後之撰書序者定篇名之依據，故「命某篇」即「作某篇」，許先生先秦典籍引尚書考頁二七〇又申言曰：

> 左傳定公四年云「命以伯禽」、「命以康誥」、「命以唐誥」、「命之以蔡」，與書序云「作某篇」相類；上文述分錫之事，所以明策命之由，與書序述各篇本事、作意者相類：凡此皆書序之所本。

國語，著成與左傳時代切近，亦有類似書序體製之文，即上明作冊之事由，言其篇撰寫

背景，下乃結以作書；「作書曰」具明文，殆無有先乎此者，固亦書序體製之濫觴也，

楚語上：「白公子張……曰：『昔殷武丁能聳其德，至于神明，以入于河，自河徂亳，於是乎三年，默以思道。卿士患之，曰「王言以出令也；若不言，是無所稟令也」。武丁於是作書曰：「以余正四方，余恐德之不類，茲故不言。」』」（呂氏春秋重言篇：「高宗，天子也，即位諒闇，三年不言。卿大夫恐懼，患之。高宗乃言曰：『以余一人正四方，余唯恐言之不類也，茲故不言。』」略同，「作書曰」作「乃言曰」）

左、國二書，約成著於戰國初葉，書序作者見而據之，則書序必戰國中葉以後撰成也。至逸周書，數言「作某篇」，而其上文簡敍其篇作意，視左、國爲尤近書序體製（即詳下）。

(2) **書序用左傳史料**

書序：「秦穆公伐鄭，晉襄公帥師敗諸崤，還歸，作秦誓。」本經無明文；事乃據左傳，節要於下：

魯僖公三十三年（當周襄王二十五年、秦穆公三十三年、晉襄公元年、鄭穆公元年、西元前六二七）

春，秦穆公任好不聽老臣蹇叔等之言，遣百里孟明視、西乞術、白乙丙出師襲鄭，無功而退。夏四月辛巳，晉敗秦師於崤，俘三帥，既而晉襄公母文嬴請免三帥，許之。三帥等歸至秦，穆公素服郊次，鄉師而哭曰：「孤違蹇叔，以辱二三子，孤之罪也。不替孟明，孤之過也。……」

所謂穆公悔過，即指此事。呂氏春秋悔過篇亦記其悔辭云：「……獲其三帥以歸。繆公聞之，素服廟臨，以說於衆曰：『天不爲秦國，使寡人不用蹇叔之諫，以至於此患。』」公羊傳文公十二年曰：「……賢繆公也。何賢乎繆公？以爲能變也。其爲能變奈何？『惟諓諓善竫言，俾君子易怠，而況乎我多有之』？」變謂改過遷善，徵諸本經「尙猷詢茲黃髮，則罔所愆」，又「番番良士，旅力旣愆，我尙友之，仡仡勇夫，射御不違，我尙不欲」，悔不從老成謀國而輕用勇夫喪邦，故作是言也。

本經穆公悔過之意，序闕略未著，宋蔡沈責之不明經意，書蔡傳書序辨說：「以經文意攷之，穆公之悔，蓋悔用杞（杞）子之謀、不聽蹇叔之言，序文亦不明此意。」

案：宋人多以爲，孔子編書，以穆公能悔過，故取本篇殿二帝三王之書之後；而序不及其悔過，允爲大失，故斤斤計較之也。

唯司馬遷舍書序之說，取左文三年傳「秦伯伐晉，濟河焚舟，取王官及鄗，晉人不出。遂自茅津濟，封殽尸而還，遂霸西戎」，據以爲秦誓作於三年後，當秦繆公三十六年（即魯文公三年），

史記秦本紀：「（秦繆公）三十六年，繆公復益厚孟明等，使將兵伐晉，渡河焚船，大敗晉人，取王官及鄗，以報殽之役。晉人皆城守不敢出。於是繆公乃自茅津渡河，封殽中尸，發喪，哭之三日。乃誓於軍曰：『嗟！士卒，聽無譁。余誓告汝：古之人謀黃髮番番，則無所過。』以申思不用蹇叔、百里奚之謀，故作此誓，『令後世以記余過』。」

元金履祥獨舍左取史，作通鑑前編繫本篇於周襄王二十八年（魯文公三年、秦繆公三十六年）下，謂左傳不記作誓之事，因斷書序註誤。其兩著解尚書同，

書經注卷十二秦誓：「秦穆公晚年悔過之書也。左氏記秦晉之故甚詳，而不記作誓之

事，書序謅以爲『敗殽還歸』之作，惟史記繫作誓於『取王官，封殽尸』之後。」

尚書表注卷下：「史記穆公之誓在『封殽尸』之後，秦紀不燒，當得其實。序文誤。」

案：僖三十三年春秋三傳固俱不明言穆公作誓，但左文三年傳亦祗言伐晉封殽尸事（同年春秋經僅「秦人伐晉」一句，公、穀竝無傳），作誓之事亦無明文，履祥何以不顧此一事實，而偏取史記，用定穆公作誓必在秦穆三十六年耶？且史記「誓於軍中」（即作誓）云云，明係依據書序又詁引本經以實之，誠當繫僖三十三年下；矧呂覽「繆公廟臨以說眾」云云，亦接述於「晉獲其三帥以歸」之下，固亦以其事屬之敗殽之後。至若後三年之戰，秦大敗晉師，迫嚮晉京畿，公則不應復作悔過之言。（清閻若璩四書釋地又續：「秦誓不作於文三年夏封殽尸將霸西戎之時，葢霸西戎則其志業遂矣，豈復作悔痛之辭哉？」）履祥失考，秦紀苟尚未灰，驗當得其實也。

至此，書序據僖公三十三年，非文公三年左傳（春秋經簡；公穀二傳竝云秦師「匹馬隻（倚）輪無反者」，而不及「三帥還國」以下事，皆非書序之所本）；左傳戰國初葉成編，書序作者據焉，則書序著成，必在戰國中葉之後也。

㈢ 書序之著成，後於孟子七篇之成書（戰國中葉）

⑴ 書序體製濫觴於孟子

孟子（軻），受業於孔子之孫（伋）子思之門人，東漢趙岐孟子題辭云「孟子……通五經，尤長於詩、書」，清陳澧東塾讀書記卷三：「孟子引詩者三十，論詩者四，引書者十八，論書者一，又有似引書而不言『書曰』者，所謂『尤長於詩、書』者，於此可以窺見矣。」以長於詩、書，故七篇之文明確稱詩、書視稱它經者爲多甚。

孟子七篇多稱引詩、書，司馬遷因指孟子「與萬章之徒序詩、書，述仲尼之意，作孟子七篇」（史記孟子荀卿列傳），清梁玉繩史記志疑卷二九曰：「（孟子）七篇中，言書凡二十九，援詩凡三十五，故稱『序詩、書』。」（孟子稱引詩、書，各家考計條數不一，參看清焦循孟子正義、近人余培林先生羣經引詩考、糜文開先生孟子與詩經、許錟輝先生先秦典籍引尚書考）。此所謂「序」，非謂作詩序、書序；顧序者敍也，「序詩、書」即是言詩篇書篇章句之作意，實後世詩序、書序之濫觴也。

孟子與弟子敍詩之篇，言其作意者，茲示二例，滕文公下：「昔者……周公兼夷狄，驅猛獸，而百姓寧，……詩云：『戎狄是膺，荊舒是懲，則莫我敢承。』無父無君，是周公所膺也。」

萬章上：「咸丘蒙曰：『舜之不臣堯，則吾既得聞命矣。詩云「普天之下，莫非王土，率土之濱，莫非王臣」，而舜既爲天子矣，敢問瞽瞍之非臣，如何？』（孟子）曰：『是詩也，非是之謂也；勞於王事而不得養父母也。曰：此莫非王事，我獨賢勞也。故說詩者不以文害辭，不以辭害志；以意逆志，是爲得之。』」

孟子引詩魯頌閟宮三句，以周公兼夷狄而夷狄無父無君明其作意，正是敍詩旨，毛小序承其風格。咸丘蒙據小雅北山次章「溥天」四句，疑父瞽瞍爲子舜之臣；孟軻則通觀全詩，且特取其「大夫不均，我從事獨賢」義以定一篇之旨，云「是詩也」，非咸丘蒙之所謂，乃是「勞於王事而不得養父母也」。若依毛詩序通常形式，孟軻之敍此詩爲：「北山，勞於王事而不得養父母也。」毛詩序陰倣之，作：「北山，大夫刺幽王也。役使不均，己勞於從事而不得養其父母焉。」東漢楊賜上疏曰：「勞逸無別，善惡同流，北山之詩所爲訓作。」（後漢書本傳）王先謙曰：「此魯說。」（見詩三家義集疏）亦說詩旨。魯詩亦有小序，是魯序亦略據孟子也。

魯、毛傳授系統，均與孟子有關。魯詩之傳授也，孔子授卜子夏，子夏遞傳孟仲子，仲子遞傳荀卿（三國吳陸璣毛詩草木鳥獸蟲魚疏），荀遞傳至魯申公。毛詩之傳授也，子夏授高行子，高授薛倉子，薛遞傳至大毛公（三國吳徐整說，經典釋文序錄引）。孟仲子，孟子之從昆弟，及弟子也。高行子殆即見於孟子書中之高子，孟軻亦稱之曰高叟，齊人，亦孟子之弟子也（參孟子趙注、宋王應麟困學紀聞卷三、清陳奐詩毛氏傳疏卷二八）。孟軻與高子論詩旨，

告子下：「公孫丑問曰：高子曰：『小弁，小人之詩也。』孟子曰：『何以言之？』（公孫丑轉述高子之言）曰：『怨。』（孟子）曰：『固哉！高叟之爲詩也。……小弁之怨，親親也。親親，仁也。固已夫！高叟之爲詩也。』（公孫丑）曰：『凱風何以不怨？』（孟子）曰：『凱風，親之過小者也。小弁，親之過大者也。親之過大而不怨，是愈疏也。親之過小而怨，是不可磯也。愈疏，不孝也。不可磯，亦不孝也。』」

凱風，依孟軻，其詩旨爲：「凱風，親之過小，而子不怨之詩也。」毛序據之，定作：「美孝子也。」高子敍小弁詩旨曰：「小弁，小人怨其親也。」與毛詩小序自某篇而至「也」字

絕句（如邶風擊鼓「擊鼓，怨州吁也。」小雅正月：「正月，大夫刺幽王也。」），形式同。而孟軻亦謂小弁作者「怨」，但謂親之過大而「當怨」，當怨而作詩宣明怨懷，則作者非小人，是孟軻敍小弁詩旨爲：「小弁，怨其親之詩也。」形式亦如毛序首句，至「也」字止。孟子「小弁之怨，親親也。親親，仁也。親之過大而不怨，是愈疏也」云云，意在申明首句旨意，猶毛序「也」字下文字，如「野有死麕，惡無禮也」下「天下大亂，強暴相陵，……」、又如「大東，刺亂也」下「東國困於役而傷於財，……」。此詩小序作法，孟軻創始，以授高子，爲毛詩小序之濫觴。毛小序中猶見引高子說一條，

毛詩周頌絲衣小序：「絲衣，繹賓尸也。高子曰：『靈星之尸也。』」

其宗高子祖孟子之迹，於此可見一斑。

書序作者依孟子引尚書篇目定篇名（說將詳下書序襲用孟子引尚書篇目卷），又依孟子思想定牧誓序（說將詳下書序敍事依據孟子卷），又屈師翼鵬曰「湯征、太甲兩序，已襲孟子爲說」（說猶待商，見下湯征太甲兩書序襲孟子說，存證備徵卷）：可見書序出孟子後，大體得之。或有鑒於孟子高子說詩，體近詩序，推度孟子師弟子，亦應有書序之作，進而較

比經、序，謂詞句相合，遂定書序爲孟子之弟子所撰作，

> 清邵懿辰尚書通義卷六：「此篇（君奭），……蔡傳……謂諸家多爲序文所誤，則不盡然。序本不誤，誤讀序文耳。序曰『召公不悅』，不悅云者，不樂居其位也，猶孟子所謂『孔子不悅于魯衞』也。小序本孟子門人所作，故其文之相合如此。舜典『舜讓于德，弗嗣』，古本或作『不怡、不懌』，蓋亦此義，凡有所辭避而欲去乎此，則是不悅乎此也。古人語多有然者，然則序者之意，與後儒召公告老周公留之之說正相合耳。」（說與明郝敬尚書辨解卷九「序謂不悅者，如『孔子不悅于魯衞』、孟軻『不豫于齊』，有志去云爾」雷同，邵葢因襲之耳）

堯典「弗嗣」，史記作「不懌」，集解徐廣曰：「今文尚書作不怡；怡，懌也。」清王念孫曰：「不嗣之爲不怡、爲不台，嗣音之爲詒音，皆以聲相近而通。」（子引之經義述聞卷三引）是弗怡義即弗嗣，不繼承也；史記詁怡爲懌，失經義，邵氏取以旁證凡有所辭避而欲去稱不悅，不能成立。孟子萬章上「孔子不悅於魯衞」，趙注：「孔子……不見悅魯衞之君，而去適諸侯。」朱注：「不悅，不樂居其國也。」書序不悅乃召公，非召公見惡，故趙注不

能證成序義，朱注孔子不樂居魯國衞國，而書序乃召公不悅周公致政後復在臣位（說已見上），故即取朱注亦難證成邵氏所謂不悅義。是「孔子不悅於魯衞」與序「召公不悅」義殊，謂兩文共出一手，徵不足也。

不如仍求諸孟子說經行文形式，持與序較比之爲切近。孟子敍詩意，作風爲毛小序所師法；敍書意亦同然，作風爲書序所承，民國陳夢家有說，

尚書通論頁十二、頁十四論梁惠王下「湯始征東面征」云云：「孟子引書，多帶敘文，滕文公下各條亦如是。」

又頁十三—十四：「孟子……述書本事，如『葛伯仇餉』、『洚水警余』、『丕顯哉文王謨』，實爲書序之濫觴。」

又頁一〇二：「自孟子以來，引述尚書者往往附述作書當時的歷史背境和作書原由，實爲書序的濫觴。……書序，並非憑空製造的，也多有所本。」

陳說有待徵詳；肆余考：

孟子滕文公下引書曰：「葛伯仇餉。」上置「湯居亳，與葛爲鄰，葛伯奪酒食黍稷」云云，用明作此書緣由。

又引書曰：「徯我后，后來其無罰。」（梁惠王下亦引，略同）上置「湯征自葛始，民望之來，若大旱望雨」云云，用明作此書緣由。

又引太誓曰：「我武惟揚，侵于之疆，則取于殘，殺伐用張，于湯有光。」上置「周王東征，民人簞食壺漿以迎；拯民於水火之中，取其殘」云云，用明作此書緣由，「取其殘」，特釋經「則取于殘」，義尤顯見。

同篇孟子又曰「當堯之時，水逆行氾濫於中國，……民無所定，下者爲巢，上者爲營窟」，以敍明洪氾背景，然後引書曰：「洚水警余。」既而釋經字曰：「洚水者，洪水也。」

又曰「周公相武王，誅紂伐奄，……滅國者五十，天下大悅」，以敍明周文王肇國，武王承業之史迹，下引書曰「丕顯哉！文王謨。丕承哉！武王烈。佑啓我後人，咸以正無缺」本事爲之依據。

萬章上孟子前曰「堯老而舜攝也」，爲後文「堯典曰『二十有八載，放勳乃徂落』」歷史事實之說明（同篇後文又稱「舜相堯二十有八載」）。

書序「多帶敘文」，幾篇篇敍明作意於上，既而記「作某篇」於下，又偶爾直說經句（如堯典序以「聰明文思」說經「欽明文思」之類），均與孟子敍書合。書序濫觴於孟子（前三八五？—前三〇二？），則成編於戰國中葉之後，有徵可信也。

(2) **孟子引尚書之篇目，書序全部襲用（文併屬在下目(七)(1)）**

(3) **書序敍事依據孟子**

牧誓記周武王發伐紂，於商朝歌郊外牧野誓師之辭，本經決無兵車及將士數目，而書序載「武王戎車三百兩，虎賁三百人」，出經外，元人首表疑意，

董鼎書蔡傳輯錄纂註牧誓書序：「經無『戎車』，而序乃自言之何也？……」

金履祥尚書表注卷下牧誓書序：「小序數目與經不同。」

案：本經雖不及「戎車」，但似此一重大戰役必出戎車，果然，詩大雅大明詠武王牧野之師，云「牧野洋洋，檀車煌煌」，檀車，疏：「檀木之兵車」也。難在「三百兩、三百人」，「與經不同」，金氏蓋以本經至少有「千夫長」在陣，千夫長「統千人之帥」（書蔡傳），即不止三百人，矧經又及司馬、亞、旅、師氏，軍職咸視千夫長爲高，亦既與戰，則車、員應遠

在三百車、人之上，故序可議！

然則今本書序字有誤乎？曰：否，否！知者，

清齊召南尚書注疏考證：「牧誓序『虎賁三百人』，按孟子言三千人，疑此序誤。然孔傳解『戎車三百兩』，既云『戎車（兵車），百夫長所載』，解此句（虎賁三百人）又云『皆百夫長』，則小序自作三百人，與孟子異，非字畫訛也。」

齊說嫌少糾繞，不如徑看傳、疏之爲明白，

戎車三百兩，虎賁三百人，僞孔傳：「（戎車，）兵車，百夫長所載，車稱兩。一車步卒七十二人，凡二萬一千人，舉全數。（虎賁，）勇士稱也，若虎賁（逐）獸，言其猛也，皆百夫長。」孔正義：「（僞）孔以虎賁三百人與戎車數同，王於誓時所呼有『百夫長』，因謂虎賁即是百夫之長；一人而乘一車，故云『兵車，百夫長所載』也。……（僞）孔舉『七十二人元科兵數』者，欲總明三百兩之大數；云『兵車，百夫長所載』者，欲見臨敵實一車有百人。」

謂一輛乘載虎賁（勇士）一人，兵車三百輛共虎賁三百人。是僞孔者疏者所見書序板本固如是，非字畫有誤；各本書序、僞孔傳及單疏本孔穎達正義咸同。

然而宋人仞三百人爲三千人之訛，依僞古文尚書泰誓上篇「予武王有臣三千，惟一心」也，且徑改「百」爲「千」，

鄭伯熊敷文書說頁二五：「序云『武王戎車三百兩，虎賁三千人，與受戰于牧野，作牧誓』。則武王謂紂爲『獨夫』，謂『予有三千人，同心』同德，不誣矣。」

案：僞古文改易管子法禁篇引先秦眞泰誓文，但彼臣，非謂陳牧野之虎賁，故遽爾援以改書序文，期期以爲未可。

雖然，先秦兩漢典籍或述或引三百人多作三千人矣，不容忽視，茲先具列於下，

孟子盡心下：「武王之伐殷也，革車三百兩，虎賁三千人。」

戰國策魏策一：「武王卒三千人，革車三百乘，斬紂于牧。」又趙策二：「武之卒不過三千人，車不過三百乘，立爲天子。」又秦策一：「武王將素甲三千領，戰一日，

破之國，禽其身。」

韓非子初見秦：「武王將素甲三千，戰一日，而破紂之國，禽其身。」

呂氏春秋簡選：「武王虎賁三千人，簡車三百乘，以要甲子之事於牧野，而紂爲禽。」

又貴因：「武王……選車三百，虎賁三千，朝要甲子之期，而紂爲禽。」

淮南子泰族訓：「湯、武革車三百乘，甲卒三千人，討暴亂，制夏、商，因民之欲也。」（敏案：云湯伐夏，車、卒數亦三百、三千，持疑）又本經訓：「武王甲卒三千，破紂牧野。」又兵略訓：「武王之卒三千人，皆專而一。」言三千人，竝同泰族。

風俗通義正失：「尚書：『武王戎車三百兩，虎賁三千人。』擒紂於牧野。」（又皇霸：「尚書：『武王戎車三百兩，虎賁八百人。』擒紂於牧之野。」）二「尚書」竝指書序，八百當作三千，陳喬樅今文尚書經說攷卷三二下：「當以正失篇言虎賁三千人爲是，皇霸篇言八百人，蓋偶失檢耳。」敏案：應劭八百人之說，蓋偶因周禮夏官序官「虎賁氏……虎士八百人」文誤。又後漢書順帝紀李賢注引漢官儀曰：「書稱『虎賁三百人』，言其猛怒如虎之奔赴也。」（未必爲應劭所著之漢官儀，東漢衞宏亦有是著）

又題周尉繚撰尉繚子天官篇：「武王伐紂，……以二萬二千五百人擊紂之億萬，而滅

商。」（尉繚殆以每車七十五人計，則分乘及配合兵車三百輛。是言車數同書序）

案：革車：兵車也（禮記明堂位篇鄭注、孟子趙注），周禮春官巾車：「革路即革車……以即戎。」（鄭注：「即戎，謂兵事。」）簡車、選車，擇選之車也（墨子作「擇車詳下引文」，清孫詒讓墨子閒詁：「擇車，猶呂氏春秋『簡車、選車』。」），亦謂戎車。虎賁，尚書立政二見、顧命一見（同篇另一見作虎臣，僞孔傳：「虎臣，虎賁氏。」），周禮夏官序官：「虎賁氏……虎士八百人。」（鄭注：「虎士，徒之選、有勇力者。」）虎賁，武士也，即勇士，故禮記樂記：「……而虎賁之士說劍也。」（此正述武王甫克商之事者）卒、甲卒及素白甲（之卒），皆謂此武王伐紂之虎賁。

宋夏僎首引孟子三千人疑書序三百人是字誤，其尚書詳解卷十六牧誓書序：

> 孟子書武王之伐殷也，「革車三百兩，虎賁三千人」，此「百」字或是「千」字之訛；泰誓所謂「有臣三千，惟一心」者，疑即指此虎賁之數。

夏氏旁資僞泰誓文，無益，當刪（說方見上論鄭說），餘可取。

清人多據上引孟子等書論牧誓序三百人當作三千人，

江聲尚書集注音疏卷十一：「孟子書『……』，司馬遷曰『革車一乘，士十人，徒二十人』。……一乘十人，三百兩則三千人矣。……據（孟子）云『虎賁三千人』，足證此言三百人之誤，當爲三千人矣。」段玉裁古文尚書撰異卷三二、陳喬樅今文尚書經說攷卷三二下及皮錫瑞今文尚書攷證卷三十皆引江說，皆贊同。

孫星衍尚書今古文注疏卷三十說同江氏（屈先生尚書集釋頁二九八引孫說）。

簡朝亮尚書集注述疏卷末上書序辯：「據昭十年左傳云『百兩必千人』，孟子云『武王之伐殷也，革車三百兩，虎賁三千人』，此言『三百人』，非也。」

依僞傳孔疏說，虎賁即百夫長，一車一虎賁，長百人，三百兩總共虎賁及兵卒（其中有步卒）三萬人，元陳櫟書蔡傳纂疏書序：「一虎賁必長百人，一乘車總用百人，以虎賁數合車數，三萬人也。」是也。敏案：虎賁，見諸經典（已詳上引），非一卒（百夫）之長，且戎車三百乘，豈獨以載三百虎賁乎？清王鳴盛尚書後案卷三十：「傳以兵車爲百夫長，所載又以虎賁即百夫長，然則虎賁三百已滿載三百兩之車，將司徒司馬司空亞旅及千夫長皆徒步而從百夫長乎？非也。」

依司馬法，虎賁（士）三千人，固合孟子；但云兵卒（徒）六千人，士、卒共九千人，則與古車戰之法一車甲士三人、步卒七十二人（上引尉繚子即用此法計數）異，清梁玉繩有見於此，爲曲說曰：「……至臨敵制變，更以甲士配車而戰，一車實有百人，每乘以虎賁一人爲右。」（史記志疑卷三）出於臆定。

左昭十年傳：「鄭子皮將以幣行，子產曰：『喪焉用幣？用幣必百兩，百兩必千人。』」此「百兩」，謂載幣之車（杜注），非兵車百兩；而從者千人，謂隨車執事者，非軍士千員也。則簡氏引證不可依。

周禮夏官序官：「虎賁氏：下大夫二人，中士十有二人，府二人，史八人，胥八十人，虎士八百人。」若據此，斯役當爲虎賁八百人，江聲釋疑曰：「蓋周禮所設，據平時給役使者，八百人足矣；若出軍，必更徵發士卒，……三千人不爲多也。且此時未有周禮，不得據以爲說。」（同上）段玉裁古文尚書撰異卷三二：「此時周禮未備，不必泥於周禮『虎士八百人』之數。……蓋周以此勇士滅殷，後因之設虎賁氏。」周禮六官，戰國中晚葉著，殷周之際尚未作。虎賁，無論墨子（見下）、孟子或周禮，皆襲名尚書周誥。夏官設八百人隸官虎賁氏，亦因周誥（西周初年武王之後作），牧野之戰武王告軍士尚不及虎賁，可證。

墨子明鬼下：「武王以擇車百兩，虎賁之卒四百人，與殷人戰乎牧之野。」逸周書克殷：「周車三百五十乘，陳于牧野。……王既誓，以虎賁戎車馳商師，商師大崩。」車、人均異孟子等書所載，蓋傳聞異辭，或別有所據，不可的知也。

虎賁，兵士中特勇精壯者也，鄭玄曰：「不言『徒』，曰『虎士』，則虎士徒之選有勇力者。」（周禮注）僞孔傳：「虎賁，勇士稱也。」宋夏僎曰：「虎賁，……殆亦簡賦卒中之勇猛者。」（尚書詳解卷十六）虎賁既爲徒眾之選粹，則與斯役者，勇士之外，猶有一般士卒（如鄭注之「徒」），司馬遷即分別言之，

> 史記周本紀：「武王……率戎車三百乘、虎賁三千人、甲士四萬五千人，以東伐紂。」

此甲士，即謂一般兵卒。宋林之奇因史記，亦分別虎賁與甲士，謂前者爲武王衞士（尚書集釋頁二九八：「虎賁，王之衞士。」同），三百已足，故書序正，孟子等作三千人誤；而後者尚有二萬二千五百士，尚書全解卷二三：

> 戎車三百兩、虎賁三百人，此蓋周師陳于牧野之全數也。史記、孟子皆作三千人。諸

儒多以史記、孟子之言爲信，而以此序爲誤，其意蓋以謂戎車三百兩不應但有虎賁三百人也。某竊以爲當從此序之所載，古者虎賁之士，必擇其驍勇有力之人爲之，朝夕在王之左右，以爲宿衛兵也。周官「虎賁氏掌先後王而趨以卒伍」，其屬有虎士八百人。當周之盛時，纔有虎士八百人，則其伐殷之時，而有三百人，固其理也。成王崩，「太保命仲桓、南宮毛俾爰齊侯呂伋以二干戈、虎賁百人，逆子釗于南門之外」。則是虎賁之士，蓋其宿衛之官，所以輔從乘輿者也。牧野之戰，而至有虎賁三百人，已爲盛矣，則其文雖與戎車三百兩相接，其實在戎車之外也，非戎車所載之人也。其戎車所載之人，其步卒則已在三百兩之中矣。古者兵車一乘，甲士三人，步卒七十二人，言戎車三百兩，則甲士與其步卒皆可見其數矣。而虎賁三百人，則是王之爪牙勇力之士，在王左右以爲之輔衛，其有三百人已爲多矣，安得尚以其少，而以爲有三千人邪？以是知史記、孟子之言誤矣。（宋陳大猷書集傳或問卷下亦引其說）

周禮後作，又非已驗之書，不得據以定伐紂戰役虎賁之員數。且夫牧野之役，兩方傾全力以爭，詩大雅大明「殷商之旅，其會如林」，史周紀「紂亦發兵七十萬距武王」，而武王之師牧誓本經記友邦與庸、蜀等八國之軍，又記司馬、亞、旅、師氏統兵首長及千夫長、百夫長，兩軍相接大死傷，至於「血之流杵」（孟子引尚書眞武成篇文）則周軍戰車、甲士斷不止各三百，即虎賁三千、甲士四萬五千恐亦不足克敵，果然，史記又載西土「諸侯兵會者，車四千乘，陳師牧野」，計三十萬人，連同周家本軍四萬八千，總合約三十五萬眾。則武王選驍勇爲爪牙，孟子以下，國策、韓非、呂覽、淮南、史記及風俗通均載數三千，猶恨少，序書者獨云三百，必有失誤。

致誤之由，或斷是書序字誤者甚多，僅以清江聲尚書集注音疏卷十一爲例：

孟子……偁「武王之伐殷」云云，實據此（書）敍（序）之文，據云「虎賁三千人」，足證此言「三百人」之誤，當爲三千人矣。

案：孟子敍武伐紂事詳，彰明仁人無敵義，書序剌取其中二句改易一字，書序實據孟子。或謂書序襲「記禮」，改三千人爲三百人；而孟子亦本「記禮」，但未改字，元董鼎書蔡傳輯錄纂註書序：

經無「戎車」，而序乃自言之何也？豈其附會記禮「革車三百兩，虎賁三千人」而爲此序歟？孟子蓋亦本於此歟？

案：引「革車、虎賁」二句，三禮及大戴禮記書均無有，董所稱「記禮」，不詳所指；「記禮」既無有此文，孟子之前文獻又未見，所引二句文又全同孟子，則是孟子前承不明，而書序本諸孟子，乃改千人為百人，顯然（左僖二十八年傳周襄王賜晉文公「虎賁三百人」，豈改字者嘗參據此以定三百之數乎？）。

康有為新學偽經考卷十三書序辨偽謂劉歆改千人為百人作書序，非劉歆作書序（已詳上）改字。惟明郝敬斷書序者嫌多改字，其

尚書辨解卷九：「孟子云『虎賁三千人』，當以孟子為據，序嫌過多，故變千為百：說詳本篇。」

又於卷四牧誓本篇解曰：「禮云『疏通知遠，書之教也，其失也誣』。聖人刪書，于帝王升降之蹟，可否疑似并存，以俟天下後世尚論者取裁，亦春秋之義云爾。……孟子謂『盡信書不如無書』（盡心下），『恐來世以為口實』（節略偽古文仲虺之誥文），與刪書之意正同。又謂『武王伐殷，革車三百兩，虎賁三千人』，而武王亦自言『予有

臣三千』（用僞泰誓上文），非即所謂虎賁將帥之士千夫長百夫長其人與？千夫長三千，當率眾三百萬人，故序變『千』言『百』，嫌過多也。今省三千爲三百，降千夫爲百夫，亦當率眾三十萬，猶非少也。……又革車三百乘，司馬法用卒三萬，合虎賁所統，三十三萬，猶周卒也。……詩云『殷商之旅，其會如林』，遷史因謂紂兵七十萬。紂悉三州之賦不能七十萬，況親戚叛之，所謂『如林』者，多周與諸侯蠻夷之眾耳。紂之亡，不以寡，而寡助益易亡；武王無敵，不以眾，而與眾益無敵。聖人刪書自直，尚論者不可盡信，鑿朴者亦不可避誣掩眞。斯謂之『疏通知遠』，深于書矣。」

案：武王自言有臣三千，非謂牧野戰陣虎賁將帥之士（說已略具上論鄭說節）；勤紂之師如林，七十萬眾，非周及西邦徒眾：郝說兩失。雖然，郝謂周師不減三十三萬，此是史實。「聖人存以俟後人取裁」，「不可避誣掩眞」，偏信孟子「弔民伐罪，仁人無敵於天下」大義如書序作者，嫌「三千人」過多，竟省改爲「三百人」，則失之誣矣。

至此，牧誓書序據孟子盡心下而改字，無餘義矣。書序之著成，不得先乎戰國中葉，此又得一塙證。

(4) 湯征太甲兩書序襲孟子說，存證備徵

尚書逸湯征篇書序「湯征諸侯；葛伯不祀，湯始征之，作湯征」（史記殷本紀述書序幾全同，唯連引湯征逸經五十七字），孟子記事與之相關者四條，備錄於下（趙注或附見）：

孟子梁惠王下：「湯事葛。」

趙岐注：「葛伯放而不祀，湯先助之祀。」敏案：趙用下文滕文公下「葛伯放而不祀」及湯遺牛羊助耕文。

又滕文公下：「湯居亳，與葛爲鄰，葛伯放而不祀，湯使人問之曰：『何爲不祀？』曰：『無以供犧牲也。』湯使遺之牛羊；葛伯食之，又不以祀，湯又使人問之曰：『何爲不祀？』曰：『無以供粢盛也。』湯使亳衆往爲之耕；老弱饋食，葛伯率其民要其有酒食黍稻者奪之，不授者殺之。有童子以黍肉餉，殺而奪之。書曰：『葛伯仇餉。』此之謂也。爲其殺是童子而征之，四海之內皆曰：『非富天下也，爲匹夫匹婦復讎也。』湯始征，自葛載，十一征而無敵於天下，東面而征西夷怨，南面而征北狄怨，曰：『奚爲後我？』民之望之，若大旱之望雨也。歸市者弗止，芸者不變。誅其君而弔其民，如時雨降，民大悅。書曰：『徯我后，后來其無罰。』」

趙注兩「書曰」云：「尚書逸篇也，書逸篇也。」

又梁惠王下：「書曰：『湯一征，自葛始。天下信之，東面而征西夷怨，南面而征北狄怨，曰：「奚爲後我？」』民望之，若大旱之望雲霓也。歸市者不止，耕者不變，誅其君而弔其民，若時雨降，民大悅，書曰：『徯我后，后來其蘇。』」趙注：「此二篇皆尚書逸篇之文也。」敏案：體文氣，兩「書曰」當出一篇，注云「二篇」，失密洽。

又盡心下論仁人無敵於天下，曰：「南面而征北狄怨，東面而征西夷怨，曰：『奚爲後我？』」

敏案：此與孟子上兩篇所引「東面南面」云云及「奚後」云云句自係同指湯征事。（僞古文尚書仲虺之誥篇：「乃葛伯仇餉，初征自葛，東征西夷怨，南征北狄怨，曰：『奚獨後予？』攸徂之民，室家相慶曰：『徯予后，后來其蘇。』」敏案：此簡縮增益湊合孟子梁惠王下及滕文公下相關文句以成者）

四「書曰」俱尚書逸文（趙注是），「湯始征，自葛載」，子輿譯述書本經「湯一征，自葛始」文耳（一、載，皆始也）。「葛伯仇餉」，湯征本經之要點也，其上自「湯居亳」至「殺而奪之」乃說明此要點之文，猶書序也，陳夢家尚書通論頁十四：「（孟子）述書本事，如『葛伯仇餉』，……實為書序的濫觴。」是也。乃孟子前曰「葛伯仇餉」，緊後又曰「為其殺是童子而征之」，則湯征之作，「按孟子文，湯以仇餉征葛，非以不祀征葛」（清崔述商考信錄卷一）。則書序「葛伯不祀，湯始征之」，誤歟？應之曰：否，否！夫祀者國之大事，廢則慢天侮神，微子篇父師責紂曰：「今殷民乃攘竊神祇之犧牷牲，用以容，將食無災。」牧誓武王數紂罪曰：「昏棄厥肆祀，弗荅。」類此義亦見諸國之誥、誓。湯伐罪主因，為葛伯「廢其土地山川及宗廟皆不祀」（偽孔傳），而葛君仇餉殺童則妨眾耕作，令祭粢匱乏，等同不祀，故湯始征之。書序者敍事，能執持義要，崔說失周。

書序述葛伯不祀，或據湯征本經，而與孟子敍此事所據資料同源，則書序未必襲孟子。

屈師翼鵬論書序之著成，有云：

> 湯征及太甲兩（書）序，已襲孟子為說，知其著成時代，不得前乎戰國中葉。（尚書集釋頁二八八）

既而又於尚書集釋（頁二九二）湯征書序卷持疑，云：

孟子滕文公下云（「湯居亳」至「葛伯仇餉，此之謂也」一段，方見上全引，茲省。）疑書序本此爲說。

謹案：湯征原經篇久逸，無從徵實，師言疑闕，是也。清汪之昌青學齋集卷五詩序書序孰爲可信說：「書湯征序『葛伯不祀，湯始征之』，孟子滕文公篇亦引之。」討原有失，非也。許錟輝先生先秦典籍引尚書考頁二七〇：「孟子滕文公下引書曰『葛伯仇餉』，上文敍葛伯不祀之事，與書序相應，書序之說本於孟子。」則未必是，請備記於此。

至太甲，書序「太甲既立，不明，伊尹放諸桐三年。復歸于亳，思庸，伊尹作太甲三篇」，云帝太甲不明、伊尹放之於桐，此兩事，漢人用其說，

史記殷本紀：「太甲，成湯嫡長孫也，是爲帝太甲。……帝太甲既立三年，不明，暴虐，不遵湯法，亂德，於是伊尹放之於桐三年。伊尹攝行政當國，以朝諸侯。……」

漢書卷九九上王莽傳劉歆等曰：「昔成湯既沒，而太子蚤夭，其子太甲幼少，不明，伊尹放諸桐宮而居攝，以興殷道。」

後漢書董卓傳載盧植曰：「昔太甲既立，不明，……故有廢立之事。」

三國志魏書董卓傳裴注引盧植曰：「案尚書：『太甲既立，不明，伊尹放之桐宮。』」又引董卓曰：「昔伊尹放太甲，……著在典籍。」（盧視書序爲書經，故引書序文徑稱「尚書」，漢人頗如此）

孟子記事與此書序相關者兩條，

萬章上：「伊尹相湯以王於天下。湯崩，太丁未立，外丙二年，仲壬四年，太甲顚覆湯之典刑，伊尹放之於桐三年。太甲悔過，自怨自艾，於桐處仁遷義三年，以聽伊尹之訓己也，復歸于亳。」

又盡心上：「伊尹曰：『予不狎于不順。』放太甲於桐，民大悅；太甲賢，又反之，民大悅。」

史記多采其說，

殷本紀又曰：「……太甲居桐宮三年，悔過自責反善，於是伊尹迺迎帝太甲而授之政。

帝太甲修德，諸侯咸歸殷，百姓以寧。伊尹嘉之，迺作太甲訓三篇。」

而僞者合采孟子、書序暨典籍引眞太甲經文，綴成太甲三篇，略如：

惟嗣王不惠于阿衡，伊尹作書（戒之）……。王惟庸，罔念聞。伊尹乃言曰：……。王未克變。伊尹曰：「茲乃不義，習與性成。予弗狎于弗順，營于桐宮，密邇先王，其訓，無俾世迷。」王徂桐宮居憂，克終允德（以上爲上篇）。惟三祀，十有二月朔，伊尹以冕服奉嗣王歸于亳（以上爲中篇）。……

孟子云「太甲顚覆湯之典刑」，書序作「太甲不明」，而見放，書序非襲孟子，一也；太甲歸亳以後，孟子書所不及（祗云「民大悅」，不及太甲德行。），而書序云「太甲思庸（思，念，庸，常（道）也。）」，非源出孟子書，思庸，辭古奧，當直接采錄眞太甲篇本經原文（書序者習爲此）。夫眞太甲篇，左傳作者據以撰史（襄公三一年：「伊尹放大甲而相之，卒無怨色。」），禮記作者援以議禮者四（表記一、緇衣二、大學一次），孟子依以論政（公孫丑上：「太甲曰：『天作孽，猶可違；自作孽，不可活。』」離婁上引悉同），則遲至戰國晚葉，原篇猶未亡逸，爲書序者得本之敍篇之作意，非襲孟子，而與孟子述此太甲事同源一資。意屈師亦謂闕疑，一若論湯征書序例，是也。

又竹書紀年曰：「伊尹即位，放大甲七年，大甲潛出自桐，殺伊尹。」（古本竹書紀年輯校）說與孟子、書序不盡同。記此俟考。

四 考書序之用資料，知其成書晚於公羊傳（戰國中葉）荀卿書（戰國晚葉）之流傳

君奭書序「召公（奭）爲保，周公（旦）爲師，相成王爲左右」云云，篇繫洛誥之後，明謂此二公相成王乃成王七年周公返政後事。夫召公爲太保，召誥稱之四次、又見君奭本經一次，連名作保奭。而周公爲太師，本經無明文，但有逸周書官人篇武王呼周公爲太師爲憑。周公之相成王：本經亦無明文，有成王嘗語周公曰：「汝受命篤弼。」（洛誥）禮記文王世子篇：「成王幼，……周公相。」逸周書五權篇：「維王（武王）不豫，于五日召周公旦曰：『……汝惟敬哉！先後小子，勤在維政之失，……以保小子于位。』」爲憑（不煩多舉）。弼、保即輔相，小子即幼太子。召公相成王，本經周公引武王顧命曰：「汝（召奭）明勖偶王。」偶，輔助之意。大戴禮保傅篇：「昔者周成王幼，在襁褓之中，召公爲太保。」周公召公爲師保

相成王，古文獻多有之，書序從之作此也。

唯序云「相成王爲左右」，當襲自春秋公羊傳；公羊隱五年傳：

「天子三公者何？天子之相也。天子之相，則何以三？自陝而東者，周公主之；自陝而西者，召公主之；一相處乎內。」（禮記樂記：「……五成而分陝，周公左，召公右。」大義同。禮記王制：「分天下以爲左、右，曰二伯。」亦符公羊義）

故遷史即以二伯分陝而治釋書序此句，

史記燕世家：「成王時，召公爲三公，自陝以西，召公主之；自陝以東，周公主之。（下即繼「周公攝政，召公疑之」云云，詳下引）」

故馬融注書序曰：「（左、右，）分陝爲二伯，東爲左，西爲右。」（釋文引）是也。

書序又曰「……召公不說」云云（漢晉人亦見述，如漢書卷七七孫寶傳：「平帝立，寶爲大司農，……寶曰：『周公上聖，召公大賢，尚猶有不相說；著於經典，兩不相損。』」

僞列子楊朱篇：「武王既終，成王幼弱，周公攝天子之政，邵公不悅。」（並直據此序），本經既不見召不悅周意，序又不及召不悅周之故，史遷似謂周公攝政踐祚專權，致召公疑慮不悅，

史記燕世家：「成王既幼，周公攝政，當國踐祚，召公疑之，（周公）作君奭。君奭不說周公，周公乃稱：『……（述君奭本經殷湯大戊祖乙武丁四君得大臣保輔而大治之事）。』於是召公乃說。」（漢晉人承此意，漢書王莽傳節引本經，後著所謂「說者」曰：「周公服天子之冕，南面而朝羣臣，發號施令，常稱王命。召公賢人，不知聖人之意，故不悅也。」晉陸機豪士賦序：「且夫政由甯氏，忠臣所爲慷慨，……是以君奭鞅鞅，不悅公旦之舉。」並緣遷史發揮）

馬融始昌言周旦貪權戀位，致召奭不悅，

召公以周公既攝王政，致大平，功配文武，不宜復列在臣位，故不說；以爲苟貪寵也敏案：此句似他人述馬意，非馬原語。（史記燕世家集解引）。（書疏引鄭玄王肅說、孔正義要旨並同，徐幹中

論智行篇：「召公見周公之既反政而猶不知，疑其貪位，周公爲之作君奭，然後悅。」同馬）

宋以後，守書序「召公不悅」語，從申其不悅之故者多端，

宋蘇軾云周公致政不告歸，故召公不悅（東坡書傳卷十五），林之奇用其說（尚書全解卷三三）：說大體同馬鄭。

蘇轍云召公不悅周公歸政（尚書全解卷三三引）：說恰反乎其兄。

王安石云成王非有過人之資，處於人習文武至治之後，難以爲繼，故召公不悅（尚書全解卷三三引）：謂召公不悅成王。

程頤云：「召公初陞爲太保，與周公並列，其心不安，故不說爾。」（二程遺書卷十八）謂召公居高思危。

明郝敬云：「召公不說，語不明，起後人之疑。」（尚書辨解卷九）又云：「序謂不悅者，如『孔子不悅于魯衛』，孟軻『不豫于齊』，有去志云爾。當是時，異姓舊臣皆已就封，十亂皆已彫謝，周公留洛而召公居中；年老倦勤，故有歸志。……然周公援止即

止，老成忠愛，眞無已哉！」（同上卷七）謂召公浩然有歸志。

五派六家之說，都在釋序，唯大蘇與林說近序意（詳下），它皆有失（非本節文所主，不遑辨）。雖然，以經案之，序失經義，考亭師弟子及後之從說者，嘗暢言之矣。

朱子答徐元聘尙緣飾序意，云「召公不說，蓋以爲周公歸政之後不當復留，而己亦老而當去。故周公言二人不可不留之意」（朱文公文集卷三九），又云「召公不悅，這意思曉不得。若論事了，儘未在，看來是見成王已臨政，便也小定了，許多事周公自可當得，所以求去」：此二意見幾同舊（馬融孔穎達蘇軾等）說。別答他人問則責序意不見於經，

朱子語類卷七九：「顯道問『召公不悅』之意。曰：召公不悅，只是小序恁地說，裏面却無此意。這只是召公要去，後周公留他，說道：朝廷不可無老臣。」

蔡沈申師說，其

書蔡傳書序辨說：「蘇氏曰：『舊說或謂召公疑周公，陋哉！斯言也。』愚謂：序文

意義含糊，舊說之陋有以啓之也。」

書蔡傳卷五：「此篇之作，史記謂『召公疑周公當國踐祚』，唐孔氏謂『召公以周公嘗攝王政，今復在臣位』，葛氏謂『召公未免常人之情，以爵位先後介意，故周公作是篇以諭之』，陋哉！斯言。要皆爲序文所誤。獨蘇氏謂『召公之意，欲周公告老而歸』，爲近之。然詳本篇旨意，迺召公自以盛滿難居，欲避權位，退老厥邑，周公反覆告諭以留之爾。熟復而詳味之，其義固可見也。」

元陳櫟兩采朱蔡語，竟進論序當刪，

書中略不見召公不悅之意，諸說揣摹，皆序之陋啓之所，合盡刪。（元董鼎書蔡傳輯錄纂註書序引）

清簡朝亮極推尊蔡氏，據經證序之誣，尙書集注述疏卷二二：

君奭曰「在家不知」，在家者，退老也。此周公留召公在國以知事，據經而明也。序曰……。謂之不誣，不可也。而馬鄭皆從之，不有蔡傳，不使周召元老終古皆疑乎？

案：本經七百四十八字，一皆周旦告召奭語，言天命難諶，我姬氏子孫，勿絕滅吾周家前王之功烈（「在家」當屬下讀，簡氏斷句解說俱失），則當輔相少主，若殷成湯太甲太戊祖乙武丁五君及周先君文武，賴舊臣弼政安受天命之事，以喻「朝廷不可無老臣」意，因懇請召公續共輔國政，云「予往暨汝奭其濟」，云「在讓（襄）後人（成王）于丕時」！周公反覆告詳，欲留召公，召公「不悅」意，絕無，而序彰言「召公不悅」者，諒必有所據。

考其所據，唯清王鳴盛曾致力，其尙書後案卷三十：

鄭馬云云者，荀子卷四儒效篇：「武王崩，成王幼，周公屏成王以屬天下，履天下（子？）之籍，偃然如固有之。成王冠成人，周公歸周，反籍于成王，北面而朝之。周公鄉有天下，今無天下，成王鄉無天下，今有天下：君臣易位，非不順也。」（王氏此節引荀子儒效，又有所改易）……此古義相傳，正召公所以不說，鄭馬所本也。……召公因周公致政後又列臣職，故不說。……禮記緇衣疏「周公既致政，仍留爲太師，召公謂其貪于寵祿，故不說」：此漢唐相傳舊說，不可易也。

案：周公曩攝政有天下，君也；還政與成王，宜告歸，乃復列臣職；今昔君臣易位，誠有不順。荀卿辨其「非不順」，是或者嘗議其事不順矣。書序者不達本經誼，徒依荀子定敘本篇作者之意而語焉不詳，馬鄭王徐孔爲討其原彰揭其義，書序之功臣也。

公羊傳子夏所傳，諒在戰國中葉，而書序「周召相成王爲左、右」據焉，則書序戰國晚期作；又序之「召公不說」既援荀子，則書序果周秦之際人之著作也。

(五) 書序之著成，必在逸周書成編（戰國晚葉）之後

(1) 書序體製近襲逸周書

書序七十七條，今尚存六十七條，每序之末，除禹貢篇……任土作貢、仲虺之誥篇……仲虺作誥、微子篇……微子作誥父師少師稍異外，莫不爲「……作某篇」形式，而其上敘作篇緣由（……），下即結以「作某篇」，此法直接以逸周書爲前導，

逸周書大匡篇首：「維周王宅程三年，遭天之大荒，作大匡，以詔牧其方，三州之侯咸率。」

又程典篇首：「維三月既生魄，文王合六州之侯，奉勤于商，商王用宗讒，震怒無疆，

諸侯不娛，逆諸文王，文王弗忍，乃作程典，以命三忠朱右曾校：「忠當爲恖，古文臣字。」

又謚法篇首：「維三月既生魄，周公旦、大師望相嗣王發，既賦憲，受臚于牧之野，將葬，乃制作謚。」

又芮良夫篇首：「厲王失道，芮伯陳誥，作芮良夫。」

大匡首廿七字，朱右曾釋：「此書之原序也。」同制，程典、謚法及芮良夫首諸字，均是各該篇之原序。（尙）書序作者幾悉倣之，成「……作某」，定爲常式。芮良夫，芮伯也，誥戒周厲王作此篇，僅僅取篇中主告者爲篇名；（尙）書序亦習見，仲丁、河亶甲、祖乙、盤庚是，倣逸周書也；（尙）書序又衍義爲被告戒（命）之主人，亦僅僅取其名命篇，太甲、君陳、君牙亦是也。

(2) **書序述事設辭抄襲逸周書**

(a) 三監、周公相成王將黜殷

大誥書序言周武王崩後，「三監及淮夷叛，周公相成王，將黜殷」，非徑出本經，乃別有依據。

三監：多方篇「今爾奔走臣我監五祀」，監謂武庚、管、蔡三諸侯諸侯謂之監國者，非書序之所本因彼文字與意義均不明確。禮記王制篇「天子使其大夫爲三監，監於方伯之國」，亦非書序之所從作孔禮正義：「尚書『使管叔、蔡叔、霍叔爲三監』者，爲武庚也。與此別也。」敏案：今文尚書廿九篇及僞古文尚書五十八篇竝無此文。，且王制漢文帝朝博士等作，乃彼襲自書序或它書。

唯逸周書作雒篇曰：

> 武王克殷，乃立王子祿父，俾守商祀，建管叔于東，建蔡叔、霍叔于殷，俾監殷臣。

書序立三監——管蔡霍三諸侯，本乎此也。漢人習用「三監」專名，如班固漢書地理志以武庚管蔡爲三監、鄭玄詩邶鄘衛譜及書序注（詩豳東山正義引）。

淮夷，淮水之北，古徐州之夷也。書禹貢、費誓，詩江漢、泮水、閟宮，左僖十三、昭二十七傳，均稱淮夷；書序述淮夷專名，本乎此也。外大誥書序，猶有成王政「成王東伐淮夷」殆亦言成王三年事，與大誥時、事同，參鄭玄書序注。、周官「成王既……滅淮夷」及費誓三書序亦皆稱淮夷費誓省淮字。言三監及淮夷叛，大誥本經無明文僅云：「殷小腆，誕敢紀其敘。……曰：『予復。』」謂武庚叛。又云：「在王宮，邦君室。……大艱人誕鄰胥伐于厥室。」謂管蔡亂國。，先秦典籍記武庚管蔡等叛，文字較明顯者，有逸周書作雒篇：「周公立，相天子，三叔及殷、東、徐、奄及熊、盈以略（亦作畔）。周公、召公內弭父兄，外撫諸侯。……二年，又作師旅臨衞政（一作攻）殷，殷大震潰，降辟三叔，王子祿父北奔，管叔經而卒，乃囚蔡叔于郭淩。凡所征熊、盈族十有七國，俘維九邑，俘殷獻民遷于九畢。」

韓非子說林上：「周公旦已勝殷，將攻商、蓋，辛公甲曰：『大難攻，小易服，不如服眾小以劫大。』乃攻九夷，而商、蓋服矣。」

呂氏春秋察微篇：「……智士賢者相與積心愁慮以求之，猶尚有管叔、蔡叔之事，與東夷八國不聽之謀。」

又古樂篇：「成王立，殷民反，王命周公踐伐之。商人服象，為虐于東夷。」

東、徐、奄、熊、盈，即淮夷，而九夷、東夷，亦其族國（參墨子非攻中「九夷之國」孫詒讓閒詁）。書序「三監」即謂「三叔」，「淮夷」，即籠統東、徐等言之；「三監及淮夷叛」，襲逸周書作雒也。

言周公相成王（君奭書序亦言「周公相成王」，但時值平殷亂之後，無直接關聯）黜殷，大誥本經祗言「成王東征」；公相成王以東征，則無明文。尚書洛誥：「汝周公受命篤弼。」

管子小問篇：「武王……崩，周公旦輔成王而治天下。」墨子貴義篇：「周公旦佐相天子。」禮記文王世子篇：「成王幼，……周公相，踐阼而治。」言弼、輔、相，又祗及「相成王」而猶闕「黜殷」。公相成王以黜殷事，先秦典籍惟逸周書、呂覽具明文，而前者較詳確，

逸周書作雒篇：「周公立，相天子，三叔及殷、東、徐、奄及熊、盈以畔。周公……（此下省却多文，因方詳上引）。」

呂氏春秋開春篇：「故……周之刑也，戮管、蔡而相周公。」

逸周書此文，亦大誥書序「周公相成王，將黜殷」之所從出。

(b) 殷餘民殷頑民

康誥書序「成王以殷餘民封康叔」，左定四年傳云「分康叔以……殷民七族——陶氏、施氏、繁氏、錡氏、樊氏、饑氏、終葵氏，……命以康誥，而封於殷虛」，爲書序之所據，則命書原稱「殷民」而序易稱「殷餘民」。而史記承用序稱，魯世家：「周公……遂誅管叔，殺武庚，放蔡叔，收殷餘民以封康叔於衞。」又管蔡世家：「周公……伐誅武庚，殺管叔而放蔡叔。……從而分殷餘民爲二。……其一、封康叔爲衞君。」是也。

殷餘民，亡國之餘之民也，愚頑不化，猶殷頑民，僞孔傳：「三監之民。」孔疏：「圻內之餘民。」疏又云：「殷之頑民，叛逆天命。」宋林之奇尚書全解卷二八康誥書序：「殷之餘民，染紂之化，草竊姦宄，無所不爲，而又重以武庚之猖獗，則其桀驁之俗尤難治也。非親則不可以重地，非賢則不可委以頑民，康叔以弟之懿親而大有賢德，於是以殷之餘民而封之於衞，使撫有殷之故都而爲君也。」是矣。

多士本經周公用成王命告「商王士」，下稱商王士爲「殷遺多士」（一見）、「殷多士」（二見）、多士（四見）及「四國（天下）民」（亦一見），乃書序云「遷殷頑民」，「頑民」，本經篇無有（僞古文尚書畢命本經陰襲康誥書序造「毖殷頑民」句）。史遷嫌「殷頑民」失所以稱殷民，因改作「殷遺民」，周本紀：「成王既遷殷遺民，周公以王命告，作多士。」

頑：尙書三見，堯典「父頑」、皐陶謨「庶頑，苗頑」，僞孔傳曰：「愚。」孔正義：「以其無知，謂之頑民。」傳又曰：「心不則德義之經（係據左僖二四年傳）。」傳又曰：凶惡。廣雅釋詁：「愚也。」說文段注：「愚魯之偁。」鄭玄曰：「頑，無知之稱。」（詩王城譜正義引多士書序注）頑，誠爲惡稱，成王、周公誥書不致作此言，第持書序孔子所撰者以謂：「孔子書其惡，所以見周家之忠厚」（宋黃倫尙書精義卷三九引宋張九成曰）、「心……

不知天命消息盈虛之理便是頑」（同上引宋呂氏殆非祖謙曰）、「商人之心既不知天命廢興之理，懷疑而不服，豈非頑乎」（宋陳經尚書詳解卷三四）、「皆頑不率教者，故序謂之頑民，……即其實而謂之頑」（宋夏僎尚書詳解卷二十）、「……商王士習紂之餘習，故同謂之頑民」（清莊述祖多士序說）、「以其不服于周，言其不則德誼，故謂之頑。……其不服于周，由不忘故主之故，然則由周而言，謂之頑民，由商言之，固不失爲誼士」（清江聲尚書集注音疏卷十一）。同爲一殷民，自商家稱之，義反乎自周家者，章炳麟更進江說，緣逸周書爲義，其

> 古文尚書拾遺定本多士書序：「逸周書作雒解：『俘殷獻民，遷于九畢。』雒誥亦云：『孺子……其大惇典殷獻民。』（逸周書）謚法解：『聰明叡哲曰獻。』或曰獻、或曰頑，厥義相反。余嘗疑獻、頑聲異，覈實是一。否則以不從周謂之頑民，其實聰明叡哲之士也。今詳度邑解云：『維王克殷，國君諸侯乃厥獻民徵主九牧之師見王于殷郊。』……王曰：『……維天建殷，厥徵名民三百六十夫。』……先稱獻民，武王又謂之名民，所以憂之不寢者，名民三百六十夫，……及紂亡尚在，懼其爲祿父用耳。及再黜殷命，……少壯者猶未馴服，是以獻民就俘，……遷之成周，正患其聰明叡哲，

非患其愚也。敵國有聖人，鄰國之憂，此義易曉。乃知稱頑民者，以王義言之；稱獻民、名民者，自其人言之。」

案：尚書皐陶謨「黎獻」（僞孔傳：眾賢）、大誥「民獻」（人賢者）、酒誥「殷獻臣」（殷善臣）、洛誥「殷獻民」（殷賢人）：獻，賢也。㝬簋：「肄余㠯餕（義）士、獻民。」（見金文詁林）義士與獻民併稱，是獻民亦賢民。名民，史記周本紀索隱：「名賢之人。」殷賢民，殷官員也，逸周書商誓篇周武王告商官員曰：「王若曰：『告爾……及百官里居獻民。……』」清朱右曾釋曰：「里居賢民，致仕及未致仕者。」當指殷高級官員，逸周書作雒篇「殷獻民」孔晁注：「獻民，士大夫也。」書序頑民，即商王士，故僞傳孔疏均謂是殷大夫、士，誠盡「聰明叡哲之士」，故周家遷之洛也：雖都爲序失稱辯解，然亦承認不合成王、周公誥書之舊稱——殷多士、多士、商王士、商士大夫。

王安石首先責序失稱，云周公無是稱也，其

尚書新義：「篇名多士，而序以爲頑民何也？在官者謂之士，卿大夫士是也。……此書稱『士』，皆在官之殷士也。且周公未始以殷民爲頑，成王命君陳始有『無忿疾于頑』之語，夫殷民不附周，謂之頑可也，不忘殷，謂之頑可乎？故『頑』之一字，周公於康誥、酒誥、多士、多方等書，未嘗出諸其口也。」（程元敏尚書新義輯考彙評頁一八七）

後人論序繆稱失經意者，大抵不外荊公說範圍，

元陳櫟書蔡傳纂疏多士書序：「□（經）稱『商王士、殷多士、殷遺多士』，未始目爲頑民，小序之□（謬）。然□□周家忠厚之意，其失不但昧遷殷民之先後。」

明郝敬尚書辨解卷九：「序妄謂『殷士』爲『頑民』，而（蔡）仲默又不非之。」

又卷六多士篇題：「（周）公惡殷士乎？曰：否。……然則謂之『殷頑』何也？曰：此非公之言也。孔書……畢命曰『毖殷頑民，遷于洛邑』、（多士）序曰『成周既成，遷殷頑民』，序與孔書皆非古也。若康誥、酒誥、洛誥、多士、多方何嘗有此語？……伯夷、叔齊叩馬直諍，武王終不以爲非，若周公詆殷士爲頑民，則叩馬之言爲不則德義之經，而首陽高節爲千古庶頑之首，又何以廉頑立懦爲百世師乎？……是以于文王之雅稱殷士曰『膚敏』，酒誥曰『殷獻臣』，茲曰『商王士』、曰『殷多士』、曰『天

邑商』、自稱曰『我小國』，推崇殷士，卑以自牧，雖聖人溫恭之至，亦殷士之賢有以當聖人之褒嘉也。其肯詆之爲頑民，比之于放流乎？」

清徐與喬經史辨體經部書畢命：「周公未嘗以殷士爲頑民；附會書序，當出一人。」

清簡朝亮尚書集注述疏卷末上書序辯：「序謂之頑民，則非周所宜言也。經曰『商王士』，又曰『多士』，何其善稱之邪。此以見經之善，而序之未善也。」

其

但清孫星衍爲序失稱辯護，用所謂遷史說，謂「頑」宜訓「眾」，序「頑民」，眾民耳，

尚書今古文注疏卷三十：「頑有眾義，皋陶謨云『庶頑讒説』，史記釋爲『諸眾讒嬖』。以……眾訓頑。此頑不當以頑嚚之義爲訓。」（參卷二皋陶謨：「庶頑讒説，史遷『庶頑』作『眾諸』。……頑皆眾者，（國語）鄭語云『非親即頑』，謂非親戚即眾人也。頑以元爲聲，元元即眾民也。」）

清簡朝亮評孫說曰：「史記多以訓代經矣，豈無約變其文者乎？……『諸眾』者，皆庶

之義，而眾非訓頑也。」（尚書集注述疏卷末上書序辯）夫遷史概括說經義，頑字未解，非以眾訓之。頑（*ngwan）、元上古音皆元部，音近，但於此序不得借為元訓眾，因「殷頑民」若義為「殷眾民」，是無異「殷民」，則特著「頑」字便無意義。孫氏申序徒勞無功。

余廣徵先秦典籍多種（不含偽書），稱殷國人民：曰殷人（習見）、殷民（亦習見）、殷獻民（洛誥、逸周書作雒篇）、殷獻臣（酒誥）、庶殷（召誥五見）、殷士（詩大雅文王）、殷多士（多士篇二見）、殷遺多士（多士篇）、殷侯（多方）、多士（多士篇四見）、商王士（多士篇）、四國民（多士篇、多方）；又稱之播民（康誥）、殷逋播臣（大誥），謂罪民，大誥多士多方篇論殷遺民有罪；又稱之讎民（召誥），敵對國之民，與友民（周本國人）有別（清閻若璩尚書古文疏證卷七條九八：「梓材曰『迷民』，召誥曰『讎民』，迷民、讎民與頑民又何別焉？」敏案：迷民，猶今語無知之廣大羣眾，是泛稱，無惡義，非特指殷人。讎民，周初專以稱殷人，有政治意味，但非惡稱。二者，閻舉與頑民竝觀，未安）：凡十五稱，均無詬惡之意。

雖然，頑民惡稱，非書序者所生造，逸周書已有之，

度訓篇：「凡民之好惡，生物是好，死物是惡。……不從其所好，必犯法；……不去

其所惡，必犯法。……偏行于此，尚有頑（一本作玩，字通。）民，而況曰不去其所惡，而從其所好，民能居乎？」（逸周書序謂本篇周文王作，但篇中未見「文王」字）

程典篇：「（周）文王……曰：『上中立而下比，爭省和而順；攜乃爭，和乃比，比事無政，無政無選，無選民乃頑，頑乃害上，故選官以明訓，頑民乃順。』」

頑民：朱右曾釋：「頑者，不從上之教令。」清唐大沛分編句釋：「梗化之民。」又曰：「官無良吏，故民不服教而梗頑。」逸周書載文王以頑民爲不服教化之民（與上引宋清人說書序之頑民大義同），書序者遂移以說尚書多士諸篇之殷民。

夫尚書大誥以下十餘篇，多爲殷人不服周而作，章節頗有誅罰殷遺民之辭，其間罪責後王紂辛，尤激烈而普徧，沿此罪殷之議論而下，歷東周至春秋、戰國，去殷代愈遠而愈甚，周初文武姬公敦厚之風漸薄，孟子弔民伐罪言論遂大昌，益以嬴秦暴政，荼毒六國，東周儒者重疾嬴氏而連帶深病殷紂，書序因之，其稱號商王，多稱十干，又或大乙稱湯或成湯、武丁稱高宗，尊美之也；乃於帝辛質書其名曰受，亦貶惡之耳。波及「殷侯尹民」，因其罔知天命，不率周家教化，故鄙稱之曰「殷餘民」，又取逸周書所謂文王用語，惡稱之曰「殷頑民」也。

逸周書度訓、程典二篇，不致早出戰國之世著成，而逸周書七十篇之編成一書，則須俟晚至戰國末葉（參酌黃沛榮同學博士論文周書研究）。書序既見而據之立辭，則其成書非戰國末周秦之間人而何？

㈥　書序之衍成，必在詩序、易序撰作（戰國晚葉）之下

周易序卦傳，序易經——六十四卦相次之義也。朱子論書序體類易序，

朱文公別集卷三與孫季和：「書小序……可考，……太史公雖用其體，而不全取其文。……見遷書之體或未必全是師法書序也。大抵古書多此體，如易序卦亦是此類。」

朱子謂周易序卦體類書序，予人大啓示，第語焉不詳，余檢其易本義、語錄及元人易疏纂引朱說，關涉序卦體製者無有，弟子黃榦問序卦「或以爲聖人之書」，「或者」謂當代程迥沙隨也，說朱子未予置信。朱意葢謂序卦傳者敍易六十四卦，猶書序之敍尚書八十一目百篇，功庸既若，又首尾通貫，渾然一編，體裁亦相似。

易序、詩序、書序，爲同一風氣下之產物，第苟以需要度其發生之先後，易序最先，其

次詩序，而書序最後，「易無序卦，則不知演易之意；詩無古序，則不知美刺之由：皆篇中所未傳」（明郝敬尚書辨解卷九）。如尚書，述四代史事，本經義明者多，序言其作意，不如易詩之急要。夫「周易序卦之著成，……不能前乎戰國晚年」（尚書釋義叙論），詩序少後，則書序之成編非遲至周秦之際不可矣。

(七) 書序之著成，必次後於禮戴記各篇成撰（戰國晚葉）之下

(1) 禮記引尚書篇目，書序絕多襲用或參取

先秦典籍引尚書篇目，在書序八十一目一百篇之內者，考計二十三目若干篇：其中堯典、湯誓、仲虺之誥、伊訓、太甲、咸乂、盤庚、說命、太誓、武成、洪範、康誥、君奭、君陳、君牙、呂刑、秦誓十七目若干篇篇目全同書序（異文可通者，如誥作告、咸乂作禽艾、說作兌、泰作太、洪作鴻、牙作雅、呂作甫等，不認爲是大不相同）；甘誓、五子之歌、咸有一德、高宗之訓、酒誥、蔡仲之命六目若干篇，篇目不同於書序（略參考許錟輝先生先秦典籍引尚書考第一章，但看法頗殊之）。

甄孟子引尚書七目，堯典、湯誓、伊訓、太甲、太誓、武成、康誥，全同書序，書序悉

依孟子定篇目，至明至確。

禮記（大致漢書藝文志所謂百三十一篇之倫，先秦只爲單篇，西漢始編集爲書）引尚書十二目，太甲、說命、太誓、康誥、君奭、君陳、君牙（作雅）、呂（作甫）刑、秦誓九目同書序，別引帝典（核即堯典）、尹吉（即咸有一德）、高宗（即高宗之訓）三目異乎書序，其引書目最多，而中太甲至君奭及秦誓六目爲書序者所依據或參酌定篇目者。

墨子引尚書八目，曰湯誓、仲虺之誥（作告）、咸乂（作禽艾）、太誓、呂刑同書序，別引術令（即說命）、禹誓（即甘誓）、武觀（即五子之歌）則異乎書序，其中仲虺之誥、咸乂、太誓、呂刑（特以咸乂它書所不見引），書序者依據或參酌定篇目。

左傳引尚書五目，僅太誓、康誥竝同書序，併它書多見引；餘引仲虺之誥誥作志、盤庚下多之誥二文、蔡仲之命則云「蔡仲，……命之以蔡。命書云」，是書序非依據或參酌左傳定篇目。

荀子引尚書太誓、康誥竝同書序，竝它書亦多見引；餘引仲虺之誥作中蘬之言，洵異書序；韓非子引尚書酒誥文稱康誥，引洪範作先王之法，韓非悉依兩篇內容自定篇目：書序作者定目非依參荀韓書也。

孝經引尚書僅一目，甫（呂）刑也；呂覽引僅二目——同者洪（作鴻）範，本經「洪範」

兩見，書序者直據以立篇名耳；異者仲虺之誥，作仲虺有言：兩典籍引書目，均非書序者之所參據。

據上縷析，書序全依孟子定書目，其次參酌禮記（謂記百三十一篇之屬，小戴記四十九篇漢人編成），而稍稍參取墨子。是序者定目，斷在戰國晚葉，甚至周秦之間也，審矣！

(2) 書序據禮記曾子問增事

費誓書序謂魯侯伯禽居曲阜，「徐、夷並興」，伯禽伐之。案：徐、夷，徐戎、淮夷之簡稱，彼據本經「徂茲淮夷，徐戎並興，……我惟征徐戎」爲說也。

書序不言伯禽此伐之年歲，史記魯世家以爲當周成王三年（即周公攝政三年）三監叛亂同時，云：

> 伯禽即位之後，有管、蔡等反也，淮夷、徐戎亦並興反，於是伯禽率師伐之於肸，作肸誓。（下詁述費誓篇經文六十八字）

書孔疏緣遷史意，云：「伯禽於成王即政元年，始就封於魯。……於時徐州之戎、淮浦之夷並起爲寇，……魯侯……率諸侯征之。」

司馬孔二家說，雖未必悉合書序，然定謂成王世作費誓，則與序一致。蓋書序記伐（滅）淮夷者另凡三條：大誥序「三監及淮夷叛」、成王政序「東伐淮夷」及周官序「既黜殷命，滅淮夷」，皆謂是成王世事，可爲旁證。

本經篇首但著「公曰」，序者逕斷爲「魯公伯禽」者，用小戴禮說也，

禮記曾子問：「子夏問曰：『三年之喪卒哭，金革之事無辟也者，禮與？』孔子曰……。子夏曰：『金革之事無辟也者，非與？』孔子曰：『吾聞諸老聃曰：昔者魯公伯禽，有爲爲之也。今以三年之喪從其利者，吾弗知也。』」（白虎通喪服篇幾全同）

鄭注：「伯禽，周公子，封於魯，有徐戎作難，喪卒哭而征之，急王事也；征之作費誓。」（孔疏：「魯君伯禽，卒哭而從金革，時有徐戎作亂，東郊不開，故征之——有爲爲之也。……然周公致政之後，成王即位之時，周公猶在，則此云伯禽卒哭者，爲母喪也。」）如說，書序本禮記，謂征徐淮當周公攝政三年內事。考禮記雜記下：「諸侯五月而葬，七月而卒哭。」則伯禽喪母，當周公東征之役凱歸前（成王三年秋）至少七閱月，時周公健在：書序或亦以爲如此也。（清江聲尚書集注音疏卷十一：「禮記正義以……謂伯禽爲母喪。案義（儀）禮

喪服『父在爲母齊縗；其父卒，乃爲母三年』，此周公之制也，伯禽敢韋（違）之乎？然則伯禽三年之喪，縱是爲母，亦在周公歿後。禮正義云『周公猶在』，非也。」（敏案：費誓乃魯僖公書，時周公伯禽父子均早卒，唯本節主在討覈書序之所本，餘事姑置勿詳論）禮記曾子問篇載孔子聞禮於老之語，莊子書中亦有孔子問禮於老之說，絀儒揚道，殆戰國晚葉老莊之徒所爲，而爲孔學者漫採入記（清姚際恆禮記通論卷三一，見林慶彰主輯本），爲百三十一篇之一（西漢戴聖編集爲四十九篇之一者），書序者見而據之，則百篇書序之成書，戰國晚葉以後事也。

(八) 由尚書二十九篇之著成時代定書序戰國晚年以後著作

百篇書序之成編，必在百篇尚書編定之後。百篇尚書之編定，僅以今存之廿九篇本經之著成年歲即大致可論定，

屈師翼鵬尚書集釋頁二八八書序：「……然以爲孔子所作者，亦未的。蓋堯典至金縢十餘篇，除盤庚、禹貢兩篇外，其餘諸篇，蓋皆著成於戰國之世；則百篇尚書之編定，約當戰國晚年。」

堯典，戰國初年作；臯陶謨，文襲堯典，略後之。湯誓，亦戰國初作，少晚於孔子。高宗肜日、西伯戡黎、微子及金縢，大抵東周世作。金縢，春秋中葉作。牧誓、洪範，竝戰國世書。而甘誓——此廿九篇著成最晚者——著五行、三正說，或已晚至鄒衍之後，戰國晚期乃成文，而爲之作書序者，必戰國晚年以後人爲之也。

㈨　書序記事出呂覽，見其著成當秦政六年之後

湯誓書序云「升自陑」，本經無明文，而傳、疏解之，

> 僞孔傳曰：「桀都安邑，湯升道從陑，出其不意；陑在河曲之南。」孔正義曰：「陑當是山阜之地，歷險迂路，爲出不意故也。陑，……蓋今潼關左右。」

云「迂道從陑」，令「出其不意」，嫌坐聖人以譎詐，宋人疑之，

> 朱子語類卷七九：「問：升自陑，先儒以爲『出其不意』，如何？曰：此乃序說，經無明文。要之，今不的見陑是何地，何以辨其正道奇道？湯武之興，決不爲後世之譎

詐；若陑是取道近，亦何必迂路？大抵讀書須求其要處，如人食肉，畢竟肉中有滋味，有人却要於骨頭上咀嚼，縱得些肉，亦能得多少？古人所謂味道之腴，最有理可學。因問：凡書傳中如此者皆可且置之？曰：固當然。」

蔡沈書集傳書序辨說：「陑在河曲之陽，鳴條在安邑之西，『升自陑』義未詳，漢孔氏遂以爲『出其不意』，亦序意有以啓其陋歟！」

陳經尚書詳解卷十：「先儒以爲『出其不意』，恐未必然。升道從陑，蓋出兵行師，自然取其地利故也。」

理學家（朱、陳）所重在義理，言用兵不應出於詭詐，雖聖湯亦然，故「出其不意」，非義；至「陑」地，次要。經學家（蔡）用僞孔及孔正義說，自亳攻桀都安邑而升自陑，需歷險迂路，可證「出其不意」乃書序者啓其陋。敏案：陑，說文無字（陾非陑），湯誓本「經無明文」，序必另有所據。

湯誓書序又云「（伊、湯）與桀戰于鳴條」，謂本篇乃湯伐夏桀於鳴條，臨陣誓師之辭，一若甘牧二誓誓於甘邑牧野然。其實不然，宋林之奇尚書全解卷十四曰：「詳考此篇，蓋是商民憚於征役，不欲爲伐桀之舉，故湯丁寧懇切，告以所爲弔伐之意，必是其始興師之時，誓衆於亳邑之辭；既誓而後往伐桀。……非是行陣於鳴條，臨戰而後誓，若牧誓之類也。」蔡沈書集傳云：「……亳衆憚於征役，故湯諭以弔伐之意。蓋興師之時，而誓於亳都者也。」、王柏書疑卷二：「……今讀其書，初非鳴條臨戰之誓，乃亳邑興師之誓也。（序者）可謂大疎謬者矣。」竝從之。敏案：本篇湯曰：「格爾衆庶，悉聽朕言。」又曰：「夏王率遏衆力，率割夏邑，有衆率怠弗協。」則林氏謂湯懇切告民以弔伐之意，甚是。且湯又云「夏德若茲，今朕必往。」明是師衆待命出發時口氣，「及其誓言既決，衆心釋然，不待鳴條對陣之再誓」（亦書疑文），頗近情理。則書序掩本經不依，謂是誓於鳴條戰陣文者，必別有依據；鳴條地最有考據價值。

湯征夏，最先爲夏諸侯之國——葛，

孟子梁惠王下：「書曰：『湯一征，自葛始。』」（引逸尚書湯征篇文）

又滕文公下：「湯始征，自葛載，十一征而無敵於天下。」

湯征書序：「湯征諸侯，葛伯不祀，湯始征之。」（史記述書序幾全同）

征葛之後，湯復有十征（連征葛凡十一征也；一說征葛之後，再征十一國。），此其第十一征（即末征）方爲伐夏桀，而其間至少尚有對韋、顧、昆吾三諸侯國之征，詩商頌長發頌湯之武功曰：「韋、顧既伐，昆吾、夏桀。」

清崔述商考信錄卷一：「逸書以葛爲始征，則是征葛在最前也。……商頌於『受其球』之後記湯之伐韋、顧、昆吾、夏，而無葛，葛之征蓋前此矣。」

湯直接伐夏桀，今首見逸尙書伊訓篇，

孟子萬章上：「（尙書）伊訓（篇）曰：『天誅造攻自牧宮，朕載自亳。』」

趙岐注：「牧宮，桀宮。朕，我也，謂湯也。載，始也。亳，殷都也。」此逸尙書二句，言湯謂：余自亳邑興師，攻桀從其宮（牧宮，當在桀都安邑）始也。

於是桀敗走鳴條，湯追擊至鳴條，遂放桀，

荀子議兵：「湯之放桀也，非其逐之鳴條之時也，……前行素脩也，此所謂仁義之兵也。」

「逐之鳴條」，正謂追擊桀至於鳴條，乃滅夏獲桀而放之，呂氏春秋、淮南子記稍詳，

呂氏簡選：「殷湯良車七十乘，必死六千人，以戊子戰于郕，……登自鳴條，乃入巢門，遂有夏。桀既奔走，……。」

淮南主術：「桀之力，……然湯革車三百乘，困之鳴條，禽之焦門。」高誘注：「焦或作巢。」

「桀奔走」，意謂桀後見禽，湯遂放之，下五文可證也，

孟子梁惠王下：「齊宣王問曰：『湯放桀，……有諸？』孟子對曰：『於傳有之。』」

竹書紀年：「夏桀末年，社坼裂，其年爲湯所放。」(古本竹書紀年輯校)

史記夏本紀：「湯遂率兵以伐夏桀，桀走鳴條，遂放而死。」

又殷本紀：「桀敗於有娀之虛，桀犇於鳴條，夏師敗績。」

淮南子脩務：「湯……整兵鳴條，困夏南巢，譙以其過，放之歷山。」

鳴條（鄭玄書序注：「南夷地名。」今安徽省巢縣）、南巢，兩地甚相近，國語魯語上：「桀奔南巢。」竹書紀年：「湯遂滅夏，桀逃南巢氏。」（古本竹書紀年輯校）而淮南子脩務：「湯……整兵鳴條，困夏南巢。」是也。桀與湯最後決戰於此，卒見禽。

湯、桀鳴條之役，不見於今本湯誓本經，則書序戰鳴條之野云云，資料源頭或許有四：

來自別本湯誓：今考論語堯曰篇湯告天之辭，未必是逸湯誓文，而墨子兼愛下載湯「有罪不敢赦」云云一段文，略同論語所載，乃湯禱雨之辭。則別本湯誓有無，未定；即有，書序者及見與否，不知。故書序資源自別本湯誓（或全文，或殘文）來，不可信。

來自眞古文尚書伊訓篇：僞古文尚書伊訓篇：「造攻自鳴條，朕哉自亳。」此僞者近取湯誓書序「鳴條」以易孟子萬章上之「牧宮」，清王鳴盛尚書後案卷三十：「牧宮，……僞本乃改爲鳴條，……據序改之。……今既爲『始攻』解（敏案：僞孔伊訓傳、孔正義皆解造攻爲始攻。），自應從牧宮，若序云『與桀戰于鳴條之野』，則已爲敗桀之終事，安得爲始攻乎？」則眞古文伊訓篇即今具存，亦未必牽述鳴條戰陣之事，是亦不可據證。

來自商君書賞刑篇：「湯與桀戰於鳴條之野，武王與紂戰於牧野之中。」商君書，商鞅死後，他人追述之作，戰國晚葉至秦始皇統一天下前成書（參屈師先秦文史資料考辨頁四二八—四三〇），疑此條係襲改書序以成者。

來自荀子議兵或呂覽簡選：荀子以前著成之典籍，無明言湯、桀鳴條戰者，故書序襲自荀子；唯荀卿述此役未甚明確，書序者未必能尋文察史，則書序當襲用呂覽，「升陑，戰于鳴條」，正改易呂氏「登自鳴條」以成者（清吳汝綸尚書故：「升、登同字，『升自陑』與呂覽『登自鳴條』文同。」語未及詳，記此以備覽）。

呂覽者，秦王政六年（西元前二四一）（自秦莊襄王滅東周君之第二年（西元前二四八）起計，至秦王政六年（西元前二四一年）首尾共八年：近人陳奇猷「呂氏春秋成書的年代」有說。）成書，是書序著成，在其後也。

(十) 書序據韓非子定殷周之際史事，必不早於秦政十四年

西伯戡黎書序「殷始咎周」，宋蔡、元董二家以爲不合經意，

書蔡傳書序辨說：「咎，惡、乘，勝也。詳祖伊所告，無一言及西伯者，蓋祖伊雖知周不利於商，而又知周實無所利於商。序言『殷始咎周』，似亦未明祖伊奔告之意。」

書蔡傳輯錄纂註書序：「祖伊奔告于受，蓋謂『民罔弗欲喪，大命不至』耳，初無怨

於周，而曰『般始咎周』，何也？……」

案：蔡謂本篇祖伊以西伯戡黎不利於殷，故入以告后，亦知周家戡黎，乃義之當伐，故但出以語人則未嘗有一毫及周者，是殷大臣祖伊無咎周之意（參看書蔡傳卷三本經之注）。董與之同旨，進而引本經用明「民欲與紂皆亡」之義，曷嘗有咎周人哉！二家宣明祖伊告紂之意得之，惜序「殷始咎周」與祖伊咎周了無關涉，序下文「祖伊恐，奔告于受」方爲敍祖伊告君之事，而告君情實則疎未及。史記先已蹈此失，謂咎周者祖伊也，說詳下。

董又質疑序「周人乘黎」周人，失稱，

同上董書又曰：「……經明曰『西伯』，而序曰『周人』，何也？」

案：書序變本經「西伯戡黎」曰「周人乘（戡，乘也）黎」者，蓋不能決西伯爲周之何君，故作「周人」。而此篇西伯，漢唐人皆謂是周文王姬昌；宋人始疑是周武王姬發，如吳棫、陳鵬飛、薛季宣、呂祖謙、董銖（五人，見朱文公文集卷五一答董叔重，其中薛說、呂說又分別見於所著書古文訓、東萊書說）、王文叔、胡宏（又二人，見元金履祥書經注）、項安世（項氏家說）是也。八家之說一受書序啓發；二因武王亦稱西伯（見呂氏春秋貴因、論衡恢國）；三因文王至德，三分天下有其二以事殷，孔子稱之（見論語），雖曾有征伐，未必迫於殷家畿甸。

「咎周，乘黎」二句連讀，直若興兵脅殷，是遣辭失當，明郝敬尚書辨解卷九非之曰：「『殷始咎周，周人乘黎』，謂周伐黎以懼紂耳，西伯必無此事。」（敏案：郝氏謂文王戡黎，非以懼紂；參看本經郝解）難題根本厥在序「殷始咎周」與「周人乘黎」兩句文義失聯，蓋上云「殷始咎周」，下當繼以「紂或殷乃舉作某事如因文王之類」，不當接以「周人乃舉作某事」。千七百年前，馬融已察知書序文理未順，圖為曲解強通之，云：

咎周者，為周所咎。（經典釋文卷三尚書音義上引）

案：若如馬說，為「周始咎殷」，而下承以「周人乘黎」，則文氣通貫。第觀序文之倫次，明是殷人咎周人，季長而顚之倒之，「如其說，則序當言『殷始咎于周』矣。」（清簡朝亮尙書集注述疏卷末上書序辯）馬說決無是理。「殷始咎周」句之上，無文字，前序謂高宗之訓、高宗肜日等商書序亦不見關涉殷咎周文字、而仰爲本序之所承，則紂何緣咎周耶？異說紛起矣：

宋薛季宣書古文訓卷六：「書序『殷始咎周，周人乘黎』，蓋商人咎周之不伐紂，故武王有乘黎之舉。」

案：薛訓咎爲怨，夫咎無怨義；且言「怨周」之不及早伐殷誅紂，直取孟子仁者無敵觀，東面征而西怨，南面征而北怨，曰「奚爲後我」義。氏既定此西伯爲武王，因附會湯伐夏事耳。本篇書序安有此義！矧此西伯亦非武王（詳下）。

宋呂祖謙東萊書說卷十三：「文王有君人之大德，有事君之小心。紂在上爲惡日增，文王在下修德日盛，殷之所以咎周也。」

案：文王斷虞芮之訟，德望固已盛，此後武功日著（詳下），天下諸侯多宗之，殷之所以咎之者多以其功業，非徒以其德望；既咎之矣，不容無舉措，囚諸羑里即其事也（詳下）。

史記謂紂囚西伯姬昌於羑里，因崇侯虎之譖，而囚事在伐黎之前，出囚後乃戡黎，而殷祖伊咎周，實因周人戡黎也，

殷本紀：「……紂囚西伯羑里，……閎夭之徒求美女奇物善馬以獻紂，紂乃赦西伯。……及西伯伐飢（黎）滅之，紂之臣祖伊聞之而咎周。……」

周本紀：「……帝紂乃囚西伯於羑里（下渻畧閎夭等獻寶），……乃赦西伯（下渻畧質虞芮訟）。……諸侯聞之，曰『西伯蓋受命之君也』。明年，伐犬戎，明年，伐密須，明年，敗耆（黎）國，殷之祖伊聞之，懼以告帝紂。」

而僞孔傳、孔正義略遵史記以釋書序，

傳曰：「（周人乘黎，）乘，勝也；所以見惡。」

正義曰：「文王功業稍高，王兆漸著，殷之朝廷之臣始畏惡周家；所以畏惡之者，以

周人伐而勝黎邑故也。」

清吳汝綸尚書故信史記殷紀，謂「與經正合」，而書序則文字失次，云：「今序言『殷始咎周』，而文在『乘黎』之前，則不知咎周爲何人何事矣。」清皮錫瑞試釋此疑，今文尚書攷證卷三十：

史記明言「紂之臣祖伊聞之而咎周」，是咎周即祖伊。書序云「殷始咎周，周人乘黎」，乃古人倒裝文法，謂周乘黎而殷始咎周。

案：考西伯戡黎本經百廿四字，祖伊犯顏極諫，充溢篇帙，而咎周者竟無一言半辭，且書序者言篇作意，務明順，乃又故爲所謂倒裝文句，生造惑亂，無是理也。咎周之殷人，並非謂祖伊（說已見上），史記失之，皮君從而爲之詞，實難令人服信。

咎周者非出祖伊口，然則序必外本經另有所據，所謂咎周之由，生於戡黎之前，而戡黎在咎周之後，尚書大傳記文王「三伐」而後見囚，出囚而伐黎，云：

文王一年質虞芮，二年伐于，三年伐密須，四年伐畎夷，紂乃囚之。四友獻寶，乃得免於虎口，出而伐耆。（尚書大傳輯校卷一殷傳）

五年之初，得散宜生等獻寶而釋文王，文王出則克耆，六年伐崇。（同上）

「三伐」而見囚，紂囚文王即書序所謂「殷始咎周」，惜大傳無明文，幸鄭玄有及，

咎，惡也。紂聞文王斷虞芮之訟，後又三伐皆勝，而始畏惡之，拘於羑里（詩大雅文王疏引鄭注書序「殷始咎周」）。乘，勝也。紂得散宜生等所獻寶；而釋文王，文王獲釋出而伐黎，明年伐崇。（同上注「周人乘黎」）

案：咎訓惡（僞孔傳同），紂畏惡文王，畏惡亦即畏忌，清江聲尚書集注音疏卷十一：「咎是畏忌，惡亦忌也。」而鄭此云紂惡文王由於文王「三伐」，出韓非子，其難二篇曰：「昔文王侵盂（原訛作孟，用陳奇猷集釋引王引之說改。），克莒，舉酆，三舉事而紂惡之。文王乃懼，請入洛西之地、赤壤之國方千里，以請解炮烙之刑，天下皆說。……使文王所以見惡

於紂者，以其不得人心耶？則雖索人心以解惡可也。紂以其大得人心而惡之，己又輕地以收人心，是重見疑也。固其所以桎梏囚於羑里也。」

案：盂即大傳之于、史周紀作邘，克莒即大傳及史記之伐密須，舉酆即大傳之伐畎夷、史記之伐犬戎（三伐亦見詩經等），皆實有其役。

韓非難二「三舉事而紂惡之」，爲書序「殷始咎周」之所本，鄭援之以注書序，正本清源之作也。至此，書序取材資韓非子，則其成書決在韓非卒年（秦政十四年，前二三三）之後，審矣。

(十一) 書序造「訓夏贖刑」特依世本，見其著成可晚至嬴政十九年之後

呂刑書序「呂命」，依本經「惟呂命」作，語倒，命呂也；命呂，言周穆王命呂侯惆（見兩周金文辭大系靜毀、呂齍釋文）爲獄官之長也。僞古文尚書說命中開篇「惟說命」，造句倣此篇也，故僞孔傳同以「惟呂命」句，云「呂侯見命爲卿」，而與鄭玄書序注「呂侯受王命入爲三公」（孔正義引）立意無殊。

又序「穆王訓夏贖刑」云云，僞孔傳：「呂侯以穆王命作書，訓暢夏禹贖刑之法，更從

輕，以布告天下。」孔正義：「刑罰世輕世重，殷以變夏，周又改殷，夏法行於前代，廢已久矣，今復訓暢夏禹贖刑之法，以周法傷重，更從輕以布告天下。……經多說治獄之事，是訓釋申暢之也。」正義又曰：「……以夏刑爲輕，故祖而用之。」序傳疏言穆王訓夏贖刑，本經絕不見此義，故史記不采書序說，但云穆王「作脩刑辟」而已。

雖然，書序謂本篇記王訓夏贖刑，漢人多相關之說，

尚書大傳：「夏刑三千條。」又：「夏后氏不殺不刑，死罪罰二（敏案：「二」字衍文）千饌。」又：「禹之君民也，罰弗及強而天下治，一饌六兩。」又：「子曰：『……語曰：夏后氏不殺不刑，罰有罪而民不輕犯。』」（竝據尚書大傳輯校卷二）

法言先知：「唐虞象刑惟明，夏后肉辟三千。」

漢書刑法志：「禹承堯舜之後，自以德衰而制肉刑，湯武順而行之者，以俗薄於唐虞故也。」

鄭玄曰：「夏刑大辟二百，臏辟三百，宮辟五百，劓、墨各千。」（周禮司刑注）

案：大傳「三千條」及「死罪罰千饌」與法言「肉辟三千」，竝合本篇「五刑之屬三千」與

「大辟疑赦，其罰千鍰」；鄭君述五刑總數三千亦合本篇唯剕、宮數互易，豈眞字之誤乎？，而皆指爲夏刑。考左昭六年傳叔向語子產曰「夏有亂政，而作禹刑」，未及其刑科條之數，則伏、揚、班、鄭所本，或爲書序，或另有所據。夫金作贖刑，唐虞之際已有（見堯典，篇雖晚作，然所載古史，不必盡失實），序不以本篇遠承唐虞，或近因殷商，而斷取中世之夏，矧本經又不及法蔽夏彝，故宋林之奇尚書全解卷三九云：

> 先儒以夏爲夏禹贖刑之法，考之篇中，殊無夏禹制刑之事敏案：本篇言夏禹，與獄官伯夷竝云「禹平水土，主名山川」，絕不及贖刑。唐孔氏因之，以爲夏刑近輕，商刑稍重，周雖減之，猶重於夏，呂侯度時制宜，改從夏法：此皆無所經見，但因先儒「夏禹」之言，以意揣之而已。王氏（安石）以夏爲中國，其說勝於先儒。……「訓夏」者，猶曰訓天下也。不必求之大過也。

案：本經非訓禹刑，誠如林說，唯若依荊公「夏爲中國」，從而謂中國即天下四方，則不惟仍不能脫書序窠臼，且本經論刑，不僅贖刑一端，爲文亦不以罰贖爲主體，則序不應祗及「訓夏贖刑」，於此荊公無解，故蔡傳難之云：「此序亦無所發明，但增一『夏』字，自古刑辟之制，豈專爲夷狄，不爲中夏邪？」，清儒猶有陰取林氏全解者。如朱駿聲尚書古注便讀卷四下：「夏，中夏也」簡朝亮尚書集注述疏卷末上書序辯同。，附誌於此。

蔡沈竟直斷爲呂侯竊舜典義，作刑以斂民財，用挹注王室費用，因論書序之失，云：「或曰『訓夏贖刑，謂訓夏后氏之贖刑也』，曰：夏承虞治，不聞變法，周禮亦無五刑之贖，其非古制明甚。穆王耄荒，車轍馬迹無所不至，呂侯竊舜典『贖刑』二字作爲此刑，以聚民財，資其荒用。」（書蔡傳書序辨說）敏案：舜典伏生本堯典「金作贖刑」，指謂虞制，堯典、虞史所爲，故末記舜陟方死，則彼贖刑無關夏制清俞樾曲園雜纂卷二達齋書說謂舜典舊稱爲虞夏書，雖虞事亦連夏，故訓夏贖刑即訓舜贖刑。敏案：虞夏書名乃編集尚書者所定，虞自虞事，舜典、皐陶謨是也；夏自夏事，禹貢、甘誓是也：不同科。俞非。雖然，禹嘗作「禹刑」（上引左昭六傳），其因革損益，或有出於虞朝之贖刑者，惜未見明文。

然則書序「訓夏贖刑」果憑空杜撰者乎？曰：否，否！余檢世本竟得其根原（歷來孳經明法者，絕無人舉此證）：

北宋高承事物紀原卷十律令刑罰部：「世本曰：『夏作贖刑。』呂刑曰：『穆生敏案：王之形誤。訓夏贖刑。』則『贖刑』，疑書名也。」（惜陰軒叢書本，參看清茆泮林世本輯本「作篇」）

高氏稱呂刑書序爲呂刑篇本經，或爲疎誤，或視書序爲經（北宋有此習尚）。世本述事及戰國趙王遷事，且稱之「今王遷」，認乃戰國末趙人所作，成書年代約在秦王政十三（前二三四）至十九（前二二八）年（據陳夢家六國紀年頁一三五附世本考略，學習生活出版社鉛印本），更越八年（前二二一）而始皇一天下。書序既見而本之，則其著成果在周秦之間也。

㈩ 題「書序」而不題「尚書序」，其著成必在張生、歐陽容（漢文景世人）之前

「尙書」，先秦但題曰「書」（詳參許錟輝先生之宏著先秦典籍引尙書考），「書」上原無「尙」字，緯書以爲「尙」字是孔子增加（見書大序孔正義稱說）。夫論語孔子師弟子稱「書」而不稱「尙書」（見爲政、憲問、述而篇），緯書謬悠荒唐，說無稽。「尙書」之名，或以爲起名於西漢文帝時伏生，尚書僞孔安國大序（見尙書注疏卷一）：

濟南伏生，年過九十，失其本經，口以傳授，裁二十餘篇，以其上古之書，謂之「尚書」。

孔正義曰：

以其上古之書，謂之「尚書」者，此文繼在「伏生」之下，則言「以其上古之書，謂之尚書」，此伏生意也。若以伏生指解尚書之名，名已先有；有則當云「名之尚書」。既言「以其上古之書」，今先云「以其」，則伏生意之所加，則知「尚」字乃伏生所加也。

是僞孔氏、唐孔氏竝謂於「書」上增「尙」字，伏生始爲之，余恐不可信。夫伏生故秦尙書博士，而尙書終篇曰秦誓，爲當世，伏生安得以其爲上古書乎？復考伏生尙書大傳（今存止殘文），弟子輯錄，其書原名當作書大傳，「尙」字乃弟子後加。何則？檢大傳殘文，絕不見「尙書」名，而稱「書」則多見：

> 子夏讀書畢，見夫子。夫子問焉：「子何爲於書？」對曰：「書之論事也，昭昭若日月之明，離離若參辰之錯行，上有堯舜之道，下有三王之義。……」……孔子愀然變容曰：「嘻！子殆可與言書矣。……六誓、……五誥、……甫刑、……洪範、……禹貢、……皐陶謨、……堯典，……。」（兩條均見尙書大傳輯校卷三「略說」）

（最近編成之尚書大傳逐字引得頁一一〇列集「書曰」多條、「周書」一條，亦絕不見「尚書」

一辭）

未必是孔子、子夏言，或是伏生書大傳自言，託諸古聖賢之口者，則伏生稱此四代之書曰「書」不名「尚書」甚爲確切。「伏生謂之『尚書』」，僞序者杜撰之詞，要非實情。

或以爲起名於歐陽容（字和伯），劉歆七略曰：

尚書直言也，始歐陽氏先君名之。（太平御覽卷六〇九載）

案：伏生傳尚書予歐陽容，容世世相傳至曾孫歐陽高武帝世立爲博士，是歐陽尚書學派，以容爲始師。歆云「歐陽氏」，當指前立爲博士之歐陽高、歐陽地餘，而其先君則歐陽容也。容與張生伏生另一弟子等輯錄伏生書大傳，命爲「尚書大傳」；又以尚書授倪寬；漢志著錄歐陽學派尚書章句三十一卷。則「尚書」起名者歐陽學首祖容，方文、景帝際，劉子駿說是也。湖南長沙馬王堆出土帛書易說「要篇」：孔子曰：「尚書多於矣，周易未失也，且又古之遺言焉。」帛書易說寫成於漢文帝前元十二年之前頃，著者假託孔子之口稱「尚書」，而其時歐陽容、張生先已受學於山東伏生，則尚書之名，果起於漢文景世也。且史記司馬遷自序曰：「余聞之先人曰：『……堯舜之盛，尙書載之。』」司馬談習今文尙書，年輩與歐陽容同而略晚，談「尙書」連言，疑得之歐陽家學。子遷尙書學初亦習今文，承父業，故撰史記，於儒林傳云「欲求能治尙書者，……無不涉尙書以教矣」、又云「歐陽生教千乘兒寬，兒寬既通尙書」、五帝本紀贊云「尙書獨載堯以來」、大宛傳贊「言九州山川，尙書近之矣」：屢稱「尙書」。張生、歐陽容師兄弟，以「書」爲上古之書，故加「尙」字於「書」字之上，始命之曰「尙書」（尙，上也），而前此爲八十一目百篇「書」作序者，但題「書序」，決不致題「尙書序」，則「書序」之著成必在漢文帝景帝之前。

十二、書序之價值

(一) 書序與易詩二序並重

易序卦傳、詩序、書序，經書之序三也。論書序之重要性，學者常持與詩序較量，元馬端臨文獻通考卷一七八經籍考：

以愚觀之，書序可廢，而詩序不可廢。就詩而論之，雅頌之序可廢，而十五國風之序不可廢。何也？書直陳其事而已，序者後人之作，藉令其深得經意，亦不過能發明其所已言之事而已，不作可也。詩則異於書矣，……讀國風諸篇，而後知詩之不可無序，而序之有功於詩也。蓋風之爲體，比興之辭多於敘述，風諭之意浮於指斥，蓋有反覆詠歎聯章累句而無一言敘作之之意者，而序者乃一言以蔽之曰爲某事也，苟非其傳授之有源，探索之無舛，則孰能臆料當時指意之所歸，以示千載乎？

案：國風詩辭誠多比興，詩人託意諷諫，爲詩序者蔽以一言曰美曰刺，指爲某事，西漢三家序及毛序咸同，鄭玄申毛序，唐孔正義依焉。第後人（特以宋人）考究，序者指刺某美某，多不可信，是未必盡是「傳授之有源，探索之無舛」也。而書序敍八十一目百篇作意，大抵契合本經義，間有旁資其它文獻，補證事實，不僅「發明其經所已言之事」而已。是書序亦不可不作也。

或謂尚書直載史迹，敍事而已，且各篇作意，史官已記於本文中，故書序功效不及詩序，明初蔣悌生五經蠡測卷三：

書小序與詩小序，雖皆昔人序作者之意，然二序關於後學功效大不侔。書序可無，詩序不可無，難一槩論也。蓋書者當時記載之書，其本文史臣已序作者之意，如五子之歌、太甲、說命等篇，史臣既序其作書之由，篇中更端處史氏又以語貫之，已極詳明，雖小序不作，後世讀者依文求義，自能通之。

案：蔣氏舉五、太、說三題，俱僞書，所謂史臣序及篇內連貫語，咸僞作，眎證無效。雖然，尚書固記言體，絕多記君臣誥言，篇或徑錄誥辭揭於文首，如湯誓（開篇即直書「王曰」，通篇全記王言）、大誥（開篇即直書「王若曰」，其下更端三書「王曰」，以終篇）……等，誥辭中未貫史氏語，蔣氏謂史臣序作書之由於篇端，以語貫之於篇中，是讀尚書未盡廿九篇，所爲輕率之論也；又或於誥辭前著數語，以引入本誥（如堯典、皐陶謨、甘誓、盤庚、高宗肜日、西伯戡黎、牧誓、洪範、金縢、召誥、多士、多方、顧命、呂刑十四篇；禹貢是記事抑記言，尚有爭議，暫不計入），其中有七目（堯、皐、盤、肜、金、召、顧）篇內有史氏連貫語，然皆非序作者之意，連貫語又簡略，功效竝不克與書序侔。書序有助於讀解本經，蔣君抑之非是。

或持書序與易詩二序竝觀，論後者眞不可廢而前者贋可不用，明郝敬是也，其

> 尚書辨解卷首「讀書」：「讀易先讀序卦，讀詩先讀古序；書序無足觀。先考其世代篇目，詳其命篇本意，乃讀其文辭，條理血脈自然貫串。」
>
> 又卷九「孔氏古文尚書序」：「夫序者直也，作者有未明之志，序以直之。易無序卦，則不知演易之意；詩無古序，則不知美刺之由：皆篇中所未傳，懼來者之無稽，故著爲序，所以不可廢也。如書序，祇依篇中文義重複演說，不用固無傷。」

案：易序誠不可廢；詩序亦不可廢，但三百五篇篇中亦有自著美刺者（如三頌俱是美，魏風葛屨「維是褊心，是以爲刺」是刺），非盡待序而後乃傳。尙書記四代古史，年世悠遠，事迹闕略湮昧，賴書序考世代定篇目，通命篇本意，俾助於研讀本經，序因忠於本經，間有撮取原文以成者，乃指爲重複演說，主棄之不用，又指爲贗物，亦過矣。

清高宗弘曆以書序辭義不及詩序，似作廢書序之議，

御製文二集卷二二「書小序考」：「……使書序辭義精於詩序，則爲夫子所作，或不可知；今書序遠遜詩序，朱子亦以爲非夫子所作，而馬端臨且謂詩序不可廢，書序可廢。是知書序乃出於漢儒所爲。」

案：詩序多宣發所謂比興之微旨，即作者有未明之志，序者直之，而書序者但依本經直陳事寔，故云辭義遠遜於詩序：此弘曆之意，不外馬、郝所已說。夫詩、書之爲經也，性格殊異，不便較比優劣，其序之所以作，致功固不一，亦不堪次其辭高下，夫典謨訓誥誓命歌征，國之公文書也，直敍其事要可矣，豈君臣誥辭亦存興寄諷諭有俟序者抉發者乎？弘曆詩序辭義勝過書序說，非也。

㈡ 書序言本經作意發明經旨乃先秦重要文獻

八十一目百篇本經，依其體有典謨訓誥誓命歌征八體（或細作十體，分多貢、範二體），稱名不同，立義有別，賴序敷暢厥義，故

唐劉知幾史通卷四「序例」曰：「（僞）孔安國（書大序）有云『序者，所以敍作者之意』也。竊以書列典謨、詩含比興，若不先敍其意，難以曲得其情。故每篇有序，敷暢厥義。」

尚書之所主，本於號令，政書也。致治之道，重在考績。日成、月要、歲會，皆考績也（出周禮天官宰夫）。書序者，即書經之「會、要、成」，從以索經義，猶爲政者歲月旬之考百僚之成績也，

明梅鷟尚書譜尚書序譜：「攷治者歲終正歲會，月終正月要，旬終正日成。聖人之經，正猶一歲一月一旬之事也；聖人之序，正猶歲之會、月之要、旬之成也。明經而不明

序，猶歲終而不正歲會，月終而不正月要，旬終而不正日成，不啻若瞽者無相，倀倀焉雖欲索步，其可得乎？……」（敏案：鶩後撰尚書考異謂書序乃先秦戰國時講師所作，不同此謂孔子作）

梅譜續又曰：

……惜夫！穿穴之流，茫茫營營，故意謗傷：以箋註觀者，則曰無所發明；以歲時紊者，則曰不得經旨。余甚傷之，甚憫之。

責書序無所發明，宋蔡沈輩（郝敬申之）也（參詳上朱子及其後學者難書序卷）；難書序紊歲時，如謂遷殷頑民在作雒之前，則多士書序「成周既成，遷殷頑民」失時，吳棫輩（蔡沈申之）也（參詳上朱子等難周書十七目書序卷）。書序發明經旨，有功後學，爾乃斷截小文，媟黷微辭，以年數小差，掇爲巨謬，而欲廢之，梅君傷之憫之，良有以也。

取今存本經之書序二十七條（今存二十九目尚書中，酒誥書序、梓材書序兩條竝亡），謹與其本經相較：除高宗肜日序云「高宗祭成湯」，因本經「高宗肜日」詞例異常致誤；康誥序因篇首四十八字簡錯及爲左傳所載另一康誥致誤爲成王書；君奭序用荀子說，誤爲召公不悅周公；費誓序因本經有淮徐，因誤以爲伯禽世事；呂刑序受世本禹作贖刑影響，又見本經重罰鍰，故誤作「穆王訓夏贖刑」：總才五目。其餘敍篇之作意，並無巨失（它如西伯戡黎書序「殷始咎周」，下當接以「紂囚文王」之類文，今乃接曰「周人乘黎」，文意不貫。類此小疵，不計），其發明經旨，洵先秦經史學之重要文獻。

(三) 書序詮經字考故實，係上古經解

序者，敍也。書序敍書經義，猶後世傳注（若「義」、「記」、「解詁」之類）（參詳上書序詮經字卷）；不但詮詁經字，且增益事實，用暢經義，試綜舉十一篇，論次於下：

堯典書序「聰明文思，光宅天下，將遜于位」，

朱子語類卷七八：「問：序云『聰明文思』，經作『欽明文思』，如何？……問：恐是作序者見經中有『欽明文思』，遂改換『欽』字作『聰』字否？曰：然。」

民國章炳麟膏蘭室札記卷二：「書序『昔在帝堯，聰明文思，光宅天下』。麟按：光宅天下，即經之『光被四表，格于上下』。經光借爲橫，此光亦然。此之宅，即經之

格，古音宅格同部也。四表上下，是爲六方，舉天下則足以包之。」

案：朱子師徒謂序者避同字，故解經時易「欽」爲「聽」，蓋是；抑或以「聽」詁代「欽」，猶史記述尙書多改本字爲詁訓字，是也。太炎謂序者以「光宅天下」詮解經文「光被四表，格于上下」（云格宅同訓尙待商），亦是詁字。又經「巽朕位」巽，序解作「遜」，亦是以今義訓古義。

甘誓書序「啟與有扈戰于甘之野」，經「大戰于甘」，序增「之野」甘下，仿牧誓武王戰紂「牧野」，此加文也；經「王曰……有扈氏威侮五行」，序以王爲夏啟，曰「啟與有扈戰」，此考史也。

盤庚書序「盤庚五遷，將始宅殷」（孔壁本），五遷，淬練經「盤庚遷于殷，……于今五邦」以成；將始宅殷，則通觀上中下三篇經「盤庚作，惟涉河以民遷」、「盤庚既遷」及「盤庚遷于殷」云云，定此爲始宅殷，亦解詁之要務也。

高宗肜日經「肜日，越有雊雉」，義不明，書序作「飛雉升鼎耳而雊」，增成雉飛升鼎耳雊，明祭事遘疾；經「祖己曰『惟先格王，正厥事』」，乃訓于王曰」，序刪合爲「祖己訓諸王」，彰顯本經主體——祖己告教祖庚，又以「諸（之于也）」代「于」，令經義益臻明確。

西伯戡黎經「祖伊恐，奔告于王」，書序僅更改「王」為「受」一字，渠考本經它篇（牧誓、無逸、立政）紂名也；以「乘」詁「戡」（鄭玄注：「乘，勝也。」戡，克也，勝也），注字也。

金縢經「王有疾」，書序加「武」於「王」上，凡經篇「王」云云，序者槩加王名弁於此條序文之上，此考史也。

召誥經「月日，王朝步自周，則至于豐」，下句「太保先周公相宅」，文似不聯貫，書序發明經旨云「成王在豐，欲宅洛邑，使召公先相宅」，相土宅洛命自天子之義乃明。洛誥書序「召公既相宅，周公往營成周」，檃栝召誥經「周公朝至于洛，則達觀于新邑營」成章；「使來告卜」，檃栝洛誥經「伻來以圖」及「公既定宅，伻來、來」也：序者取精用宏。

多方經「王來自奄，至于宗周」，書序考甄後文，知是成王踐奄凱旋（乃周公稱王命東征，成王未曾親征），故以「歸」詁代「來自」，深得經意。

顧命本經首受召聆命者多人，書序惟稱成王「命召公畢公率諸侯相康王」者，見經下文「太保率西方諸侯，畢公率東方諸侯」也，夫諸侯為王室藩衞，二公率之相天子，則朝廷安四海靖矣：序深得經義。

文侯之命經「王若曰」、「王曰」，不定何王；有邦有土之「義和」，不定何君，書序定王爲平王，君爲晉文侯：此考史也，千古疑獄乃決。

尚書之傳，先秦已有之，孟軻氏對齊宣王「湯放桀，武王伐紂」問，曰：「於傳有之。」（孟子梁惠王下）傳，書傳也。國語周語下載單襄公引「泰誓故」，書泰誓篇傳也。類此書傳原編皆逸。書序亦古尚書傳，今幾存全（存六十七條，占百分之八十七；亡逸十條，纔占百分十三），爲今存最古之尚書傳注，其價值不在尚書大傳、歐陽夏侯章句說義解故之下。

(四) 書序保存古代史料

保存虞夏商周四代重要史料，斯書序之最大價值。書序一千一百零一字，本身即是四代史料，此其一；書序多引故籍以證尚書義，而所引古獻原典或有散失，賴茲以保存，此其二，民國陳夢家曰：

我們考校西周的金文和歷史，往往發現其（書序）中有很多與西周有關的重要史料。因此，不能因爲朱子之說而貶低它的價值。在研究尚書的時候，書序還是十分重要的。

（尚書通論頁一〇二）

大部分書序（即見於史記的），其作成時代當在公元前第二世紀內，距今已二千餘年。這些資料對於研究古史還有很大的價值。至於孔傳本，包含了晚於史記的諸篇序，約畧補作於公元前第一世紀內，則應分別對待。（尚書通論頁二八二尚書補述）

案：陳氏治古史，宜其重視書序如此，惟書序因經考事，上及三代（虞夏商），下覃及東周、春秋世，不僅攸關西周而已。又書序出諸一人之手，僞孔本書序篇次、文字，雖小異（參詳上僞孔傳本書序卷），但其中並非有一部分是補作，於古史研究，亦一律「有很大的價值」。書序載八十一目百篇尚書，其中本經已逸十六目二十四篇，此諸經原典西晉末猶存，亡於永嘉亂；另本經原典入漢已亡者有三十六目四十五篇（逸目篇亡目篇，已詳上責書序錄逸亡目篇而說之無徵不信卷）。逸亡之本經凡五十二目六十九篇，賴書序存其義，書序保存古史料之功，莫大於此，此其三也，請詳說如下：

宋吳祕揚子法言問神篇注曰：「書百篇，……其亡過半，孔子序書，存百篇之義。」

清莊述祖珍藝宧文鈔卷三旅獒序說：「自文武之受命，召公以甘棠治內，旅獒治外，耇造勖德施於成康，故從其後書之曰『太保作旅獒』。百篇之序存，書未嘗亡也，而揚子雲乃謂『書序不如易』，固哉！」

清程廷祚晚書訂疑卷二：「（書）序於經，不足爲輕重，而二十八篇之外羣逸書，賴以垂其篇名，若爲稽古之一助。然前而百兩之淺陋，後而二十五篇之補綴，又莫不由之以起。」

案：尙書傳至宋代，原典已亡失五十二目六十九篇，各占八十一目百篇之百分之六十四強及百分之六十九，吳云「其亡過半」良是。此諸近七成目篇，其中一部分雖見先秦典籍稱引，碎簡零縑，不克彰表各該篇要旨，肆吳氏贊書序「存百篇之義」，莊氏立書序存而本經存，固亦仞亡經之義存乎序是也。

又案：書序載書經八十一目百篇，而「二十八（顧命、康王之誥合爲一篇）篇之外羣逸（亡逸合稱逸）書」，見引於先秦典籍明題篇目者才湯征（孟子引「湯一征，自葛始」，湯一征，視爲「湯征」篇名。）、仲虺之誥、伊訓、太甲、咸有一德、說命、高宗之訓（禮記引，少「之訓」二字。）、泰誓、武成、蔡仲之命、君陳、君牙，又見引於漢人典籍者纔九共、帝告、湯誥、嘉禾、周官、畢命、臩命，凡十九目三十三篇，餘過半數——三十三目三十六篇，端賴書序「以垂其篇名」，廷祚說甚是；誠大有助於稽古。羣逸亡書若果盡存且傳廣，則漢晉兩僞本必不致有作，是「淺陋、補綴」、贋經欺世，罪不在書序也。

逸亡之目篇書序說書義，宋林之奇因其乏本經可憑印證，故於所撰尙書全解，但錄書序白文，一槩不予討論（詳上責書序錄逸亡目篇而說之無徵不信卷），且亟言其不可信。雖然，資逸亡書序考補古史功庸，林氏固不得不大力推贊，其

尙書全解卷十八盤庚書序：「逸書之序，蓋有其書雖巳（已）亡，而其所述亦可證見存之書者。若其記載商人遷國之始末也，『自契至于成湯八遷，湯始居亳，從先王居，作帝告、釐沃』，『仲丁遷于囂』，『河亶甲居相，作河亶甲』，『祖乙圮（圯）于耿，作祖乙』：此皆逸書之序也。『盤庚五遷，將治亳殷，民咨胥怨，作盤庚三篇』，此見存之書也。盤庚之書雖存，然不得逸書之序以見其前世遷徙之始末，則盤庚之意亦復不明于世，故自帝告、釐沃以至于祖乙五篇之序，蓋所以爲盤庚之書張本於前，若左氏傳或先經而始事也。學者欲讀盤庚，當以此序始。……仲丁立，始自亳遷于囂。仲丁崩，弟外壬立。外壬崩，弟河亶甲立，後自囂遷于相。河亶甲子祖乙立，復自相遷于耿。既遷于耿，則其地水泉濕，爲水所圮（圯），欲改遷于他所，而重勞民，故遂留于耿。自祖乙以來，凡歷五世，竟不克遷，及盤庚即位，而民之被於墊溺巳（已）甚，遂謀遷于亳殷，此其遷徙之始末，見於書之序者然也。……序曰『盤庚五遷，將治亳

殷』，其文蓋與自帝告、釐沃至于祖乙五篇之序文勢首尾相貫；蓋自契至成湯八遷，而自湯至祖乙又五遷也。」

諸侯國之商，自始祖契至湯，嘗遷都八次：契自亳遷蕃一，昭明由蕃遷砥石二，又由砥石遷商邱三，相土東徙泰山下四，後又復歸商邱五，夏帝芬三十三年商侯遷於殷六，夏孔甲九年殷侯復歸商邱七，湯自商邱遷亳八也（據王國維觀堂集林卷十二說自契至於成湯八遷）。尙書帝告篇本經亡，幸書序者及見原典，記其事實，云「自契至于成湯八遷，湯始居亳，從先王居」，與其它古史之書尙合，是於保存古代史料，大有功也。

尙書盤庚上篇記帝盤庚之前之商先王（不包括諸侯國之商君）已遷都五次，其中商朝始王成湯是定都非遷都不計，據史記殷本紀僅得帝仲丁遷囂（隞）、帝河亶甲遷相、帝祖乙遷耿（邢）三都，今更考竹書紀年猶有帝祖乙居庇、帝南庚自庇遷奄（古本竹書紀年輯校）。囂（仲丁）、相（河亶甲）、耿（祖乙）、庇（同上）、奄（南庚）五邦是也。而仲丁書序「仲丁遷于囂」；河亶甲書序「河亶甲居相」；祖乙書序「祖乙圮於耿」，既於耿都「爲水所毀」（鄭玄注），是帝祖乙當再遷都於庇（上引竹書紀年），尙書祖乙篇即緣此而作者；參以汲冢紀年帝南庚遷奄，正協盤庚經「于今五邦」之數。仲丁、河亶甲及祖乙皆亡篇，賴書序而保存其要義，此一又重大事證。

上方述帝告、仲丁、河亶甲及祖乙四書序之外，保存古代史料之逸亡目篇書序猶另有三十七條，今具存，爲：

舜典，汨作，大禹謨（以上虞書），五子之歌，胤征，湯征，汝鳩、汝方（以上夏書），夏社，典寶，仲虺之誥，湯誥，明居，伊訓、肆命、徂后，太甲，咸有一德，沃丁，咸乂，伊陟，説命（以上商書），泰誓，武成，分器，旅獒，旅巢命，微子之命，歸禾，嘉禾，蔡仲之命，成王政，將蒲姑，周官，賄肅愼之命，亳姑，君陳，畢命，君牙，冏（囧）命（以上周書）。

虞書部分：汨作無佚文，又無早期史料資徵，然書序次之於舜典之後、皐陶謨之前，故當爲舜帝朝書。舜典書序，記帝堯歷試舜，可與孟子參證。謨獻於虞廷，禹、皐陶獻言最多；皐陶謨之作也，以皐陶爲主，今存，禹謨經佚，得書序而知以禹爲主者亦有大禹謨一目。四代尚書記唐虞之篇殊少而亡佚殊多，有舜典、汨作、大禹謨書序而保存舜禹事要，彌足珍貴。

夏書部分：二征——胤征、湯征，孟子節引其文，前者殘文曰「有攸不惟臣，東征」，與書序「胤往征羲和」併觀，肯定夏帝有征權臣羲和事；後者，夏諸侯國葛君，慢天棄神不祀，成湯征之，自茲四征無道，誅其君弔其民，孟子述厥事頗詳，據尚書也，第書原篇佚，若無書序明其本經旨要，孰能篤信孟子之說？五子之歌，離騷「啓九辯與九歌兮，夏康娛以自縱；不顧難以圖後兮，五子用失乎家巷」，屈子親見本經，故定爲太康世事，今覘之書序知合。商湯有汝鳩、汝方二大臣，先秦典籍今唯書序著之，序錄依尚書本經也；伊尹，往來事湯桀，孟子呂覽孫子竝記述，據尚書也，幸有書序「伊尹去亳適夏，復歸于亳」云云，證實此大事的有。書序保存夏商史迹，有時功高遷史，遷史固多引書序文。

商書部分：逸亡目篇書序，別有十二條見於此，其中關涉成湯伊尹者九條。夏社，據書序，夏朝曾立社，可資證甘誓「弗用命，戮于社」，湯欲遷之，而廷議不可。明居、沃丁兩書序均著「咎單」，據知湯大臣有咎單者（馬融注「湯司空」），雖未必，但其篇次太甲前，當是湯臣），原爲尚書之所載，先秦它典籍未之見也。勝國取敗國寶器，商周人均行之，周武王俘商舊寶玉億有八萬（逸周書世俘篇），其中豈乏在昔商湯俘諸夏桀如書典寶序錄尚書本經之所載者乎？序又錄本經作者——誼伯、仲伯，或是湯史，先秦它典籍亦未見。其餘五條書序，本經俱有殘文傳下，舊典多籍引之。湯既一天下，於亳作湯誥，書序據本經以記也，史記引眞湯誥佚文百廿六字，有此序爲之參證，益信。湯左相仲虺（左傳定元年）以夏王矯天命失政誡湯，墨子左傳荀子呂覽皆述引之，有該仲虺之誥書序而知其盡原出於尙書。竹書紀年殘文載伊尹放太甲于桐自立，後太甲潛出殺伊尹，伊訓肆命徂后（三目共一序）、太甲及咸有一德三條書序載伊尹以祖湯受天命伐夏、陳政教垂法度誡太甲（見三經殘文，禮記孟子同引），冀其修德安邦，篡自立意未見，太甲出桐殺之，甚悖常理，則太甲書序云太甲立不明，伊尹放之三年，太甲復歸亳都，與孟子太甲悔過於桐，復歸于亳合。諸篇本經既佚，賴書序存古史之要，乃知孟子考事有據，偏信雜史而疑儒家大師言者，可以釋疑矣。伊陟，名見書序咸乂、伊陟兩篇，指爲帝太戊相具明文，合尙書君奭本經「在太戊，時則有若伊陟」，咸乂書序記伊陟相太戊時，國都有桑、穀共生於朝之異，而尙書大傳亦記帝武丁時「桑、穀俱生於朝」，事相若，令後史家疑惑。當是太戊、武丁朝均有是祥異，即或不爾，咸乂書序所記爲太戊世事據本經爲碓有，不可指爲武丁朝故事。國語引說命本經，一則曰「武丁於是作書」、再則曰「武丁使朝夕規誨箴諫」，說命書序「高宗……得（傳說），……作說命」，說命，命傳說也，書序依本經製作，以經證史而孚，古史益明。

據上考詳，商書佚亡書序十六條，條條裨補於古史，無論遷都，立社，獲寶，誡臣民，規君上，扶幼主，明祥異，在在保全古代史料，書序之珍貴也如此。

周書部分一：尙書記周武王伐紂三目，牧誓有日無年月、（眞）武成有月日無年，年月日則備見於（眞）泰誓，而（眞）泰誓本經逸，賴書序詳記其伐殷渡河年月日，與汲冢書載年合，陳夢家謂書序多有西周重要史料（已詳上引），類此皆是也。周天子分封諸侯，班授明器，見左傳（昭十二及十五、定四），武王初克殷，行封諸侯且班之宗廟彝器，史承作專文「分器」以告，分器本經亡，有書序存其篇旨要，周初禮制因是以明。周家起於西土，既代商政，遠西酋豪來同，南蠻巢君來覲，事均不見於其它先秦文獻，而尚書旅獒、旅巢命專記其事，兩本經盡逸，有兩書序見在，資料聊以保存也。

周書部分二：攸關成王誦及周公旦者九篇最多，保存文獻，補益西周初葉重要史實，貢獻亦最大。武王甫克殷，封紂子武庚於朝歌，用續殷祀。王崩，武庚與周蔡叔等叛，周公秉成王命誅武庚等，放蔡叔，乃封微子啓於宋，代奉殷先祀，作微子之命。本經盡逸，它先秦典籍未見，幸書序存其義。蔡叔既放死，周公請成王命封其子胡於蔡，作蔡仲之命，原典逸，定四左傳述其事且存逸經十二字，而書序據本經敍此尚書篇義，云「王命蔡仲踐諸侯位」，視左傳「周公見諸王而命之以蔡」，尤爲切要明確。東征武庚、管蔡、奄等之役，周公奉成王命行之者也，成王未曾躬與，知者，憑尚書歸禾、嘉禾兩書序也。前一序「唐叔得禾，……獻諸天子。（成）王命唐叔歸（餽也）周公于東」，是成王在西（鎬京）君臨天下，而周公在東遠行役也。後一序「周公既得命禾，旅（報陳也）天子之命」，是周公得嘉禾併成王命書於軍陣，作書以上報天子也。其它先秦典籍均未載此事。夫公東而王西，王不曾與役，雖兩本經盡佚，俟兩書序存義，可的知也。又序記成王、周公君臣上下，謹依禮度，乃王莽僞造逸嘉禾（今僅存殘文）謂周公蒞政稱假王，何其謬且妄耶？研史治經者何多爲其欺耶？周公旦未曾稱王，嘉歸兩書序在，足徵矣。周公東征三年，後期伐淮夷，遂踐（滅也）奄，乃作成王政（征也）篇；既滅奄，遂遷奄君於蒲（一作薄）姑，乃作篇將蒲姑；海東既厎定，東北夷肅愼來賀，成王命作賄肅愼之命：三篇本經盡佚，先秦它籍又不見述（逸周書王會記諸侯以職來獻有云：「西面者，正北方稷愼（稷愼，肅愼也），大麈。」此另一事），而書序載其情實，周初經略大東，賴以保存重要史料。鄭玄引成王周官「立大師、大傅、大保，茲惟三公」十一字於先秦典籍，此眞尚書周官篇殘文也（眞周官篇原典久亡，鄭不及見），眞周官篇果成王世作，著成當滅淮夷之後，其書序曰：「成王……滅淮夷，還歸在豐，作周官。」用茲，確知周初立三公官職，而周官（劉歆始改名周禮）一書非公旦著作，獲一重要佐證。周公薨葬事，先秦它典籍不見載，亳姑詳其事，本經盡佚，有其書序在，知公墓在畢，使從文王陵也。君陳，周公子也，據尚書君陳篇逸文今存三條六十字（均禮記引），度爲天子告臣。臣者知爲君陳；天子謂誰？何爲告之耶？案書序存其義曰「周公既沒」，是當成王世；又曰「命君陳分正東郊——成周」，是成王命君陳嗣其父周公分治東都洛邑也。周初封建，父子相繼，書序保存史料，又一重大獻替。康王穆王書共三篇，畢命、君牙、冏（囧）命也。初，周召二公分陝而治，爲東西二伯，洎周公薨，以畢公代之主東，康王之誥「畢公率東方諸侯」，與畢命書序「康王命作冊，畢（公）分居（分別部居），里（釐）成周郊」攸關，本經存殘文十二字，尚不足宣明篇旨，它先秦典籍亦不見載，書序保存史實。君牙，穆王命君牙爲王朝大司徒，本經殘存十九字，不足昭明篇之要旨，幸賴書序徵孚。囧命，本經佚絕，由書序而知爲穆王命伯冏（囧）爲王朝太僕正也。

據上考詳，周書逸亡書序十八條，保存武王伐殷、分封、柔遠史料，成王周公東征、復命殷後蔡後、經略東夷北夷、制定官職史料，多見保存，而成康之際，君陳、畢公相繼治東國，穆王命官主民政統內官，亦頗見稱說。書序補益姬周史事，貢獻視施之於前三代者尤大。

(五) 書序體製於漢世序文體製之影響

「序」，文章體裁之一種，以著成時代論，周易序卦傳爲斯體之權輿（周禮序官，體製異不同，說即見下）。周易序卦傳，先秦成撰，至漢，人多以爲孔子撰，尊爲「十翼」七種之一，使渾然爲易經不容分割之一部分。梁蕭統選文，殆以之爲「姬公之籍，孔父之書」，不敢列選入編，故昭明文選卷四五「序上」首但列毛詩序（即詩大序，自「關雎，后妃之德也」至「是關雎之義也」）。署卜商子夏撰；次列尚書序即書大序，亦即僞孔安國書大序。，署漢孔安國（臨淮）撰。玆後，敍次「序」體者，多遵蕭選，以謂詩大序乃「序」體文之始。

明吳訥文章辨體序說頁四二：

爾雅云：「序，緒也。」序之體，始於詩之大序，首言六義，次言風雅之變，又次言二南王化之自。其言次第有序，故謂之序也。

明陳懋仁曰：

序起詩大序，序、所以序作者之意，謂其言次第有序也。（舊題梁任昉文章緣起「序，漢沛郡太守作鄧后序」註）

詩大序，大抵總敍詩經一書三百十一篇之要義若風雅正變六義等；而特述各篇（如葛覃、鹿鳴、文王、閟宮等）之義者幾無，謂詩大序「所以序作者之意」，失其精確。

唐劉知幾首以書小序爲「序」體文章之權輿，詩小序在次，其史通卷四「序例」曰：

(僞)孔安國(書大序)有云「序者，所以敍作者之意」也。竊以書列典謨、詩含比興，若不先敍其意，難以曲得其情。故每篇有序，敷暢厥義。

書小序(如堯典篇書序：「昔在帝堯，聰明文思，光宅天下，將遜于位，讓于虞舜，作堯典。」等篇)、詩小序(如女日雞鳴篇詩序：「刺不說德也。陳古義以刺今，以不說德而好色也。」等篇)，皆特述各該篇之作意，而敷暢之，是也。

書、詩大、小序作意有別，不唯一敘全書義，一敘單篇義，後世又謂其或重議論，或重敘事，爲體不一，因析爲二，明徐師曾文體明辨「序」：

爾雅云：「序，緒也。」字亦作「敘」，言其善敘事理，次第有序，若絲之緒也。又謂之大序，則對小序而言也。其爲體有二：一曰議論，二曰敘事。宋眞氏嘗分列于正宗之編，故今倣其例而辯之。

小序者，序其篇章之所由作，對大序而名之也。漢班固云：「孔子纂書，凡百篇，而爲之序，言其作意。」此小序之所由始也。

宋眞德秀文章正宗正續區分「序」文爲「議論」、「叙事」二科，但未收尙書大、小序。師曾文體明辨卷四四「序上」「議論」首收詩大序，其次收杜預春秋左傳序，……均定爲一全書之總序；卷四五「序下」「叙事」首收書大序，次史記自序斷取自「昔在顓頊」至「自黃帝始」，……亦均定爲一全書之總序；卷四五「序下」「叙事」科又列「小序」門，首收「詩小序」五條如國風關雎序、小雅魚麗序……，次收史記小序、法言小序、漢書小序（三籍小序說詳下）。

其後，明賀復徵作文章辨體彙選，卷二八一「序一」，引言曰：

> 序，東、西牆也；文而曰「序」，謂條次述作之意，若牆之有序也。……宋眞氏文章正宗分「議論」、「序事」二體，今叙目曰經、曰史、曰文、曰籍、……曰詩集、曰文集、……曰自序、……諸體，種種不同。而一體之中，有序事有議論；一篇之中，有忽而叙事忽而議論，第在閱者分別讀之可爾。

賀氏以一體或一篇之中，往往議論、叙事錯出，二之匪易，故但記類目，不復析分議論、叙事。其「序一」「經類」首選毛詩大序、次書大序，「序三、四」「史類」收史記三代世表序、太史公自序自「昔在顓頊」至「百三十篇」等，又收漢書王子侯表序、叙傳至「凡百篇」止，其下刪略。等。

以馬、班史、漢兩書中序文，體淵源於書小序者，亦出劉氏史通，其卷四「序例」繼續曰：

> 降逮史、漢，以記事爲宗，至於表志雜傳，亦時復立序。文兼史體，狀若子書，然可與誥誓相參，風雅齊列矣。

史、漢表志雜傳前序文，體因書小序，說詳下。史記序文體倣書小序，宋、清人有遵史通說者，詳說亦錯出於下文中。

徐師曾文體明辨「小序」：本以書小序爲史記自序等序體之前導，但認書小序「決非孔子所作，蓋由後人妄探作者之意而爲之，故多穿鑿附會，依阿簡略，甚或與經相戾，而鮮有發明」，故此門黜去書小序不收，而祗收詩小序作爲史記、法言、漢書「小序」文體之前導。夫氏既述書小序於「小序」之首，又曰「此小序之所由始也」，寔已承認書小序爲「司馬遷以下諸儒，著書自爲之序」之前導矣。故渠於「小序」門緊接詩小序下收史記小序二十一條（如「……作項羽本紀第七、……作十二諸侯年表第二」），繼收法言小序二條（如「……譔問道第四、……譔問明第六」），後收漢書小序十四條（如「……述高紀第一、……述禮樂志第二、……述敘傳第七十）。

綜上考研，蕭統、徐師曾、賀復徵均以詩、書兩大序爲「序」之前導，後世一書之總序濫觴於此，吳訥、陳懋仁因蕭選，衹及詩大序，推爲「序」始。劉知幾、徐師曾、賀復徵均以書小序爲史、漢傳志等序文之前導，而徐說尤緻密，且擴及法言小序。

雖然，諸家至多舉史、漢等相關之「序」文，但絕未持與書小序體製比較，明其相因之迹；又漢代倣書小序作「序」文者，猶前有逸周書序、淮南子要略篇，後有潛夫論敍錄，諸家論列尚未及。此本節之不得不作，請詳說於下。

書序撰作體製，影響後世序文體製，於漢，直接因襲書序，或間接參酌書序者，約有景帝初年之後所撰之逸周書序，淮南子要略篇，司馬遷史記太史公自序、表暨彙傳，揚雄法言序，班固漢書敘傳、表、志暨彙傳，及王符潛夫論敘錄六者，說如下。

逸周書序體製倣書序，余考得七事，說已詳「逸周書序作者見書序」卷。

淮南子要略篇上列二十篇篇目——原道訓至泰族訓，下遂即敍此諸篇之作意，其型式爲「某某（篇名）者，……也。某某（篇名）者，……也」。茲舉二例：

天文（訓）者，所以和陰陽之氣，理日月之光，節開塞之時，列星辰之行，知逆順之變，

避忌諱之殃，順時運之應，法五神之常，使人有以仰天承順，而不亂其常者也。(例一)

書序先言作意，後言「作某篇」；此則更改爲先舉成著篇名，後乃言此篇之所以作。

又書序有兩篇共一序，淮南亦因之，如

說山(訓)、說林(訓)者，所以竅窕穿鑿百事之壅遏，而通行貫扃萬物之窒塞者也。假譬取象，異類殊形，以領理人之意，解墮結細，說捍摶囷，而以明事埒事者也。(例二)

史記自序倣書序定體製，說已詳「太史公自序述百三十篇體倣書序」卷。史記表、彙傳前亦有序，亦受書序影響，說併見下漢書卷。

揚雄親撫百篇書序，見其中酒誥書序亡佚，故興「俄空」之歎，語在其法言問神篇；法言卷末綴「法言序」(善本如此；俗本裁各篇序分弁各篇本文之首，失之)，敍學行止孝至凡十三目之撰作大意也，唐李軌注：「法言序，子雲歷自序其篇中之大略耳。」是也。舉例如：

天降生民，倥侗顓蒙，恣乎情性，聰明不開，訓諸理，譔學行。（漢書卷八七下揚本傳載，下猶有「第一」；其餘十二目序本傳所載，亦皆著「第二」……「第若干」於目下）

神心忽恍，經緯萬方，繫諸道德仁義禮，譔問神。

仲尼以來，國君將相卿士名臣，參差不齊，一槩諸聖，譔重黎、淵騫。

譔同撰；撰，作也。「譔某目」，倣書序「作某目」（書序如「作堯典、作甘誓、作高宗肜日、作呂刑」之類）。「譔」上一番文字，即此目之「所以為作者之意」，倣書序「作某目」上之文（書序如「作堯典」上之「昔在帝堯，聰明文思，光宅天下，將遜于位，讓于虞舜」、「作呂刑」上之「呂命，穆王訓夏贖刑」等）。一序一目為常，倣書序之絕多為一目一序也；多目共一序為變，如重黎、淵騫各為一目又各自為一篇，以作意相同，故共序曰「仲尼以來」云云（或別僞造「淵騫」目序三十一字，竄入於「重黎」之下，詳清汪榮寶疏卷十六卷二十），乃因襲書序（書序如大禹與皋陶謨、汝鳩與汝方，……並兩目共一序之倫）。又書序頗純以人名為篇名，若汝鳩、汝方、太甲、沃丁、盤庚、君陳、君牙，……等咸是，法言本文曁序襲其體，重（少皞之後裔）、黎（顓頊之子），淵、騫即顏淵、閔子騫，四皆人名，取為篇名。且此以多人人名為篇目又共用一序，倣書序汝鳩汝方之共用一序也。

史記自序體倣書序（方詳上說明），漢書近倣史記自序，漢書末卷卷一百下敘傳曰：

……爲春秋考紀、表、志、傳凡百篇，其敘曰：「皇矣漢祖，纂堯之緒，實天生德，聰明神武。秦人不綱，罔漏于楚，爰茲發迹，斷蛇奮旅。神母告符，朱旗迺舉。（下略五十八字）股肱蕭曹，社稷是經，爪牙信布，腹心良平，恭行天罰，赫赫明明。述高帝紀第一。」……

顏注：「春秋考紀，謂帝紀也。」又注曰：「自『皇矣漢祖』以下諸敘，皆班固自論撰漢書意，此亦依放史遷之敘目耳。史遷則云爲某事作某本紀、某列傳；班固謙，不言『作』而改言『述』，蓋避『作者之謂聖』，而取『述者之謂明』也。」是「述高（帝）紀」，即作高帝紀，亦同書序「作堯典、作甘誓、作西伯戡黎、作文侯之命」等，而「述」上「皇矣漢祖……赫赫明明」，述作此目之事由，亦猶書序堯典上「昔在帝堯……讓于虞舜」……等，是班書遠紹書序。漢書敘其八表，如曰：「篇章博舉，通于上下，略差名號，九品之敘，述古今人表第八。」其敘十志，如曰：「（上略二十字）光演文武，春秋之占，咎徵是舉，告往知來，王事之表，述五行志第七。」又其敘七十列傳，如曰：「淮南僭狂，二子受殃，安辯而邪，賜頑以荒，敢行稱亂，窘世薦亡，述淮南衡山濟北傳第十四。」均前敘事由，後著「作某目」，亦遠紹書序也。（參太史公自序述百三十篇目體倣書序卷併及）班書（漢書之外，猶見白虎通義）述事說經，多用書序，此作紀表志傳序倣書序體，理念同也。

書序有眾目共一序體例，以其所敘事由相同故也（如大禹與皐陶謨、伊訓與肆命與徂后等，前已屢言之矣），班書敘傳亦襲用此體，舊論未及，余因特論於此，班曰：

孝惠短世，高后稱制，罔顧天顯，呂宗以敗，述惠紀第二、高后紀第三。

案：漢書惠帝紀在卷二，高后紀在卷三，分目分卷，班氏合共一序敘之，直倣書序耳。

史記十表前皆有序（僅漢興以來將相名臣年表前無序，序亡佚）、彙傳如孟子荀卿列傳及儒林列傳前竝有序，漢書八表、十志及彙傳前亦皆有序，或以爲因承「經序」，

唐劉知幾史通卷四「序例」：「（僞）孔安國有云『序者，所以敘作者之意』也。竊以書列典謨、詩含比興，若不先敍其意，難以曲得其情。故每篇有序，敷暢厥義。降逮史、漢，以記事爲宗，至於表志雜傳，亦時復立序。文兼史體，狀若子書，然可與誥誓相參、風雅齊列矣。」

清浦起龍釋曰：「言序之爲道，主於序明篇旨，馬、班有作，猶存經序之遺。」敏案：史、漢此類序文，類似一篇文章導言，貼文敍明篇旨者少，立文誠受經序影響。夫「經序」有三：一曰易序卦傳，言六十四卦先後次第，辨析哲理；二曰詩序，多定篇之美刺，從而指事以證之，二序皆非史、漢序體之所宗；三曰書序，先敍作意，後稱作某文，的是史、漢表志彙傳前序文體式之所本；而周禮「序官」不與焉周禮原名周官；周官一書總列約三百七十七官（併考工記數之），其天官至秋官五官之首，均著「惟王建國，辨方正位，體國經野，設官分職，以爲民極。乃立天官冢宰，使帥其屬，而掌邦治，以佐王均邦國」（地春夏秋四官俱有類似文字，幾全同），下遂分記各官品秩員額（地春夏秋亦同）：舊謂之「序官」。「序官」之後，別卷分記各官職掌（亦五官體例一致）。則前之「序官」，敍立官之目的及員數，後言官員職務，非言下之文章作意。此與易詩書三序之言篇之作意大異，要非後世序文體製之前導。

東漢王符潛夫論，凡三十六目篇，其最後一目篇爲「敍錄第三十六」，敍前三十五目篇之作意，舉二例如：

> 先聖遺業，莫大教訓，博學多識，疑則思問，智明所成，德義所建，夫子好學，誨人不倦，故敍讚學第一。
>
> 上觀太古，五行之運，咨之詩書，考之前訓，氣終度盡，後代復進，雖未必正，可依傳問，故敍五德志第三十四。

敍事由概用四字句，全部協韵，倣漢書也（史記自序敍事由絕多用四字句，部分協韵）。其先言作意（如「先聖遺業」至「誨人不倦」），後結以「故敍某目」，亦遠紹書序也。「故敍」故，自史記自序「……故詳著秦楚之際月表」來。又總其「敍錄」爲一編，殿全書正文之末，亦倣書序聚百篇之序於一所，而次之尙書全經之後也。

㈥後世（西漢初至清）或視書序爲「經」

周易序卦傳，西漢宣帝世今文易三家，已視之爲「經」，故漢書藝文志著錄曰：「易，經十二篇，施、孟、梁丘三家。」顏注：「上、下經及十翼，故十二篇。」上經、下經共兩篇；十翼共十篇，其中序卦傳爲一篇，則三家都以序卦傳爲易之「經」。此在書序，西漢文景世歐陽尙書家先已視之爲「經」矣，漢書藝文志著錄「尙書經二十九卷」，班固自注曰：「歐陽經三十二卷。」三十二卷之中，一卷爲書序，則歐陽家視書「序」爲書「經」、尙書「經」也。

其後，東漢許愼說文解字卷四上引說命書序文，稱之爲「書（經）」。盧植引太甲書序文，稱之爲「尙書（經）」（載三國志魏書董卓傳裴注引）。鄭玄周禮春官車僕注引牧誓書序文，題爲「書（經）曰」。應劭風俗通義正失篇及皇霸篇竝引牧誓書序文，均題「尙書

(經)」；劭另撰漢官儀卷上「書稱『武王伐紂，戎車三百兩』」云云，亦牧誓書序文，乃亦稱之爲「書(經)」。

唐陸德明經典釋文尚書音義上於書序「作汩作、九共九篇、槀飫」下曰「眾家經文並盡此」云云，是以汩作、九共、槀飫書序爲「經」。孔穎達尚書君陳書序正義引君陳及蔡仲之命書序，竝直稱之爲「經」。

大抵言之，等同「書序」爲「書經」者，每亦認定書序爲孔子作；孔子作春秋，春秋既受尊爲「經」，則又作書序，書序固得視「經」以尊稱之，上述歐陽家、許愼、鄭玄、應劭、陸德明及孔穎達即是。宋以下人，劉敞、蘇軾、程頤、鄭杲……等，均論書序爲孔子作，且稱之爲「經」。宋劉氏七經小傳卷上引泰誓、武成兩書序，直謂之泰誓、武成本經之文。蘇氏引湯誓書序及洪範書序，直謂之「孔子曰」及「此孔子敘書之意也」(分別見東坡書傳卷七、卷十)；又引伊訓等書序文，直指謂「經曰」。程氏既肯定「書序，夫子所爲」，又曰「此(堯典書序)夫子之序」(竝見伊川經說卷二)，洎引夏社書序，更直稱之爲「書(經)曰」(河南程氏遺書卷二)。清鄭氏尊書序爲「經」，是孔子作(鄭東父遺書卷三)。夫書序近古存眞，又克於尚書本經之外增益資料，補明經義，即非孔子作，等同本經估價，其誰曰不值？

總結論

尚書每篇經文之前皆有序，名書序。書序今存，考定凡一千一百零一字（尚書注疏、唐開成石經）。

上述序文，或稱之曰書序，或稱之曰尚書序，或稱之曰百篇書序，或稱之曰書小序，亦或渻稱之爲序，又或尊稱之爲經；夫尚書先秦但稱「書」，則「序其作意」之序文，當正稱「書序」，漢人絕多如是稱名之。

書序出孔子壁中，孔子裔孫孔鮒藏之於家壁，當嬴斯焚禁後、秦二世元二年之前，漢武帝末獻上（拙著古文尚書之壁藏發現獻上及篇卷目次考），漢書藝文志著錄，漢桓譚新論旁資印證，晉束晳見壁本而引其文（尚書正義載），宋朱子（朱文公文集、朱子語類）、清毛奇齡（古文尚書寃詞）、王懋竑（白田草堂存稿）、程廷祚（晚書訂疑）等咸認書序出孔壁，具明文，惟近人鍥齋氏（書序說）力辨書序非自壁出。考書序今古文尚書家竝傳，鍥齋以謂今文家不一及、古文家不傳，非也。清吳汝綸（尚書故）堅持書序出史記之後，書序絕多抄襲史記。詳甄吳說，反證史記依書序，非書序因史記也，吳說甚多自相牴牾、無徵不信之言。

且余持書序八十一目逐一與史記所述引考校，斷史記襲書序，臚陳八證，知史記凡同於書序者，皆史襲序；異者，皆馬遷更改。

書序作者（詳後文論說）依尚書本經八十一目一百篇作序，今剋就現存目篇本經及逸亡目篇佚文，參酌經傳史籍，論其可信：書序著成下傳，兩漢人見用，伏生（尚書大傳）、逸周書序作者、司馬遷（史記）、歐陽學宗尚書家（見漢書藝文志）、張霸（見漢書、論衡）、緯書作者（見孔穎達尚書正義）、孫寶（見漢書）、揚雄（法言）、劉向歆父子（別錄、見漢書律歷志）、班固（漢書藝文志、白虎通義）、王充（論衡）、賈逵（見孔尚書正義）、許愼（說文解字）、馬融與鄭玄、王逸（楚辭注）、審忠（見後漢書）、劉陶（同上）、應劭（風俗通義）、楊彪（見後漢書），均親見書序。多子者，或爲今古文尙書家，或爲史學家，或爲思想家，或擅辭賦，莫不親見書序而參酌之、引之，以之說經、議政、論學、注典，厥中逸周書序作者，倣書序體製、用語，取書序記史，都凡七事，而馬鄭師徒更爲書序全書作傳注，原書雖佚，今有輯本，保存佚文約半。而下，三國魏、吳人亦親見書序，曰王肅，注書序全書（今存佚文多條），曰韋昭，注國語引書序，西晉束晳見書序引其文，東晉某氏撰僞古文尙書及傳，全解書序，今具存，范甯注穀梁傳取義書序，李顒尙書注，於書序同施注（見尙書正義），梁陶弘景專注尙書序一卷（經義考轉引），劉叔嗣特將亡篇書序萃於一所而注之（見隋書經籍志）。洎乎陳隋，顧彪著尚書義疏，主僞孔傳，併疏其本所傳之書序，二劉——焯、炫尚書義疏、尚書述義（竝隋書經籍志著錄），亦竝依僞孔所錄書序而疏之。至唐，陸德明經典釋文、孔穎達尚書正義，二書今具存，亦皆全解書序，因僞孔本而傳此學，影響尤大！嗚呼！書序眞實不誣，其確鑿可信也如此！

書序孔壁本，至西晉束晳猶及親見而引之。伏生所見，恐非壁本，第以伏生傳廿九篇及弟子所記輯尙書大傳與今本書序考參，兩本目字異字才八，音近殊寫故；篇次異二，兩家於古史認知不同故；多大戰、揜誥二亡篇，出諸伏翁記憶故；說尙書本經異者，僅得一金縢，蓋伏公長於五行災異，出以作風雷動變，發天人相感之驗而已。則是大傳絕多同書序，故秦博士伏勝持之有故，豈不信哉！漢石經尙書底本，用伏生傳人歐陽家本，石經幸存書序殘字約四十四字，持與今本校，異文八者，或因正俗，或通假，或音近寫別，形誤才一，或博士依本經更改，則今本書序可信，又得一證。

司馬遷初習今文尙書，後從古文大家孔安國問（尙書）故，其史記述引書序，或引篇名，或采其義，多達七十三目，絕多相合；述引不及者，才八目，乃史公損益取舍。深考之，是史記襲書序，謹歸納爲八事，用證其塙。史遷既兼治今古文，故其襲述書序時，旁資今文，得十序十字，八成屬於古人名地名傳寫異字。又遷史述書序篇次小異者五目，其中得正可糾僞孔之失次者三，誤解失第者二，則援書序可匡史誤。史公自序述百三十篇目體倣書序，文史家所共識，又其表暨彙傳前序文體亦倣書序，則論者較少。史自序先言事由，後言作某本紀、某世家、某列傳，師法書序先言其篇作意，後結曰作某篇也。乃近人張西堂（尚書引論）反謂書序體裁模倣史記，錯亂一何至於斯耶！史記與書序同者如是之多，吳汝綸曰「此序襲史之證也」；其或相異，吳乃曲說「序誤」、「序誤改史」，即史變更序之雅詞爲俗詞，明是訓詁，吳亦曲爲飾說。其堅持己見，罔顧事證，一至於此！

馬融鄭玄，古文書家二大儒也，均注書序，二家注本，向謂之古文書序，持其幸存之殘本與今本校，曰總書序爲一卷繫全經後（見經典釋文、尚書正義），同；鄭本篇次異者六目，大同小異，兩家以己意變古，第篇均不遵壁序之舊，而清孫星衍（尚書今古文注疏）、馬邦舉（書序畧考）、民國趙貞信（書序辨序）、蔣善國（尚書綜述），因論馬鄭與僞孔本優劣，多失宜允；文字異者五，馬本又多五字（金縢序、康王之誥序）少一字（文侯之命序），專名易異，通假改字，裒多益寡，覈皆尠關宏旨，今一一辨究其緣故於下。職是兩派三本書序，共出魯壁，乃清魏源（書古微）判馬鄭古文本係衞宏僞造，非馬遷所受安國之古文本，晦昧史實，橫議乃爾！

書序五子之歌非國語「啓有五觀」之五觀，王逸注離騷、蔡邕述行賦引可證，近人崔適

（史記探源）謂僞孔本改五觀爲五子之歌，誤。咸有一德，禮記緇衣引作尹告，馬邦舉認當從禮記題篇，不知當時篇名猶未固定，各隨己意定名，致異而已。康誥、酒誥、梓材三目三篇，孫詒讓（尙書駢枝）見韓非子引康誥稱酒誥，因謂康誥當分上中下篇，酒誥、梓材分別爲其中下篇，無酒、梓篇名，按尙書篇名尙未定，故韓非引異，孫說非也。史記有大戊篇而書序無，馬邦舉責書序缺錄，孫星衍謂今本脫大戊，而僞孔裂汝鳩、汝方爲二以就百篇之數，清汪之昌（青學齋集）謂本有大戊而無伊陟，俗儒不知闕大戊，妄增伊陟，以足百數，今考大戊乃史記衍文，本文辨之詳且塙也。清王鳴盛（尙書後案）謂僞孔詁改說命序「夐求」爲「營求」、改「成王征」之征爲政，蔣善國謂是僞孔改字一個實例，蔣又謂今本洪範書序視漢本字異一又多五字：所論皆失，余考諸說文、古本及世經引書例明之。清張穆（㞒齋文集）謂序「胤征」征字當正，胤正篇書，乃夏大正，胤往正義和者，董正其治歷失理也，張氏肊造史實，失義駭世！君陳書序，崔述（豐鎬考信錄）以爲「君」是尊稱，不應君而稱其臣爲「君」，因疑書序與僞孔經共出一手。余考天子亦得尊稱臣下，東壁失疑。壁出眞古文尙書有舜典，明梅鷟（尙書譜）、近人唐文治（尙書大義）、趙貞信皆謂僞孔氏僞作增添，罔顧漢志著錄、鄭玄稱引事寔，誤也。趙及童書業（評書序辨序）竝認書序曾經僞經作者竄改（童且定爲王肅），故意欲與鄭玄立異，要降低曹（魏）馬（司馬晉），乃抬舉成王以壓周公，余考今本書序多見成王及周公相成王文，抬降之誼未見，二家殆衍清焦循（尚書補疏序）之誤說，不容不辨正。

書序八十一目一百篇（共七十七條），各目篇（條）之間文氣連貫，原本自爲一編（即自爲一大編）。條條文氣連貫，孔穎達指出其前後相顧爲文，宋林之奇（尚書全解）、馬廷鸞（元董鼎書蔡傳輯錄纂註引）從申之，凡舉書序文洪範上與武成下與微子之命、湯誓上與汝鳩汝方、周官上與大誥及微子之命、洛誥上與召誥，均相顧爲文；堯典下接舜典，序文相承接，而三謨序文亦與舜典緊相承續。余更考之，猶有帝告序，下與仲丁、河亶甲、祖乙、盤庚四序連貫，又有太甲序文氣上承伊訓序，泰誓、牧誓、武成三序記伐殷年月繁省互補，大誥序文承金縢，成王政序文氣下接以將蒲姑序，亳姑君陳二序「將」、「既」時次上下相承，君陳序且冒上亳姑序省略「王」字：序文前後相照，始終有度，眞渾然一片文章也。尚書本經多有逸亡，賴諸篇序文合編而獲保存其篇目篇義，與詩雅六亡篇藉與眾詩序合編而知其篇目篇義同功，陸德明、題宋鄭樵（六經奧論）、汪之昌、清邵彭瑞（尚書決疑）說，均是也。古書之序皆殿全書之末，經別如易序卦傳、詩小序，史如逸周書序、史記太史公自序、漢書敘傳，子如莊子天下、呂氏春秋序意、淮南子要略、法言序、論衡自紀、潛夫論敘錄。書序總爲一編繫全經之末，遵先秦古本之舊也。書序孔壁本（漢志著錄）、別錄本（見尚書正義）、馬鄭本（見經典釋文、尚書正義）皆聚置全經之後，誠西漢孔安國之舊本也。又均之每篇序尚不足十七字，不便各獨成篇（卷），則必是合為一篇（卷）併繫全經之末，故總列于後云者，非各篇序分條分行立，漢石經書序廿九篇併為一篇，僅序與序間各空一字作「●」，可為顯證也。降至東晉僞古文本，乃始散析各篇書序弁諸各篇經首，書大序自供曰「書序，序所以為作者之意，昭然義見；宜相附近，故引之各冠其篇首」。此變更古度，僞孔氏倆始，陸德明、孔穎達具文申之，清段玉裁（古文尚書撰異）考證尤為精審！唐尚書正義主僞孔傳本，分書序弁各篇經文之首，永徽四年頒行，以訖宋朱子、蔡傳，其間，尚書全注本除永嘉薛季宣行復古典之舊，集百篇書序總為一卷，置本經之後（在其書古文訓卷末）說解外，它皆謹依正義本冠書序於經篇上。林之奇雖深知古本體製，今本得失，然撰尚書全解仍謹依今本置書序經上；而主朱蔡學者王天與，竟亦不依師法，轉從正義加書序於本經之篇上，其尚書纂傳即如此署寘。僞孔、唐本影響深遠如此。書序一目一篇一序為常，堯典、禹貢、湯誓、牧誓等凡五十九目篇是；一目多篇一序為變，太甲、咸乂、九共等六目廿五篇是；異題多篇共序亦為變，大禹謨與皐陶謨、伊訓與肆命與徂后等是也。夫異目多篇共序之作也，必多目篇同記一事，總敘其作意於下也；同目多篇共序之作也，一篇簡竹不容多載故也。宋蔡沈（書蔡傳書序辨說）、明郝敬（尚書辨解）均疑共序，郝且謂僞孔割裂一目一篇爲三篇，用足百數。蔡郝未察共序之所以作，失疑。書序敍所以爲作者之意既已，絕多結言「作某題（一篇）」，或「作某題某題（多篇）」。若「……作堯典」、「……作甘誓」、「……作湯誓」、「……作牧誓」（各皆一篇，一篇例不著篇數）；又若「……作九共九篇」、「……作咸乂四篇」、「……作泰誓三篇」（超過一篇則著篇數）等是也。例外僅三篇，禹貢書序「……任土作貢」、仲虺之誥書序「……仲虺作誥」、微子書序「作誥父師少師」。考禹貢古本或多「作禹貢」三字，今本脫；湯相仲虺告時君，序依仲虺之誥篇題云「仲虺作誥」，言簡意該，不必贅言「作仲虺之誥」，宋陳經（尚書詳解）、題鄭樵（六經奧論）析說是。微子作誥，句型同「仲虺作誥」，但下多受誥者——父師、少師，俞樾謂「作誥」誥下當疊一字，或是。書序題題篇篇都記作者，如「……湯始征之，作湯征」（湯征序）、「武王……邦諸侯，班宗彝，作分器」（分器序）、「成王在豐，欲宅洛邑，使召公先相宅，作召誥」（召誥序）、「召公既相宅，周公往營成周，使來告卜，作洛誥」（洛誥序）、「穆王命伯冏爲周太僕正，作冏命」（冏命序）五篇，依次爲商帝湯、周武王、周成王、周公旦、周穆王所作，此其常也。又有序末結句或序文止一句直題某人作者，得十三篇，撮舉四序「……誼伯、仲伯作典寶」、「伊尹作咸有一德」、「……芮伯作旅巢命」、「周公作無逸」，此其非常也。書序體例參差，又多苟作，學者或曲爲迴護（孔穎達、薛季宣、宋夏僎尚書詳解、錢時融堂書解、陳經），林之奇則嚴詞病序之爲體不一，而多家曲護之非也。至書本經，國家公文也，職由史官執筆，即爲當時檔案，題某王作、某公作、某人作亦不洽，矧經篇尚多後史稽古之作，序但據經文直題某某作，尤失。故林之奇、郝敬、簡朝亮（尚書集注述疏）、近人李泰棻（今文尚書正僞）均著文非之。

書序始目曰堯典，主記舜事，最早；終目曰秦誓，記周襄王世秦穆公事，最晚。其它七十九目，亦依時次，故孔穎達曰：「編書以世先後爲次。」雖然，論八十一目百篇或超過或不足八十一目百篇之次第，各本未盡相同，舉如伏生本尙書及尙書大傳與今本書序篇次不盡同，史記述書序篇次亦與今本書序不盡同，馬鄭本書序篇次亦與今本書序不盡同。或疑今本變更篇次，鄭本得正（簡朝亮），或仞洪範宜次分器後（孫星衍），今本失，或辨多方宜先多士宜後（亦簡氏），或論蔡仲之命當第洛誥之上（蔡傳），今本均失次，或深病今本多士云遷殷頑民在洛邑成建之後爲非（吳棫、蔡傳、元陳櫟書蔡傳纂疏、金履祥書經注、清馬徵慶尙書篇誼正蒙），或徑升康誥酒誥梓材三篇於大誥之前（清王心敬尙書質疑）。其論得失，一一爲之討說於卷中。書序之序，敍也，逐篇敍作者之意也，法倣孟子「與萬章之徒序詩、書，述仲尼之意」，是也。敍尙書，亦即說尙書，法言、論衡竝謂書序爲說書者，等同傳注解詁，清鄭杲（論書序大傳）擬諸禮經之記。觀今存序文，皆記本經作者，或說明本經所載之史實，或記其作意，或依本經撮述其旨要，或於本經外增集事證，已迭見上述；或竟詮解本經文，如堯典書序「聰明文思」以詮本經「欽明文思」（朱子語類），「光宅天下」以詮本經「光被四表，格于上下」（民國章炳麟膏蘭室札記）；又經「巽朕位」巽，序詁作「遜」，視西漢解故（尚書大小夏侯解故等），無以異也。

書序誰作？有人於此曰：史記一則曰「孔子序尚書」（三代世表），再則曰「孔子序書傳，編次其事」（孔子世家），三則曰「孔子於是論次詩、書」（儒林傳），非孔子作而誰耶？曰：否，否！序尚書、序書傳，序謂編次，故下文曰「編次其事」，亦即儒林傳「論次詩書」。吳汝綸、康有爲（新學僞經考）、崔適、趙貞信、鍥齋、近人張西堂（尚書引論）、蔣善國說，咸辨析史記「次」義爲編次，不據以謂司馬遷言孔子作書序。

尚書今文歐陽尚書家，始以書序孔子作，視之爲經（漢志著錄）。西漢哀平之際，緯書作者謂書序孔子作，而尚書古文家鄭玄依焉（見尚書正義）。班固繼歐陽書家後，治經不㞢讖緯，又受史記「孔子序書傳」影響，以書序孔子作，具明文，漢志書類敍曰：「故書之所起遠矣，至孔子纂焉，上斷於堯，下訖于秦，凡百篇，而爲之序，言其作意。」班志影響甚大，後世多參用其說。漢王充、許愼、應劭、魏王肅（見尚書正義）並云孔子作書序，充且謂書序作者——孔子係說書者篇家，譽孔子作書序爲鴻筆之人（論衡須頌篇）。漢大儒揚雄最早不以書序孔子作，法言云「如書序，雖孔子末如之何矣」，則謂書序爲孔子以前之一本著作，故下遂以之爲「昔之說書者」，言「昔」者，孔子之前既有之也。大儒劉歆亦未言書序孔子作，蔡傳最早謂歆未以爲孔子作書序，郝敬、馬邦舉、康有爲、趙貞信、陳夢家說同蔡。清閻若璩云「百篇之序，兩漢諸儒並以爲孔子作」（尙書古文疏證），未考無據。東晉僞孔氏不以書序出孔子手，孔穎達初不敢質言僞孔言孔子作書序，後乃勉強作孔子作書序言（尙書正義、毛詩正義）。陸德明則破孔傳改從馬鄭王，定書序孔子作。其後隋書經籍志、唐劉知幾（史通）、司馬貞（史記索隱）咸遵孔正義之說。

論書序非出孔子手者，亦多疑書序有失，揚雄最早疑書序，法言「……惜乎！書序之不如易也」，謂書序不如易序卦傳，無法緣以推確書經某篇亡闕，啓朱子論書序「低手人作」。晉杜預（春秋左氏經傳集解後序），見書序敍商帝太甲大臣伊尹事乖異汲冢紀年，致疑序說。劉知幾亦據汲冢瑣語「舜放堯」，疑堯典序徒虛說。孔穎達不滿洪範序於本經外自添文，又疑亡篇書序汨作、九共、槀飫、帝告、釐沃、亳姑，「不見其經，闇射無以可中」，「經文既亡，其義難明」，「篇名與序不相允。會其篇既亡，不知所道」。宋後疑亡篇序，由孔正義啓發。據此，漢晉唐人已疑書序，邵彭瑞「書序，孔子所作，漢世無異詞」、皮錫瑞（今文尙書攷證）「西漢馬、班、東漢馬、鄭皆以書序爲孔子作，唐以前尊信無疑，至宋儒始疑之」，均考之未深也。

鄭杲謂至南宋中期之後朱子蔡沈師徒始議書序之失，北宋及南渡初期無有人也，考究亦淺。之前，王安石（尙書新義）疑梓材序，蘇軾（東坡書傳）疑泰誓序文有闕，又病多士序不詞，竟爲改作。晁說之（嵩山集）疑君奭序失倫，葉夢得（見書蔡傳輯錄纂註引）疑君陳序「分正東郊」非。胡宏（皇王大紀）疑康誥序誤武王書爲成王書。趙貞信、鍥齋竝斷宋吳棫第一個疑書序，考之失周。於宋世，吳棫繼王蘇晁葉胡下，作尙書裨傳，其中一卷曰「書序」，專論書序，朱蔡甚稱其說（見下）。薛季宣謂洪範序失史實，誤據僞古文武成經也。

辨書序得失，最早撰爲專書——書序辨說。初，朱子疑書序說經本事錯謬，因除卻各小序，不復令冠篇首（朱子語類），遂萃聚之爲一編，綴附五十八篇本尙書全經後，用復古本之舊，「使覽者得見聖經之舊而不亂乎諸儒之說，又論其所以不可知者」（朱文公文集）。朱子於漳州學官刻尙書，即掃小序爲一編作一卷總刻附全經末，專辨其得失，題書序辨說（朱文公文集書臨漳所刊四經後），定爲郡學教本。書序辨說原典，宋元人藏書目錄多著錄（宋尤袤遂初堂書目、陳振孫直齋書錄解題、元馬端臨文獻通考），至明晚葉猶存（陳第世善堂書目）。朱門高第弟子蔡沈奉師命作書集傳六卷，亦承作書序辨說，盡如師意，一一自本經卷首除之去，退附全經之末，逐序辨其得失。俗刻書集傳或將書序辨說削去，或將之前移總冠全經之先，惟善本書集傳附書序於卷末存蔡氏原典之舊。宋元善本如北京圖書館藏宋理宗淳祐十年呂遇龍上饒郡學刊書集傳，正經之後即為書序辨說，今全存；中央圖書館藏元建刊初印本書集傳六卷，卷六末為書序辨說，今亦全存。

朱子書序辨說既逸，其疑書序意見今唯散見於文集、語類、大學或問；蔡沈書序辨說幸存，其疑書序絕多見諸該編，間或出於蔡傳本卷（兩書統稱之曰蔡傳，用省翰墨）。下以朱蔡說為主，併其前後學者疑書序者相關意見，連成一氣，釐為要點多則，歷陳其理由於後。

云書序不合本經義：康誥，按本經為周武王命弟康叔封之命書，序謂成王命康叔封之書，宋胡宏、吳棫、朱子（文集、語類、大學或問）、蔡傳、王柏、元金履祥（尚書表注）、吳澄（書纂言）何異孫（十一經問對）、陳櫟（書蔡傳纂疏）、清簡朝亮咸論序誤，而中以朱蔡師徒申說最詳確。夫序者不知今本康誥首四十八字為錯簡，又誤左定四年載述之另一康誥——成王徙封康叔於衛之命書為今本尚書康誥篇，以致失誤。胤征書序「羲和湎淫，胤往征之」，吳棫、朱子、蔡傳、崔邁均致疑，或誤據偽古文胤征「本經」，所論皆非是。

云書序於本經外添文：洪範書序「勝殷殺受」，薛季宣據偽武成經紂師「前徒倒戈，攻于後以北」，因定紂非武王所殺。朱子師徒以謂聖人安事於殺？因集而論之。蔡傳進而病序於經外添文。夫武王親手伐紂頭，事寔確鑿，序增益故事，以昭經義，不誤，不足為病。文侯之命本經載周平王賜晉文侯「秬鬯」，書序記多賜「圭瓚」一物，蔡傳、陳櫟、董鼎、吳汝綸竝致疑。夫錫秬鬯以圭瓚副，序者因詩大雅，參酌禮書，用昭本經義，正故訓家本分，無可疑者。

云書序衍文缺文：朱子疑畢命書序文有闕字有衍字，諸家承之說，王應麟（困學紀聞）、陳櫟、郝敬、江聲（尚書集注音疏）、崔應榴（吾亦廬稿）、簡朝亮竝是。案：序首句「作冊」二字，誠衍文，抄書者筆誤，不當視爲序者誤。

云書序不合史實：盤庚書序「盤庚五遷」，蔡傳、郝敬、簡朝亮竝謂帝盤庚之前之商帝已五次遷都，盤庚之遷爲六遷，序誤。案：據本經、亡篇仲丁、河亶甲、祖乙三書序及竹書紀年，書序誠誤。高宗肜日書序「高宗祭成湯」，蔡傳據本經「典祀無豐于昵」，疑非祭成湯；金履祥據本經「高宗」，云是廟號，武丁明非主祭者。案：序失，「肜日」上爲受祭者非主祭者。伊訓肆命徂后書序「成湯既沒，太甲元年」，似湯孫太甲繼湯立爲帝，而中間無外丙仲壬二帝者，似不合子史所載，多家（蘇軾、董銖、蔡傳等）均責序悖史實，言湯、太甲間猶有外丙仲壬二帝。林之奇爲序辯護，云序者推本成湯之歿爲言，非謂湯歿之後即爲太甲元年；崔述申之尤詳。則序無失。泰誓書序「武王十一年伐殷」，僞古文本經「武王十三年伐紂」，或僞經或書序必有一書是年誤，指書序字誤者，朱子師弟子、蔡傳、錢時、陳櫟。

今按洪範武王十三年訪箕，與史記周本紀合相推算，及參竹書紀年、史記齊世家載伐紂年，咸十一年，諸家據僞經定書序誤，失之。

云書序乖違倫常：君奭書序「召公不悅周公」，宋晁說之謂「類乎無上」，失義。按序取義於荀子儒效篇，清王鳴盛(尙書後案)有說詳之。

云書序屢述神異災祥，不經：說命書序「殷高宗夢得傳說」，程伊川門疑其僞。咸乂書序「帝太戊時，祥桑穀共生于朝」，可疑。高宗肜日書序「肜祭日，飛雉升鼎耳而呴」，蔡傳質疑，郝敬申之。歸禾書序「唐叔得禾，異畝同穎，獻諸成王」，崔適謂乃王莽僞造祥瑞，以遂其篡漢陰謀。案：王侯夢兆，經子史籍多有之，序但據說命本經，非僞。蔡氏書序辨說於亡篇絕多置弗論，否則亦將異咸乂書序致疑矣。夫天以災異譴告人君，冀其修省，經籍習見，易曰「天垂象，見吉凶」，禮曰「國家將亡，必有妖孽」，天動威，開厥顧天，故太戊修德，而祥桑枯死，祖庚正厥德，而殷國興。祥桑、雉呴，序依本經言其作意，無可疑者。禮又曰「國家將興，必有禎祥」，序從本經記嘉禾生，非王莽得而僞也。

云書序失稱：旅獒書序「太保作旅獒」，閻若璩、王鳴盛、莊述祖竝謂序者誤追稱爲當時實稱，武王時召公尙未居官太保，崔述謂召公成王時始爲太保，序者僞撰。按召公爲成王之保傅，在武王世，大戴禮、金文均有說，諸家失評。顧命書序召公畢公等「相康王」，吳汝綸以爲當依史記作「相太子」。按序統合新王即王位前後，槩稱太子釗爲康王，不爲苛細之分，甚是簡當。君牙書序「穆王命君牙爲周大司徒」、冏命書序「穆王命伯冏爲周太僕正」，兩「周」字，蔡傳辨爲「無意義」，蓋以周人敘周事，不需更加「周」字，簡朝亮、趙貞信、鍥齋附從之。按王國及諸侯國皆有大司徒、太僕正官，爲區別天王與諸侯，故加「周」字，童書業有說未臻詳塙。又「太僕正」，簡氏謂：正，長也。稱太僕，其爲長可知，太僕而加正，若綴旒然。按周禮：太僕，下大夫二人，殆以一人爲長，故太僕非必爲太僕正，序文非綴旒。多士書序「遷殷頑民」，王安石首先責序失稱（尚書新義）、蘇軾徑改「頑民」爲「多士」。陳櫟、郝敬、清徐與喬（經史辨體）、簡朝亮申之。按以頑民惡稱稱商士，先秦典籍已見逸周書，序者襲用耳。

云書序之文不詞：武成書序武王「往伐，歸獸」，郝敬謂之「不成語」。按獸讀爲狩，「武王罷兵西歸行狩」，歸獸成語，郝不通假借。康王之誥書序「康王尸天子」，蔡傳：此居其位而廢棄其事之稱，無義理；郝敬云「尸天子，語拙」。按尸，職主也，尸天子，主天子位也。見字書、詩經詩傳，二家狃於後世「尸位素餐」誼，失評。

云書序敘篇意失要：武成書序「歸獸」，蔡傳謂即武成本經「歸馬放牛」，其非大事，何獨先取哉！按蔡所據僞經記事猥多，故病序者許多要事不敘，偏取歸馬放牛細節，矧序下文「識其政事」，是亦有取於他大事，唯歸狩（蔡釋爲歸馬放牛，誤）在先，故先取，序者何尤？

云書序不能悉一篇之義：堯典書序帝堯「聰明文思」，變易本經「欽明文思」而成，朱子師徒病之；簡朝亮申朱蔡，進而謂同序「光宅天下」略變本經「光宅四表」以成，均何裨於經義？同序主記遜位一事，舜典書序主記僅及「歷識諸難」便已，故朱子病其不能通貫一篇之義。蔡傳、崔邁、簡朝亮、康有爲從申。按序以聰詮欽，序記二帝政要，爲禪讓一事之始終，尙能盡一篇大義。壁書有眞舜典，蓋多述歷試舜之事，諸家不知參據，但據僞分之舜典（即堯典「愼徽五典」以下）責序，非也。召誥書序不及召公告王一字，陳櫟、董鼎譏其簡略。洛誥書序於本經毖殷、祭禮、告周公留後皆不之及，簡朝亮、清邵懿辰（尙書通義）譏其不盡篇義，邵且曰「序每望文生說，猶金縢序單舉冊祝事，豈足蔽金縢之義耶」！召洛金三序傷簡，譏短之，良是。顧命本經成王戒大臣及新君，序不一及，簡朝亮又責序不盡篇義。按書序紀事要，從不直引君臣言辭，矧帝王顧命，其辭多相若，何必特述？簡評失之。吳汝綸見史記述康王之誥有「太子見廟申告」，遂謂「序不言之，亦爲疏畧」，按史襲書序而增文，是史繁非序簡。陳櫟據僞湯誥經，以謂「湯誥諸侯與天下更始」，因責序意欠明，僞經烏足據正眞序哉！

云書序文贅：僞古文五子之歌本經「太康……以逸豫滅厥德，黎民咸貳」，文襲同篇書序「太康失邦」；「厥弟五人，……徯于洛之汭，……述大禹之戒以作歌」，文襲同篇書序「昆弟五人，須于洛汭，作五子之歌」，乃蔡傳、馬廷鸞、郝敬反病書序文贅，吁！咈哉！旅獒書序「西旅獻獒」，僞古文旅獒本經襲改爲「西旅厎貢旅獒」，序「太保作旅獒」，僞經襲增一字曰「太保乃作旅獒」，林之奇不知經僞，誤評序「失於贅」。僞古文蔡仲之命本經「叔卒」以下九字襲左定四年傳，旨意文字極若同篇書序「蔡叔既沒」以下十二字，後者實據眞蔡仲之命本經，林之奇不察，嫌書序文贅，而郝則明知經僞，竟責序曰「篇中自有序，此亦贅語」。周官書序首曰「成王既黜殷命」，蔡傳斥序不當於成王黜殷久年之後復作此言。按作周官時黜殷尙未幾，蔡失，何異孫蹈其誤。陳櫟亦妄據僞經斷序文雷同者文贅，郝敬則明知僞經，竟亦援以病序語贅。諸家未見眞經，非之無理。類此所謂贅序，蔡氏云不爲註。余檢五子之歌外計另尙有帝告、釐沃、湯征、咸有一德、沃丁、咸乂、伊陟、原命、仲丁、河亶甲、微子、金縢、召誥、洛誥、無逸、蔡仲之命、多方、立政、顧命、冏命凡二十目，蔡均不爲註，未知蔡氏果皆以其爲贅序否乎？

云書序誤分篇目：有顧命書序、又有康王之誥書序，是序者以顧、康爲兩篇目。朱子、郝敬、簡朝亮、吳汝綸俱謂伏生本尙書顧康合爲一篇，序者割分爲二，失分。按伏生本二十九篇，顧、康爲二。孔壁古文、史記、古文大家漢魏馬鄭王本亦皆二分。朱子等說誤。顧康記成康傳位大典，文氣固相連，但顧篇主記成王末命，康篇主記康王因羣臣之戒而報誥之，且一在廟，一易地於寢舉行，宜分爲二。

云逸亡篇書序可疑：本經逸亡之篇之書序，南朝人已加重視，梁劉叔嗣注尙書亡篇（書）序、某氏撰尙書新集（書）序。顧本經既亡，靡可稽討，故序其作意，難以徵信，孔穎達數謂「本經既亡，其義難明」，上已枚舉汨作書序等六篇。林之奇謹遵孔說，舉逸亡篇序一皆疑之，因其蔑本經可憑，一槩不予解說。朱門師徒亦痛詆逸亡書序，朱曰「此百篇之序，其於已亡之篇，則伊（依？）阿簡略，尤無所補」，又直指九共書序「別生分類」本無證據。蔡傳全襲師語，且指亡篇亳姑書序「周公在豐」可疑。顧炎武（日知錄）甚至謂逸亡篇名亦未可盡信。陳櫟則於亡篇汨作九共槀飫書序論曰「亡書序尤不可強解，餘並倣此」。按本經既亡，晦庵、九峯又何所憑而知序者是簡略無所補益經義？矧若帝告書序，記成湯上世都凡八遷，可與尙書大傳、史記相證；仲丁、河亶甲、祖乙三書序，記三商君遷都事，可大補亡經及史書資料不足之憾，庸詎謂之「無補」？而其眞正依阿簡略甚者，若咸有一德（僞古文）、金縢、無逸、立政四序，爲見存之篇，三宋元人竟無譏，不知何故。書序存亡篇古義，其席不可遽奪，陳氏籲俊存察，視其師儒，高明多矣。至顧氏所謂四十二亡篇，其中汨作、九共、原命尚見於孔壁，它三十九篇亦間存逸文，餘篇與之一體，宜均可信。

云書序闕列百篇外尚書失當：孫寶侗、顧炎武、清李榮陛（尚書考）、馬邦舉、崔應榴、簡朝亮六家均責書序者未入百外篇目失不全，計共舉康誥（此成王命書，非今本武王康誥）、唐誥、伯禽之命、夏訓（以上左傳引）、尹誥、祭公（禮記引）、克殷、度邑、皇門、大戒、嘗麥（以上逸周書各篇）、禹誓、總德、湯說、官刑、武觀（以上墨子引）、揜誥（尚書大傳引）、大戊（史記引）；其中尹誥即咸有一德，百篇已入，大戊是史記衍文。而逸周書之篇，體雖近尚書，乃別一著作已成一書，不當錄其篇入尚書，書序作者不錄無過失。其它經史子眾引，書序者蓋偶未見，或以為不合編入，故棄去，非關疎密。矧百篇外逸目，見於先秦、西漢典籍載引者，凡廿六，孫氏豈能一一以「疏漏」責序之缺少乎？清盧見曾（雅雨堂文集）謂百篇外逸書甚多，而書序不錄列，不可便責之疏漏，得之。它論則有誤，或未深入。馬氏又見史記秦本紀載帝舜語大費「咨爾費」等十七字及論語堯曰篇帝堯語舜「咨爾舜」等二十二字，以謂此古尚書篇文當補入。按後者陰用宋王柏意，果如是，皆錄入尚書，則經典殘文碎義凡度其近似尚書文體者不其遐棄矣。清齊召南疑書篇不及夏少康中興功烈，有失，徐與喬謂商書多於周書，虞書多而夏書少，彌遠而彌多，豈可盡信？按書序多記禹事，未見少康中興之迹，年世悠遠，書殘有間，序者未見本經，亦何所據而敍其作意耶？夏書獨少，以此；且虞書，書序八目十六篇，其中大禹謨、皐陶謨、益稷三目篇多關涉夏禹事，或可歸入夏書，則謂夏少虞多，亦未甚允也。商書二十六目三十五篇，周書三十八目四十篇，周多於商，徐氏失討。

言書序作者：

曰史官作：西漢末揚雄曰「如書序，雖孔子末如之何矣」，則謂書序孔子以前之人之著作。夫孔子之前學術在王官，由史官執掌，尙書篇者史官紀錄之辭，傳本猶具明文。子雲以謂史官既作書篇，又各篇爲之序，用言其作意耳。東漢末鄭玄偶爾亦謂書序出史官手（尙書正義引）。至宋，二林——光朝（經義考引）、之奇竝云史官作書序，「歷代史官相傳，以爲書之總目，孔子因而討論是正之」（尙書全解）。衍之奇說者，宋葉適（習學記言）、夏僎、馬廷鸞、何異孫、朱彝尊、盧見曾、蔣善國也。案：書，號令也。史官作冊，初無篇名。經籍引書舉篇名，昉於戰國，至周秦之際，爲書序者乃參酌舊引，繹察經意，題曰堯典、舜典、……大誥、康誥、……秦誓等共八十一目。目非史官所題，且史作書亦毋需題標。書序，敍經一篇作意，功等同傳注，史官承君命作書，無緣又自爲之注，矧當日號令，語文天下所共曉，固不俟序注而後明，序非撰各篇本經之史官作，彰彰明矣。

曰孔子作：舊說書序孔子作，略如上文。至宋以下，多家因之。宋劉敞（七經小傳）、吳祕（法言注）、蘇軾、程頤（伊川經說）、薛季宣、眞德秀（車若水腳氣集引）、項安世（項氏家說）、黃度（尙書說）、胡士行（尙書詳解）、清莊述祖（珍藝宧文鈔）、江聲、馬邦舉、劉逢祿（書序述聞）、宋翔鳳（尙書譜）、陳喬樅（今文尙書經說攷）、鄭杲，以上諸家，但遵漢魏唐人舊說，並未舉申理由，都難見信。宋程珌（洺水集）、張九成、陳經、夏僎、錢時，或謂唯孔子筆力乃能序堯典，竟與王充贊此書序爲孔子鴻筆同，又或謂同序「聰明文思」，形容堯之德，「必如孔子之行止久速無可無不可」然後可以言之，則與他人病書序抄襲本經原文一無發明恰反，更或謂湯誥書序見得湯承大統，與天下更始，其義昭昭，比（僞古文）本經篇首義勝。今玩序文，亦不見深義。宋人暢談孔子作春秋經，又作書序，二書筆法同。張九成謂夫子作堯典書序與作春秋同幾云云，按序「昔在帝堯」三句，撮取堯典本經首數句，庸手尙優爲之，何必須夫子？禪讓者，此篇之重心，經美堯德「允恭克讓」，厥臣若舜、禹、垂、益皆能有讓，中人讀書，亦能察而表之，九成以方夫子春秋之幾用，得毋過譽之乎？錢時、陳經竝謂甘誓書序書戰而不書大，不舉扈罪，不曰夏王，不曰征，而獨曰「啓與有扈戰」，皆有書法，按去「大」字，無寓意，省文耳。不及扈罪，亦省文。不書夏王而作啓，直稱王名，虞夏商書書序常見，並無深意。序謹依經意，書「與……戰」，何必若春秋周天王戰列國之筆，曰「征」、「伐」？言甘序合春秋書法，非篤論也。蘇軾謂胤征書序「胤往征之，見征伐號令之出于胤」，同春秋之寓義褒貶，錢時從說，按序實據眞胤征本經，蘇錢變亂史實，臆度胤侯矯命專征，謂序是孔子筆法，林之奇、夏僎已援古史籍以甄其失矣。呂祖謙謂孔子微子之命書序發尊王之義，示征伐自天子出，按序云成王黜殷命微子代殷後，夫成王世征伐一皆出王命非出周公，序據本經，篇篇皆然，不見書法如春秋然。泰誓書序紀月稱「一月」不書「正月」，呂祖謙、袁燮（絜齋家塾書鈔）竝謂合春秋書法，按序一月，亦據眞經，眞泰誓雖逸，但眞古文武成本經曰「一月壬辰」，不作「正月」，推知眞泰誓本經亦必作「一月」：均直書之，不講所謂春秋筆法也。洪範「武王以箕子歸」，薛季宣、呂祖謙竝云書「以歸」者，明箕子之心不歸周，武王強之歸也，合春秋書法，按隱七春秋經「戎伐凡伯于楚丘以歸」，迫凡伯與之俱歸戎國也。夷考書序「以」當釋「因」，以箕子歸，因箕子來朝而問之也，非如春秋，迫箕子與俱歸鎬也。書序君牙、冏命記官名均著「周」字，或謂此同春秋經「王正月」義例（蔡傳引），按王朝、列國皆有大司徒、太僕，書序於此二官上各加「周」字，明以區別天王與諸侯國之官，加「周」，屬天子官，不加，則屬諸侯國大司徒、太僕正，並不類春秋義例。

曰先秦經師作：朱子答問云書序乃先秦經師所作，宋陳淳（北溪大全集）、清王懋竑（白田草堂存稿）申從，但朱子猶又云「然亦無證可考」。

曰周秦間低手人作：朱子云「書小序只是周秦間低手人作，後人亦理會他未得」，舉大禹皐陶謨書序，評之「固不能得書意」。蔡傳亦評此書序「淺近，不足以知禹皐之精微」，金履祥更評其不達三聖傳授之精微。閻若璩申朱說，云「非周秦間不能備知百篇之名，非低手人亦不應說之如是庸且妄也」，簡朝亮謹遵朱蔡說。朱蔡評書序低手人作一事，併參下書序非孔子作節。

曰周秦間人作：程廷祚、孫喬年（尙書古文證疑）、民國陳杜（尙書論略）主是說，說遠承朱子等宋人，但均未明說理由。別有郝敬據朱子、蔡傳重譏書序六弊：一祗依本經篇中文義重複演說，二辭義疏略，三語多孟浪，四煩簡不中節，五割裂篇章湊足百篇，六篇目眞贋混淆。按郝謂虞書不應有舜典、汨作、九共目，夫書序緣篇之本經作，九共尙存佚文，舜歷試事，彼堯典所載甚簡，由舜典詳之，殆孟子、史記所載舜事之所出，則此數目篇非贋。又書序緣經直敍，不免重述經句，而其欲於十餘字間殫一篇誥命多至千餘字之意，誠難該洽，遂來疏略之譏。要之，書序作者親睹八十一目百篇書本經，本之作序，郝云割裂湊足百數，允非的評。至云書序語多孟浪，殆謂其用詞失當，文理不合邏輯，及繁簡失倫，按少數篇書序簡甚，繁則無有。

曰先秦齊魯間儒者（孔家人）作：朱子堅信書序與孝經同出孔壁（此千眞萬確，漢志等具明文，孔鮒藏壁當焚禁時），故定時先秦，云「想是孔家人自做底」。孝經「傳文」，皆齊魯間陋儒纂集，書序一如孝經「亂道」，此輩齊魯間陋儒（如上段云「低手人」），乃是孔家人自作，用作尙書教本之輔助教材。金履祥斷書序齊魯間諸儒次序附會之作。梅鷟（尙書考異）定爲先秦戰國時講師所作，略同朱金，但未舉理由。邵懿辰大抵謂是戰國齊魯間人作，作者是孟子門人（邵舉君奭書序「召公不悅」，謂出孟子書，則未是）。

曰秦漢之際人作：趙貞信云「書序是秦漢經師彙集幾十篇書，替它加上去的一個總目」云云，陳夢家「書序體制不見於先秦，而史記自序敘作百二十九篇與相似，認是秦漢之際解經人所作」云云，蔣善國云書序是儒家整編尙書作附在經末的。三家推測大抵無誤，但均未臻深切。

曰漢人作：⑴伏生作：杜預嘗謂書序爲老叟伏生作，但幾乎未舉理據。泰誓書序敍周武王伐殷「一月戊午」渡河，趙貞信謂「一月」是秦曆，鍥齋從說，更據秦誓書序稱秦伯任好曰「秦穆公」，非周人語，遂斷書序必秦季博士所爲。秦季尙書博士自非伏生莫屬。按「一月」，據泰誓本經；眞武成本經（孟子親見）亦記伐殷，作「一月」同。金文有「隹一月，既生魄」、「隹一月初吉」，豈西周竟用秦曆乎？春秋經、左傳竝稱秦君惠公、景公、康公，左傳文公三年亦稱任好爲穆公，傳豈秦人作乎？⑵伏生之徒作：李榮陛先已謂書序「一月」

爲秦曆，謂其徒（張生、歐陽容等）入漢初，習用秦曆，故不覺發之於書序。按「一月」，周秦並用，評已見上。(3)伏生以後之人作：柯劭忞云書序抄襲伏生尚書大傳，故云。(4)司馬遷以後之人作：吳汝綸云書序抄襲史記，故云。按係大傳、史記襲書序，柯吳顚倒原委。(5)劉歆作：指書序劉歆作，清方苞（方望溪全集）首倡，方云君奭書序「召公不悅」周公，歆欲助莽篡故竄入書序。按書序於本經外取材，非歆得攙入。康有爲、廖平（古學考）、崔適斷百篇書序盡歆僞爲，合論駁之於下：(a)云書序襲張霸百兩篇尙書，按張霸僞百兩篇，乃案百篇之序空造，漢書儒林傳、論衡具明文。(b)云史遷從孔安國問故，書序乃劉歆僞造，班史依入。按班志刪歆七略以備篇籍，要非全部抄襲；而儒傳，孟堅自著書，子駿不及僞爲，且班亦無緣媚歆，是「從問故」一節可信。云書序與古文同出，古文爲劉歆之僞，則書序亦爲歆僞。夫班志書類敍謂孔子作書序，係以歐陽尙書家及讖緯爲前導，非出劉歆七略。(c)云史記與書序同者，乃書序勦史記，非史記采書序。……書序既勦史記復作異同者，蓋故作參差以彌縫其剽竊之迹。說略同吳氏汝綸。考史記勦書序，故二者多同；又頗於經典之外援用，故二者偶異。(d)云歆僞造祥瑞，爲莽篡謀，按先秦西漢言祥瑞者甚多，書序祥瑞文據本經，非歆得僞。(e)云莽法舜受堯禪，凡事比迹重華，故劉歆僞作舜典篇名。按孔壁出逸書有舜典本經、同壁出書序亦有舜典目篇；歆父向別錄序次百篇目列焉，賈逵、馬融、鄭玄、王肅承之，非國師劉僞造。且眞舜典主記「堯將使舜嗣位，歷試諸難」，新莽受禪不必非取此不可，而莽傳曰「予前在大麓」、「流棻于幽州」云云，倣堯典而言，莽篡不必賴舜典，國師不必承旨僞造明矣。鍥齋、趙貞信、蔣善國均撰文痛斥指書序爲歆作者之失：略云書序之中心思想與歆不合；云康氏公羊之學者，專與劉歆爲難，其於書序，亦謂劉歆僞造。康氏本非經生，其所以倡今文公羊之學者，意在聳動人主，改制以變法耳。故其說經之書，多辨而寡實；云崔說游辭無根。(6)衞宏作：清牟庭（同文尙書）、魏源（書古微）、皮錫瑞，或謂宏既作毛詩序，故書序亦彼作，由賈逵奏上，或疑古文書序宏作，按宏作定古文官書序，未嘗作書序，賈逵有家學，不至中道信宏序而奏上之：馬邦舉有評，是也。

曰王肅之徒作：旅獒書序、僞古文本經均有「太保」云云，崔述以爲「太保」者稱召公奭，武王命書不當著之，因疑僞書本經與書序出於同一人之手。夫僞古文本經，崔謂「乃南渡以後，晉宋之間，宗王肅者之所僞撰，以駁鄭義而伸肅說者耳」（古文尙書辨僞），則固亦定書序爲東晉、劉宋之際王學之徒所撰者矣。夷考包含旅獒在內之僞二十五篇，東晉時已出現，范曄之祖父甯爲作集解，的非晉宋之際人始僞，若書序與之同爲一人撰，則至遲在東晉之前已成書；矧書序出孔壁，兩漢、魏以至西晉人所親見，固亦非晉宋間人僞撰，東壁失考。童書業謂書序由王肅改造、趙貞信謂晉作僞古文經之人改造，欲與鄭玄爭勝故爾。按王肅，古文尚書家，好賈馬而異鄭玄，其注書序用馬本同鄭，均是古文孔壁本，改書序說悖理無稽。

曰書序非孔子所作：認爲史官、先秦經師、周秦間人、齊魯間儒者……等作書序者，亦一律認爲書序非孔子作，甫詳上記。此下別記宋以下人言書序非孔子作者，又有多家，中以吳棫才老最早（王應麟漢藝文志考證引），朱子踵後，云書小序「斷不是孔子作」，嘗概括論百篇序之失云「序於見存之篇，雖頗依文立義，而亦無所發明；序於已亡之篇，依阿簡略，尤無所補，非孔子所作，明甚」，蔡傳全用師說。康誥，武王命康叔之書，書序敍本經錯失史實，誤爲成王書，朱蔡辨此書序失多條累數百千言，因決言「必其非孔子作也」、「果非孔子作也」。多士本經，係周公以成王命誥庶殷之書，事在洛邑初建之時，書序次諸洛誥之後，又錯失史實，編排失次，蔡又因斷書序曰「吾固以爲非孔子所作也」。夏社書序：湯欲遷夏社，不可云云，蔡致疑，因決言序非聖人之徒——孔子作，自不足以知聖人——湯也。蔡據僞說命本經，指書序夢傅說求而得諸傅巖「非惟無補經文，而反支離晦昧，豈聖人之筆哉」！其後，元何異孫議書序遺落帝仲壬失史實，因云「小序若果孔子，必不如此不合」。「書之失誣」，禮記經解之言也，簡朝亮論治尚書者認書序孔子作，正是誣也。

書序之作，舊說大要論爲四科：史官作一，孔子作二，周、秦間人作三，漢人作四也。第究其言論，考索其文，槩屬空說，羌無實證，不得視爲定論。余今茲案書序體製之淵源、書序篇目之所據定，尤其書序之引書及敍史事之依據，一一討原尋根，布列十三綱多目，詳徵其實如下：一文侯之命書序據詩大雅江漢，則其著成，不得早至周宣王之前。二書序載周代事，取史左傳僖三三、定四年。又其體製，上敍作書緣由，下結以作某書，亦濫觴於左傳、乃至國語楚語。左、國二書，約成著於戰國初葉，書序作者見而據之，則書序必戰國中葉以後撰成也。三牧誓書序敍事取材於孟子。書序幾篇篇敍明本經之作意於上，既而記作某篇於下，此一體製取法孟子者尤深，孟子引湯征、太誓、堯典及周書逸文，皆上敍明作書緣由，下乃引本經，甚至釋經字，書序均倣作。孟子引尚書七目，堯典、湯誓、伊訓、太甲、太誓、武成、康誥，全同書序，書序悉依孟子定篇目，至明至確。書序取資孟子多端，則成編於戰國中葉之後，有徵可信也。四君奭書序「周、召相成王爲左、右」，襲自公羊傳，而「召公不悅周公」，則出荀子儒效篇。公羊傳子夏所傳，諒在戰國中葉，而書序據焉，則書序戰國晚期作，又序既援荀子，則書序果周秦之際人之著作也。五書序每序之末，除禹貢、仲虺之誥、微子稍異外，莫不爲「……作某篇」形式，而其上敍作篇緣由，下即結以「作某篇」，此法直接以逸周書爲前導，逸周書如大匡、程典、謚法、芮良夫篇……，首敍事由，末作某篇，書序幾悉倣之，成「……作某」爲常式，又書序僅取本經中主告者名篇，亦倣逸周書。再者，書序述事設辭抄襲逸周書，如「三監、周公相成王、將黜殷、殷餘民、殷頑民」，自逸周書作雒、度訓、程典篇來。逸周書七十篇之編成一書，則須俟晚至戰國末葉。書序者既見而據之立辭，則其成書非戰國末周秦之間人而何？六易序、詩序、書序，爲同一風氣下之產物，第苟以需要度其發生之先後，易序最先，其次詩序，而書序最後。夫尚書，述四代史事，本經義明者多，序言其作意，不如易詩之急要。周易序卦之著成，不能前乎戰國晚年，詩序少後，則書序之成編非遲至周秦之際不可矣。七禮記引尚書十二目最多，其中九目書序與之同，書序參酌禮記定篇目。又費誓書序定爲伯禽時書，據禮記曾子問也。書序者見禮記而據焉，則其成書，戰國晚葉以後事也。八書序之成編，必在百篇尚書編定之後。百篇尚書之編定，僅以今存之廿九篇本經之著成年歲即大致可論定，其中如最晚著成之甘誓，著五行、三正說，或已晚至鄒衍之後，戰國晚期乃成文，而爲之作書序者，必戰國晚年以後人爲之也。九湯誓書序「湯伐桀，升自陑，遂與桀戰于鳴條之野」，改易呂覽簡選篇「登自鳴條」成文，而呂覽者，秦王政六年（前二四八）成書（近人陳奇猷呂氏春秋成書的年代），是書序著成，在其後也。十書序「殷始咎周」，云殷紂畏惡周文王者，由于文王「三伐」，事據韓非子難二篇「昔文王侵盂、克莒、舉酆，三舉事而紂惡之」，是書序取材資韓非子，則其成書決在韓非卒年（秦政十四年，前二三三）之後，審矣。十一呂刑書序「穆王訓夏贖刑」，本經無此義，亦無此文，余檢世本「作篇」（清茆泮林輯本）竟得其根原。夫世本述事及戰國趙王遷事，且稱之「今王遷」，認乃戰國末趙人所作，成書年代約在秦王政十三（前二三四）至十九（前二二八）年，更越八年（前二二一）而始皇一天下。書序既見而本之，則其著成果在周秦之間也。十二「尚書」，先秦但題曰「書」。名「尚書」，劉歆（七略）謂始起漢歐陽氏先君。考伏生傳尚書予歐陽容，容世世相傳至曾孫歐陽高武帝世立爲博士，是歐陽尚書學派，以容爲始師。歆云「歐陽氏」，當指前立爲博士之歐陽高、歐陽地餘，而其先君則歐陽容也。容與張生等輯錄伏生書大傳，命爲「尚書大傳」；又以尚書授倪寬；漢志著錄歐陽學派尚書章句三十一卷。則「尚書」起名者歐陽學首祖容，方文、景帝際，帛書周易「要篇」稱孔子曰「尚書」云云，帛易成書於漢文帝前元十二年（前一六八）少前，正當歐陽尚書學派受授時期，書本文獻亦與地下材料契合，則劉子駿說是。夫歐陽容師弟兄，以「書」爲上古之書，故加「尚」字於「書」字之上，始命之曰「尚書」（尚，上也），而前此爲八十一目百篇「書」作序者，但題「書序」，決不致題「尚書序」，則「書序」之著成必在漢文帝景帝之前。十三孔子裔孫鮒（字子魚）藏書序於家壁，當秦始皇嬴政焚禁後、秦二世元、二年前（西元前二一三—西元前二〇九、西元前二〇八），則書序之著成時間下限非提早爲秦亡之前不可。書序秦王政十九年至秦二世二年成撰，的是周、秦之間也。周秦間某士作此：文筆庸拙，甚至文理不通（王充竟詼爲鴻筆），如西伯戡黎序是。常抄掠本經數語，綴連成章，欲用十餘字敘發一篇經旨，筆力多未見逮。其顯悖經義，失史實者亦有盤庚、高宗肜日、康誥、君奭、呂刑、費誓序。又多苟作，如明居、咸有一德、無逸、立政四序，文各止一句，敷衍了事而已。斯低手人作者，朱子認是孔家人自作，誠是。孔家人作此，爲書經參考教材，用課生徒，輔助口義，隨本經藏壁，出而傳至今日耳。

書序雖爲庸淺之作，然究屬先秦經解專書，近百分之九十傳至今日，治經研史者固不可忽視。其與易序卦傳、詩序並重，揚雄謂書序不如易序，特就即序可具知卦目而言，不足爲書序病。馬端臨（文獻通考）力主書序可廢，詩序不可廢，蓋過信詩序美刺決定詩旨，亦擬於失倫。夫書序言本經作意，發明經旨，多能敷暢厥義，除少數篇意外，並無巨失。書序詮本經字，又考經故實，於經外增益史料，如甘誓、盤庚、高宗肜日、西伯戡黎、金縢、召誥、洛誥、多方、顧命、文侯之命等是。夫尚書之傳，先秦已有之，原編皆逸。書序亦古尚書傳，爲今存最古之尚書傳注，其價值不在漢尚書大傳、歐陽夏侯章句說義解故之下。清鄭杲擬諸禮經之「記」，洵是也。

保存虞夏商周四代重要史料，斯書序之最大價值。書序一千一百零一字，本身即是四代史料，又多引故籍以證尚書義，而所引古獻原典或有散失，賴茲以保存。近人陳夢家考校西周金文與歷史，謂書序中有西周重要史料，陳治古史，宜其重視之如此。矧書序所載八十一目百篇尙書，本經今已逸亡者凡五十二目六十九篇，賴書序存其義，書序保存古史料之功，莫大於此。逸亡目篇虞書部分，有汨作、舜典、大禹謨，四代尙書記唐虞之篇殊少而亡佚殊多，有斯三篇保存舜禹事要，彌足珍貴。夏書部分，胤征、湯征，可與孟子引殘文證應；五子之歌，太康世事，屈子離騷有述，與書序合；伊尹往來事湯桀，汝鳩汝方書序記述，孟子呂覽孫子有載，經子互徵，知此大事的有。商書部分，商得天下前，嘗遷都八次，載見尙書帝告篇，惜本經亡，幸書序者及見原典，記其事實，云「自契至于成湯八遷，湯始居亳，從先王居」，與其它古史之書尙合。尙書盤庚篇記帝盤庚之前之商先王已遷都五次，據史記僅得帝仲丁遷囂、河亶甲遷相、祖乙遷耿三都。而仲丁書序「仲丁遷于囂」，河亶甲書序「河亶甲居相」；祖乙書序「祖乙圮於耿」，既於耿都爲水所毁是祖乙當再遷都，尙書祖乙篇即緣此而作者。參以汲冢紀年，祖乙再遷庇，益以南庚遷奄，正協盤庚經「于今五邦」之數。仲丁、河亶甲及祖乙皆亡篇，賴書序而保存其要義，此又一重大事證。別有十二條，其中關涉成湯伊尹者九條。夏社，據書序，夏朝曾立社，湯欲遷之，而廷議不可。明居、沃丁兩書序，據知湯大臣有咎單。勝國取敗國寶器，商湯俘諸夏桀如書典寶序載。序又錄本經作者——誼伯、仲伯，或是湯史，先秦它典籍未見。其餘五條書序，本經俱有殘文傳下，舊典多籍引之。湯既一天下，於亳作湯誥，書序據本經以記也，史記引眞湯誥佚文百廿六字，有此序爲之參證，益信。湯左相仲虺以夏王矯天命失政誡湯，墨子左傳荀子呂覽皆述引之，有該仲虺之誥書序而知其盡原出於尙書。竹書紀年殘文載伊尹放太甲于桐自立，後太甲潛出殺伊尹，而伊訓肆命徂后、太甲及咸有一德三書序載伊尹以祖湯受天命伐夏、陳政教垂法度誡太甲，冀其修德安邦，篡自立意未見，太甲出桐殺之，甚悖常理，則太甲書序云太甲立不明，伊尹放之三年，太甲復歸亳都，與孟子太甲悔過於桐，復歸于亳合。伊陟，名見書序咸乂、伊陟兩篇，指爲帝太戊相具明文，合尙書君奭本經「在太戊，時則有若伊陟」，咸乂書序記伊陟相太戊時，國都有桑、穀共生於朝之異，而尙書大傳亦記帝武丁時「桑、穀俱生於朝」，事相若，令後史家疑惑。當是太戊、武丁朝均有是祥異。國語引說命本經，曰「武丁於是作書」、曰「武丁使朝夕規誨箴諫」，說命書序「高宗得（傅說），作說命」，說命，命傅說也，書序依本經製作，以經證史而孚，古史益明。周書部分，尙書記周武王伐紂，年月日惟備見於（眞）泰誓，而（眞）泰誓本經逸，賴書序詳記其伐殷渡河年月日，與汲冢書載年合。武王初克殷，行封諸侯且班之宗廟彝器，史承作專文「分器」以告，分器本經亡，有書序存其篇旨要，周初禮制因是以明。周人既代商政，遠西酋豪來同，南蠻巢君來覲，事均不見於其它先秦文獻，而尙書旅獒、旅巢命專記其事，兩本經盡逸，有兩書序見在，資料聊以保存也。攸關成王誦及周公旦者最多。武王封紂子武庚於朝歌，王崩，武庚與周蔡叔等叛，周公秉成王命誅武庚，放蔡叔，乃封微子啓於宋，作微子之命。本經盡逸，它先秦典籍未見，幸書序存其義。蔡叔既放死，周公請成王命封其子胡於蔡，作蔡仲之命，原典逸，定四左傳述其事且存逸經十二字，而書序據本經敍此尙書篇義，云「王命蔡仲踐諸侯位」，視左傳「周公見諸王而命之以蔡」，尤爲切要明確。東征武庚、管蔡、奄等之役，周公奉成王命行之，成王未曾躬與，知者，憑尙書歸禾、嘉禾兩書序也。周公得嘉禾併成王命書於軍陣，公東而王西，王不曾與役，雖兩本經盡佚，俟兩書序存義，可的知也。周公東征三年，伐淮夷，遂踐奄，乃作成王政；既滅奄，遂遷奄君於蒲姑，乃作將蒲姑；海東既厎定，東北夷肅愼來賀，成王命作賄肅愼之命：三篇本經盡佚，先秦它籍又不見述，而書序載其情實，周初經略大東，賴以保存重要史料。成王周官「立大師、大傅、大保，茲惟三公」十一字，此眞尙書周官篇殘文也，其書序曰：「成王滅淮夷，還歸在豐，作周官。」用茲，確知周初立三公官職，而周官一書非公旦著作，獲一重要佐證。周公薨葬事，先秦它典籍不見載，亳姑詳其事，本經盡佚，有其書序在，知公墓在畢，使從文王陵也。君陳，據其本經逸文，度爲天子告臣。臣者知爲君陳；天子謂誰？何爲告之耶？案書序存其義曰「周公既沒」，是當成王世；又曰「命君陳分正東郊——成周」，是成王命君陳嗣其父周公分治東都洛邑也。康王穆王書共三篇，畢命、君牙、冏命也。初，周召二公分陝而治，爲東西二伯，洎周公薨，以畢公代之主東，康王之誥「畢公率東方諸侯」，與畢命書序「康王命作冊，畢分居，里成周郊」攸關，本經存殘文十二字，尚不足宣明篇旨，它先秦典籍亦不見載，書序保存史實。君牙，穆王命君牙爲王朝大司徒，本經殘存十九字，不足昭明篇之要旨，幸賴書序徵乎。冏命，本經佚絕，由書序而知爲穆王命伯冏爲王朝太僕正也。

書序撰作體製，影響後世序文體製，於漢，直接因襲書序，或間接參酌書序者，約有景帝初年之後所撰之逸周書序，淮南子要略，司馬遷史記太史公自序，揚雄法言序，班固漢書敘傳、表、志暨彙傳，及王符潛夫論敘錄六者。此六家書之序文，所倣於書序者，大槩有：倣書序總繫全書之末；先言一篇作意，後乃言作某篇；一目一序爲常，多目共序爲變；以人名命篇；上下相顧爲文，渾成一大篇也。

書序，西漢文景世歐陽尚書家先已視之爲「經」，「歐陽經三十二卷」，三十二卷之中，一卷爲書序。其後，東漢許愼說文解字引書序文，稱之爲「書（經）」。盧植引書序文，稱之爲「尚書（經）」。鄭玄周禮注引書序文，題爲「書（經）曰」。應劭風俗通義正失及皇霸竝引書序文，均題「尚書（經）」；劭另撰漢官儀亦引書序文，乃亦稱之爲「書（經）」。宋以下人，劉敞、蘇軾、程頤、鄭杲等亦均稱書序爲「經」也。

引用書舉要

甲、重要目，以書統人，載記板本

周易注疏　魏王弼等注、唐孔穎達正義　清嘉慶二十年江西南昌府學重栞宋本

尚書大傳輯校　漢伏勝、清陳壽祺輯校　皇清經解本

古文尚書注　漢馬融、鄭玄注、宋王應麟集、清孫星衍補集　岱南閣叢書本

內野本尚書　僞孔安國傳　日本昭和十四年據東京內野氏舊鈔本影印本

尚書注疏　僞孔安國傳、唐孔穎達正義　清嘉慶二十年江西南昌府學重栞宋本

唐開成石經本尚書　世界書局影印張氏皕忍堂刊本

東坡書傳	宋蘇　軾	學津討原本
尚書精義	宋黃　倫	經苑本
書古文訓	宋薛季宣	通志堂經解本
尚書全解	宋林之奇	通志堂經解本
增修東萊書說	宋呂祖謙撰、宋時　瀾修定	通志堂經解本
絜齋家塾書鈔	宋袁　燮	商務印書館影印四庫全書珍本初集本
融堂書解	宋錢　時	清武英殿聚珍版叢書本
書集傳	宋蔡　沈	影印宋理宗淳祐十年呂遇龍上饒郡學刊本
書經集傳	宋蔡　沈	世界書局影印本
尚書說	宋黃　度	通志堂經解本
尚書詳解	宋夏　僎	清武英殿聚珍版叢書本
尚書詳解	宋陳　經	清武英殿聚珍版叢書本
敷文書說	宋鄭伯熊	經苑本
書疑	宋王　柏	通志堂經解本

書經注　元金履祥　十萬卷樓叢書本

尚書表注　元金履祥　通志堂經解本

書纂言　元吳　澄　通志堂經解本

書蔡傳輯錄纂註　元董　鼎　通志堂經解本

書蔡傳纂疏　元陳　櫟　通志堂經解本

書蔡傳旁通　元陳師凱　通志堂經解本

尚書纂傳　元王天與　通志堂經解本

尚書辨解　明郝　敬　湖北叢書本

尚書古文疏證　清閻若璩　皇清經解續編本

尚書埤傳　清朱鶴齡　商務印書館影印四庫全書珍本三集本

晚書訂疑　清程廷祚　皇清經解續編本

同文尚書　清牟　庭　齊魯書社影印山左先喆遺書本

尚書古文證疑　清孫喬年　清嘉慶十五年天心閣刊本

尚書考　清李榮陛　清亘古齋刊本

書序畧考　清馬邦舉　抄本

尚書集注音疏　清江　聲　皇清經解本
尚書後案　清王鳴盛　皇清經解本
古文尚書撰異　清段玉裁　皇清經解本
尚書今古文注疏　清孫星衍　皇清經解本
尚書注疏考證　清齊召南　皇清經解本
尚書篇誼正蒙　清馬徵慶　馬鍾山遺書本
尚書今古文攷證　清莊述祖　清光緒二十二年刊本
書序述聞　清劉逢祿　皇清經解續編本
尚書譜　清宋翔鳳　皇清經解續編本
書古微　清魏　源　皇清經解續編本
今文尚書經說攷　清陳喬樅　皇清經解續編本
尚書序錄　清胡秉虔　藝文印書館影印百部叢書本
尚書駢枝　清孫詒讓　鉛印本
尚書故　清吳汝綸　桐城吳先生全書本
尚書集注述疏　清簡朝亮　鼎文書局影印本

今文尚書攷證	清皮錫瑞	藝文印書館影印本
尚書孔傳參正	清王先謙	新文豐出版公司影印本
尚書決疑	清邵彭瑞	新文豐出版公司影印本
論書序大傳	民國鄭　杲	新文豐出版公司影印鄭東父遺書本
今文尚書正僞	民國李泰棻	臺灣力行書局影印本
評書序辨序	民國童書業	浙江省立圖書館館刊三卷五期，民國二十三年十月
古文尚書拾遺定本	民國章炳麟	制言二十五期，民國二十五年九月
書序說	民國鍥　齋	中和月刊四卷四期，民國三十二年四月
書序辨	民國顧頡剛輯	北平樸社排印本
書序辨序	民國趙貞信	鉛排本（在古史辨冊五）
漢石經尚書殘字集證	民國屈萬里	中央研究院歷史語言研究所專刊
尚書通論	民國陳夢家	上海商務印書館排印本
尚書引論	民國張西堂	陝西人民出版社排印本
尚書釋義	民國屈萬里	民國五十四年中華文化出版事業委員會鉛排本

尚書集釋　民國屈萬里　聯經出版公司排印本
先秦典籍引尚書考　民國許錟輝　打字印本
百篇書序探討　民國黎建寰　文津出版社排印本
新出熹平石經尚書殘石考略　民國許景元　考古學報，一九八一年二期
史記述尚書研究　民國古國順　文史哲出版社排印本
新出熹平石經尚書殘石研究　民國周鳳五　幼獅學誌十九卷三期，民國七十六年五月
尚書綜述　民國蔣善國　上海古籍出版社排印本
尚書多方篇著成於多士篇之前辨　民國程元敏　國立臺灣大學文史哲學報二十三期，民國六十三年十月
尚書呂刑篇之著成　民國程元敏　清華學報新十五卷一、二期合刊，民國七十二年十二月
尚書新義輯考彙評　民國程元敏　國立編譯館民國七十五年七月鉛排本
「三科之條五家之教」稽義　民國程元敏　孔孟學報六十一期，民國八十年三月

尚書輯逸徵獻　民國程元敏　中央圖書館館刊新二十四卷一期，民國八十年六月

古文尚書之壁藏發現獻上及篇卷目次考　民國程元敏　孔孟學報六十六期，民國八十二年九月

詩經注疏　漢毛公傳、鄭玄箋、唐孔穎達正義　清嘉慶二十年江西南昌府學重栞宋本

詩序辨說　宋朱　熹　清康熙呂氏寶誥堂刊朱子遺書本

詩毛氏傳疏　清陳　奐　皇清經解續編本

詩三家義集疏　清王先謙　鼎文書局影印本

周禮注疏　漢鄭　玄注、唐賈公彥疏　清嘉慶二十年江西南昌府學重栞宋本

禮記注疏　漢鄭　玄注、唐孔穎達疏　清嘉慶二十年江西南昌府學重栞宋本

大戴禮記解詁　清王聘珍　世界書局影印本

白虎通義　漢班　固　臺灣商務印書館四部叢刊本

書名	著者	版本
春秋左傳注疏	周左丘明、晉杜　預注、唐孔穎達疏	清嘉慶二十年江西南昌府學重栞宋本
春秋公羊傳注疏	漢何　休注、唐徐　彥疏	清嘉慶二十年江西南昌府學重栞宋本
大學或問	宋朱　熹	清康熙呂氏寶誥堂刊朱子遺書本
論語注疏	魏何　晏集解、宋邢　昺疏	清嘉慶二十年江西南昌府學重栞宋本
論語集注考證	元金履祥	清文淵閣四庫全書本
孝經注疏	唐明皇李隆基注、宋邢昺疏	清嘉慶二十年江西南昌府學重栞宋本
孟子注疏	漢趙　岐注、題宋孫　奭疏	清嘉慶二十年江西南昌府學重栞宋本
四書釋地又續	清閻若璩	皇清經解本
經典釋文	唐陸德明	通志堂經解本
伊川經說	宋程　頤	臺灣中華書局四部備要本
六經奧論	題宋鄭　樵	通志堂經解本

書名	撰者	版本
十一經問對	元何異孫	通志堂經解本
五經蠡測	元蔣悌生	通志堂經解本
經史辨體	清徐與喬	清康熙刻本
經義考	清朱彝尊	臺灣中華書局四部備要本
左海經辨	清陳壽祺	皇清經解本
羣經平議	清俞　樾	世界書局影印本
經學通論	清皮錫瑞	臺灣商務印書館萬有文庫薈要本
經學歷史	清皮錫瑞撰、民國周予同注	藝文印書館影印本
新學僞經考	民國康有爲	世界書局排印本
說文解字注	漢許　愼撰、清段玉裁注	臺北藝文印書館影印經韵樓刻本
說文解字詁林	民國丁福保	國民出版社影印本
說文解字引經考	民國馬宗霍	臺灣學生書局影印本
隸釋	宋洪　适	臺灣商務印書館四部叢刊本

新出漢魏石經考　清吳維孝　信誼書局影印本
上古音韵表稿　民國董同龢　台聯國風出版社排印本
金文詁林、金文詁林補　民國周法高　香港中文大學影印本、中央研究院歷史語言研究所影印本
魏石經復原圖稿　民國邱德修　孔孟學報三十九期，民國六十九年四月
史記　漢司馬遷　藝文印書館影印日本瀧川資言會注考證本，又影印三家注本
史記志疑　清梁玉繩　廣雅書局叢書本
史記探源　民國崔　適　廣文書局影印本
漢書　漢班　固撰、唐顏師古注、清王先謙補注　藝文印書館影印長沙王氏虛受堂校刊本
後漢書　南朝宋范　曄撰、唐李　賢注、清王先謙集解　藝文印書館影印長沙王氏虛受堂校刊本
八家後漢書輯注　民國周天游　上海古籍出版社排印本

三國志　晉陳　壽撰、南朝宋裴松之注　藝文印書館影印盧弼集解本
晉書　唐房玄齡撰、清吳士鑑等斠注　藝文印書館影印清同治七年刊本
宋史　元脫　脫　藝文印書館影印清武英殿刊本
皇王大紀　宋胡　宏　文淵閣四庫全書本
古本竹書紀年輯校　民國王國維　世界書局影印本
六國紀年（附）世本考略　民國陳夢家　學習生活出版社鉛印本
世本　清茆泮林輯　西南書局影印本
漢藝文志考證　宋王應麟　臺灣開明書店二十五史補編本
直齋書錄解題　宋陳振孫　廣文書局影印本
世善堂書目　明陳　第　廣文書局影印本
國語注　三國吳韋　昭　藝文印書館影印本
逸周書補注　清陳逢衡　江都陳氏叢書本
逸周書　清朱右曾校釋　皇清經解本

逸周書分編句釋　清唐大沛　臺灣學生書局民國五十八年據道光十六年手寫本影印本

周書研究　民國黃沛榮　打字印本

史通　唐劉知幾撰、清浦起龍釋　九思出版公司影印本

朱子年譜　清王懋竑　世界書局排印本

墨子閒詁　周墨翟撰、清孫詒讓注　世界書局諸子集成本

荀子注　周荀況撰、唐楊倞注　世界書局諸子集成本

韓非子集釋　周韓非撰、民國陳奇猷集釋　河洛圖書出版社影印本

呂氏春秋校釋　周呂不韋撰、民國陳奇猷校釋　華正書局影印本

淮南子　漢劉安　世界書局諸子集成本

書名	撰者	版本
法言注疏	漢揚　雄撰、晉李　軌注、清汪榮寶疏	藝文印書館影印本
論衡	漢王　充	臺灣商務印書館排印本
潛夫論	漢王　符	世界書局諸子集成本
風俗通義校注	漢應　劭撰、民國王利器校注	臺北漢京文化公司影印本
太平御覽	宋李　昉	臺灣商務印書館四部叢刊三編本
事物紀原	宋高　承	惜陰軒叢書本
朱子語類	宋朱　熹（宋黎靖德編）	正中書局影印明覆刊宋本
項氏家說	宋項安世	清文淵閣四庫全書本
困學紀聞	宋王應麟	臺灣商務印書館排印國學基本叢書本
文獻通考	元馬端臨	新興書局影印本
日知錄	清顧炎武	臺灣商務印書館排印國學基本叢書本
四庫全書總目提要	清紀　昀	藝文印書館影印清同光間刻本

商考信錄　清崔　述　河洛圖書出版社影印本

豐鎬考信錄　清崔　述　河洛圖書出版社影印本

訥菴筆談　清崔　邁　河洛圖書出版社影印本

東塾讀書記　清陳　澧　臺灣中華書局四部備要本

膏蘭室札記　民國章炳麟　上海人民出版社排印章太炎全集本

先秦文史資料考辨　民國屈萬里　聯經出版公司排印本

朱子著述考　民國吳其昌　北平清華學校研究院國學論叢一卷二號，民國十六年九月

朱熹著述分類考略　民國牛繼昌　國立北平師範大學月刊六期，民國二十二年九月

王柏之生平與學術　民國程元敏　民國六十四年十二月鉛排自印本

河南程氏遺書　宋程　頤　臺灣中華書局四部備要本

二程遺書　宋程　顥等　臺灣中華書局四部備要本

朱文公集、續集、別集　宋朱　熹　臺灣中華書局四部備要本

西山集　宋蔡元定　清同治刊蔡氏九儒書本

書名	作者	版本
九峯集	宋蔡　沈	清同治刊蔡氏九儒書本
久軒集	宋蔡　抗	清同治刊蔡氏九儒書本
北溪大全集	宋陳　淳	清文淵閣四庫全書本
文體明辨	明徐師曾	日本寬文三年京都刊本
穆堂初稿	清李　紱	清道光十一年珊城阜祺堂重刊本
珍藝宧文鈔	清莊述祖	清嘉道間刊本
癸巳存稿	清俞正燮	皇清經解續編本
吾亦廬稿	清崔應榴	皇清經解本
月齋文集	清張　穆	山右叢書本
青學齋集	清汪之昌	民國二十年家刻本
雅雨堂文集	清盧見曾	清道光二十年刊本
觀堂集林	民國王國維	河洛圖書出版社影印本
左盦外集	民國劉師培	臺灣大新書局影印本

乙、次要目，以人統書，板本從略不記

帛書周易〔附〕「要」篇　宋朱熹朱子說書綱領　元鄒季友書集傳音釋　明胡廣書傳大全　明梅鷟尚書考異　明梅鷟尚書譜　清毛奇齡古文尚書冤詞　清王頊齡書經傳說彙纂　清孔廣林尚書大傳注　清邵懿辰尚書通義　清張楷之古文尚書辨惑　清姚永樸尚書誼略　清觀頮道人編孔壁書序　民國唐文治尚書大義　民國陳柱尚書論略　民國吳康尚書大綱　日內野熊一郎漢初經書學の研究　清姚際恒禮記通論　民國糜文開孟子與詩經　三國吳陸璣毛詩草木鳥獸蟲魚疏　宋劉敞七經小傳　宋朱熹經說、清程川編朱子五經語類　清王引之經義述聞　清李惇羣經識小　清姚鼐經說　清嚴杰經義叢鈔　民國符定一新學僞經考駁誼　民國錢玄同重論經今古文學問題　民國蔣伯潛十三經概論　民國余培林羣經引詩考　晉郭璞注、宋邢昺疏爾雅注疏　清王念孫廣雅疏證　民國呂振端三體石經殘字集證　民國馬衡漢石經集存　漢應劭漢官儀　漢高誘戰國策注　宋司馬光撰、元胡三省注資治通鑑　宋羅泌路史　元金履祥通鑑前編　明朱衡道南源委　清徐文靖竹書紀年統箋　宋尤袤遂初堂書目　明楊士奇文淵閣書目　民國彭國棟重修清史藝文志　民國李致忠北京圖書館藏宋版書敍錄　民國東景南朱子大傳　題秦孔鮒集孔叢子　題周司馬穰苴司馬法　題周尉繚尉繚子　題周列御寇列子　題周商

鞅商君書　晉葛洪抱朴子　前秦王嘉拾遺記　宋邵雍皇極經世書　宋吳祕等纂圖互注揚子法言　宋吳曾能改齋漫錄　唐馬總意林　宋陳善捫蝨新語　宋葉適習學記言　宋黃震黃氏日抄　宋車若水腳氣集　清黃宗羲宋元學案　清姚際恒古今僞書考　清王鳴盛蛾術篇　清任兆麟述記　清鄒漢勛讀書偶識　清盧文弨鍾山札記　清盧文弨羣書拾補　清俞樾曲園雜纂　清俞樾湖樓筆談　清徐世昌清儒學案　清王梓材、馮雲濠宋元學案補遺　清廖平古學攷　民國余嘉錫四庫提要辨證　民國陳夢家西周銅器斷代　漢王逸離騷注　漢蔡邕蔡中郎集　晉陸機豪士賦序　唐李善文選注　宋程珌洺水集　宋晁說之嵩山集　宋范浚香溪集　宋眞德秀文章正宗　宋眞德秀眞西山文集　元吳澄吳文正集　明陳懋仁文章緣起註　明吳訥文章辨體序說

明賀復徵文章辨體彙選　宋馬廷鸞碧梧玩芳集　清高宗弘曆御製文二集　清戴震東原集　清方苞方望溪全集

國家圖書館出版品預行編目資料

書序通考

程元敏著. — 初版. — 臺北市：臺灣學生，1999 [民 88]
面：公分. —

ISBN 957-15-0966-3 (精裝)
ISBN 957-15-0967-1 (平裝)

1.書經 – 研究及考訂

621.117　　88005485

書序通考（全一冊）

著作者：程元敏
出版者：臺灣學生書局
發行人：孫善治
發行所：臺灣學生書局
臺北市和平東路一段一九八號
郵政劃撥戶：〇〇〇二四六六八號
電話：(〇二)二三六三四一五六
傳真：(〇二)二三六三六三三四
本書局登記證字號：行政院新聞局局版北市業字第捌玖壹號
印刷所：宏輝彩色印刷公司
中和市永和路三六三巷四二號
電話：二二二六八八五三
定價：精裝新臺幣六三〇元
平裝新臺幣五五〇元
西元一九九九年四月初版

09202

有著作權・侵害必究

ISBN 957-15-0966-3 (精裝)
ISBN 957-15-0967-1(平裝)